Jim Dincalci

Die befreiende Kraft der Vergebung

Eine Anleitung, um wirklich verzeihen zu können

vianova
Verlag Via Nova

Originaltitel: Healing Upsets Without Condoning or Being Hurt Again

Verlag: The Forgiveness Foundation, eine gemeinnützige Einrichtung nach 501(c)3
11312 US 15-501 N, Suite 107-4, Chapel Hill, NC 27517, www.ForgivenessFoundation.org

Einnahmen aus diesem Buch gehen an den Aufbau von Pflegefamilien und – einrichtungen weltweit durch Menschen, die einander helfen, ihre Schuldzuweisungen, negativen Gefühle und ihren Groll zu heilen.

Die Bücher der Vergebungsstiftung sind über unsere Webseite erhältlich. Um uns direkt zu kontaktieren, wählen Sie innerhalb der USA – 919-799-2113 oder faxen Sie an 262-244-3823. Wir veröffentlichen auch eine Anzahl elektronischer Formate.
Katalognummer der Kongressbibliothek: 2009937128

---

1. Auflage 2011
Verlag Via Nova, Alte Landstr. 12, 36100 Petersberg
Telefon: (06 61) 6 29 73
Fax: (06 61) 96 79 560
E-Mail: info@verlag-vianova.de
Internet: www.verlag-vianova.de / www.transpersonale.de
Umschlaggestaltung: Guter Punkt, München
Satz: Sebastian Carl
Druck und Verarbeitung: Appel und Klinger, 96277 Schneckenlohe

ISBN 978-3-86616-198-6

WIDMUNG

Für meine Tochter Erica
und für alle jungen Menschen auf der Welt.
Möge dieses Buch ihnen das Handwerkszeug vermitteln,
eine bessere Zukunft zu erschaffen.

Für meine Eltern Grace und Tony,
ich glaube, ich werde euch stets vermissen.

Für meine Frau Rita, die das Leben meiner Mutter bereichert hat,
sowie für alle, die Menschen pflegen.
Möge dieses Buch ihnen das Herz leicht machen.

Für all diejenigen, die aufgrund eines schrecklichen Traumas
durch die Hölle gegangen sind.
Möge dieses Buch dazu beitragen, dass sie Frieden finden.

Am Ende einiger Sätze finden Sie Zahlen in Klammern. Diese beziehen sich entweder auf Quellen, aus denen ich die Informationen entnommen habe, oder auf Anmerkungen, die mehr Material zu dem Gesagten enthalten. Schlagen Sie das Kapitel „Anmerkungen“ am Ende des Buches auf, wenn Sie die Quellenangaben oder Anmerkungen jedes Kapitels lesen wollen.

Die Leser sollten sich jedoch bewusst sein, dass Internetseiten, aus denen zitiert oder die als Quellen für weitere Informationen angegeben werden, sich seit dem Zeitpunkt der Veröffentlichung dieses Buches verändert haben können oder ganz verschwunden sind.

Inhaltsverzeichnis

Vorwort

Ich bin der Leiter des Vergebungs-Projektes der Universität Stanford und habe zwei Bestseller über Vergebung geschrieben. Meine Arbeit wird weltweit eingesetzt, um Menschen beim Vergeben zu unterstützen. Ich würde Jim Dincalci als meinen Kollegen bezeichnen. Er ist einer dieser Lehrer, über die noch nie ein Artikel in der New York Times erschienen ist. Über meine Arbeit haben sowohl die New York Times als auch andere Medien berichtet. Das liegt wohl daran, dass ich meine Vergebungsarbeit entwickelt habe, als ich an der Universität Stanford arbeitete. Jim hat seine Vergebungsarbeit als Ergebnis seiner Lebenserfahrungen entwickelt, aus dem Verlangen heraus, anderen Menschen zu helfen, und aufgrund seiner vielfältigen Ausbildungen in diesem Bereich. Aber im Grunde sagen wir beide dasselbe. Wir predigen auf derselben Kanzel.

Das vorliegende Buch ist wirklich ein sehr gutes Buch, um Vergebung zu lernen. Es hat einen klaren Aufbau, ist hilfreich und weise und jeder, der mit seiner Verletzung oder Trauer damit arbeitet, wird Unterstützung erfahren. Ich empfehle es sowohl, weil es gut ist, als auch, weil Jim es geschrieben hat. Ich kenne Jim jetzt seit sieben Jahren. Und seit unserer ersten Begegnung weiß ich, dass er ein aufrichtiger Mensch ist, entschlossen, Menschen beim Vergeben zu unterstützen. Das erste Mal, als wir uns begegnet sind, sollte ich einen Vortrag über mein Buch in einer Buchhandlung in der Nähe von Jims Wohnung halten. Er sprach mich vor dem Vortrag an und wir tauschten uns während eines langen Abendessens und eines noch längeren Spaziergangs über Vergebung aus.

Als wir uns dann zum ersten Mal in Sonoma in Kalifornien trafen, sprachen wir über den Abwehrmechanismus der Projektion, in dessen Spiegel wir unsere eigenen Wunden erkennen können. Er sagte zu mir, dass Vergebung dauerhaft werden kann, wenn wir dem einfachen Prozess folgen, den er entwickelt hat, und den ich sehr kreativ und überzeugend fand:

A) Indem wir die Projektion zurücknehmen (und dem Anderen vergeben können, weil wir dasselbe in ähnlicher Weise auch schon getan haben) und dann
B) Selbstvergebung praktizieren, sodass es keine Notwendigkeit mehr gibt, die persönliche Schuld durch Schuldzuweisung irgendjemand Anderem aufzuladen.

Jim ist der einzige Mensch, den ich kenne, der außerhalb eines universitären Settings und einer Anstellung seine ganze Arbeitszeit der Vergebungsarbeit widmet.

Ich habe Jim zum letzten Mal an der Ostküste gesehen, und wir sprachen bei einem langen Abendessen erneut über Vergebung und das Leben. Und wieder stellte ich fest, dass wir praktisch am selben Strang zogen und dass Jim sich ganz ernsthaft dafür einsetzt, Menschen durch Vergebung zu helfen.

Dieses Buch hat nicht nur eine fundierte psychologische Basis, sondern auch eine spirituelle, nicht-religionsgebundene Dimension, die Jim hinzugefügt hat. Auf diese Weise kann sein Buch auch von Pastoren und anderen Geistlichen genutzt werden, die ihren Gemeindemitgliedern helfen wollen zu vergeben, aber auch von Therapeuten, Anwälten und Beratern im Allgemeinen. Wie Jim es im ersten Kapitel ausdrückt: Er wollte damit ein Handbuch schaffen, mit dem Menschen lernen können, wie sie anderen helfen können zu vergeben und wie sie selbstverständlich auch selbst vergeben lernen können. Er brauchte neun Jahre dazu und nutzte alles, was er in seinen Seminaren erfuhr und erlebte, um dieses Buch zu schreiben.

Jim meint eindeutig, dass seine Vision der Vergebung der Motor seines Lebens gewesen ist und dass dieses Buch bezeugt, dass es einen Sinn gehabt hat.

Dies ist kein Buch in der Art von „Vergebung für Dummies“. Es ist tiefgründig und umfassend und ist das Ergebnis einer Menge harter Arbeit und Mühe. Es ist für all diejenigen geeignet, die ernsthaft ihre Wunden hinter sich lassen möchten und die bereit sind, dafür auch an sich zu arbeiten. Und ebenso ist es für Fachleute wichtig, die ihren Klienten bei der Vergebungsarbeit helfen wollen, damit sie ein friedlicheres und erfüllteres Leben führen können.

Frederic Luskin

Teil I

Sich öffnen für etwas ganz Neues

Die ersten Schritte auf dem Weg zur Vergebung

„Es gibt eine elementare Wahrheit, die – wenn man sie nicht kennt – zahllose Ideen und hervorragende Pläne zerstört. Sie besteht darin, dass man in dem Augenblick, in dem man sich uneingeschränkt für etwas einsetzt, die Vorsehung dazu bringt, sich auch in Bewegung zu setzen. Alle Arten von Dingen geschehen dann plötzlich, die ansonsten nie geschehen wären. Ein ganzer Strom von Ereignissen geht aus dieser Entscheidung hervor und lässt zu Ihrem Besten alle möglichen unvorhersehbaren Zufälle geschehen, Zusammentreffen und materielle Hilfen, die sich kein Mensch hätte ausdenken können und mit denen man nie gerechnet hätte. Meinen Sie es also ernst? Nutzen Sie diese Minute, genau diese! Beginnen Sie mit dem, was Sie tun können oder wovon Sie träumen. Kühnheit trägt Genialität in sich, Macht und Magie. Deshalb fangen Sie einfach an!"

Johann Wolfgang von Goethe

Einleitung

„Vergeben bedeutet, einen Gefangenen freizulassen
und zu entdecken,
dass man selbst der Gefangene war".

Lewis Smedes

Was bedeutet Ihnen am meisten? Glücklich zu sein, mehr Liebe in Ihr Leben zu holen, befriedigende Beziehungen, Zufriedenheit in Ihrem Beruf, Frieden im Herzen? Wir alle haben solche Ziele, aber selbst, wenn wir sie erreichen, sind sie oft nur von kurzer Dauer. Dieses Buch wird Ihnen zeigen, warum das so ist.

Vergebung ist nicht nur der Schlüssel, mit dem man all diese Ziele erreichen kann, sondern auch der Weg, sie zu einem dauerhaften Bestandteil Ihres Lebens zu machen. Ich werde Sie dafür mit erprobten Methoden ausstatten, die Ihnen helfen können zu vergeben – selbst das scheinbar Unverzeihliche.

Vergeben bedeutet, Unmut, Groll, negative Einstellungen und Ärger loszulassen, die Ihren Geist besetzen, Ihre Liebesfähigkeit untergraben und Ihren Seelenfrieden zerstören. Dabei geht es nicht darum, die andere Wange hinzuhalten, nur damit Sie wieder verletzt werden, oder sich mit dem Menschen zu versöhnen, der Sie schikaniert hat. Es geht auch nicht darum, zu billigen, was dieser Mensch getan hat. Bedauerlicherweise haben solche Interpretationen dem Vergeben einen schlechten Beigeschmack gegeben.

Vergeben ist etwas Universelles, was in allen Religionen vorkommt und was der menschlichen Erfahrung selbst innewohnt. Es ist das wichtigste Handwerkszeug, das wir in dieser Zeit der Kriege, des Terrorismus und der Krisen, die überall auf der Welt zu finden sind, besitzen.

Die meisten Menschen, denen ich begegnet bin, geben zu, dass sie eigentlich wissen, dass Vergeben das Richtige wäre, aber sie sagen auch, dass sie nicht wissen, wie man es eigentlich macht. Nun, zum ersten Mal in der Geschichte haben wir jetzt einen unglaublichen Schritt nach vorn getan und können lernen, wie wir diese Lehre, die es zu allen Zeiten schon gab und immer geben wird, auch anwenden können.

Weder die Psychologie noch die Religion wenden sich bisher diesem Thema auf die richtige Art und Weise zu. Dennoch kann das Verständnis für die Vorgänge, die sich in Ihrem Denken, in Ihren Gefühlen und in Ihrer Spiritualität abspielen, Ihnen bedeutsame Aspekte Ihres Selbst aufzeigen, die beim Vergeben notwendig sind. Ihr Denken beispielsweise versetzt Sie in die Lage, Ihr gesamtes Gehirn einzusetzen, um Ihre unter Stress stehenden Gehirnreaktionen zu kontrollieren. Ihre Emotionen schenken Ihnen Liebe, Mitgefühl, Freude und ein Gespür für Ihr Leben und für andere Menschen. Und Ihre Spiritualität kann Ihnen in schwierigen Zeiten Weisheit und innere Ressourcen schenken.

Im Laufe der letzten 15 Jahre habe ich mehr als 40 Methoden kennengelernt, die Menschen beim Vergeben einsetzen können. Ich habe sie an Universitäten unterrichtet, in Colleges, Krankenhäusern und Kirchen, in öffentlichen Seminaren, Schulen und bei Einzelberatungen, und ich schaue immer wieder dabei zu, wie sich dadurch Lebensläufe verändern.

Die Frage beim Vergeben ist jedoch nicht nur „Welche Methoden können helfen, wirklich zu vergeben?", sondern auch: „Weshalb können wir eigentlich nicht vergeben?" Ein Buch mit Handlungsansweisungen hat nur einen geringen Wert, wenn Sie sich nicht gleichzeitig mit den geistigen Blockaden und Ihren inneren Haltungen beschäftigen, die verhindern, dass Sie vergeben können, um dann herauszufinden, über welche Ressourcen Sie verfügen, um diese Hindernisse zu überwinden.

Um diese Blockaden aufzulösen, werde ich Ihnen wirkungsvolle Methoden vorstellen, die aus der Psychologie, der Religion und meiner eigenen Lebenserfahrung als Therapeut und Vergebungstrainer stammen.

Das Böse

Es scheint tatsächlich Menschen zu geben, die wirklich böse sind. Menschen, die keinerlei Gefühle oder Reue zeigen, wenn sie Gewalt gegen jemanden angewandt haben, Menschen, die dies wahrscheinlich wieder und wieder tun würden und die dann noch ihre Opfer beschuldigen. Das kann man nicht bestreiten. In allen Gefängnissen findet man Menschen dieser Art.

Vielleicht sind Sie selbst ein Opfer eines solchen Menschen geworden. Dann ist dieses Buch für Sie und Ihre Heilung geschrieben worden, nicht für deren Heilung.

Stadien und Phasen der Vergebung

Vergebung ist ein sehr komplexes Thema in unserer Welt und auch für uns als Menschen. Jeder Mensch ist einzigartig, und jeder wird demzufolge auch auf eine ganz einzigartige Weise vergeben lernen, in ihrem oder seinem ganz eigenen Tempo. Und was gut für den einen ist, kann vielleicht bei einem anderen nicht funktionieren.

Der allererste Schritt

Bereitschaft – Ohne die Bereitschaft, diese Arbeit auch zu tun, wird nichts geschehen. Schon jetzt haben Sie natürlich irgendwo die Bereitschaft, denn ansonsten würden Sie gar nicht bis hierhin gelesen haben. Und wenn Sie gar nicht an sich selbst, sondern an andere denken, die diese Arbeit tun müssten, dann lesen Sie ruhig weiter, weil Sie dann verstehen werden, warum Menschen *nicht* vergeben. Mit diesem Verständnis können Sie dann den anderen helfen, die Bereitschaft zu entwickeln, ihren Ärger loszulassen.

Manche Menschen werden herausfinden, dass sie eine solche Arbeit leichter in einer Gruppe tun können, manche arbeiten vielleicht nur mit einem einzigen anderen Menschen zusammen, und manche verbinden sich lieber mit einem Aspekt der Essenz ihres Lebens, um vergeben zu lernen.

Während ich mich mit diesem Thema beschäftigt und es unterrichtet habe, ist mir aufgefallen, dass Vergeben eine Fähigkeit ist, die sich durch verschiedene Phasen hindurch entwickelt, bei denen man zunehmende Bewusstseinsebenen erreicht. Und während ich beobachtet habe, wie Menschen schrittweise durch diese Phasen und Stadien hindurchgingen, habe ich viele dabei den ganzen Weg durch diesen Prozess des Loslassens hindurchgetragen – was sie von dem Schmerz befreit hat, den ihre unverziehenen Ereignisse einst hervorgerufen haben, wie Sie sicher selbst auch noch herausfinden werden.

„Wir wissen vielleicht nicht, wie man vergibt,
und wir wollen vielleicht auch gar nicht verzeihen,
aber die einfache Tatsache, zu sagen, dass wir bereit sind zu verzeihen,
lässt den Heilungsprozess beginnen."

Louise Hay in „You can heal your life"

In den ersten Kapiteln werde ich Ihnen verschiedene Fragen stellen und Ihnen Informationen und Einsichten vermitteln, mit deren Hilfe Sie nicht nur die wichtigsten Aspekte des Loslassens von Ärger und Hass kennenlernen, sondern auch praktische Methoden an die Hand bekommen, mit denen Sie diesen Weg auch gehen können. Jede dieser Methoden baut auf der vorhergehenden auf. Oft fühlen sich Menschen, die in einer bisher nicht verziehenen Situation leben, allein schon durch das Lesen dieses Buches erleichtert.

Obwohl manche Leser gern hier und da in einem Buch herumstöbern, empfehle ich, das Buch als erstes von vorn bis hinten durchzulesen. Das Buch hat nämlich eine Struktur, die Sie auf eine Reise durch die verschiedenen Stadien mitnimmt – allein dadurch, dass Sie es lesen und die kleinen Übungen machen, die hauptsächlich aus Fragen bestehen, über die Sie nachdenken sollten. Jede dieser Übungen, von leichten bis zu schwierigeren, kann unabhängig voneinander das Vergeben fördern.

Das Buch besteht aus fünf Teilen:

Teil I, Sich öffnen für etwas ganz Neues, kann Ihnen dabei helfen, Ihr Wissen und Ihre Fähigkeiten zum Vergeben zu erweitern.

Teil II, Tiefer einsteigen, beschäftigt sich mit dem Umgang mit Situationen, die schon schwieriger sind.

Teil III, Der wahre Grund für den Widerstand, stellt mögliche innere Beweggründe dar, die das Vergeben verhindern, sodass Ihr Verständnis und Ihr Mitgefühl zunehmen.

Teil IV, Die konkrete Arbeit, stellt ein Arbeitsmodell vor, mit dem das Gelernte angewandt werden kann.

Teil V, Nach dem Prozess, beschäftigt sich damit, wie Sie die positiven Wirkungen der Vergebungsarbeit erhalten und sogar noch verstärken können.

Wenn Sie die Vorschläge, Fragen und Übungen befolgen, werden Sie merken, dass es erstaunliche Wirkungen hervorrufen kann, wenn Sie einem anderen Menschen oder sich selbst vergeben. Ich nenne diese Arbeit „Power-Vergebung“. Diese Bezeichnung habe ich gewählt, weil der Prozess sowohl auf eine einzelne Situation angewandt werden kann als auch auf etwas, was schon Ihr ganzes Leben lang als Schuld oder Groll auf Ihnen lastet und auf Heilung wartet.

Ein guter Freund bat mich um eine Zusammenfassung der Schritte des Vergebungsprozesses, nachdem er mein erstes Vergebungsseminar besucht hatte. Im Laufe der Jahre stellte sich heraus, dass es eigentlich keine Zusammenfassung gibt, die für alle passt. Dann probierte ich alles Mögliche aus und entdeckte, dass die wirkungsvollste Methode in einer Folge von Fragen besteht, die aufeinander aufbauen und dabei alle Grundlagen in besonders effektiver Weise abdecken. Diesen Ablauf nenne ich den Power-Vergebungsprozess.

Das Kernstück des Power-Vergebungsprozesses besteht darin, dass Sie Ihre Schuldgefühle, Ihre Reue und Ihre Selbstvorwürfe loslassen. Selbstvergebung und Mitgefühl mit sich selbst enthalten den Schlüssel, mit dem man alle Arten von Groll und Schuld dauerhaft auflösen kann. Selbstvergebung ist notwendig, weil

Schuld und Scham Sie in Ihren negativen Gedanken und Gefühlen gefesselt halten, was Sie wiederum an der Überzeugung festhalten lässt, dass Sie es nicht besser verdient haben. Die Wahrheit ist: Sie haben etwas Besseres verdient.

Transformation

Im Juli 1993, als ich mich auf dem Heimweg befand und mit dem Auto durch einen Wald von Mammutbäumen fuhr, erkannte ich, dass mein Leben eigentlich nicht mehr wirklich lebenswert war. Es sah nur an der Oberfläche so aus. Ich hatte ein schönes Zuhause in der nordkalifornischen Weingegend, eine wohlgeratene Tochter, einen Masterabschluss als Berater und eine Menge Freunde, die sich liebevoll um mich kümmerten. Dennoch hatte ich das Gefühl, ich hätte vollkommen versagt und wäre nicht der Mensch geworden, der ich in den Träumen meiner Jugendzeit einmal werden wollte. Und meine Spiritualität, die jahrelang für mich eine so lebenswichtige Quelle von Sicherheit und Frieden gewesen war, hatte sich auch verflüchtigt.

Ich hatte seit 1968 verschiedene Bereiche der Psychologie und unterschiedliche Heilweisen studiert und diese auch in Schulen unterrichtet, aber mir selbst hatte ich nicht helfen können. Ich wusste nicht, wo ich anfangen sollte. Ich hatte schon jahrelang mit Wut, Hass und Groll gelebt und gedacht, dies sei ganz normal. Selbst als mein Leben auf den Kopf gestellt wurde, glaubte ich noch immer nicht, dass diese Emotionen ein Problem für mich darstellten. Ich akzeptierte die weitverbreiteten alten Vorstellungen, mit denen Menschen rechtfertigen, dass sie die vielen Traumata und Gewalterfahrungen nicht loslassen, die sie in ihrem Leben erlebt haben.

In jenem Augenblick jedoch war ich vollkommen verzweifelt. Schließlich erkannte ich, dass meine Wut mich in Wirklichkeit zerstörte, statt dass sie eine Quelle echter Energie für mich war. Auf der Suche nach Hilfe las ich die Einleitung von „Ein Kurs in Wundern" der Stiftung für Inneren Frieden und erkannte ganz klar, dass ich vergeben musste, wenn ich wirklich die göttliche Liebe erfahren wollte, nach der ich mich so sehr sehnte.

Mehr noch, der einzige Ausweg schien darin zu bestehen, wirklich jede einzelne Verletzung zu vergeben, die ich in meinem Leben je erlitten hatte. Die Fähigkeiten, die ich während meiner inneren Arbeit im Laufe so vieler Jahre entwickelt hatte, kamen mir jetzt zugute und halfen mir zu erkennen, wie ich vergeben musste – nicht nur anderen, sondern auch mir selbst.

In vielen Stunden, in denen ich allein mit mir zu Rate ging, ließ ich jede Verletzung und jedes Trauma los, an die ich mich erinnern konnte. Damit verschwanden auch der gesamte Groll, alle Wut und aller Hass, die ich ein Leben lang angesammelt hatte. Die Veränderung, die dieser Prozess hervorrief, grenzte an ein Wunder. Meine Fröhlichkeit und meine Lebensfreude kehrten zurück. Meine Seele fühlte sich befreit. Liebe strahlte aus mir heraus und in mich hinein und war als Seinsqualität in den folgenden acht Jahren dauerhaft für mich verfügbar.

In seinem Buch „Am Ufer des Rio Piedra saß ich und weinte“ berichtet der berühmte Schriftsteller Paulo Coelho von einem ähnlichen Vergebensprozess, den er durchlief:

> „Eines Morgens, auf dem Weg vom Death Valley in Kalifornien nach Tucson in Arizona, machte ich eine innere Liste von jedem, den ich hasste, weil er oder sie mich verletzt hatte. Und dann vergab ich jedem Einzelnen, einem nach dem anderen, und sechs Stunden später in Tucson fühlte sich meine Seele leicht und mein Leben hatte sich sehr zum Guten verändert.“ (1)

Auf der Suche nach dem, was funktioniert

So begann meine Reise, auch anderen dabei zu helfen, ihre Wut, ihren Groll und ihren Hass loszulassen. Als ich 1996 anfing, diese Prinzipen zu unterrichten, dachte ich noch, ich könnte mit dem Prozess, den ich selbst durchlaufen hatte, die Welt verändern, aber die meisten Menschen verstanden gar nicht, wovon ich eigentlich redete. Aus dieser Enttäuschung heraus ging ich auf die Suche, um zu entdecken, was wirklich funktioniert, und um anderen zu helfen, wirklich vergeben zu können.

Im Sommer 2000 fuhr ich in einem Wohnmobil mit meiner wunderbaren, klugen und höchst talentierten 13-jährigen Tochter Erica zwei Monate lang durch das Land. Wir hatten viel Spaß miteinander – angefangen von dem Beginn unserer Tour in Redwoods in Kalifornien, dann auf unserer Fahrt nach Las Vegas, auf einem Erkundungstrip durch die Höhlen von Texas, beim Spielen in den Wasser-Freizeitparks und beim Stromern durch New Orleans. Wir besuchten Oma und Opa in Florida, gingen in den Florida Keys tauchen und verbrachten zwei Wochen in New York. Wir hatten sogar noch das Glück, den traumhaften Ausblick vom World Trade Center zu genießen.

Am Ende dieser Reise, kurz bevor ich wieder nach Hawaii fuhr, wo ich als Schulpsychologe arbeitete, dachte ich über die Fahrt und mein Leben nach. Und plötzlich und auf ganz friedliche Weise öffnete sich mein Geist und ich hatte eine Vision des Planeten Erde. Ich sah – wie mit Gottes Augen – den gesamten Planeten und die Menschen, die ihn bewohnten. Und als ich ihn anschaute, begannen die Menschen, sich gegenseitig bei ihrem Vergebungsprozess zu unterstützen. Und nach und nach erfüllten Liebe und Frieden die Welt.

Ich sah überall auf dem Planeten Menschen, die einander halfen zu vergeben, und einer nach dem anderen ließ seinen Groll los – in Coffee Shops, Büros, Kirchen, Wohnungen usw. Während dieser Zeit hörte ich immer wieder die Worte „Die

Vergebungsstiftung“ und ich sah in jedem Ort Einrichtungen, die daran arbeiteten, dass sich diese heilende Initiative weiter verbreitete. Irgendwann war die Erde vollständig von Harmonie und Liebe erfüllt. Und während ich diese lichtere, sanftere Welt betrachtete, hörte ich die Worte: „Möchtest du diese Aufgabe übernehmen?“ Ich entschloss mich, dafür zu arbeiten, dass sich diese Vision verwirklicht, und zusammen mit mir haben alle in der Stiftung denselben Entschluss gefasst.

Einige Monate später begann die Arbeit an diesem Buch, als ich erkannte, dass ein umfassendes Handbuch gebraucht wurde, um die zu unterstützen, die vergeben wollten, und auch diejenigen, die andere dabei unterstützen wollten, dies zu tun. Meine Leidenschaft und meine Mission ist es seither gewesen, alles zusammenzutragen, was funktioniert, um einem Menschen zu helfen, der in Wut, Groll, Hass oder Schuld steckengeblieben ist.

Die Vergebungsstiftung wurde 2002 als gemeinnützige Unterrichtsorganisation anerkannt. Sie fungiert auch als Herausgeberin für dieses Buch. Seine Einnahmen gehen in die Vision einer Welt ein, die von mehr Harmonie erfüllt ist, weil Menschen anderen helfen zu vergeben.

Ich habe seither weiter an Universitäten und öffentlichen Seminaren Vergebung unterrichtet und darüber hinaus private Beratungen mit diesem Fokus durchgeführt. Ich lerne selbst auch immer weiter, was im Vergebungsprozess wirklich funktioniert (und was nicht). Ich habe alle Studien, Bücher und Artikel gelesen, die ich zu diesem Thema finden konnte. Nachdem ich die ersten drei Jahre an diesem Buch gearbeitet hatte, kündigte ich in den Unterlagen für meine Schüler an, dass mein Buch im nächsten Halbjahr erscheinen würde. Ich ahnte nicht, dass es noch weitere sechs Jahre dauern würde, all das Material und die Methoden zu erproben, die einem Menschen helfen sollten, seine Nöte loszulassen, und diese Ergebnisse dann in eine Reihenfolge zu bringen, die besonders wirkungsvoll war.

Der Power-Vergebungsprozess ist das derzeit vollständigste System, um Menschen zu helfen, ihren langandauernden Groll, ihre Wut und ihre Angst aus früheren schmerzlichen Erfahrungen zu überwinden. Das Buch wird Sie mit seinen neuen Blickwinkeln, Fallstudien und Übungen dahin begleiten, dass Sie selbst die schlimmsten Erfahrungen vergeben können. Obwohl dieses Buch und der Power-Vergebungsprozesses auch für einzelne schwierige Situationen eingesetzt werden können, ist es möglich, damit Ihr gesamtes Leben zu verändern, da es Ihnen helfen kann, *alle* Ihre bekannten Ressentiments, Ihren Groll, Ihre Hassgefühle und Ihre Verletzungen in verhältnismäßig kurzer Zeit abzulegen.

Die Systematik, die diesem Handbuch zugrunde liegt, wird Sie so begleiten, dass Sie vollständig vergeben können. Dieser Prozess nennt sich *Power*-Vergebung, weil er ein grundlegender Vergebens-Workout ist, der Ihnen wirklich ein neues Leben schenken kann. In jedem meiner Seminare sind Wunder geschehen. Klienten aller

Altersgruppen haben sie erlebt – von kleinen Kindern bis zu älteren Mitbürgern, aus allen Bevölkerungsschichten und mit jedem Bildungshintergrund.

Überall im Buch werden Sie solche wahren Erfolgsgeschichten und Beispiele finden, die Ihnen zeigen, auf welch unterschiedliche Weise Menschen Vergebung lernen und anwenden können. Ich bin meinen Schülern und Klienten sehr dankbar dafür. Sie werden ihre Geschichten lesen und dabei lernen, was für sie richtig war und was vielleicht auch für Sie selbst hilfreich sein kann. Um die Anonymität der Erzähler und Erzählerinnen zu wahren, habe ich ihre Namen und genauen Umstände verändert; dennoch sind alle geschilderten Situationen echt. Zudem werden mehr als 120 Hinweise für Daten und Studien im Literaturverzeichnis am Ende des Buches zitiert, die Ihnen weiterhelfen können.

Was tun bei einem Trauma?

Wenn die Situation, mit der Sie sich beschäftigen wollen, tief traumatisierend für Sie war, müssen Sie ganz langsam vorgehen. Richard Guyton, der Autor des Buches *"The Forgiving Place: Choosing Peace after Violent Trauma"*, hat hilfreiche Vorschläge dazu gemacht, was man in einem solchen Fall tun sollte. Vor Jahren, als Guyton, der Psychologe ist, einmal mit einem Klienten arbeitete, ließ ihn die Polizei aus seinem Arbeitszimmer rufen, um ihm mitzuteilen, dass seine Frau und Sekretärin gerade auf brutale Weise in seinem Haus erstochen worden war. Er musste mit seinem eigenen Schock umgehen und auch noch seinen drei Kindern Trost und Stütze sein, bevor er selbst vergeben konnte. (2)

Guyton weist darauf hin, dass ein Trauma ganz spezifische Umstände von Schock, Trauer und Angst hervorruft. Es kann zu vollkommener Erschöpfung führen, deshalb ist es äußerst wichtig, hin und wieder Pausen einzulegen und sich dem Lachen und der Freude des normalen Lebens zuzuwenden, selbst wenn man mitten in einem Trauerprozess ist.

Deshalb zwingen Sie sich auch bei der Vergebungsarbeit nicht, alles auf einmal ablegen zu wollen, wenn sich dies nicht richtig oder nicht ganz natürlich anfühlt. Nehmen Sie sich eine emotionale Auszeit, bevor Sie sich dem nächsten Stadium oder dem nächsten Geschehnis zuwenden. Anzunehmen, wo Sie innerlich sind, ist der zentrale Punkt in Ihrem Heilungsprozess. Ausruhen, Erinnern und Loslassen bilden zyklische Prozesse des Heil-Werdens. Seien Sie geduldig mit sich. Sie werden in diesem Buch Methoden kennenlernen, um scheinbare Rückschläge wie Abwehr, Depression, Alkohol oder Drogen und Schuldzuweisungen zu überwinden, so lange, bis Sie selbst das Gefühl haben, dass Sie sich nun ganz der Situation zuwenden – und vergeben können. (3)

Sie werden weiter hinten im Buch lernen, wie Sie Vergebung auch bei traumatischen Geschehnissen anwenden können. Erinnern Sie sich jedoch daran, dass alle anderen früheren Kapitel ebenso wichtig sind, um das Beste aus den späteren herauszuholen.

„Wenn du gerade durch die Hölle gehst,
halte nicht an, sondern geh weiter."

Winston Churchill

Zusammenfassung

Dieses Buch macht Vergebung möglich, indem es erprobte Methoden der Psychologie, neuzeitliche spirituelle Praktiken, Ressourcen und Überlegungen nutzt, die einem Menschen ermöglichen, über die emotionalen Hindernisse hinauszukommen, die seine Möglichkeiten der Vergebung verhindern. Es beschäftigt sich auch mit den Gedankenmustern und emotionalen Abwehrformen, um ein vertieftes Verständnis darüber zu erlangen, warum Vergebung so schwierig ist und wie man sie erleichtern kann. Dieses Buch von vorne bis hinten durchzulesen kann Sie in die Lage versetzen zu erkennen, wie und warum der Geist an verletzenden Vorstellungen festhält.

Das Wichtigste, was Sie selbst dabei tun sollten, ist die Beantwortung der Fragen, die Sie in dem Buch finden werden. Dann wird der Schmerz eines ganzen Lebens endlich vorüber sein und Sie werden eine Freiheit spüren, die Sie sich seit Jahren nicht mehr vorstellen konnten.

Vergebung ist die grundlegendste Entscheidung, die Sie treffen können, um sich mit dem menschlichen und göttlichen Ideal von Liebe und Frieden in Verbindung zu bringen. Nicht zu vergeben dagegen wird uns der Verzweilung nahebringen können.

Vergebung ist nicht nur spirituell und emotional notwendig, sondern auch gesellschaftlich. Sie könnte sogar die Wunderpille für zahlreiche gesellschaftliche Übel wie Gewalt und Süchte sein, besonders in Situationen, in denen es um Wut oder Schuld geht. Vergebung verbessert unsere Fähigkeit, unser Denken zu kontrollieren, und unsere Fähigkeiten, unser Bewusstsein und unsere Spiritualität auf die höchste Stufe zu bringen. Sie ist für das Leben selbst notwendig, weil die Fähigkeit, Schmerzen loszulassen, uns in die Lage versetzt, weiterhin Teil eines tieferen gesellschaftlichen und spirituellen Feldes zu sein, das uns (und denen um uns herum) ein gesünderes und glücklicheres Leben schenkt.

Wenn Sie die Anschauungen und Methoden in diesem Buch anwenden, werden Sie

- Ihre Wut, Ihren Groll, Ihre negativen Gefühle und Ihre rachsüchtigen Einstellungen loslassen können,
- mehr inneren Frieden finden und Freude an Ihrem Leben haben,
- ein schöneres Leben leben können, weil Sie wissen, wie, wann und wo Sie vergeben können.

Mögen all Ihre Träume sich verwirklichen. Ich wünsche Ihnen eine erleuchtende und erfolgreiche Reise beim Lesen.

Kapitel 1
Wie es funktioniert

Vergeben ist die wirkungsvollste Handlung, die Sie zur Verfügung haben, um Beziehungen zu verändern und Ihr Leben zu heilen. Der Vergebungsansatz nimmt Tragödien und Traumata auf und transportiert sie auf eine höhere Ebene, sodass sie heilen können.

Ich habe einmal gelesen, dass Jäger kleine Affen fangen, indem sie Erdnüsse in einen Flaschenkürbis füllen, dessen Loch gerade groß genug ist, dass der Affe seine Hand hineinstecken kann. Der Flaschenkürbis wird dann an einen Baum gebunden. Wenn die Jäger zurückkommen, finden sie die Affen vor, die sich selbst gefangen haben, weil sie die Erdnüsse nicht loslassen wollten, um ihre Hände zu befreien. Genau dasselbe passiert, wenn wir unseren Groll und unsere unverziehenen Verletzungen festhalten. Wir halten diese kleinen Erdnüsse fest, die unseren Geist und unser Herz gefangen halten, und das verhindert, dass Liebe, Frieden und Freude in unser Leben einziehen können. Wenn wir sie loslassen, dann befreien wir uns und gleichzeitig auch die Menschen um uns herum.

Warum halten wir an den Erdnüssen unseres Grolls und unseres Hasses fest, die unser Leben und das der anderen Menschen zerstören? Welches sind diese Dämonen – die negativen Gedankenmuster und Emotionen – ,die uns vom Vergeben abhalten? Warum hören wir immer wieder auf sie? Wenn wir diese Fragen beantworten können, werden wir das Handwerkszeug zur Vergebung zur Verfügung haben.

Das bestgehütete Geheimnis

Glücklicherweise hat in den vergangenen Jahren die Forschung zum Thema Vergebung deutlich zugenommen. Ärzte, Soziologen und Psychologen haben Hunderte wissenschaftlicher Artikel in Fachzeitschriften veröffentlicht. Im Großen und Ganzen haben sie den beträchtlichen Nutzen nachgewiesen, den Vergebung auf unsere Gefühle und sogar auf unseren Körper hat. (1) Studien im Bereich der Gehirnforschung haben Systeme und Muster deutlich werden lassen, die Vergebung verlangsamen oder sogar verhindern können. Die Psychologie hat die inneren Mechanismen aufgedeckt, die alte, beeinträchtigende Muster und Emotionen wie Groll und Wut aufrechterhalten. Wir haben inzwischen eine umfangreiche Kenntnis darüber, wie solche Abläufe vor sich gehen und wie sie uns sabotieren. Und schließlich haben wir die Theorien und das Handwerkszeug, damit wir leichter vergeben können.

Es ist deshalb erstaunlich, dass die Psychologie bei all diesem neuen Wissen über die Vergebung und ihre bemerkenswerten Folgen die Kraft der Vergebung immer noch weitgehend ignoriert. Carl Thoresen, ein emeritierter Professor für Psychologie und Psychiatrie von der Universität Stanford, der auch einer der Forscher des Vergebungsprojekts dieser Hochschule ist, hat das Vergeben „eins der bestgehüteten Geheimnisse“ genannt und bemerkt, dass er und seine Kollegen „bisher nur wenige Menschen getroffen haben, die wissen, was Vergebung überhaupt ist und wie sie funktioniert“. (2) Die wenigen Therapeuten, Psychologen und Forscher, die sich für Vergebung einsetzen, sind nur ein Tropfen auf dem heißen Stein des Grolls und der Gedanken an Vergeltung.

Warum ist das so? Darüber kann man nur spekulieren. Aber im späten 19. Jahrhundert wandten sich die meisten Psychologen, und Freud im Besonderen, gegen die Kontrolle und Interpretation von Fragen geistiger Gesundheit durch die Kirche. Ich glaube deshalb, wie andere Forscher auch, dass die Psychologie im Allgemeinen dieser Haltung folgte und Vergebung als etwas zurückwies, was mit „der Kirche“ und ihren Lehren assoziiert wurde. Als Folge davon ging die Vergebung der professionellen Therapeutengemeinschaft verloren, und so ist es bis heute geblieben.

Einen Therapeuten oder Arzt zu finden, der sich mit Vergebung beschäftigt hat, ist auch heute noch nicht leicht. Einer der Gründe, warum ich dieses Buch geschrieben habe, besteht deshalb darin, Fachleuten und Laien, die anderen dabei helfen, vergeben zu lernen, eine Unterstützung zu geben. Und da die Religion es bisher auch nicht besser vermochte, Menschen bei ihrem Vergebungsprozess zu unterstützen, hoffe ich, dass dieses Buch auch Geistlichen und Pastoralpsychologen helfen wird, dies in Zukunft zu tun. Jahrhundertelang haben Geistliche und Priester Vergebung gefordert, ohne klare Wege aufzuzeigen, wie man dies zuwege bringen soll. Fordern allein reicht nicht. Es reicht jedoch, die vielen Vergebungsmethoden anzuwenden, die heute verfügbar sind und die ich in diesem Buch zusammengetragen habe.

Die Arten von Vergebung

Für manche Menschen ist es leichter, sich überhaupt nicht mit den negativen Einflüssen einer Situation zu beschäftigen, sondern sich einfach für das Vergeben zu entscheiden. Diese Entscheidung, die immer schwierig ist, nenne ich „**direkte Vergebung**“. Sie wird oft dadurch beeinflusst, dass man anfängt, an die göttliche Liebe und Vergebung zu glauben oder sich der nicht-bewertenden Natur des

Seins zuzuwenden. Aber viele von uns sind nicht in der Lage, diese unmittelbare Entscheidung für das Vergeben zu treffen, ja, sie scheint für sie nicht einmal im Bereich des Möglichen zu liegen.

Wenn ein Mensch im Verlauf einer Verletzung mit starken Emotionen in Berührung kommt, dann ist Vergeben oft zu schwierig. Sich einfach für Vergebung zu entscheiden, kann dann zu einer „**falschen Vergebung**" führen, bei der Sie zwar die gute Absicht haben, aber in Wirklichkeit immer noch den gleichen Groll in sich tragen und vielleicht sogar auf irgendeine Weise Vergeltung anstreben. Wenn Sie sich entscheiden zu vergeben, ohne dass Sie durch irgendeine Art innerer Arbeit gegangen sind, dann muss diese Entscheidung anfangs oft wiederholt werden, weil der innerliche emotionale Aufruhr noch nicht gelöst ist.

Heutzutage versucht die Mehrheit der Forschung, Therapie und spirituellen Beratung einen Menschen an den Punkt zu bringen, wo er sich entscheidet zu vergeben. (3) Dieses Buch und seine Übungen sind für diejenigen gedacht, die nicht in der Lage sind, eine solche Entscheidung einfach zu treffen. Es beschäftigt sich damit, wie man dauerhaft mit Groll und Schuld umgeht. Während Sie es lesen, werden Sie erleben, wie sich Ihre Verletzung verändert, und Vergebung wird ganz von allein geschehen.

Die Mythen der Vergebung

Mehrere wichtige wissenschaftliche Studien zum Thema Vergebung haben sich mit den falschen Vorstellungen beschäftigt, die uns vom Vergeben abhalten. Im Kapitel 3 haben ich all diese falschen und schädlichen Glaubensmuster aufgelistet, die das Vergeben in Verruf bringen und seinen Einsatz verhindern.

Drei der schädlichsten Mythen haben Sie dazu gebracht, anzunehmen, dass Vergeben

1. verletzende Handlungen billigt,
2. weiteres Verletztwerden verursacht, indem Sie „die andere Wange hinhalten" sollen,
3. verlangt, dass sie sich mit dem Anderen aussöhnen.

In unserer Kultur teilen wir diese Meinung, aber diese Mythen sind nicht zutreffend. Vergeben billigt schädigendes Verhalten oder Übles nicht und verlangt auch nicht von Ihnen, dass Sie sich verletzen lassen. Außerdem geht es dabei nicht um Versöhnung, wenn Sie dies nicht wollen. Vergeben erfordert jedoch, dass Sie Ihre Verletzungen loslassen, die Sie selbst schädigen, und dass Sie sich selbst und anderen Grenzen setzen – Grenzen, die Ihre Sicherheit gewährleisten.

„Vergebung ist nicht der fehlgeleitete Versuch, unverantwortliches, verletzendes Verhalten zu billigen. Sie ist auch nicht ein oberflächliches „Die andere Wange hinhalten", das uns schikaniert und den Märtyrertod sterben lässt. Bei der Vergebung geht es eher darum, alte Geschäfte endlich abzuschließen, was uns erlaubt, die Gegenwart frei von der Vergiftung unserer Vergangenheit zu erfahren."

JOAN BORYENKO, FIRE IN THE SOUL

Wahre Vergebung befreit Ihr Herz, Ihre Seele und Ihren Geist. Sollte eine geschlagene Frau ihrem Ehemann vergeben und zulassen, dass er sie weiter schlägt? Natürlich nicht! Im weiteren Verlauf des Buches werden wir uns damit beschäftigen, was wirklich funktioniert und was nicht, und Sie werden lernen, auf welche Weise Sie schwierige Situationen vergeben können. Um diese Missverständnisse zu beseitigen, ist es sinnvoll anzuerkennen, dass es zwei gegensätzliche Aspekte für das menschliche Überleben gibt: Diejenigen anzugreifen, die uns bedrohen, die Feinde, und für die zu sorgen, die uns nahe sind – Familie, Freunde und Geliebte.

Diese Kategorien sind jedoch nicht so undurchlässig, wie wir gerne glauben. Manchmal sehen wir einen Freund oder unseren Ehepartner als Feind. Ohne Vergebung vergößert sich diese „Feindkategorie" immer mehr. Die allgemein verbreitete Ansicht jedoch sagt, dass man seine Vergebung besser zurückhalten sollte, wenn ein Freund zum Feind wird, wie beispielsweise bei einem Rechtsstreit oder bei einer Scheidung.

Der Kampf um Vergebung

Diese Debatte – soll man nun vergeben oder nicht – gibt es schon seit unendlich langer Zeit. Vergeltung und nicht Vergebung füllt unsere Fernsehschirme und Kinos. Daran sind die beiden Teile unseres Überlebensmechanismus schuld, den wir weiter oben beschrieben haben und die in Wirklichkeit die Spaltung zwischen unserem höchsten und wahren Selbst und dem fundamentalen Überlebensselbst repräsentieren. Beide Teile tragen wir in uns. Der erste schenkt uns unsere höchste Vision und unsere Ziele für Gemeinschaft, Frieden und Freundlichkeit. Der zweite schützt uns, indem wir Grenzen setzen, aber wenn er die Kontrolle innehat, dann hält er uns klein, deprimiert uns und macht uns rachsüchtig.

Um über das fundamentale Überlebensselbst hinauszuwachsen, müssen wir seine Mechanismen kennenlernen, sodass unser höchstes oder wahres Selbst – derjenige Teil von uns, der das Leben genießt, klar denken kann, andere liebt und friedliebend ist – zum wichtigsten Teil unseres Lebens wird.

Mein medizinischer und wissenschaftlicher beruflicher Background brachte mich dazu, mich mit den jüngsten Forschungen zur Funktionsweise des Gehirns zu beschäftigen. Diese Forschungsarbeit kann uns bahnbrechende Einsichten vermitteln und uns ein Verständnis davon geben, warum wir das tun, was wir tun, und warum wir sagen, was wir sagen, besonders, wenn wir in Situationen sind, die ein hohes Maß an Stress enthalten.

Für viele meiner Studenten war es leichter, vollständig vergeben zu können, wenn sie ein grundlegendes Wissen über die Stressreaktionen des Gehirns erwarben. Ich stelle diese Information auch hier zur Verfügung, weil sie meiner Ansicht nach ausschlaggebend ist, nicht nur für das Vergeben, sondern auch, damit Sie verstehen, was vielleicht in Ihrem Leben los ist. Sie ist absolut lebenswichtig für jeden, der mit Menschen zu tun hat, die verletzt worden sind. Wenn Sie auf einem Fluss stromabwärts fahren und nicht wissen, wo die scharfen Kanten, Felsbrocken, Sandbänke und alten Schiffswracks liegen, dann werden diese Gefahren Sie unweigerlich verletzen. Dieses Buch kann Ihnen als eine Art Landkarte dienen, die Sie einsetzen können, um sich durch das raue Wasser des Lebens zu steuern, und um zufrieden an Ihrem Ziel anzukommen.

Die Folgen von Trauma und Superstress

Im Laufe der Jahre habe ich entdeckt, dass jemand, der nicht vergeben kann, häufig unter den Folgen eines Traumas oder an intensivem Stress leidet. Diese Zusammenhänge müssen beachtet werden, wenn Ihre Vergebensarbeit vollständig und erfolgreich sein soll. Das Trauma zu vergeben, das einem selbst oder einem anderen von jemandem zugefügt worden ist, ist wesentlich. In einem späteren Kapitel erkläre ich all denjenigen, die schreckliche Erfahrungen durchlebt haben, genau, wie man dies tut.

Diese schrecklichen Erlebnisse sind vielleicht schon vor vielen Jahren geschehen. Nichtsdestotrotz können sie immer noch schwerwiegende Wirkungen in der Gegenwart haben. Im November 2007 hat der Fernsehsender CBS berichtet, dass die Selbstmordrate bei ehemaligen Soldaten, die im Irak gekämpft haben, doppelt so hoch liegt wie im Durchschnitt der männlichen Amerikaner im Allgemeinen. „Sie sind die Kriegstoten, von denen man nur selten hört“. (4) Die Selbstmordrate von Soldaten nach Kampfeinsätzen ist generell höher als die der Durchschnittsbevölkerung. So übersteigt die Zahl der durch Selbstmord gestorbenen Vietnam-Veteranen die Zahl der bei Kampfeinsätzen getöteten Soldaten. (5)

„Wenn uns eine schwere Verletzung zugefügt wurde,
werden wir uns davon nie erholen – es sei denn, wir vergeben.“

Alan Paton (1903-1988), Südafrikanischer Schriftsteller/Erzieher

Unsere Reaktionen verstehen

Es gibt gute Gründe für die Selbstmorde der ehemaligen Vietnam-Soldaten oder für die Mythen um die Vergebung, für die anhaltende Debatte um dieses Thema oder für die Schwierigkeit, in stressreichen Situationen zu vergeben. Um diese Gründe zu verstehen, müssen wir uns damit beschäftigen, wie unser Gehirn unter Stress reagiert.

Die Gehirnforschung hat in den letzten Jahren herausgefunden,

- warum wir so handeln, wie wir es tun,
- wie Stress dazu führt, dass wir ungewöhnliche Verhaltensweisen als Reaktion auf bestimmte Reize zeigen,
- wie man mit diesen Stressreaktionen umgehen kann, sodass wir angemessener und kontrollierter reagieren können.

Die meisten Menschen sehen in unserem Gehirn einen Informationsprozessor – eine Art Computer in unserem Kopf, der für Gedanken und Körperfunktionen zuständig ist. Diese Art Wissen ist jedoch unvollständig und keine Hilfe, wenn man versucht, schreckliches Verhalten zu vergeben. Im Gegenteil, das gegenwärtige Wissen, das die meisten Menschen von unserem Gehirn besitzen, behindert eher unsere Vergebung. Denn der Einfluss, den die Stressreaktionen des Gehirns auf uns ausüben, ist noch nicht in dem Maße anerkannt worden, wie es wichtig wäre. Ein besseres Wissen über die Zusammenhänge zwischen Stress und Gehirnreaktionen kann uns Einsicht und Mitgefühl mit jemandem vermitteln, der in einer nicht annehmbaren Weise reagiert hat – auch wenn Sie es selbst waren. Dieses Verständnis und Mitgefühl rechtfertigt natürlich nicht, was man getan hat, kann aber hilfreich sein, die Erschütterung loszulassen, sodass man Frieden mit seiner Einstellung und in seinem Herzen schließen kann.

Wir vergeben sowieso die ganze Zeit, um die Fehler auszugleichen, die uns als Menschen eben widerfahren. Auf unseren Straßen, in unseren Städten und an unserem Arbeitsplatz läuft alles meist relativ glatt, weil Menschen in der Lage sind zu vergeben. Wenn sie dies nicht täten, dann würden wir im absoluten Chaos voller Gewalt leben. Vergeben-Können ist eine ganz normale Handlungsweise des menschlichen Geistes – wenn sie nicht im reaktiven System unseres Gehirns gefangen ist. Je mehr wir belastet sind, desto weniger sind wir bereit zu vergeben – je mehr Stress, desto weniger Vergebung.

Dennoch ist Vergeben-Können ausschlaggebend für jedes Vorhaben, das andere einschließt. Und Selbstvergebung ist ausschlaggebend, wenn man bei irgendeinem persönlichen Vorhaben erfolgreich sein will. Zu wissen, wie Ihre Überlebensmechanismen Sie beeinflussen, versetzt Sie in die Lage, negative Situationen Ihres Lebens aus einem anderen Blickwinkel betrachten zu können.

Vergebung ist schwer, wenn die Stressreaktionen des Gehirns zum selben Zeitpunkt wie ein Angriff oder eine Verletzung auftreten – beispielsweise bei einem Verlust des Arbeitsplatzes, des Besitzes oder eines geliebten Menschen –, weil dann alle zukünftigen Erinnerungen daran mit dieser Stressreaktion gekoppelt werden. Das bedeutet, dass man jedes Mal, wenn die Erinnerung hochkommt, gleichzeitig von schrecklichen Reaktionen überflutet wird, auch noch Jahre später. Es ist nur natürlich, dass Sie solche schmerzlichen Erinnerungen zu vermeiden versuchen.

Dennoch ist Vermeiden nicht wirklich das Beste, was Sie tun können, weil auf diese Weise die Erschütterung unterhalb der Bewusstseinsschwelle erhalten bleibt und ihr Leben negativ einfärbt. Viele unverziehene, unerlöste Ereignisse können Ihr Denken und Fühlen so auf subtile Weise über lange Zeit in einem negativen Zustand halten. Wenn dazu dann noch der andauernde Stress eines drohenden Jobverlustes oder des Verlustes von Besitz oder eines geliebten Menschen kommt, kann Ihre Lage ziemlich hoffnungslos aussehen. Aber sie ist es nicht. Vergeben ist ein wirklich wirksamer Ausweg. Das werden Sie merken.

Der Krieg der Gehirne

Die Gehirnforschung der 60er und 70er Jahre des vergangenen Jahrhunderts hat ergeben, dass wir über drei unterschiedliche Gehirnsysteme verfügen. Im Allgemeinen arbeiten diese Gehirne gut zusammen, was dazu führt, dass wir perfekt denken, uns glücklich fühlen und unsere Ziele erreichen können. (6) Diese Zusammenarbeit funktioniert am besten in einer sicheren Umgebung. Diese Sicherheit ermöglicht unserem Gehirn, eine Sinfonie zu sein und kein Kriegsgebiet. Wenn wir allerdings von Stress oder Angst überflutet werden, dann beginnt ein Krieg.

Im Laufe von Jahrmillionen hat sich das primitive Gehirn angepasst und das ausgebaut, was es in uns vorgefunden hat, statt alles neu zu gestalten. (7) Auf diese Weise tragen wir immer noch die Reaktionen unserer Vorfahren mit uns herum, ebenso wie die der Säugetiere und Reptilien. Diese angepassten primitiven Gehirnstrukturen helfen uns nicht nur zu überleben, sondern auch wichtige soziale Eigenschaften und sogar Liebe zu entwickeln. Gleichzeitig sind sie in der Lage, in bedrohlichen oder hoffnungslosen Situationen unser jüngstes Gehirn, den Neocortex, einfach abzuschalten.

Der Neocortex, unser größter Gehirnteil, ermöglicht uns zu sprechen, logisch zu denken, Situationen zu analysieren und Lösungen für Schwierigkeiten zu finden sowie zu vergeben. Wenn die reaktiven Systeme unseres primitiven Gehirns den Neocortex jedoch aufgrund eines für unser Überleben wichtigen Notfalls ausschalten, dann reagieren wir automatisch mit Kampf, Flucht oder Erstarren. Wir verlieren unser klares Denkvermögen, unsere Problemlösefähigkeiten und unsere Fähigkeit, zusammenhängend und logisch zu sprechen. Alle diese Fähigkeiten brauchen wir jedoch in unserem heutigen Zeitalter dringend, und wir müssen uns auch auf sie verlassen können. Wenn wir jedoch unter starkem Stress sind, dann bekommen die reaktiven Gehirnsysteme den größeren Einfluss und beeinträchtigen unser Denken, was zu Entscheidungen und Handlungen führt, die wir später bedauern. In prähistorischen Zeiten mussten wir schnell reagieren können, um zu überleben – ohne lange darüber nachzudenken, wie oder wann wir etwas sagen wollten. In unserer modernen Gesellschaft jedoch sind diese Überlebensmechanismen oft nicht das, was ein positives Ergebnis nach sich zieht.

Isaac ist ein aufgeräumter Typ. Wenn jemand im Büro ärgerlich ist, dann weiß er oder sie genau, dass Isaac ihm ein bestätigendes Lächeln schenkt und ihm hilft, wenn es notwendig ist. Als seine Tochter jedoch an Krebs erkrankte, litt nicht nur seine Arbeit, sondern er selbst wurde regelrecht unleidlich und schrie Kollegen selbst bei kleinsten Fehlern laut an. Im Büro brach ein Chaos aus, bis man herausfand, warum sich Isaac plötzlich so anders verhielt. Dann kamen ihm seine Kollegen zur Hilfe und unterstützten ihn während der schwierigen Wochen des anfänglichen Schocks. Inzwischen, Jahre später, ist es Isaac immer noch peinlich, wie er damals reagiert hat, und er ist dankbar dafür, wie seine Kollegen reagierten.

Wenn wir plötzlich in einer Notsituation sind, dann aktiviert unser primitives Gehirnsystem unser sympathisches Nervensystem, was zu ganz spezifischen Körperreaktionen führt, die wir als Stress wahrnehmen. Neben den typischen unmittelbaren Reaktionen wie Herzrasen, Muskelverspannung, Tunnelblick usw. können wir Stress auch an unseren emotionalen Reaktionen erkennen – gewöhnlich starke Angst mit dem Wunsch, wegzulaufen, Wut mit dem Impuls, loszuschlagen oder Starre/Verwirrung, gekoppelt mit der Unfähigkeit, irgendetwas zu tun. Jeder Mensch hat eine andere Schwelle, an der für ihn Stress beginnt. Wenn wir jedoch am Punkt zu großen Stresses angelangt sind, dann ist unser sympathisches Nervensystem voll in Aktion. Das primitive Gehirn hält es handlungsfähig, bis wir uns wieder sicher fühlen.

Um Ihr wahres Selbst wiederzuerlangen, müssen Sie Ihr Gefühl von Sicherheit wiederfinden. Dann kann das System sich beruhigen. Wenn jedoch „Sicherheit" an Ihrem Arbeitsplatz oder zu Hause nicht leicht zu erlangen ist, dann kann das Abschalten des sympathischen Nervensystems schwierig sein, was zu unzähligen Problemen führt, mit denen wir uns in unserer Gesellschaft herumschlagen müssen – von Drogenmissbrauch bis zur Gewalt. Im weiteren Verlauf werden wir deshalb viele Methoden vorstellen, um uns zu beruhigen, das klare Denkvermögen wieder zu aktivieren, wirkungsvoll zu handeln und zu vergeben.

Das gestresste System beruhigen

„Das Reptiliengehirn" ist eine der Bezeichnungen, die unserem primitiven Gehirn von Paul MacLean (8) vom Nationalen Gesundheitsinstitut der USA, (NIH, Anmerkung A) gegeben wurde, der diese drei Gehirnsysteme entdeckte. Diese Bezeichnung, das Reptiliengehirn, ist sehr passend, weil eine Schlange, wenn sie ihre Beute gefasst hat, diese entweder vergiftet oder zerdrückt. Und genau das geschieht bei uns, wenn die Stressreaktion chronisch wird und keine isolierte Einzelreaktion bleibt. Das Reptiliengehirn hat uns dann im Griff und vergiftet uns mit Angst oder Wut. Vergebung ist *der* Schlüssel, um sich aus dieser sich stets wiederholenden Reaktivität zu befreien.

Anmerkung: Wenn Sie sich Ihren Verletzungen stellen, kann dies in Ihnen starke Gefühle hervorrufen, und es könnte sein, dass Sie nicht weitermachen wollen. Aber dies ist nur die Nebelwand, die Ihre Furcht aufgerichtet hat. In der Natur wird der Gejagte oft zum Jäger. Wenn grässliche Situationen aus der Vergangenheit Sie gnadenlos verfolgen, dann ist Angriff manchmal die beste Verteidigung. Wenn Sie ganz sicher sind, dass Sie Ihre Dämonen zur Strecke bringen wollen und Ihnen direkt ins Gesicht schauen, werden sie ihre Macht verlieren, Ihnen Angst zu machen oder Sie zu schädigen.

Der Gedanke, Ihren schmerzlichsten Situationen ins Gesicht zu sehen, fühlt sich oft so an, als ob uns dies umbringen wird. Aber vor unseren Dämonen davonzulaufen, gibt ihnen in Wirklichkeit nur Macht. Die Verteidigungsmechanismen, die uns bisher geschützt haben, erschweren nun unsere Bemühungen, ganz lebendig zu werden.

Angst erhält unser Stresssystem aufrecht und verhindert nicht nur unsere Fähigkeit zu vergeben, sondern unterbricht auch die Lebensfreude. Das können wir heute überall um uns her beobachten: Angst, seinen Job zu verlieren, Angst, zu viel auszugeben, Angst, sein Zuhause aufgeben zu müssen, Angst vor einer schrecklichen Zukunft usw. Dies sind alles sehr realistische Ängste. Ein schöneres Leben jedoch erfordert, dass wir einen Weg aus diesen Ängsten heraus finden. Ob wir vergeben oder nicht – die Angst muss zum Stillstand gebracht werden.

Sie wissen sicher, dass Menschen nicht gut um etwas kämpfen können, wenn sie Angst haben, und dass Sie nicht die Stelle bekommen, die Sie gern haben würden, wenn Sie Angst zeigen. Angst nach außen zu zeigen erweckt kein Vertrauen bei anderen und verlockt einen Menschen nicht, gern mit Ihnen zusammensein zu wollen. Manche Menschen versuchen ihre Angst durch Essen, Drogen und Alkohol zu besänftigen. Das sind schlechte und nur vorübergehende Lösungen. Es gibt zahlreiche Arten, Ängste zu besänftigen, ohne auf den übermäßigen Genuss von Drogen zurückzugreifen, was noch mehr Schwierigkeiten hervorrufen würde.

Ihre anhaltende Stressreaktion steckt jeden um Sie herum an. Sie wissen schon, dass Ihre fortgesetzten Reaktionen Ihres gestressten Gehirns unbedingt angehalten werden müssen. Natürlich werden Sie sagen: „Wie soll ich das denn machen, wenn Rechnungen bezahlt werden müssen, die Kinder etwas zu essen brauchen und die Familie unterstützt werden muss?“ Ich kann schon verstehen, dass das echte Herausforderungen sind. Ich möchte Sie nur daran erinnern, dass Ihre Stressreaktion, auch wenn sie anscheinend ganz normal ist, nicht wirklich in Ihrem und ganz sicher nicht im Interesse der Menschen um Sie herum liegt, und schon gar nicht in dem von Kindern. Dieses Buch wird Sie durch die Veränderungen leiten, die Sie vornehmen müssen. Es gibt also Hoffnung.

Vorerst erinnern Sie sich daran, dass die Vielschichtigkeit, die in Ihrem Gehirn vor sich geht, viel größer ist, als Sie erkennen können. Unter Stress wird Ihre vernünftige Denkweise viel zu leicht von starken Emotionen und Impulsen bezwungen und weicht auf „unmenschliches“ Verhalten aus. Das geschieht, weil Logik, Problemlösefähigkeiten und die Analyse von Situationen relativ neue Gehirnfunktionen sind. Wenn das primitive Gehirn, das Reptiliengehirn, die Show beherrscht, dann gibt es schreckliche Schwierigkeiten. Wir sehen die unmittelbaren Folgen davon in Selbstmorden, Gewalt, Amokläufen, Terrorismus und traumatischem Kriegsgeschehen.

Vergebung hilft, den angsterfüllten Geist zu beruhigen, aber sie ist nicht leicht zu verwirklichen, solange das Reptiliengehirn die Kontrolle innehat. Sie können jedoch die Kontrolle über das Reptiliengehirn wiedergewinnen, wenn Sie einen sicheren Ort in Ihrer Fantasie oder in Ihrer Umgebung finden. Einige Wege dazu sind: Meditation, Gebet, zur Kirche gehen, mit einem Freund sprechen, beruhigende Musik hören, jemanden finden, der Ihnen die Kinder eine Zeitlang abnimmt, etwas tun, was Ihnen Spaß macht, etwas Inspirierendes lesen, duschen, Sport treiben usw.

Anmerkung: Es dauert nur etwa 20 Minuten, um eine dramatische Veränderung zu erzielen und aus der Reaktivität des Reptiliengehirns herauszukommen.

Schreiben Sie es auf!

Eine hilfreiche Art, sich zu beruhigen, besteht darin, alle nur erdenkbaren Verletzungen aufzuschreiben, an denen Sie leiden. Dieses einfache Verfahren, sie einfach zu Papier zu bringen, ist eine Art Vertrag, dass Sie sich um sie kümmern werden.

Während Sie nämlich lesen, was Sie aufgeschrieben haben, werden Ihnen unausweichlich andere Verletzungen durch andere Menschen oder auch Selbstverletzungen einfallen. Um das Meiste aus dieser Arbeit herauszuholen, schreiben Sie auch diese auf, damit Sie sich später damit beschäftigen können.

Es gibt zwei Gründe dafür, auf diese Weise Ihr Gedächtnis aufzufrischen:

1. Sie besitzen damit eine Liste all Ihrer früheren Verletzungen, um sicherzustellen, dass Sie sich zu einem späteren Zeitpunkt damit beschäftigen werden.
2. Sie werden diese Erinnerungen benutzen können, um die praktischen Übungen durchzuführen und eine Unterlage für die folgenden Fragen zu besitzen. Sie werden sich nämlich an Situationen erinnern, an die Sie seit vielen Jahren nicht mehr gedacht haben. Ursprünglich waren sie verborgen, als Teil des Verteidigungssystems Ihres Gehirns, das Ihnen hilft, geistige Qualen nicht fühlen zu müssen. Wenn jedoch ein Ereignis Sie nach wie vor aufwühlt, dann ist es noch nicht ganz geheilt. Es wird Sie weiterhin unter der Oberfläche Ihres Bewusstseins beeinträchtigen, bis Sie sich damit auseinandersetzen.

In Ihrem Buch „Moleküle der Gefühle" berichtet die bekannte Forscherin und Autorin Candace Pert von Studien, die ergeben hätten, dass tatsächlich körperliche Veränderungen stattfinden, wenn Traumaopfer ihre Erfahrungen aufschreiben. (9)

Irgendwann in der Zukunft wird es ein Arbeitsbuch zu diesem Buch geben. Aber in der Zwischenzeit schreiben Sie Ihre gesamte Arbeit mit diesem Buch in ein Tagebuch. Dann werden Sie eine Erinnerung daran haben. Ebenso, was Sie dadurch erkannt haben. Manchmal werde ich Sie auch bitten, Tagebuchübungen auszuführen. Das ist eine wichtige Arbeit, deshalb kaufen Sie ein schönes Tagebuch, eins, in das Sie wirklich gern schreiben würden. Alles aufzuschreiben, wird Ihnen bei dem Prozess helfen.

Erfolg beim Vergeben

Ihre Verletzungen loszulassen, wird für die meisten Menschen nicht so leicht sein, aber wir alle haben das Talent, die für Vergebung notwendigen Fähigkeiten zu entwickeln. Wie bei jeder anderen Fähigkeit erfordert auch das Vergeben schwieriger Verletzungen Arbeit und Übung. Deshalb machen Sie bitte die Übungen.

Forschungen haben ergeben, dass verheiratete Menschen, solche mit höherer Bildung und Frauen am häufigsten vergeben können. Könnte es sein, dass Frauen deshalb länger leben als Männer? (10) Frauen sind typischerweise die Nährenden, sie benutzen häufiger beide Hälften ihres Neocortex und sind deshalb besser mit ihren Gefühlen in Kontakt als Männer. Männer umgekehrt vergeben leichter, wenn sie extrovertiert und sozial sind. (11) Manche Menschen, darunter auch ich, meinen, dass Männer analytischer und weniger gefühlsbetont sind, weil sie seit Jahrmillionen Krieger gewesen sind, und ein Krieger muss seine Gefühle im Hinblick auf das Töten abschneiden können, um effizient zu sein. Ich weise darauf hin, um daran zu erinnern, dass wir alle aus sehr unterschiedlichen Realitätsbezügen zu dieser Arbeit kommen.

Sie müssen sich mit den Dämonen auseinandersetzen, die Sie in Wut, Rachegefühlen und Wiedergutmachungsfantasien festhalten, um glücklich zu werden. Vergebung kann diese negativen Gedanken und Gefühle freisetzen. Und wenn Sie sich einmal von ihnen befreit haben, werden Sie Ihre ganze Energie, Ihr Denken und Ihre Fähigkeiten, Entscheidungen zu fällen, die zu Ihrem eigenen Besten und dem anderer sind, weitaus besser einsetzen können als zuvor. Es werden dann Entscheidungen sein, die das Ergebnis positiver und nicht negativ gefärbter Gefühle sind.

Anmerkung: Vergebung ist manchmal kein leichter Weg, weil sie schmerzliche Gefühle wieder an die Oberfläche bringen kann. Aus diesem Grund und weil es sein kann, dass es sehr verwirrende Gefühle sind, die im Zusammenhang mit diesem Thema aufsteigen, ist es am besten, dass Sie über diese Arbeit mit niemandem sprechen, bis Sie sich sicher genug fühlen. In einer Zeit solcher Verletzlichkeit werden Sie sicher nicht Gefahr laufen wollen, dass Sie kritisiert oder lächerlich gemacht werden oder dass andere Ihnen ihre eigenen Geschichten unverziehener Verletzungen erzählen. Diese Ansichten und Gefühle können Sie im Augenblick wirklich nicht gebrauchen. Deshalb beschäftigen Sie sich allein mit Ihren eigenen Verletzungen, bevor Sie sie zu anderen tragen.

Ich kenne einen Geistlichen, der Predigten über Vergebung gehalten hat, aber selbst nicht vergeben konnte, und dieser Fähigkeit deshalb ganz sicher nicht den Respekt und die Bedeutung entgegengebracht hat, die sie verdient. Und ich habe gehört, dass nur Heilige vergeben können. Vielleicht war das früher einmal wahr, aber heute haben sich die Dinge verändert. Jeder kann vergeben. Tun Sie Ihre Arbeit, und vielleicht werden andere etwas bemerken und Sie danach fragen.

Es ist absolut wichtig, dass Sie niemandem sagen, dass Sie ihm oder ihr vergeben haben, es sei denn, der- oder diejenige hat Sie explizit schon einmal um Verzeihung gebeten, ohne dass Sie ihm zu jenem Zeitpunkt vergeben konnten. Es kann arrogant wirken, wenn Sie einem Menschen sagen, dass Sie ihm vergeben haben. Es könnte sein, dass dieser Mensch überhaupt nicht weiß, dass sein Handeln Ihnen Probleme bereitet hat oder dass es eine Situation war, die Ihre Verzeihung erfordert. Wenn Sie ungefragt äußern, dass Sie ihm verziehen haben, könnte dies zu größeren Schwierigkeiten führen. Sie müssen nicht darauf hinweisen, wie wunderbar Sie sind, weil Sie vergeben haben. Diese Worte sind überhaupt nicht nötig. Ihre veränderte innere Haltung wird genug sein, das versichere ich Ihnen.

Menschen, die Vergebung ablehnen, sehen darin oft eine Schwäche. In Wirklichkeit erfordert sie außergewöhnlichen Mut. „Die Schwachen können niemals vergeben. Vergebung ist eine Eigenschaft der Starken", hat Gandhi gesagt. Nichtsdestotrotz leben wir heute in einer Kultur der Vergeltung, und sie ist sehr populär, ganz im Gegensatz zu Vergebung. Das bedeutet, wenn Sie vergeben und mit anderen darüber sprechen, könnte es sein, dass dies Konsequenzen hat.

Eine Bekannte beispielsweise, deren Sohn von einem betrunkenen Autofahrer getötet worden war, schaffte es, dass dieser Mann wegen Mordes und nicht nur wegen Totschlags verurteilt wurde. Später erkannte sie jedoch, dass dieser junge Mann es nicht verdient hatte, den Rest seines Lebens hinter Gittern verbringen zu müssen, und dass auch er eine Mutter hatte, die um ihn trauerte. Ihr Entschluss jedoch, ihm zu verzeihen und sich dafür einzusetzen, dass er vorzeitig entlassen werden konnte, brachte die ganze Familie in Aufruhr. (12)

Nachdem Sue Norton dem Mörder ihrer Großeltern vergeben hatte, wechselten ehemalige Freunde die Straßenseite, um ihr nicht begegnen zu müssen. Und trotz dieser negativen Konsequenzen bedauerte es weder die eine noch die andere Frau, dass sie vergeben hatte. (13) Setzen Sie sich mit aller Kraft für Vergebung ein, aber nur, wenn Sie sich Ihrer Haltung absolut sicher sind und wissen, dass Sie davon profitieren werden.

Vergebung löscht vergangenen Schaden, ob die damit zusammenhängende Verletzung nun vor 30 Jahren oder vor 30 Minuten geschehen ist. Sie ermöglicht uns, ganz im gegenwärtigen Augenblick zu leben – die einzige Zeit, in der wir wirklich leben. Sie kann Ihnen geistige Klarheit schenken, weil sie die emotionalen Verletzungen entfernt, die Ihr Denken und Ihr Herz verschattet hatten. Und mit dieser Klarheit können Sie Entscheidungen treffen, die für alle Bereiche Ihres Lebens vorteilhaft sind.

Was Picasso über die Kunst sagte, sage ich zum Thema Vergebung: „Vergebung wäscht den Staub des Alltags aus der Seele".

Ich habe einmal die Geschichte einer Frau gehört, die auf der Autobahn fuhr, als ein anderer Autofahrer sie ganz bewusst schnitt, indem er immer wieder Schlenker vor ihr fuhr. Sie bekam Panik, gewann aber schnell wieder die Kontrolle über ihr Fahrzeug zurück, ohne dass ein Unglück geschah, aber sie war geschockt und wütend. Als sie merkte, dass der Autofahrer dasselbe auch mit anderen machte, die vor ihr fuhren, entschloss sie sich, ihren Ärger über ihn loszulassen, weil er ihre Fahrweise beeinträchtigte. Da sie Erfahrung mit dem Vergebungsprozess hatte, konnte sie ihre Wut loslassen und sogar ein Gebet sprechen. Einige Minuten später schnitt der Mann jemanden, der dann auf einen anderen Wagen prallte, und dann noch auf einen anderen. Ganz plötzlich begann rings um sie herum eine Massenkarambolage – überall rasten Autos ineinander. Dennoch gelang es ihr aufgrund ihrer inneren Haltung, sie alle zu umgehen und auf den Seitenstreifen zu fahren, ohne dass ihr etwas passierte. Sie schrieb dieses Glück später stets der geistigen Klarheit zu, die sie wiedergewonnen hatte, als sie ihren Ärger loslassen konnte. Sie war sich ganz sicher, dass sie Teil der Massenkarambolage geworden wäre, wenn ihr dies nicht gelungen wäre.

Aus einem Gespräch zwischen Paolo Coelho und einem Freund im Nachwort seines Romans über Vergebung „Am Ufer des Rio Piedra saß ich und weinte“:

> „Das sind schöne Worte, aber ich weiß nicht, ob ich in der Lage bin, Undankbarkeit so leicht zu verzeihen.“ – „Ja, das ist auch sehr schwer. Aber es gibt keine Alternative: Wenn du nicht verzeihst, dann denkst du immer an den Schmerz, den sie dir zugefügt haben, und der Schmerz wird nie vergehen. Ich sage ja nicht, dass du die mögen sollst, die dir wehgetan haben. Ich sage auch nicht, dass du dich mit diesen Menschen wieder zusammentun sollst. Ich schlage auch nicht vor, dass du den Menschen zu einem Engel machen oder ihn als jemand betrachten sollst, der ohne Absicht zu verletzen gehandelt hat. Ich sage nur, dass die Energie des Hassens dich nirgendwohin bringt, während die Energie der Vergebung, die sich durch Liebe manifestiert, es schaffen wird, dein Leben auf positive Weise zu verändern.“ (14)

Kapitel 2

Was Vergeben wirklich bedeutet

Vergeben bedeutet „aufzuhören, jemanden wegen etwas, was er oder sie getan hat, zu beschuldigen oder wütend auf ihn zu sein, oder jemanden zu bitten, nicht länger wütend auf Sie zu sein".

DAS INTERNATIONALE CAMBRIDGE-WÖRTERBUCH

Diese Standard-Definition lässt Vergebung wie einen einmaligen Akt aussehen, dabei ist sie eine Lebenshaltung. Wie Martin Luther King sagte:

„Vergebung ist keine Handlung, die man gelegentlich einmal ausübt, sondern eine dauerhafte Einstellung".

Um sie jedoch zu einer dauerhaften Einstellung zu machen, braucht man mehr, als sich nur über das Wesen der Vergebung und ihre Durchführung klar zu werden, wir müssen auch die irrigen Annahmen und Mythen überwinden (Kapitel 3), die sich um sie gebildet haben, und die Vorteile erkennen, die uns dazu motivieren können, wirklich zu vergeben (Kapitel 4).

Loslassen einer Schuld

Die wirkungsvollste Art und Weise, die ich entdeckt habe, um in meinem Unterricht und meiner Beratungspraxis Vergebung zu erklären und zu definieren, besteht darin, sich vorzustellen, dass einem jemand eine bestimmte Summe schuldet – und diese dann zu erlassen.

Einfach gesagt, **der Akt des Vergebens besteht darin, das zu erlassen, was jemand Ihnen nach Ihrem Gefühl noch schuldet.**

Wenn Sie in einer Situation sind, die Ihnen Pein bereitet, dann bedeutet Vergebung, die materiellen oder emotionalen Schulden zu erlassen, die jemand noch bei Ihnen hat. Wenn Sie vergeben, dann schuldet Ihnen der Mensch oder die Gruppe nicht mehr, was Sie von ihm oder ihnen erwartet haben – er oder sie muss Ihnen nichts mehr zurückgeben, nichts verstehen und auch nichts erleben. Er oder sie schuldet Ihnen nicht mehr, den körperlichen oder emotionalen Schmerz zu fühlen, den *Sie* gefühlt und an dem *Sie* gelitten haben. Es könnte sein, dass Sie sogar die Erwartung loslassen müssen, dass der andere sich entschuldigt, denn es könnte wirklich sein, dass er die Situation völlig anders erlebt hat als Sie. Es bedeutet auch, die spirituelle Schuld zu erlassen, die Gott bei Ihnen hat, der den Übeltäter noch strafen oder zur Hölle fahren lassen soll.

Im Vaterunser des christlichen Glaubens heißt es ganz klar: „Und vergib uns unsere Schuld, wie auch wir vergeben unseren Schuldigern". Genauso wie das Erlassen einer Schuld bedeutet, das zu erlassen, was uns geschuldet wird, so bedeutet das Verzeihen einer Ungerechtigkeit, die Strafe oder die Rückzahlung zu erlassen, die uns der Übeltäter unserer Auffassung nach noch schuldet. Das bedeutet, nicht länger nach „Auge um Auge" zu suchen, aber genauso wenig bedeutet es, dem anderen noch die andere Wange hinzuhalten und so zu weiteren Verletzungen einzuladen.

„Wenn wir nach dem Motto „Auge um Auge, Zahn um Zahn" handeln, dann wird die Welt in kurzer Zeit blind und zahnlos sein".

Mahatma Gandhi

Oft ändern Menschen Ihre Vorstellungen darüber, was sie noch vom Täter brauchen, wenn sie genauer darüber nachdenken. Sie haben irgendwo eine genaue Vorstellung davon, was nötig wäre, damit Sie eine spezielle Verletzung loslassen können. Das Problem dabei besteht darin, dass Sie dies bisher nicht erreichen konnten und es wahrscheinlich nie schaffen werden. Dafür kann es viele Gründe geben, aber grundsätzlich geht es vielleicht darum, dass Sie Ihre Erwartungen realistisch neu einschätzen müssen.

Ein Beispiel für ein solches Erlassen der Schuld erlebte Luke, ein Priester, der an einem meiner ersten Vergebungstherapie-Seminare teilnahm. Obwohl er um den Wert und die Notwendigkeit der Vergebung wusste, hielten ihn seine Gefühle davon ab, weiterzumachen, weil jemand aus seiner Gemeinde Lügen über ihn erzählt hatte. Diese Lüge hatte zu einer Krise in seiner Kirche geführt. Luke wollte, dass der Mann der ganzen Gemeinde bekannte, dass er Lügen verbreitet hatte. Er musste selbst lachen, als er es uns erzählte, denn er erkannte, dass das Gemeindemitglied dies nie tun würde, weil er immer noch dachte, er habe die Wahrheit gesagt. Deshalb erkannte Luke, dass es ziemlich unsinnig war, auf eine Entschuldigung zu warten, die er niemals bekommen würde. Er fügte hinzu, dass die Krise, bei der es um verschiedene Loyalitäten ging, wahrscheinlich sowieso geschehen wäre, weil sein Stil ganz anders war als der seines Vorgängers.

Sich klarzumachen, worin die Schuld des anderen genau besteht, und dies realistisch neu zu bewerten, kann zu ganz neuen Einsichten führen. Aber dahin zu gelangen ist für die meisten Menschen nicht so leicht. Manche Menschen, besonders Frauen, haben die Erfahrung und die Fähigkeit, tiefer in sich hineinzuschauen. Luke, der oben erwähnte Priester, hatte zuvor schon ziemlich viel an sich gearbeitet. Er verstand die Konsequenzen seiner unrealistischen Erwartungen und das Elend, das sie in ihm hervorriefen.

Der zweite Teil dieser Übung stellt die Frage: Können Sie loslassen, damit Sie selbst Frieden finden? Das ist wirklich eine Grundfrage. Sie müssen bereit sein, die Möglichkeit in Erwägung zu ziehen, das, was der andere Ihnen schuldet, nicht mehr zu bekommen. Wenn Sie nicht bereit sind, darüber nachzudenken, dass Sie das, was Sie eigentlich verdient hätten, nicht mehr bekommen werden, dann wird der ganze Prozess stecken bleiben.

Das bedeutet nicht, dass man nichts mehr machen kann. Es bedeutet lediglich, dass der nächste Schritt bei Ihrer Vergebung darin besteht, einen anderen Weg zu finden, das zu bekommen, was Sie brauchen – einen Weg, der es nicht erforderlich macht, dass der Übeltäter etwas tut, weil er oder sie – realistisch betrachtet – sich wahrscheinlich nie ändern oder nie die Einsicht haben wird, die für Sie wichtig wäre, und vielleicht auch nie die Strafe bekommt, die Ihnen gut täte.

Wenn Sie vergeben, lassen Sie Ihre Wut, Ihren Hass, Ihren Groll und Ihre Rachegefühle los, die in Ihrem Denken und Ihrem Herzen festgehalten sind, und setzen Ihren negativen und selbstzerstörerischen inneren Haltungen Grenzen. Es ist ein Geschenk an Sie selbst. In Situationen, bei denen es auch um Werte geht, die das Wohlergehen einer ganzen Gruppe betreffen, oder um die Harmonie in einer Familie oder um die Versöhnung eines Paares, ist es auch ein Geschenk von einem Herzen an ein anderes. (1) Vergebung ist ein Akt der Liebe. Sie ist eine schwierige persönliche Entscheidung, die den Vergebenden von den Folgen der Verletzung, Kränkung, Rachegefühlen und Wut im Zusammenhang mit einer Situation befreit, die einmal sehr verletzt hat. Sie beinhaltet das Loslassen von Feindseligkeit und Böswilligkeit und erfordert, aus seiner festgehaltenen und begrenzten emotionalen Haltung herauszutreten und in einen größeren, tieferen Teil Ihres Selbst einzutauchen. Sie ist ein mutiger Akt, denn sie erfordert, einen gerechten Ärger gehen zu lassen.

„Vergebung bedeutet, dass ich mein Recht aufgebe,
dich ebenso zu verletzen, wie du mich verletzt hast."

Anonym

Wie man weiß, dass man wirklich vergeben hat

Das folgende Zitat zeigt Ihnen, wonach Sie Ausschau halten müssen und wie Sie erkennen können, dass Sie vergeben haben. Ich benutze es seit Jahren, um meinen Klienten und Studenten klarzumachen, um was es geht.

„Sie wissen, dass Sie wirklich jemandem vergeben haben, wenn er oder sie Ihnen ohne jede Reaktion Ihrerseits durch Ihren Kopf marschieren kann." (2)

REV. KARYL HUNTLEY – GEISTLICHER FÜHRER IM GOLDEN GATE ZENTRUM FÜR SPIRITUELLE HEILUNG

Wenn Sie an den Täter denken: Kann der Gedanken an ihn oder sie ganz einfach und sauber durch Ihren Kopf gehen, oder reagieren Sie mit Unruhe, einem Brennen oder einem inneren Tumult?

Lewis Smeders, der bekannte Autor und Theologe, sagt in seinem Buch „Forgive and Forget: Healing the Hurts We Don't Deserve":

„Sie werden wissen, dass Vergebung begonnen hat, wenn Sie sich an denjenigen erinnern können, der Sie verletzt hat, und ihm oder ihr alles Gute wünschen."

Um das näher zu beleuchten, lassen Sie uns eine genauere Definition für Vergebung finden, die das Ergebnis einbezieht. Der bekannte Vergebungsforscher Robert Enright und seine „Studiengruppe menschlicher Entwicklung" definierten 1996 Vergebung als die „Abwesenheit eines negativen Gefühles, Urteils und Verhaltens gegenüber einem Täter und die Anwesenheit eines positiven Gefühls, Urteils und Verhaltens gegenüber demselben Täter." (3) Diese Definition bezieht ein klares Ergebnis ein – positive Gefühle, Meinungen und Handlungen gegenüber dem Täter *und* Ihnen selbst gegenüber, und keine negativen mehr.

Anmerkung: Ich habe Vergebung geschehen sehen, wenn man schlicht das Negative einem Menschen gegenüber loslässt, ohne dass notwendigerweise das Positive geschehen muss, besonders, wenn es sich um Opfer von Missbrauch oder Folter handelt. Aber um hier sicherzugehen: Die Vergebung ist vollständig, wenn das Positive eingetreten ist.

Dieselbe Forschungsgruppe betont, dass Selbstvergebung nicht nur umfasst, seine eigenen Fehler einzugestehen, sondern auch alle negativen Gedanken, Gefühle und Handlungen, die man gegen sich selbst richtet, loszulassen und sie „durch Mitgefühl, Großzügigkeit und Liebe" zu ersetzen. (4) Auch Selbstvergebung sollte positive Gefühle, Handlungen und Gedanken als Ergebnis zeigen, oder sie ist unvollständig.

Fragen:

1. An wen können Sie nicht denken, ohne dass Sie innerlich zusammenzucken oder dass es Ihnen heiß wird? Schreiben Sie den Namen des/der Betreffenden auf.
2. Was schuldet Ihnen dieser Mensch?
3. Gibt es etwas, was *Sie* demjenigen schulden?
4. Was würden Sie dazu brauchen, demjenigen *jetzt* zu vergeben? Und sich selbst?

Zum Nachdenken:

1. Finden Sie heraus, was geschehen müsste, damit dieser Mensch in Ihren Kopf spazieren könnte, ohne dass es Sie erschüttert oder aufwühlt.
2. Finden Sie heraus, was Sie selbst tun oder verändern müssten, damit Sie Mitgefühl, Großmut und Liebe sich selbst gegenüber empfinden könnten.

Gerechtigkeit und Strafe

Wenn man sich mit Vergebung beschäftigt, stellt sich irgendwann unweigerlich die Frage nach Gerechtigkeit. Die meisten Menschen sagen, dass es nicht richtig ist, einem Menschen zu vergeben, weil dann deren Verhalten keine Konsequenzen nach sich zieht. Der Mensch, dem Sie noch nicht verziehen haben, hat ihre persönlichen, familiären oder kulturellen Verhaltensregeln verletzt. Wo bleibt die Gerechtigkeit, wenn Ihnen Unrecht geschehen ist und Sie dennoch vergeben sollen?

Das alles stimmt natürlich. Dennoch würden Sie gar nicht erst vergeben müssen, wenn Sie nicht irgendeine Erwartung hätten, die eine Form von Bestrafung oder Buße für das Verhalten des Täters vorsieht. Die gefühlsmäßige Wirkung dieses Verlangens auf Sie selbst ist das Problem.

Es scheint ungerecht zu sein, einen Menschen, der Ihnen etwas Schlimmes angetan hat, damit einfach so wegkommen zu lassen. Sie spüren vielleicht den Wunsch, diesem Menschen eine Lektion zu erteilen. Diese Art Denken jedoch hält *Sie* in Ihrem Schmerz fest. Ich habe bisher noch niemanden gefunden, der glücklich ist und gleichzeitig jemanden bestraft. Derjenige sagt vielleicht, dass er froh ist, es dem Täter heimzuzahlen, aber wenn man genauer hinschaut, dann wird man keine Freude in seinem Leben finden. Wenn ein Mensch einen anderen bestrafen oder angreifen will, dann wird er von seinem reaktiven Gehirn kontrolliert. Freude und Liebe kommen darin nicht vor.

Die Bestrafung kann sich fortsetzen, selbst wenn der Täter im Leben des Opfers gar keine reale Rolle mehr spielt. Ich habe Menschen gekannt, die an ihren Verletzungen durch ihre Eltern festhielten, obwohl diese schon jahrelang tot waren. Sie greifen die Eltern in ihren Gedanken weiterhin an, selbst wenn diese Angriffe nur noch für sie selbst schmerzlich sind.

„Bevor Sie zu einem Rachefeldzug aufbrechen,
graben Sie zwei Gräber."

KONFUZIUS

Die Frage nach Recht und Unrecht scheint hier eine große Rolle zu spielen. Wenn Sie das Gefühl haben, dass Sie unrecht hatten und der Andere recht, dann müssen Sie dem Anderen nicht vergeben. Wenn Sie sich aber in Ihrem Zorn auf den Anderen im Recht fühlen, dann werden Sie in Ihrem persönlichen und Familienleben in Schwierigkeiten sein.

Wir brauchen Gerechtigkeit, wenn Werte, Verhaltensregeln oder ethische Prinzipien eines Menschen, einer Gruppe oder eines Landes gebrochen werden. Ideale, Gesetze und Regeln erhalten eine Kultur aufrecht und halten eine Gesellschaft zusammen. Sie sind ebenfalls der Klebstoff aller Familienbindungen und all unserer Beziehungen.

Wenn ein Mensch oder eine Gruppe etwas tut, was unseren Werten widerspricht oder unsere Verhaltensregeln durchbricht – ob nun in einer Eins-zu-eins-Beziehung oder in der Gesellschaft – ,dann wird dieser Mensch auf irgendeine Weise ausgestoßen. Wenn der Ausgestoßene oder die Gruppe genügend Reue über den Verstoß zeigt und Buße tut, dann geschieht Vergebung, und er darf in die gesellschaftliche oder individuelle Beziehung zurückkehren.

Im juristischen System könnte das so aussehen, dass der Betroffene in die Gesellschaft zurückkehrt, nachdem er eine Gefängnisstrafe abgesessen oder seine Sozialstunden abgeleistet hat. In einer persönlichen Situation ist dafür vielleicht eine Entschuldigung nötig, oder dass der Betroffene für den Schaden aufkommt. Es ist leichter, jemandem zu vergeben, der versucht hat, den angerichteten Schaden wieder gutzumachen. Diese Wiedergutmachung könnte auch darin bestehen, dass derjenige einsieht, dass er nicht in der Lage war, die Werte einzuhalten, die zwischen den beiden Beteiligten oder der Gesellschaft gegenüber bestanden.

Vergebung ist jedoch schwierig, wenn der Mensch oder die Gruppe mit Ihren Werten oder Verhaltensregeln nicht übereinstimmt. Wie können Sie ihm dann vergeben? Wie kann dann Gerechtigkeit geschehen? Wie können Sie den Schmerz, die Wut und Ihre Verletzung loslassen, wenn es keine wie auch immer geartete Entschuldigung oder Wiedergutmachung gibt, wenn der Täter die Situation einfach ganz anders sieht und sich vielleicht sogar noch im Recht fühlt, so oder so reagiert zu haben? In einer solchen Situation werden Sie hier viele Methoden finden, mit denen Sie arbeiten können, damit Sie Entlastung finden.

Auswirkung von Feindseligkeit

Frauen, die einen hohen Wert auf einer Wut- und Feindseligkeitsskala erreichten, hatten ein höheres Risiko, an einer Herz-Kreislauferkrankung zu erkranken. (5) Frühere Studien wiesen nach, dass es nicht notwendigerweise der Stress-Typ A war, der die Herzprobleme bekam, sondern diejenigen vom Typ A, die gleichzeitig hohe Werte auf der Feindseligkeitsskala des Fragebogens erreichten (6) (*Beachten Sie die Anmerkung A, um sich zu informieren, was ein Stresstyp A ist*) Der Arzt Dean Ornish, der das Buch „Revolution in der Herztherapie" geschrieben hat, zitiert darin 45 Studien, die eine Verbindung zwischen Feindseligkeit und Herz-Kreislauf-Erkrankungen herstellen. (7)

Eine Studie an der Duke Universität wies nach, dass Studenten, die einen hohen Wert in einem Feindseligkeitstest erreichten, stärker Gefahr liefen, jung zu sterben, als ihre Altersgenossen. Die Studie schlussfolgerte, dass diejenigen Studenten, die zu Ärger und Wut neigten, ein größeres Risiko trugen als Raucher, Menschen mit hohem Blutdruck und sogar mit hohen Cholesterinwerten. (8)

Wenn Sie oft das Gefühl haben, dass Sie wütend oder sogar feindselig sind, dann ist hier etwas, über dass Sie nachdenken sollten. Um Ihrer eigenen Gesundheit und Ihres eigenen Glücks willen sollten Sie überlegen, ob Sie nicht aufhören wollen, den Richter oder Rächer zu spielen

Wichtige Aspekte wirkungsvollen Vergebens

Die wichtigste Entdeckung, die ich während der Arbeit an der Vergebung gemacht habe, ist, dass sie sehr schnell geschehen kann. Wenn Sie die hier vorgestellte Arbeit tun, werden Sie herausfinden, dass es kleine Veränderungen in Ihrem Herzen und in Ihren Gedanken geben wird. Die durch diese kleinen Veränderungen angesammelte positive Energie ermöglicht eine Veränderung. Wenn Sie Erleichterung spüren, während Sie an einer Frage arbeiten – dann könnte das für den Augenblick genug sein. Gönnen Sie sich eine Pause und machen Sie dann mit der folgenden Aufgabe weiter.

Diese Veränderungen in Ihren Gefühlen und Einstellungen nenne ich den „**Felt Shift**". Dabei handelt es sich um Empfindungen von Wärme und einer Öffnung des Herzens im Brustbereich, verbunden mit einer Entspannung der Zwischenrippen- und Kehl-Muskeln und oft auch im Zusammenhang mit einer inneren Erkenntnis. Der „Felt Shift" ist ähnlich dem „Felt Sense", den Eugene Gendlin in seinem Buch „Focusing" beschrieben hat. Es handelt sich um eine kleine Bewegung des Herzens, das wieder zu sich zurückfindet. (9)

Das ganze Geheimnis ist ein Gefühl von „Aha!“ und oft ein Lächeln – ein Gefühl von Erleichterung. Es kann aufgrund eines mitfühlenden Gedankens an den Menschen geschehen oder aufgrund eines plötzlichen Verstehens. Wenn Sie diesen „Felt Shift“ näher betrachten, dann werden Sie erkennen, dass er auch eine wie auch immer geartete Veränderung in Ihrer Haltung dem Menschen gegenüber mit sich bringt. Oft ist diese kleine Bewegung ausreichend, dass Ihr ganzer Tag und manchmal sogar Ihr gesamtes Leben sich verändern.

Mit jedem „Felt Shift“ gewinnen Sie die Lebensenergie zurück, die in der emotionalen Verletzung gebunden war. Und während Sie so die verschiedenen Bereiche Ihres Lebens betrachten und dabei mehr und mehr Verständnis für sie entwickeln und vergeben, gewinnen Sie Ihre Lebensenergie immer mehr zurück. Dieser Prozess wird nach und nach leichter und schneller ablaufen, weil dieses Mehr an Kraft Ihrem Leben Auftrieb verleiht und Ihre Fähigkeit, zu vergeben, zu leben, zu lieben und heil zu werden, vergrößert.

„Vergebung verändert nicht die Vergangenheit, aber sie erweitert die Zukunft.“

Paul Böse, 1668-1738, Niederländischer Arzt und Botaniker

Der erste wesentliche Aspekt des Vergebens

Im ganzen Buch zeige ich Ihnen immer wieder wesentliche Übungen, mit denen Sie diese Arbeit tun können. Hier ist die erste: **Gestalten Sie Ihre höchstmögliche Vision, das Ziel für Sie selbst – das, was Ihre Vergebung Ihnen nach Ihrem Gespür bringen wird.**

Ohne diese Motivation könnte es nämlich zu schwierig werden, Ihre Verletzungen zu bearbeiten, und Sie werden wahrscheinlich irgendwann aufgeben. Sie werden besser durchhalten, wenn Sie ein hohes Ideal und ein Ziel für sich entwickeln.

In meiner eigenen Vergebungsarbeit musste ich mich oft für meine höchste Vision entscheiden. Mein höchstes Ziel bestand darin, die bedingungslose Liebe Gottes zu erfahren, und während meines eigenen Heilungsprozesses fragte ich mich oft: „Bin ich bereit, dies loszulassen, um bedingungslose Liebe zu erfahren?“ Es funktionierte jedes Mal. Jedes Mal spürte ich diese Erleichterung im Herzen und ein Überflutetwerden von Freude.

Sie können Ihre Vision und Ihr Ziel finden, indem Sie sich fragen:

1. Was will ich mit dieser Vergebungsarbeit in meinem Leben erreichen? Geht es darum, Heilung zu erfahren? Oder mehr Liebe? Oder Ruhe und Frieden? Göttliche Liebe? Oder eine tiefere Verbindung mit Gott?

2. Was könnte mich motivieren, diese Verletzung loszulassen?
3. Wer außer mir profitiert von meiner Vergebung?

Fragen für Ihr Tagebuch:
Um Sie an diesem Punkt zu unterstützen, habe ich hier eine Übung eingefügt, die seit Jahrhunderten erfolgreich von Christen angewandt wird:

„Vergib uns unsere Schuld, wie auch wir vergeben unseren Schuldigern."

Sie brauchen mit dem Buch gar nicht weiterzumachen, wenn Sie dieses Gebet jetzt, unmittelbar in diesem Moment, anwenden können. Allerdings können dies nur wenige. Deshalb lassen Sie uns dieses Ideal ein weniger näher unter die Lupe nehmen.

1. Was schuldet Ihnen dieser Mensch? Eine Entschuldigung? Soll er unterwürfig auf dem Bauch vor Ihnen rutschen und bedauern? Möchten Sie, dass er drei Tage an den Zehen aufgehängt wird und alle Schmerzen dieser Welt erleidet? Möchten Sie ihn mit Ihren eigenen Fäusten totschlagen? Oder ihn auf dem Elektrischen Stuhl schmoren sehen?
2. Welche Bestrafung soll derjenige Ihrer Ansicht nach bekommen? Was ist es, auf das Sie immer gewartet haben, bisher nicht bekamen oder wahrscheinlich auch nicht bekommen werden? Das ist die Schuld, die der Täter ihnen schuldet. (Und wenn Sie daran arbeiten, dass Sie sich selbst etwas vergeben können, halten Sie danach Ausschau, was Sie jemand anderem oder sich selbst schulden).
3. Schreiben Sie nun auf, was der Mensch oder die Gruppe Ihnen schuldet (oder was Sie jemand anderem schulden). Niemand wird dies je lesen, nur Sie. Sie können deshalb so böse und niederträchtig sein, wie Sie wollen.
4. Nachdem Sie alles aufgeschrieben haben, was Sie wollen, schauen Sie sich alles noch einmal an und überlegen Sie, ob dies die Gerechtigkeit ist, die Sie brauchen. Wie fühlen Sie sich jetzt? Dann fragen Sie sich:
   a) Wie wahrscheinlich ist es, dass ich erlebe, dass der Täter so bestraft wird oder sein Verhalten in der Weise ändert, wie es mir gut täte?
   b) Wie lange bin ich bereit, darauf zu warten?
   c) Bin ich bereit, diese Wut loszulassen?

Das Haupthindernis bei der Vergebung

Überforderung – Sie entsteht oft, wenn man versucht, zu viel auf einmal zu erreichen. Das Ziel des Power-Vergebungsprozesses besteht ja darin, alles in Ihrem Leben zu vergeben, was Sie bisher nicht loslassen konnten, nicht nur ein einzelnes Ereignis. So können Sie es schaffen: ***Brechen Sie die Situation herunter in kleine Zwischenschritte.***

Das Erste also, was Sie mit einer Situation tun sollten, die Sie gefühlsmäßig überwältigt, ist, sie in kleinere Schritte herunterzubrechen, mit denen Sie arbeiten können. Wenn Sie versuchen, sich eine ganze Platte Essen auf einmal in den Mund zu schieben und dieses Essen dann auch noch herunterzuschlucken, werden Sie scheitern. Sie brauchen mundgerechte Häppchen. Genauso ist es beim Vergeben. Nehmen Sie eine schwierige Situation und fragen Sie sich, wie Sie sie in kleinere, leichter zu bewältigende Teile herunterbrechen können.

Toms Verletzung durch einen Bauunternehmer erforderte beispielsweise, dass er alle verletzenden Dinge aufschrieb, die der Bauunternehmer getan hatte. Er fand heraus, dass ihn das beruhigte. Erst dann war er in der Lage, sich mit dem Mann an einen Tisch zu setzen und zu einer Einigung zu kommen.

Manchmal ist es jedoch zu viel, alle negativen Erfahrungen auf einmal aufzuschreiben. Marjory war wütend über mehrere Ärzte, die sie falsch behandelt hatten. Als sie alle ihre Verletzungen aufschrieb, wurde sie von ihren Gefühlen überwältigt. Sie musste sich mit jedem Arzt einzeln beschäftigen und ihre Verletzungen mit diesem einen Arzt aufschreiben und dann jede einzelne Sache vergeben, die geschehen war. Danach musste sie sich dem nächsten Arzt zuwenden und dieselbe Methode anwenden. Am Ende waren ihr Ärger und die darunterliegende Angst vor Ärzten verschwunden, und sie war in der Lage, sich einer Behandlung zu unterziehen, die sie bei ihrer Heilung unterstützte.

Der Umgang mit großen Organisationen

Wenn Sie Schwierigkeiten damit haben, einer großen Institution oder Organisation zu vergeben, dann sind Sie wahrscheinlich überwältigt vom Ausmaß der Verletzungen. Auch hier geht es darum, diese in mundgerechte Bissen zu verwandeln, damit es sich anders anfühlt. Versuchen Sie nicht, die ganze Kuh auf einmal zu essen.

Wenn Sie versuchen, sich mit Beleidigungen zu beschäftigen, die von jemand oder etwas Großem verübt worden sind, wie von Regierungen, Organisationen, Konzernen, Kirchen usw., dann erreichen Sie nichts, wenn Sie bei einem allgemeinen Gedanken an „Die da" hängen bleiben. Denken Sie stattdessen an einzelne, spezifische Situationen und an jeden Einzelnen, der an dieser unangenehmen Situation beteiligt war.

Wenn Sie in die Einzelheiten einer Situation eintauchen, dann kommen Sie der Wahrheit näher. Wenn Sie an Beleidigungen arbeiten, dann müssen Sie sich mit all den kleineren Einzelbestandteilen beschäftigen, um vollständig vergeben zu können.

Menschen bilden und unterhalten Organisationen, Bewegungen, Kirchen, Gesellschaften, politische Gruppen, Regierungen usw. Aber nicht Organisationen, sondern Menschen brauchen Vergebung. Brechen Sie also all die Beleidigungen herunter, indem Sie daran denken, wer diese Organisation für Sie repräsentiert. Und wenn Ihnen auch nur ein Einzelner einfällt, dann werden andere folgen.

Ich arbeitete einmal mit einer Frau, die viele Jahre lang in einer Sekte gewesen war. Sie war schließlich in der Lage, ihre Verletzungen loszulassen, indem sie all die Beleidigungen aufschrieb, die ihr im Laufe dieser Jahre in der Sekte zugefügt worden waren. Am Anfang dachte sie, dass es zu überwältigend für sie sein würde, all diese Verletzungen aufzuschreiben, aber sie merkte, dass es in Wirklichkeit viel überwältigender war, diese Verletzungen in der dunklen, unterbewussten Gefühlssuppe vor sich hinbrodeln zu lassen, wo sie schreckliche Stürme in ihrem Alltagsleben auslösen konnten. Statt zuzulassen, dass diese Verletzungen nun weiter unterhalb ihrer Bewusstseinsschwelle in ihrem Denken ihr Eigenleben führten, begann sie sie aufzuschreiben. Und zu ihrer großen Überraschung fing sie an sich besser zu fühlen. Dieses Sich-besser-Fühlen ist jedoch nur ein Anfang. Diese Verletzungen auch zu vergeben, ist der nächste Schritt.

Die Versöhnungskommission und die Wahrheit

1995, als Südafrika versuchte, nach vielen Jahren der Apartheid-Regierung Frieden zu schließen, setzte die Regierung eine Wahrheits- und Versöhnungskommission ein, um eine Amnestie für all diejenigen auszuarbeiten, dic unter dem Apartheids-Regime Kriminaldelikte verübt hatten. Die demokratische Regierung verkündete aber nicht einfach eine Blanko-Amnestie, weil sie wusste, dass dies nichts bringen würde. Die Kommissionsmitglieder erließen stattdessen persönliche Amnestien, für jeden Betroffenen einzeln, der sich ihnen vorstellte. Dabei kam es zu einer Konfrontation mit den Opfern und auch zu Schuldbekenntnissen.

Der Film „*A Long Night's Journey into Day: South Africa's Search for Truth and Reconcialiation*", beschreibt anschaulich, wie diese Kommission gearbeitet hat. Er bekam im Jahr 2000 den Preis für den besten Dokumentarfilm beim Sundance

Festival. (10) Dieses Amnestiemodell ist seither unter verschiedenen Bezeichnungen in elf weiteren Ländern eingesetzt worden, die eine Zeit des Bürgerkriegs, der inneren Unruhe oder der Diktatur hinter sich lassen wollten. (11).

Große Themen vergeben

Hinter jedem großen Thema der Geschichte oder der Welt, mit dem Sie Probleme haben – zum Beispiel mit dem Rassismus – steht ein Mensch oder eine Gruppe Menschen, die diese Ungerechtigkeit für Sie repräsentieren. Es könnte sein, dass Sie sich entspannen und sich Ihrer Vergangenheit stellen müssen, um sie zu entdecken.

Marion versuchte, der katholischen Kirche für die Grausamkeiten zu vergeben, die diese während der Inquisition im Mittelalter gegen Frauen begangen hatte. Sie blieb in ihrer Wut stecken, bis sie erkannte, dass sie in ihrem Kopf ein Bild der Inquisitoren trug, in dem sie als dunkle, bedrohliche Gestalten in schwarzen Roben auftauchten. Sie spürte, dass sie diesen Priestern vergeben musste. Das war der Ausgangspunkt einer inneren Reise. Sie versuchte, die Mentalität der Priester jener Zeit zu verstehen. Mit diesem Wissen ausgestattet war sie in der Lage, ihre Wut gehen zu lassen.

Um den Nationalsozialisten zu vergeben, dachte Jacob an jeden Nazisoldaten und –anhänger, dem er in seinem Leben je begegnet war, und sprach ein Vergebungsgebet für jeden Einzelnen, bis er mit ihm durch war. Weil einige Wachmänner schwierig zu bewältigen waren, betete er weiter, bis er Erleichterung spürte. Bei anderen Teilnehmern erlebte er, wie sie feststeckten, als sie sich mit den Lügen über Juden beschäftigten. Erst dann konnte er seine eigene Verletzung loslassen. Obwohl dies ein langer Prozess war, merkte er, dass dieser nach einer Weile einfacher wurde.

Margaret war in einer besonders schweren Situation vor Gericht. Nach einigen Jahren, mehreren Anwälten und ohne echte Lösung war sie noch zorniger und beinahe bankrott. Und während sie natürlich in ihrem Leben weiterkommen musste, konnte sie dem Rechtssystem nicht vergeben und noch viel weniger dem Menschen, gegen den sie den Prozess angestrengt hatte. Sie durchlief den Power-Vergebungsprozess in mehreren Beratungssitzungen, in denen sie jedem einzelnen juristischen Mitarbeiter sowohl auf der Anklage- als auch auf der Verteidigungsseite vergab, an die sie sich erinnern konnte. Nach einer Reihe dieser Vergebungssitzungen fand sie zu einer neuen Haltung, die sie in die Lage versetzte, dem Täter zu vergeben und den Prozess schnell zu ihrer Befriedigung zu Ende zu führen.

Die Schlüsselfrage

Die Situation in einzelne Bestandteile herunterzubrechen bringt einen oft zu einer Schlüsselfrage im Zusammenhang mit dem, was geschehen ist, und mit den Menschen, die daran beteiligt waren. Diese Frage zu beantworten erfordert oft, dass man alle Bestandteile der Situation erneut durchleuchtet und jedem Menschen vergibt, der daran beteiligt war, damit man eine vollständige Lösung findet.

Gilbert und Kaitlin brauchten nach ihrer Scheidung ein ganzes Jahr, um sich zusammenzusetzen und über das zu sprechen, was geschehen war. Sie tauschten dann ihre persönlichen Erfahrungen aus. Gilbert entdeckte, dass er eigentlich nur eine einzige Frage hatte: „Warum bist du bei mir geblieben, wenn es so schrecklich war, mit mir zusammen zu sein, und unser Leben so furchtbar war?“ Kaitlins Antwort erstaunte ihn: „Es machte mir nichts aus. Den Kindern ging es gut. Unser Haus war schön. Und du warst nicht so schlimm, wie du dachtest.” Wäre es jemand anders gewesen, hätte ihn oder sie eine vollkommen andere Antwort zufriedengestellt.

Gilbert hatte Glück. Oft genug bekommt ein Mensch nicht die Möglichkeit, dass seine Schlüsselfrage direkt beantwortet wird. Es hilft, mit jemandem über Ihre Verletzung zu sprechen, besonders, wenn es sich um jemanden handelt, der Ihnen neue Einsichten vermitteln kann, ohne dass er notwendigerweise mit Ihnen übereinstimmt oder auf Ihrer Seite steht.

Gott vergeben

„Wie vergibt man Gott dafür, dass er die furchtbaren Grausamkeiten zulässt, die Menschen einander jeden Tag zufügen? Ich kann und will einem Gott nicht vergeben, der Brutalität und die Dezimierung von Menschen und Kulturen in seinem Namen zulässt!“, sagte Harvey. Um seinen Konflikt mit Gott zu lösen, musste er seine Vorstellungen von Gott sowie der Rolle Gottes untersuchen und wo und wie er sie gelernt hatte.

Er musste sich auch mit den Grausamkeiten beschäftigen, die er Gott zugeschrieben hatte. Mitten in seiner Befragung schaute sich Harvey in dem Raum um, schüttelte den Kopf und sagte: „Hier geht es nicht um Gott, sondern um die Handlungen von Menschen, die in Angst und Hass leben. Und oft genug dachten sie auch noch, dass sie im Recht wären. Gott tut diese Dinge nicht, wir Menschen tun sie. Es gibt gar nichts, was ich Gott vergeben müsste”.

Gott zu vergeben scheint ich-zentriert zu sein. Und das stimmt. Genau deshalb müssen wir vergeben. Unsere Einstellung ist immer ich-zentriert, wenn wir sie ausschließlich aus unserer Perspektive betrachten.

Vergebung erfordert, dass wir uns, so sehr wir nur können, auch in die Lage des Anderen versetzen. Das bedeutet, sich auch in die Lage Gottes zu versetzen – wenn es Gott ist, dem wir vergeben müssen. Dies erfordert oft, dass wir den Gott unserer Kindheit ganz neu einschätzen müssen. Und diese Neubetrachtung eines alten Konzeptes von Gott kann uns ein neues Verständnis, eine Vertiefung unseres Glaubens und oft genug mehr Demut vermitteln.

Adam, ein junger Polizeibeamter, ging seine Meckerliste über Gott durch, als er in einer persönlichen Krise steckte. Er fühlte sich besser, aber diese Beschäftigung brachte ihn zu einer theologischen Grundfrage. Er sagte seinem Geistlichen: „Gott sollte den menschlichen Geist verändern, der in so bösen Gedanken gefangen ist." Viele Menschen haben genau dieselbe grundlegende Anmerkung zum Wesen Gottes und der Menschen gemacht.

Später sagte er zu mir: „Ich war wie vor den Kopf geschlagen, als der Geistliche mich nach der Bedeutung des freien Willens fragte. In unserem darauf folgenden Gespräch verstand ich endlich, dass wir ohne unseren freien Willen einfach nur Roboter wären. Unser freier Wille schenkt uns das Leben." Mit dieser Einsicht entstand ein unmittelbares Verständnis und auch Vergebung.

Tagebuch-Übung:

Um Gott zu vergeben, tun Sie dasselbe wie bei jeder anderen Verletzung. Sie müssen

a) die Verletzung in ihre Bestandteile herunterbrechen,
b) alle verletzenden Dinge aufschreiben, die Gott Ihrer Ansicht nach begangen hat, und dann
c) die Schlüsselfrage beantworten, die in Ihnen aufkommt.

Nehmen Sie sich Zeit dafür, Ihre Verletzung oder die Verletzungen zu untersuchen, und versuchen Sie zu erkennen, ob Sie sie so weit wie möglich herunterbrechen können.

Die erste Hürde

Wenn Sie verstehen,

- was Vergebung ist,
- was Sie loslassen müssen, damit Sie vergeben können,
- und das größte Hindernis überwinden,
- wenn Sie außerdem die ausschlaggebende Bedeutung der kleinen Veränderungen erkennen
- und sich auf Ihre höchste Vision Ihres Selbst konzentrieren,

dann haben Sie die erste Hürde des Vergebens genommen.

Niemand erwartet von Ihnen, dass Sie dies so schnell tun können. Aber einigen ist es gelungen. Wenn Sie auch zu diesen Menschen gehören, dann helfen Sie anderen Menschen dabei, es ebenso zu machen.

Die frühe Forschung zum Thema Vergebung spielte sich in Trainingsseminaren an Universitäten ab. Dort wurde den Studenten beigebracht, was Vergebung ist und was nicht. Oft gab es allein dadurch schon signifikante Vergebungsergebnisse. Sie werden aber hier viel mehr als das üben.

„Es sollte klar sein, dass Sie das, was Sie möchten, nicht bekommen werden, wenn Sie sich weiter mit einem Herzen voll Bitterkeit durchs Leben schleppen. Darin liegt die Macht der Vergebung. Ihnen ist tatsächlich etwas zugestoßen, aber Sie müssen es dennoch im eigenen Interesse loslassen und Ihr Leben weiterleben."

Phil McGraw, Fernsehpsychologe und Autor, in seinem Buch „Self Matters"

Kapitel 3

Blockaden, die Vergebung verhindern

Die Mythen der Vergebung

Abgesehen von den Stressreaktionen des Gehirns gibt es noch weitere Blockaden, die verhindern, dass Sie Ihre Verletzungen loslassen können. Sie hängen damit zusammen, dass die Menschen an hartnäckigen, irrigen Annahmen festhalten, die sich um das Vergeben ranken. Ich nenne sie „Mythen der Vergebung". Leider halten sich diese Mythen, selbst wenn wir wissen, dass sie nicht wahr sind. Hier sind einige der am meisten verbreiteten. Sie stehen nicht in einer bestimmten Reihenfolge, etwa nach ihrer Wichtigkeit, weil sie alle wichtig genug sind und man sich ihrer bewusst sein sollte.

Mythos 1 • Der Täter lebt nicht mehr oder nicht im eigenen Umfeld, deshalb braucht man nicht vergeben!

Sie denken vielleicht: „Aus den Augen, aus dem Sinn!" Aber wenn Sie Ihre reaktiven Emotionen und Einstellungen weiter in sich tragen, dann bleibt auch die Verletzung weiter in Ihnen lebendig. Auf einer bestimmten Ebene beeinflusst Groll, sei dieser nun unbedeutend oder sehr deutlich spürbar, Ihr ganzes Leben und auch die Interaktion mit anderen Menschen, solange Sie ihn in sich tragen. Obwohl Vergebung ein Akt des Mitgefühls für jemand sein kann, der weit weg oder sogar verstorben ist, können Sie sich vor allem selbst durch einen solchen Akt von der selbstauferlegten Folter Ihres Hasses und Ihrer Wut befreien. Ich habe oft Studenten und Klienten ermutigt, ihren schon lange verstorbenen Eltern zu vergeben, weil sie dann große Veränderungen in ihrem eigenen Leben erfahren konnten. In einer meiner Vergebungsgruppen war eine Frau um die 40, die ihrem Vater vergab, der sie als Kind missbraucht hatte, und daraufhin verschwanden Schmerzen in ihren Beinen, die sie schon seit Jahren hatte.

Mythos 2 • Ich brauche nicht zu vergeben, weil ich den Täter sowieso nie wiedersehen will!

Vergebung ist nicht gleichbedeutend mit Versöhnung. Versöhnung, bei der es um eine Wiederbegegnung von zwei verletzten Parteien geht, ist nicht notwendigerweise das Ziel des Vergebens. Ein Mensch kann vergeben und sich gleichzeitig dafür entscheiden, sich vor einem missbräuchlichen Verhalten zu schützen, indem er oder sie den Täter nie wiedersieht. Damit eine Versöhnung aber wirklich wirksam sein kann, muss es vorher eine Vergebung der Verletzung geben. Ausgedehnte Forschungen mit Paaren, die in ihrer Beziehung Untreue erlebt haben, zeigen, was für einen positiven Heileffekt Vergebung hat. (1)

Rick Warren, ein bekannter Geistlicher und Autor, der den Segen bei US-Präsident Barack Obamas Amtseinführung im Jahr 2009 sprach, sagt zum Thema Versöhnung, die Bibel lehre drei Dinge von grundlegender Bedeutung, wenn man eine Beziehung wieder aufnehmen will, die wegen Untreue zerbrochen ist: Reue, Wiedergutmachung und Aufbau von Vertrauen. „Und Vertrauen", so meint er, „ist etwas, was erst im Laufe der Zeit wieder entstehen kann. Es muss erneut verdient werden." (2)

Mythos 3 • Wenn ich vergebe, billige oder rechtfertige ich damit die Verletzung.

Vergeben bedeutet nicht, dass man schlimmes Verhalten billigt oder eine Beleidigung rechtfertigt. Wie Fred Luskin in seinem hervorragenden Buch *Forgive for Love: The Missing Ingredient for a Healthy and Lasting Relationship* ausführt, glauben wir, dass das Billigen einer Handlung bedeute, sie auch zu rechtfertigen, und dass deshalb Vergeben nicht notwendig sei. Dabei ist Vergeben notwendig, wenn wir verletzt sind oder wenn wir eine Misshandlung, die wir erlitten haben, auf irgendeine Weise betrauern. (3) Die Familie eines Drogenkonsumenten mag ihm sein Verhalten vergeben, aber sie muss deshalb den Drogenmissbrauch nicht gutheißen und wird wahrscheinlich alles tun, um ihn davon abzuhalten.

Obwohl ein Kind manchmal etwas zerbricht und man ihm dies vergibt, bedeutet das nicht, dass die Eltern billigen, was das Kind getan hat. Das Kind muss im Gegenteil eine Strafe bekommen, die seinem Alter angemessen ist. Diese Strafe jedoch wird in Liebe und Verständnis erteilt, damit das Kind daraus lernt. Sie voll Wut auszusprechen, führt nur dazu, dass das Kind Angst bekommt und Groll entwickelt. Studien zeigen, dass Strafen, die ohne Wut erteilt werden, wesentlich wirkungsvoller sind als andere.

Als ich noch als Schulpsychologe arbeitete, erlebte ich oft, dass sich Eltern dabei schuldig fühlten und glaubten, dass sie die Liebe und Zuneigung ihres Kindes verlieren würden. Deshalb führten sie die Strafe nicht konsequent durch. Als Folge davon lernte das Kind seine Lektion nicht. Idealerweise gibt es für den Fall eines Regelbruchs eine vorher ausgemachte Strafe, die man auch kennt. Unser ganzes juristisches System basiert auf diesem Verfahren.

Mythos 4 • Ich habe es versucht, aber ich schaffe es nicht.

Es könnte viele gute Gründe dafür geben, nicht zu vergeben, aber das bedeutet nicht, dass es nicht möglich ist. Sie bekommen hier das Handwerkszeug dafür, nicht nur, damit Sie es versuchen können, sondern auch, damit Sie dabei erfolgreich sind. Manchmal vergibt ein Mensch und bereut es später. Dies geschieht aufgrund einer reaktiven Gehirntätigkeit. Einfach dadurch, dass Sie dieses Buch durcharbeiten, werden Sie keine Art des Vergebens mehr bereuen, die Sie vollzogen haben, und Sie werden eine bedeutend bessere Kontrolle über die Reaktionen des Reptiliengehirns bekommen.

Mythos 5 • Ich bin einfach so wütend! (oder zu verletzt!)

Ausschlaggebend für das Vergeben ist, dass Sie sich Ihrer Gefühle bewusst sind. Sie können die Folgen von überflutenden Emotionen bemerken, wenn Sie sich die Gewalttätigkeiten vergegenwärtigen, die aufgrund von Wut ausbrechen. Jedes Mal, wenn in Ihnen Wut und Feindseligkeit hochsteigen, gerät Ihr gesamtes Körpersystem unter Stress und aktiviert das reaktive Gehirn. Wenn Sie also zulassen, dass Wut und Groll in Ihnen verbleiben, weil Sie nicht vergeben können, dann ist das eine nur scheinbar gute Lösung, die letztlich nicht funktioniert. Energisch zu sein ist nicht dasselbe wie wütend sein, und Sie können durchaus lernen, auch ohne Wut Grenzen zu setzen.

Die Fähigkeit, ohne Wut Grenzen zu setzen, resultiert aus einer Haltung der Stärke und des Friedens und nicht aus einer voll Wut und Groll. Vergebung hat ihre Zeit. Sie müssen sich erst einmal beruhigen, damit Sie effektiv sein können. Meditation, T'ai Chi, Gebete, Kontemplation, Massage, Yoga, Sport oder Gespräche mit Freunden sind alles nützliche und beruhigende Wege dazu.

Sich der Gefühle bewusstzuwerden, die neben den vorherrschenden Gefühlen in Ihnen vorhanden sind, wird Ihnen helfen, mit jeglicher Art von Verletzung umzugehen. Sehr häufig ist ein Betroffener wütend über das, was geschehen ist. Als ich mit Gruppen von Männern arbeitete, die gewalttätig gewesen waren, da war die vorherrschende Emotion Wut. Wir bemerkten jedoch immer, dass Wut für diese Männer nur eine Oberflächen-Emotion war.

Mike erkannte dies, als wir an seiner Verletzung durch seine Freundin arbeiteten. Er wusste, dass er sie über seine Wut kontrollieren konnte. Der Ausdruck von Wut wird bei fast allen Säugetieren als Zeichen von Dominanz interpretiert, und auch bei uns Menschen ist dies nicht viel anders.

Eines Tages wurde Mike wegen irgendeiner Kleinigkeit furchtbar wütend auf seine Freundin Susan. Wie er später selbst sagte: „Eigentlich war es wirklich unbedeutend." Dennoch fuhr er auf und zerbrach etwas, an dem er gerade arbeitete. Natürlich gab er ihr die Schuld daran. In unserer Gewaltkontrollgruppe steigerte er sich förmlich in diese Wut hinein und hörte nicht auf, Susan zu beschuldigen.

Einer der Männer in der Gruppe, Nick, erinnerte sich daran, dass zwei Wochen zuvor Mikes bester Freund gestorben war. Nick wusste ganz gut, dass die erste Reaktion vieler Männer auf emotionale Situationen Wut ist. Darüber hinaus wusste er auch, dass es immer tiefere Gefühle unter der Wut gibt. Also fragte er Mike, ob seine Wut nicht eigentlich dem Tod seines Freundes galt und nicht dem Fehler seiner Freundin. Mike stiegen Tränen in die Augen, als er nur diese Möglichkeit in Erwägung zog. Seine Trauer war unmittelbar spürbar. Sein Ärger auf Susan war vollkommen verflogen. Er sagte sogar später, dass es für ihn leichter war, mit seiner Wut umzugehen, als den Verlust und die Traurigkeit zu fühlen, die der Tod seines Freundes in ihm ausgelöst hatte.

Solche Zusammenhänge haben wir oft in der Gewaltkontrollgruppe erlebt. Als Folge davon ging ich dazu über, bei diesen Männern Wut als eine Schein-Emotion zu bezeichnen. Wut war für sie nur allzu leicht auszudrücken. Aber sie bedeckte andere, wesentlich unangenehmere Emotionen. In der Vergebungs-Arbeit gibt es oft andere Gefühle unter der Wut. Veränderungen können geschehen, wenn man sich in Verbindung zu diesen Emotionen setzt, die vielleicht Angst heißen oder Trauer. Andersherum kann auch Wut eine nicht annehmbare Emotion sein, wie dies öfter bei Frauen der Fall ist, und deshalb könnte es für sie wichtig sein, sich ihrer Wut unter der Oberfläche bewusst zu werden, damit eine Bewegung in Richtung Lösung der Verletzung erzeugt werden kann.

Mythos 6 • Sie verdienen es einfach nicht!

Sie glauben vielleicht, dass ein Mensch Vergebung nicht verdient. Sie sind vielleicht im Recht, der oder die anderen nicht. Nichtsdestotrotz vergeben Sie ihm, um Ihrer selbst willen, zu Ihrem eigenen Nutzen und zum Nutzen Ihrer Beziehung. Ich habe mitfühlende Menschen erlebt, die einem Menschen vergeben, der dies nicht verdient, weil sie das Gefühl hatten, dieser Mensch brauche in seinem Leben etwas Liebe. Tatsächlich nennt Ewerett Worthington, ein bekannter Vergebungsforscher, „das Geschenk der Vergebung" einen der Schritte seines Vergebungsprogramms. (4)

Wir können die Wirkung dieses Geschenks in einer wahren Geschichte erkennen, die mir von Aisha Ababio-Clottey, einer der Autorinnen von *Beyond Fear – Twelve Spiritual Keys to Racial Healing* erzählt wurde. Die Geschichte spielte sich in Ghana ab, in der Heimatstadt von Aishas Ehemann und Mitautor Kokoman. Ein verhaltensauffälliger Junge unterdrückte dort Kinder in der Schule. Offensichtlich mochte ihn niemand. Der Schuldirektor entschloss sich, ihn vor der ganzen Schule auf offener Bühne zu bestrafen, sodass die anderen Kinder das Gefühl bekamen, dass ihnen Gerechtigkeit widerfuhr. Kokomans Schwester war Lehrerin an der Schule und hatte alle ihre Schüler im Fach Vergebung unterrichtet. Als nun dieser verhaltensauffällige Junge und der Direktor auf der Bühne standen, begannen die Schüler der Klasse von Kokomans Schwester zu singen: „Vergib ihm!" Bald sang die ganze Schule: „Vergib ihm!". Und der Direktor schwieg und ließ den Jungen von der Bühne gehen. (5)

Die Geschichte endet hier jedoch nicht. Das liebevolle Handeln der Kinder dem Missetäter gegenüber veränderte diesen. Er wurde freundlicher und ein guter Schüler. Diese mitfühlende Handlung veränderte die gesamte Situation an der Schule. Später hörte Clottey diese Geschichte aus erster Hand von dem Mann, der einmal dieser Junge gewesen war. Er arbeitet für das Zentrum für Einstellungveränderung in Ghana.

Diese Zentren zur Heilung von Einstellungen, die es auf der ganzen Welt gibt, werben für Vergebung als einem ihrer Heilprinzipien. Diese Prinzipien haben in den vergangenen 30 Jahren vielen Menschen geholfen. Lesen Sie im Anhang E mehr über diese starken Helfer. Der bekannte Psychiater Jerry Jampolsky hat sie gegründet. Zusammen mit seiner Frau, Diane Cirincione, hat er viele interessante Bücher über Heilung geschrieben, in denen die Bedeutung des Vergebens unterstrichen wird. (6)

„Ihre Einstellung ist alles und bestimmt, wie Sie jeden Aspekt Ihres Lebens erleben.
Sie können nicht immer kontrollieren, was auf der Welt geschieht,
aber Sie können durch Ihre Einstellung viele Male am Tag festlegen,
wie Sie darauf reagieren wollen."

JERRY JAMPOLSKY UND DIANE CIRINCIONE

Mythos 7 • Ich möchte das alles einfach nur vergessen!

„Von Menschen, die vergeben, wird nicht verlangt, dass sie vergessen. Ganz im Gegenteil. Es ist wichtig, sich zu erinnern, damit wir dafür sorgen können, dass solche Grausamkeiten nie wieder geschehen. Vergeben bedeutet nicht billigen, was geschehen ist. Es bedeutet, das ernst zu nehmen, was geschehen ist, und es nicht kleiner zu machen, und auf diese Weise das Stechen aus der Erinnerung zu nehmen, das unsere gesamte Existenz bedroht."

Bischof Desmond Tutu in: No Future without forgiveness (7)

Zu versuchen, eine Verletzung einfach zu vergessen, ist möglicherweise keine Vergebung, sondern Verdrängung. Die negativen Folgen dieser Verdrängung wirken sich auf heimtückische Weise unter der Oberfläche Ihres Denkens aus. Denken Sie daran – Sie wissen erst, dass Sie jemandem vergeben haben, wenn er oder sie durch Ihr Denken spazieren kann, ohne dass Sie darauf reagieren.

Rick Warren, der bekannte Geistliche, erinnert uns daran, dass Vergessen nicht der Zweck des Vergebens ist. Er betont: „Der einzige Weg, durch den Sie etwas vergessen können, besteht darin, dass Sie sich wirklich auf etwas ganz Anderes konzentrieren." (8)

Vergebung ermöglicht, dass die Verletzung nach und nach aus unsrem Denken verschwindet, weil es nicht mehr von der Verletzung angetrieben wird und man sich stattdessen auf die positiven Aspekte des Lebens konzentrieren kann.

Mythos 8 • Bevor ich vergebe, brauche ich eine Entschuldigung!

Sie können wahrscheinlich lange und vergeblich darauf warten, dass jemand seine Schuld bekennt, auch wenn Sie dies noch so sehr brauchen. Der Mensch, der die Verletzung begangen hat, hat vielleicht eine ganz andere Einstellung zu dem, was geschehen ist, und das Gefühl, dass seine Entschuldigung gar nicht notwendig ist. Vielleicht erwartet er oder sie umgekehrt eher eine Entschuldigung von Ihnen. Wenn Sie in der Lage sind, die Verletzung loszulassen, indem Sie sie vergeben, dann werden Sie Ihr Glück und den Frieden Ihres Geistes wiederfinden und nicht länger abhängig von den Handlungen eines anderen Menschen sein. Und Sie werden aufhören, ein Opfer zu sein. Selbst wenn dieser Mensch sich nämlich bei Ihnen entschuldigt, kann dies vielleicht nicht wirklich von Herzen kommen, wenn Sie darauf bestanden haben. Vergeben Sie ohne Entschuldigung, und sparen Sie sich Zeit, Energie und Herzschmerzen.

Mythos 9 • Da ist zu viel geschehen, als dass ich vergeben könnte!

Manchmal ist es zu schwer, einem Menschen zu vergeben, weil er oder sie so viel verbrochen hat. Das Prinzip, das wir im Kapitel 2 beschrieben haben, kann jedoch auch hier angewandt werden. Brechen Sie die Schuld in kleine Teilbereiche herunter. Listen Sie alle Beleidigungen auf, die der Täter verübt hat.

Anne Marie sagte, dass sie ihre Ehe in einem „missbrauchten und zerbrochenen Zustand" verließ. „Es ist mir nicht möglich, all die Jahre der Gewalt zu vergeben, die ich durch meinen Ehemann erlitten habe." Ihre Wut auf ihn dauerte nun schon sechs Jahre. Ein falscher Blick oder ein Kommentar irgendeines Mannes waren genug – und sie rastete aus. Sie beschimpfte ihn dann heftig wegen seines angeblich respektlosen Verhaltens. Natürlich wurde sie deshalb von Menschen gemieden.

Die wenigen Freunde, die ihr geblieben waren, sagten ihr, dass sie verzeihen und ihr eigenes Leben weiterleben müsse, weshalb sie in eins meiner Seminare kam. Ihre Aufgabe bestand darin, eine Liste jeder einzelnen Verletzung durch ihren Ehemann aufzustellen, an die sie sich erinnern konnte, und dann mit den kleinen Verletzungen anzufangen und sie zu vergeben. Weil sie sich selbst nicht so mochte, wie sie geworden war, entschloss sie sich, dem Vorschlag zu folgen. In wesentlich kürzerer Zeit, als sie gedacht hatte, gelang es ihr, in Frieden mit sich zu kommen.

Frage: Wenn Sie Schwierigkeiten haben zu vergeben, dann sehen Sie vielleicht nur die Gesamtsituation. Nehmen Sie sich deshalb ein wenig Zeit und brechen Sie die Situation in kleinste Bestandteile herunter und vergeben dann jedem Beteiligten.

Gibt es dabei vielleicht jemanden oder eine Gruppe von Menschen, die eine Organisation für Sie repräsentieren? Ich nenne das „Den Übeltäter finden".

Und hier noch weitere Fragen, die Ihnen helfen können, mehr über die Situation im Allgemeinen herauszufinden:

1. Wer sind die Menschen, an die Sie denken, wenn Sie sich an die verletzende Situation erinnern?
2. Was genau haben sie getan, was Sie verletzt hat?
3. Wie sieht ihr Gesicht aus, was haben sie im Einzelnen getan?
4. War jeder von ihnen „denen" ähnlich und hat dasselbe getan?
5. Ihrer Erfahrung nach: Waren „sie" alle genau identisch?

Mythos 10 • Ich kann nicht vergeben, weil sie es nach wie vor tun!

Wenn ein Mensch weiterhin unabsichtlich oder sogar absichtlich Ihre Gefühle verletzt, aus Gewohnheit, oder weil er es nicht besser weiß, kann Vergebung dennoch von Vorteil sein, auch wenn dies zugegebenermaßen schwieriger ist. Vergebung wischt die Wirkung der Verletzung weg, selbst wenn sie erst vor 15 Minuten geschah oder sich in den nächsten 15 Minuten wiederholt.

Körperliche Gewalt ist eine vollkommen andere Situation. Sie müssen sich schützen. Selbst emotionale Gewalt muss unterbunden werden. Aber wenn es keine Wahl gibt – und manchmal gibt es keine – dann kann Vergebung helfen. Beispielsweise berichtet uns Bernie Siegel, der inspirierende Autor in seinem Buch *Prescription for Living*: „Vergebung ist das Herzstück eines gesunden und glücklichen Lebens. Vergebung schützt Beziehungen. Sie schützt auch den Menschen, der vergibt."

Er berichtet, dass der Psychiater und Autor Robert Coles in seinem Buch *Children of Crisis: A Study of Courage* von Ruby Bridges erzählt, dem ersten afroamerikanischen Kind, das in eine Grundschule im Süden integriert werden konnte.

Jeden Tag des Jahres 1960 mussten Polizeibeamte das Mädchen durch eine Menge Erwachsener eskortieren, die sie anspuckten und sie mit schrecklichen Bezeichnungen beschimpften. Coles war überrascht, dass dieses fünf Jahre alte Mädchen von dieser Belastung scheinbar unbeeinträchtigt blieb. Er entdeckte, dass Ruby jeden Abend betete und Gott bat, ihren Verfolgern zu vergeben. (9)

Eine Verletzung loszulassen, gerade wenn sie noch anhält, bedeutet immer auch Selbstvergebung. Wenn man sich weigert, respektvoll mit sich umzugehen, bleibt man im Kreislauf des „Alles rächt sich früher oder später" gefangen. Auf diese Weise werden Sie weiterhin dasselbe bekommen, was Sie bisher bekommen haben. Um diese Situation zu verändern, müssen Sie handeln und den zerstörerischen Teufelskreis unterbrechen, indem Sie sich aus der Gewaltsituation befreien. Diese innere Arbeit braucht vielleicht die Unterstützung eines Fachmanns.

In einer Vergebungsgruppe für Teenager sprach ich mit Cristy, deren frühere gute Freundin bösartige Lügengeschichten über sie verbreitete. Ihr Leben war sehr schwierig geworden, denn sie war deprimiert durch das Unfaire der Situation. Und sie konnte ihre Verletzung nicht loslassen. Als wir den Vergebungsprozess mit ihr machten, änderte sich ihre Einstellung gegenüber dem anderen Mädchen. Selbst ihre Körperhaltung veränderte sich. Das hatte zur Folge, dass sie in der Schule eine andere nonverbale Botschaft aussandte. Sie begann sich weniger als Opfer zu fühlen. Sie fühlte sich nicht nur selbst besser, sondern auch ihre ehemalige Freundin empfand die größere Weichheit ihrer Einstellung und hörte auf, sie anzugreifen. Schließlich vergab Cristy ihrer früheren Freundin, und ihre Beziehungen zu ihrem Freund und auch zu anderen verbesserten sich.

Mythos 11 • Sie werden mich nur wieder verletzen, wenn ich vergebe!

Angst hält das reaktive Stress-System aufrecht. Es ist wahr, dass „Liebe bedeutet, die Angst aufzugeben“ (10), denn beide können nicht gleichzeitig existieren. Wenn unser grundlegendes Überlebenssystem durch Angst aktiviert wird, dann fällt das, was wir „höheres Funktionieren“ nennen, weg, und wir kümmern uns nur noch darum, unser Leben zu retten. Dieser Selbstschutz ist zwar wichtig, aber er kann das Vergeben abblocken, besonders wenn wir Angst haben, wieder verletzt zu werden, was ein großes Hindernis beim Vergeben ist, wie ich in Kapitel 1 dargestellt habe.

Vergeben bedeutet nicht, die andere Wange hinzuhalten, sodass ein neuer Angriff erfolgen kann. Als Jesus sagte „Halte die andere Wange hin“, da meinte er ursprünglich, dass Sie damit die Stärke Ihres Glaubens zeigen sollten. Darüber hinaus ist damit auch Vergebung gemeint, aber nicht nur.

Die Kontroverse jedoch, die bis heute um diesen Ausspruch geführt wird, hat ungerechtfertigterweise dazu geführt, dass er weniger oft genutzt wird. Sie können jedoch jemandem vollständig vergeben und dennoch Ihre moralischen Standards aufrechterhalten. So kann man auch einem Geschäftspartner vergeben, der etwas Schädigendes getan hat, und ihn gleichzeitig warnen, dass Ihre Geschäftsbeziehung beendet sein könnte, wenn er es noch einmal tut. Die Angst davor, erneut verletzt zu werden, wenn Sie vergeben, ist sehr real, aber wenn Ihr Leben nur durch diese Angst angetrieben wird, dann können Sie auch nur aus Ihrem Überlebensinstinkt heraus handeln. Wie ich schon in Kapitel 2 ausgeführt habe, müssen Sie lernen, Ihre Angst zu kontrollieren. Das könnte bedeuten, dass Sie sich Hilfe suchen müssen. Meditation, Gebete und Ihr Glauben können Ihnen helfen. Ebenso kann ein Spaziergang in der Natur oder das Hören Ihrer Lieblingsmusik unterstützend sein. In diesem Buch sind viele Methoden beschrieben, die Ihnen hilfreich sein können. Wenn Sie Ihre Angst einen Augenblick lang zum Schweigen gebracht haben, üben Sie Vergebung. Tun Sie alles, was Ihnen aus dem reaktiven, angsterfüllten Gehirn heraushelfen kann. Erinnern Sie sich, Sie können vergeben und gleichzeitig Grenzen setzen, sodass Sie nicht mehr verletzt werden können.

Die größte Klage und die stärkste Angst, die Sie beim Vergeben von Handlungen eines gewalttätigen Partners in einer Familie spüren können, resultieren jedoch aus der ganz realen Sorge, dass der geschlagene Partner den Täter wieder in sein (oder ihr) Leben einlassen wird und dass die Gewalt dann weitergeht.

Wenn ein Mensch aber diese Vergebungsarbeit tut, dann kehrt oft die Liebe in die Beziehung zurück. Wenn dies geschieht, dann wird der Partner geheilt zu dem gewalttätigen Partner zurückkehren. **WARNUNG**: Der zurückkehrende Partner wird dann oft erneut geschlagen, weil der Täter meist seine eigene innere Arbeit an seiner oder ihrer Wut noch nicht abgeschlossen hat. Wenn der Täter diese Arbeit nicht für sich tut, dann wird die Gewalt wahrscheinlich weitergehen.

Gewalttäter, ob Männer oder Frauen, erkennen nicht, dass ihre Opfer nicht die Ursache ihrer Wut sind und es deshalb nicht verdienen, verletzt zu werden. Weil Gewalttäter oft jähzornig sind und schnell explodieren, müssen sie Methoden lernen, wie sie in stressreichen Situationen ruhig bleiben können. Bis ein gewalttätiger Partner über diese Fähigkeiten verfügt, ist er kein sicherer Umgang, wenn es um ihn herum stressreich wird. Wenn Sie also mit einem körperlich verletzenden Partner zusammensein wollen, dann stellen Sie sicher, dass er sich an einem ausgedehnten Gewaltkontrollprogramm beteiligt, nicht nur an einem Zehn-Wochen-Kurs oder einem Seminar, das einmal pro Woche stattfindet.

Nach einer umfassenden Vergebungsarbeit kann ein Mensch, der in einer Beziehung geschlagen worden ist, es letztlich einfacher finden, diese Beziehung zu beenden. In *The Anatomy of Peace* des Arbinger Instituts erzählt eine Frau eine Geschichte eines gewalttätigen Noch-Ehemannes, der häufig zu Besuch kam, um seine Tochter zu sehen, aber in Wirklichkeit versuchte, einen Weg zurück in die Beziehung zu finden. Bei einer Gelegenheit war die Ehefrau davon überzeugt, dass er kurz davor stand, Selbstmord zu begehen, und war freudig erregt, dass er endlich aus ihrem Leben verschwinden würde. Am nächsten Morgen kehrte der Mann völlig verstört zurück. Er hatte vorgehabt, sich umzubringen, aber ein ungewöhnlicher Stromausfall hatte ihn davon abgehalten. Er versuchte sie zu überreden, dass dies ein Zeichen sei, dass sie immer noch zusammengehörten. Sie wurde wütend und entschloss sich, so gemein wie möglich zu sein, um ihn in den Selbstmord zu treiben.

Diese Frau, die schon die Vergebungsarbeit gemacht hatte, war über ihre eigene Bereitschaft, einen anderen Menschen zum Selbstmord zu treiben, sehr schockiert – ganz gleich, wie grausam dieser Mensch sich ihr gegenüber auch verhalten hatte. Mitgefühl stieg in ihr auf, und sie legte ihren Arm um ihn, um ihn zu trösten. Sie war auch in der Lage zu erkennen, dass sie sich selbst in der Vorstellung gefangen hatte, dass sie mit ihm zusammenbleiben müsse, wenn sie wieder Liebe für ihn fühlte. Als sie erkannte, dass Vergebung und sogar Liebe dies keineswegs von ihr forderten, fühlte sie sich befreit von ihrer Wut und ihrem Groll, und in Verbindung damit von ihrem Festhalten an der Beziehung. (11)

Im Allgemeinen habe ich herausgefunden, dass Vergebung das wirkungsvollste Werkzeug ist, um die Schwelle von Wut zu senken. Eine als Verletzung wahrgenommene Handlung löst oft Wut aus. Diese Verletzung ist bei einem gewalttätigen Menschen oft tiefer als der eigentliche Anlass. Sich mit seiner Vergangenheit zu beschäftigen senkt darum das Ausmaß von Wut bei einem aufbrausenden Menschen. Die Wunden zu heilen erfordert jedoch Tiefenarbeit. Wenn ein gewalttätiger

Mensch nicht bereit ist, an seiner oder ihrer Wut zu arbeiten, wird er wahrscheinlich wieder gewalttätig werden.

Vergebung bedeutet nicht, diesen Menschen wieder in Ihr Leben zu lassen. Ein Mensch kann einem Gewalttäter vergeben und dennoch eine einstweilige Verfügung bei der Polizei erlassen, damit er selbst und die Kinder geschützt sind. Ein Gewalttäter muss Selbstbeherrschung lernen, ganz gleich, wie sehr er oder sie emotional aufgewühlt ist. Verletzendes Verhalten zu begrenzen hilft eigentlich dem Täter selbst, weil er oder sie selbst in seinem auf Stress überreagierenden reaktiven Gehirnteil gefangen ist. Der chronische Gewalttäter muss eine kontinuierliche innere Disziplin und Praxis lernen, um oberhalb der Schwelle des Reptiliengehirns zu bleiben.

Wenn eine Beziehung an einen Punkt körperlicher oder emotionaler Gewalt gekommen ist, dann ist sie in großen Schwierigkeiten. **Hilfe von außen ist dann unbedingt notwendig**. Grenzsetzung gegenüber der Gewalt ist dringend erforderlich. An der Beziehung mit der häuslichen Gewalt zu arbeiten geht nur mit einem Psychotherapeuten, der besonders für diesen Bereich ausgebildet ist. **Es ist keine Arbeit, die Sie allein machen können**. Gewaltgruppen, Gruppen zum Thema „Häusliche Gewalt" und „Gewaltkontrolle" sind hier sehr wirkungsvoll, nicht nur, weil sie gute Methoden vermitteln, sondern auch, weil der Mensch, der die Gewalt begangen hat, lernen muss, andere Wege zu finden, um sein Leben zu einem befriedigenden zu machen – und dies nicht nur über seinen Partner oder Ehepartner erreichen zu wollen. Und, natürlich, damit der geschlagene Partner von nun an sicher ist.

Mythos 12 • Gott wird sich darum kümmern, deshalb brauche ich es nicht.

Es ist nicht wahr, dass Sie nichts tun brauchen, denn die Verletzung, die Sie beeinträchtigt, ist weiter in Ihrem Inneren, während Sie darauf warten, dass der Täter von Gott bestraft wird. Das wiederum wird Sie nicht von Ihrer Verletzung befreien. Obwohl wir natürlich darüber spekulieren können, wie Gott jemanden aburteilt, können wir in Wirklichkeit nicht wissen, wie Gottes Einstellung zu einer gegebenen Situation sein wird, weil wir nicht in der Lage sind, den 360-Grad-Blick einzusetzen, den Gott bei einer Situation, einer Handlung oder einem Menschen besitzt. Wir kennen die Vergangenheit und oft auch die Gegenwart nicht, die einen Menschen dazu gebracht hat, sich für das zu entscheiden, was er oder sie getan hat. Wir können auch die gesamte Dynamik in all ihren Facetten nicht kennen, die in seinem Leben eine Rolle spielt. Und wir sehen sehr oft die Kräfte nicht, die unser Leben beeinflussen und die uns zu einer spezifischen Entscheidung treiben. Das heißt, dass wir eigentlich nur unsere eigene Arbeit tun können und Gott seine Arbeit tun lassen müssen. Und in unserem Leben besteht unsere Arbeit im Vergeben.

Sie können natürlich um göttliche Hilfe bitten. Sie können Gebete sprechen, um vergeben zu können, oder auf den Menschen meditieren und um eine Eingebung bitten. Sie können mit der inneren Hilfe, die für uns alle zur Verfügung steht, sehr viel bewegen. Im ganzen Buch werden viele unterschiedliche Arten vorgestellt, um diese Hilfe zu erhalten und einzusetzen.

Achten Sie auf Ihre gegenwärtige Vorstellung von Gott und versuchen Sie zu erkennen, ob Ihre Einstellung immer noch von Glaubensmustern aus Ihrer Kindheit beeinflusst ist, die nicht länger gelten.

Die Mythen der Vergebung – Zusammenfassung

Es gibt Vorstellungen zum Thema Vergebung, die einfach nicht real sind und Probleme verursachen, wenn Menschen versuchen, einem anderen zu vergeben. Wenn wir genauer hinschauen, was Vergeben wirklich ist und was nicht, dann decken wir diese Vorstellungen auf.

Vergebung ist:

- Schlimmes Verhalten nicht zu billigen, eine Beleidigung nicht zu rechtfertigen und nicht die andere Wange hinzuhalten
- Keine Versöhnung mit der verletzenden Seite
- Nicht dasselbe wie: Aus den Augen, aus dem Sinn
- Nicht abhängig von einer Entschuldigung
- Nicht abhängig davon, dass der Andere noch lebt oder mit Ihnen in Kontakt ist
- Nicht abhängig davon, ob der Verletzende sie auch verdient
- Nicht verlieren oder den einfachsten Weg wählen
- Nicht vergessen oder seine Verantwortung abgeben
- Nicht abhängig vom Glauben an Gott.

Der Mythen-Detektor für Vergebung: Um sich beim Vergeben zu unterstützen, vervollständigen Sie diese Übung:

- Erinnern Sie sich an eine Situation in Ihrem Leben, in der Sie erfolglos versucht haben, einem Menschen zu vergeben.
- Untersuchen Sie diese Situation noch einmal darauf, ob einer der Mythen der Vergebung dabei eine Rolle spielte und Sie deshalb nicht in der Lage waren zu vergeben. Schreiben Sie den betreffenden Mythos auf.

1. Würde die Auflösung des Mythos Ihnen ermöglichen, die Situation aus einem anderen Blickwinkel zu betrachten?
2. Könnten Sie dem Menschen nun vergeben?

Gott als Vergebungs-Blockade?

Die Fähigkeit zu vergeben wird auch stark davon beeinflusst, welche Vorstellung man von Gott oder irgendeiner anderen höheren Macht hat. Manche Menschen sind gewohnt, Gott vor allem als Richter oder Verurteilenden zu sehen. Damit könnten sie rechtfertigen, dass sie andere verdammen oder auch verletzen. Sie werden sich natürlich auch selbst verurteilen, was dann ihr eigenes Leiden verursacht, ebenso ihre Depression sowie ihren Mangel an innerem Frieden, Liebe und Vergebung.

Ich erwähne dies hier, weil Menschen, die mit diesem negativen Konzept aufgewachsen sind, manchmal Schwierigkeiten haben zu vergeben, solange sie diese Vorstellung von Gott und sich selbst nicht verändern. Wenn Sie ein Gefühl von Wertlosigkeit haben, dann wird Selbstvergebung für Sie ein sehr wichtiger Bereich sein, an dem Sie arbeiten sollten. Mitgefühl und auch Verständnis für sich selbst zu entwickeln wird von ausschlaggebender Bedeutung für Sie sein.

Selbst-Vergebung

Es gibt ein Problem mit dem Ausdruck: „Liebe deinen Nächsten wie dich selbst". Wenn Sie sich selbst nicht lieben, dann ist oft keine Liebe da, die Sie Ihrem Nächsten schenken können. Der Wahrheit dieses Prinzips in seiner vollen Bedeutung zu folgen, könnte der erste Schritt sein, Ihren Selbstwert, die Liebe für sich selbst und Ihr Gefühl, wertvoll zu sein, zurückzugewinnen. Dies erreichen Sie, wenn Sie Selbstvergebung lernen.

Wie der Schriftsteller Paolo Coelho sagt:

„Achten Sie auf jeden Augenblick, weil die Gelegenheit –
der „magische Moment" – in unserer Reichweite liegt,
obwohl wir ihn oft vorbeigehen lassen, weil wir uns schuldig fühlen." (12)

Ich nutze den Ausdruck „Selbstvergebung erreichen", weil man dies oft nicht einfach so tun kann. Sie müssen zunächst erkennen, wie Sie sich fühlen. Manchmal müssen Sie dann wiedergutmachen, was Sie getan haben, wie es im Zwölf-Schritte-Programm dargestellt wird. Vielleicht müssen Sie sich aber auch an eine höhere Macht wenden, um Ihr Herz von seiner Selbstquälerei befreien zu können.

Um Vergebung von seinem toten Vater zu erlangen, den er jahrelang schlecht behandelt hatte, praktizierte Simon täglich ein jüdisches Ritual für seinen Vater. Nach zwei Monaten spürte er eine deutliche Veränderung. Er fuhr fort, dieses Ritual zu praktizieren, weil es ihn dabei unterstützte, seine Verbindung mit dem Leben, der Liebe und mit Gott zu vertiefen.

Ruth hatte das Gefühl, dass ihre Wut, die sie während der letzten Lebensmonate ihrer Mutter in sich trug, unverzeihlich war. Obwohl sie den Vergebungsprozess kannte, brachte ihr dieser keine Erleichterung. Meine Vorschläge jedoch halfen ihr schließlich. Sie entschloss sich, regelmäßig in einer wunderschönen Kathedrale zu beten. Sie war zwar keine Katholikin, aber ihre Mutter war katholisch gewesen. Bei einer Messe, die sie besuchte, sagte sie: „Ich spürte innerlich eine Veränderung und fühlte die Liebe und Vergebung meiner Mutter."

Manchmal ist es nötig, dass uns diejenigen verzeihen, die wir verletzt haben, damit wir uns wieder mit uns selbst im Einklang fühlen können. Dies erfordert oft wenigstens eine Entschuldigung. In ihrem Buch *The Power of Apology* beschreibt die Autorin Beverly Engel uns eine Drei-Schritte-Methode, um eine wirklich sinnvolle Entschuldigung auszusprechen (13):

1. Sprechen Sie Ihr Bedauern aus, dass Sie eine solche Situation hervorgerufen haben.
2. Akzeptieren Sie Ihre Verantwortung für das, was Sie getan haben.
3. Finden Sie einen Weg, die Verletzung wiedergutzumachen, vielleicht durch ein Versprechen oder eine Handlung.

Ihr Buch beschreibt eine Menge hilfreicher Ideen, wie man diese Schritte konkret durchführen kann. Einige Menschen müssen vielleicht tief in die Geschichte ihrer Ursprungsfamilie eintauchen, um eine gewisse Objektivität zu finden und Selbstvergebung zu erlangen. Andere finden vielleicht Hilfe darin, etwas zu spenden oder für etwas zu arbeiten, das sie wichtig finden, um so ihren Selbstwert zurückzugewinnen. Sie werden jedoch nicht wissen, was wirklich bei Ihnen funktioniert, ehe Sie nicht ganz in den Prozess eintauchen. Manchmal ist die wichtigste Handlung, die Sie vornehmen können, um Selbstvergebung zu erlangen, ernsthaft und ehrlich um innere spirituelle Hilfe zu bitten.

Im Anhang C finden Sie ein hilfreiches Gebet von Masaharu Taniguchi, dem Gründer einer spirituellen Bewegung in Japan, die Seicho-NO-IE genannt wird. Bei dem Gebet geht es um Selbstvergebung, obwohl es die Versöhnung betont. Versuchen Sie es.

Ist es wahr, dass nur Gott vergibt?

Manche religiöse Richtungen lehren, dass Menschen unfähig sind zu vergeben, weil sie von Geburt an Böses in sich tragen, und deshalb nur Gott vergeben kann. 20 Jahre Forschung zeigen jedoch, dass Menschen aller Lebensrichtungen, ob sie nun religiös sind oder nicht, ständig vergeben und ebenso wie andere großen Nutzen davontragen. Diejenigen ohne religiöse Bindung können denselben Nutzen wie ein religiöser Mensch erreichen, wenn sie alte Hassgefühle und alten Groll loslassen.

Ich habe mit Atheisten und Menschen vieler verschiedener Religionen gearbeitet, von denen alle durch Vergebung radikale Veränderungen in ihrem Leben erlebt haben. Vergeben ist eine Bewegung des Geistes und des Herzens in Richtung Mitgefühl, Freundlichkeit und Liebe. Sie ist eine Friedenshandlung, die als Ergebnis für den Vergebenden Freude bringt, ganz gleich, welcher religiösen Ausrichtung er oder sie angehört.

„Nur Gott vergibt" kann manchmal auch eine Entschuldigung sein, die von der Geistlichkeit benutzt wird, die nicht in der Lage ist, Menschen beim Verzeihen zu helfen. Während Jesus, historisch betrachtet, dieses Thema enorm betont hat, stimmt es nicht mehr, dass die Kirche (und Gott, den sie vertritt) die einzige Kontrolle über das Verzeihen hat. Das ist eine Unwahrheit, die dazu beiträgt, dass Vergebung bis heute verurteilt wird. Sie wird vielmehr jedem von jedermann geschenkt und jeder kann einem anderen beim Vergeben helfen. Wir besitzen Methoden dafür und Handlungsanweisungen, wie man sie anwendet. Wir müssen es nur tun.

Jean, eine Psychotherapeutin und eine meiner Schülerinnen, war Atheistin und ziemlich verletzt, als ich sagte, dass Menschen mit religiösem Hintergrund es vielleicht leichter hätten zu vergeben. Sie zitierte Momente in ihrem Leben, in denen offenkundig religiöse Menschen ziemlich wenig bereit waren zu vergeben. Sie kannte dagegen viele Menschen und Klienten ohne jede religiöse Ausrichtung, die freundliche und zum Vergeben bereite Menschen waren. Und sie selbst hatte einen tragischen Missbrauch in ihrer eigenen Vergangenheit vergeben. Menschen, die mit viel Liebe und Freundlichkeit aufgewachsen sind, tragen dies auch in ihr Erwachsenenalter weiter.

Wenn Sie jedoch das Gefühl haben, dass Sie nicht mit genügend Liebe erzogen worden sind, dann könnte es jetzt Zeit sein, dass Sie diese Verletzung gehen lassen. Ganz gleich, was Ihnen geschehen ist, Sie haben die Fähigkeit, das Höchste in sich und um sich herum zu finden und auf diese Weise jegliche Liebe zu finden, die Sie in der Vergangenheit vermisst haben. Vergebung ist ein guter Weg, dies zu erreichen.

Werden Sie sich Ihrer Gefühle bewusst

Im Abschnitt über den Mythos 5 haben wir über Gefühle gesprochen, die unter der Oberfläche liegen, und darüber, dass ein Mangel an Bewusstheit über andere Emotionen in einer bestimmten Situation uns vom Vergeben abhalten kann. Wenn wir alte Verletzungen und Traumata in uns tragen, dann beeinflussen sie uns unterhalb der Bewusstseinsschwelle in unserem Unterbewusstsein. Sind Sie schon einmal Auto gefahren und haben ganz plötzlich bemerkt, wie verspannt Ihr Nacken war und wie weh er tat? Eine Minute vorher schien er nicht wehgetan zu haben. Dennoch, wenn Sie genau hinschauen, dann merken Sie, dass er eigentlich schon eine ganze Weile wehtat, Sie dies aber nicht bewusst registriert haben. Wenn Sie sich aber nun bewusst werden, dass Sie die Anspannung festhalten, dann fühlen Sie plötzlich den Schmerz. Dann können Sie etwas unternehmen, um den Schmerz zu lindern.

Unser Unterbewusstsein schützt uns gegen den emotionalen Schmerz alter Verletzungen, indem es ihn außerhalb unseres Bewusstseins unterbringt. Obwohl die alten Ereignisse unserem Bewusstsein nicht zur Verfügung stehen, können sie dennoch schädlich sein. Sie können als körperliche Symptome auftauchen, als Gereiztheit oder ganz allgemeine Wut, die plötzlich explodieren und ernsthaften Schaden in unserem Leben anrichten kann. Diese alten Verletzungen und die negativen Haltungen, die daraus entstehen, beeinflussen uns weiter auf zerstörerische Weise, vor allem in der Art, in der wir mit der Welt in Verbindung treten.

Bewusstsein über unsere Emotionen zu erlangen ist ein Schlüssel für das Loslassen von Verletzungen. Erinnern Sie sich, wenn Sie sich ihrer nicht bewusst sind, können Sie nicht mit ihnen umgehen. Bei einer Situation, die bisher nicht vergeben ist, einfach nur die Emotion unter der Oberfläche zu entdecken – wie beispielsweise Traurigkeit, Trauer oder Verletztheit – kann Ihre Reaktion darauf dramatisch verändern.

„Jetzt bin ich 42 Jahre alt geworden und habe nie gewusst, dass ich so viele Gefühle habe!“, beschwerte sich Jack in der Gewaltkontrollgruppe, nachdem er eine Emotionsliste in Empfang genommen hatte. „Warum hat mir dies niemand vorher gezeigt? Warum bringen sie einem das nicht in der Schule bei?“ Ich war sehr erstaunt über seine Bemerkung und habe mir im Laufe der Jahre angewöhnt, Emotionslisten auszuteilen, um Menschen dabei zu helfen, genau beschreiben zu können, was sie fühlen. Sehen Sie dazu im Anhang D nach.

Wertvolle Punkte zum Erinnern

- Vergebung ist keine intellektuelle Handlung. Starke Gefühle werden dabei an die Oberfläche kommen.
- Diese Gefühle sind das Eingangstor zur Vergebung.
- Gefühle liegen oft übereinander, besonders Wut. Oft lösen Gefühle von Angst oder Traurigkeit Wut aus.
- Schwierige Gefühle zu vermeiden ist normal, aber bei dieser Arbeit nicht hilfreich. Sie können nichts loslassen, was verborgen ist.
- Seien Sie ehrlich und mutig, wenn Sie bereit sind zu fühlen, was vielleicht unter der Oberfläche schwelt, und wehren Sie sich nicht länger dagegen.

Hilfe beim Bewusstwerden von Gefühlen: Im Anhang werden Sie die Seite finden: *Wie wir uns wahrscheinlich fühlen, wenn unsere Bedürfnisse nicht erfüllt werden.* Ich habe auch dort etwas zusammengestellt zum Thema *Wie wir uns wahrscheinlich fühlen, wenn unsere Bedürfnisse befriedigt werden.* Sie stammen aus der ausgezeichneten Kommunikationsarbeit von Marshall Rosenberg, dem Autor von *Gewaltfreie Kommunikation.* Er fand heraus, dass Menschen besser kommunizieren und auch besser von anderen gehört werden, wenn sie die Gefühle aussprechen, die sie in dem jeweiligen Moment fühlen. (14) Ich kann dieses Buch nur wärmstens empfehlen.

Hier sind einige Dinge, die Sie dabei unterstützen können, das zu fühlen, was Sie neben dem typischen Ärger, Groll oder neben Ihrer Verletztheit noch fühlen könnten. Oft sind Menschen besser in der Lage, die Situation in ihrer Gesamtheit zu verstehen, wenn sie die darunterliegenden tieferen und präziseren Emotionen erkannt haben.

1. Denken Sie an die Verletzung, an der Sie arbeiten.
2. Schlagen Sie die Liste im Anhang E auf: *Wie wir uns wahrscheinlich fühlen, wenn unsere Bedürfnisse nicht erfüllt werden.*
3. Achten Sie darauf, wie Ihr Erleben sich ändert, wenn Sie an ein Gefühl kommen, das mit der Verletzungssituation zu tun hat.
4. Schreiben Sie etwas über diese Gefühle in Ihr Tagebuch. Ändert sich dadurch etwas für Sie bezüglich Ihrer Wahrnehmung der Verletzungssituation?
5. Gehen Sie dann die Liste im Anhang E mit dem Titel *Wie wir uns wahrscheinlich fühlen, wenn unsere Bedürfnisse befriedigt werden* durch. Nehmen Sie wahr, wie Sie – allein dadurch, dass Sie diese Gefühle denken – beginnen, sich besser zu fühlen. Tun Sie dies, sooft Sie möchten, um sich besser zu fühlen.

Die zweite Hürde

Dadurch, dass Sie die wichtigsten Hindernisse beim Vergeben entdeckt und angefangen haben, sich Ihrer Gefühle unter der Oberfläche bewusstzuwerden, haben Sie die zweite Vergebungshürde genommen. Sie kennen jetzt die beste Art, mit einer schwierigen Situation umzugehen, und Sie haben die Missverständnisse aufgeklärt, die sich um diese Situation herum gebildet haben. Dies hat vielleicht noch nicht die Gerechtigkeit oder Befriedigung gebracht, nach der Sie gesucht haben, aber für viele von uns ist diese Information schon genug, um verzeihen zu können. Ich hoffe, dass Sie durch dieses Wissen und Ihr Bewusstsein bereits ein wenig Erleichterung erfahren haben.

„Groll mit sich herumzutragen ist wie von einer einzigen Biene
zu Tode gestochen zu werden."

William H. Walton

Kapitel Vier

Der Nutzen des Vergebens

Ihr Denken verändert sich durch Vergeben.

Wenn Sie die Bitterkeit über Ihre Vergangenheit loslassen, dann wird geistige, spirituelle und körperliche Energie verfügbar. Wie viel Lebensenergie zurückkehrt, hängt davon ab, wie viel Energie Sie dadurch verbraucht haben, dass Sie an den negativen Gefühlen der Vergangenheit festgehalten haben, und wie viel Loslassen Sie bereits geleistet haben.

Und während Sie spüren, wie Ihre Energie durch den Vergebungsprozess zurückkehrt, werden Sie auch bemerken, dass es in Wirklichkeit mehr Energie kostet, sich im alten Gehirn aufzuhalten als in Ihrem Herzen und in Ihrem jüngsten Gehirn, dem Cortex. Wenn die Energie, die im Reptiliengehirn gefangen ist, befreit wird, dann sieht die Welt buchstäblich anders aus. Wir werden dies in einem späteren Kapitel genauer besprechen, aber im Augenblick können Sie sich hier all die erstaunlichen Ergebnisse anschauen, die als Folge des Vergebungsprozesses entstehen.

Forschungsergebnisse

Studien renommierter Universitäten haben gezeigt, dass Vergebung einen Anstieg der Herz-Kreislauf-Leistung zur Folge hat. Vergebung senkt danach den Blutdruck und auch die Herzfrequenz. Diese Forschungen zeigen auch einen Anstieg des seelischen und emotionalen Wohlbefindens, weniger Angst und Stress, eine Verminderung von Depression und Hoffnungslosigkeit (1), weniger Wut, mehr Selbstvertrauen und einen höheren Selbstwert als Folge von Vergebung.

Wenn man dagegen zu lange an Groll und Rachegelüsten festhält, dann schädigt man damit sein Herz und seine Blutgefäße. Alle Altersgruppen haben diese Wirkungen bemerkt. Die Vorteile des Vergebens blieben noch lange Zeit nach dem Ende des eigentlichen Vergebungstrainings bestehen. Sowohl das kurzfristige als auch das langfristige Gefühl von Wohlbefinden war besser, und diejenigen Betroffenen, die mehr vergeben konnten, waren weniger chronisch krank oder zeigten weniger Krankheitssymptome, dafür mehr Vitalität und emotionale Resilienz. Es scheint, dass es keine negativen Folgen hat, vergeben zu lernen! (2)

In seinem Bestseller *Forgive for Good, A Proven Prescription for Health and Happiness* berichtet uns Fred Luskin vom Stanford-Vergebungsprojekt, dass nach den Ergebnissen der Forscher allein schon die Vorstellung, vergeben zu können, manchen Menschen das Gefühl gab, sich psychisch und emotional besser zu fühlen. Und andersherum, wenn die Teilnehmer der Studie sich vorstellten, nicht zu vergeben, dann zeigten sie negative Reaktionen wie beispielsweise einen höheren Blutdruck. Allein die Vorstellung also, dass man vergibt, scheint schon hilfreich zu sein. Luskin zitiert auch, dass die Studien zum Thema Vergebung die folgenden, allgemeinen Folgen aufdeckten (3):

- Menschen, die besser vergeben konnten, zeigten weniger Stress-Symptome und Gesundheitsprobleme.
- Nicht vergeben zu können, könnte als Risikofaktor bei Herzerkrankungen wichtiger sein als Feindseligkeit.
- Selbst Menschen mit furchtbaren Verlusten können vergeben lernen und sich damit seelisch und emotional besser fühlen.
- Andererseits zeigen Menschen, die andere für ihre Schwierigkeiten verantwortlich machen, eine höhere Krankheitsrate, wie beispielsweise Herz-Kreislauf-Erkrankungen und Krebs.

Vergebung zu lernen trägt wissenschaftlichen Studien zufolge (4) dazu bei, dass

1. Beziehungen heilen,
2. Hoffnung, persönliches Wachstum und Selbstvertrauen zunehmen,
3. Depression, Wut und Angst abnehmen und
4. Mitgefühl, spirituelles Wohlbefinden und Lebensqualität sich verbessern.

Ergebnisse der Vergebungstherapie

Robert Enright und Richard Fitzgibbons haben ein Buch über den Nutzen der Vergebenstherapie unter der Titel *Helping Clients Forgive: An Empirical Guide for Resolving Anger and Restoring Hope* herausgegeben (5). Ihre Studien zeigen, dass Vergebenstherapie nützlich ist bei der Behandlung von

- Angststörungen, einschließlich generalisierter Angststörung, Trennungsangststörung, Panikstörungen, Sozialphobie und Zwangserkrankungen
- Posttraumatischen Stress-Störungen (PTBS)

- Depression und bipolarer Depression
- Kindern mit Verhaltensauffälligkeiten wie Oppositionellem Trotzverhalten, Hyperaktiver Aufmerksamkeitsstörung (ADHS) und Impulsivität
- Substanzmissbrauch und Essstörungen
- Störungen der Impulskontrolle wie Spielen, Feuerlegen und Kleptomanie
- Persönlichkeitsstörungen wie Paranoia, Borderline, histrionischen und narzisstischen Störungen
- Allen Auffälligkeiten, bei denen starke Wut im Spiel ist.

Zunahme von Energie und bessere Stimmung

Unverziehene Situationen können Depression verursachen, weil sie Ihre Lebensenergie auf einem niedrigen Niveau halten. Verletzungen und Groll bleiben nicht ohne Folgen in Ihrem Denken und Fühlen erhalten. Aufwühlende Gedanken kosten Sie Lebensenergie. Wenn Sie sie loslassen, gewinnen Sie Kraft und Lebensenergie zurück.

Vor einigen Jahren, als ich eine entspannende Urlaubsfahrt durch die USA machte, entschloss ich mich, das vergangene Lebensjahr erneut mit dem Power-Vergebungsprozess durchzugehen, um die noch verbliebenen Verletzungen in mir aufzulösen. Ich ging all die Menschen durch, die ich in diesem Jahr getroffen hatte, ebenso alle negativen Ereignisse, die es in jenem Jahr gegeben hatte. Wenn ich auf eine Verletzung stieß, untersuchte ich sie, wandte die Arbeit an, die in diesem Buch beschrieben ist, und ließ sie los. Ich war erstaunt, wie stark meine Energie von Tag zu Tag zunahm, während ich weiterfuhr. Nicht nur hatte ich viel mehr Spaß an dem Ausflug, als ich gedacht hatte, sondern der Prozess öffnete mich für eine tiefe Lebensvision, die sich eine Woche später in mir zeigte.

Vertreter, die einen eintägigen Workshop zum Thema „Vergebung und emotionale Kompetenz" besuchten und die in den folgenden sechs Monaten an einem regelmäßigen Telefon-Coaching teilnahmen, verkauften zweieinhalbmal so viel wie ihre Mitarbeiter, die keins dieser Trainingsmodule durchlaufen hatten. (6)

Veränderungen in anderen

Vor Jahren wurden die Tochter einer Freundin und ihr Verlobter auf brutale Weise ermordet. Der Mörder wurde gefasst, verurteilt und ins Gefängnis gesteckt. Meine Freundin Aba Gayle, der es jahrelang schlecht ging, sagte schließlich: „Ich kann einfach nicht mehr so hassen!" Sie musste einfach herausfinden, warum er diesen Mord begangen hatte, also fuhr sie ins Gefängnis, um den Mörder ihrer Tochter zu treffen. Als sie seine Geschichte hörte, erkannte sie, dass sie ihm vergeben musste. Im Laufe der Zeit freundete sie sich mit ihm an. Obwohl sie nie versuchte, ihn bei einer Haftentlassung zu unterstützen, und ihr immer noch klar war, dass er ihre geliebten Kinder umgebracht hatte, war sie von seiner Menschlichkeit zutiefst berührt. (7)

Diese Geste einer Mutter veränderte auch den Mann. Als sie ihn im Todestrakt besuchte, sprach sie auch mit den anderen Insassen. Sie versuchte, sie nicht so zu sehen, wie sie sich selbst sahen oder wie andere sie sahen. Diese Männer wollten ihr alle gern begegnen – weil sie gelernt hatte zu vergeben.

Glücklichere Beziehungen

Vergeben verbessert Beziehungen, weil Sie in der Lage sind, emotional präsent zu sein und aus Liebe heraus auf einer tieferen Ebene zu kommunizieren. In intimen Beziehungen sind Sie dann mit Ihrem Partner mehr auf einer Wellenlänge. Liebevolle Gedanken können im Vordergrund stehen und Verletzungen können so leichter heilen. Wenn es eine Verletzung gibt, können Sie ihr mit mehr Mitgefühl für den Anderen begegnen, statt sich entschlossen auf die Verteidigungsburg Ihres eigenen Standpunkts zurückzuziehen.

Meine liebe Freundin Kima schickte mir diese Notiz, nachdem ich sie gefragt hatte, wie sie und ihr Mann Michael es geschafft hatten, über 35 Jahre hinweg so glücklich verheiratet zu bleiben. Immer wenn ich mit ihnen spreche, sagen sie: „Unsere Beziehung ist noch nie besser gewesen!“ Hier ist ihr Schreiben (8):

> „Nach einigen Jahren Beziehung funktionierte es bei uns nicht mehr so gut, deshalb verbrachten wir viele Tage damit, alle Situationen durchzugehen, in denen unsere Gefühle verletzt worden waren. Wir betrachteten sie aus jedem Blickwinkel, sprachen über jede einzelne Verletzung und ließen sie dann los. Da ging es nicht um riesengroße Sachen, aber wenn man sie zusammennimmt, dann verursachen sie große Verletzungen. Wir haben so mit der Vergebungsarbeit eine solide Plattform für unsere Ehe geschaffen. Was ich damit sagen möchte: Wenn man mit Paaren zu tun hat, dann bedenken Sie, dass das, was ungesagt geblieben ist, zu einem Teufelskreis führen kann, dessen Stachel über Jahre sticht, besonders, wenn das Aussprechen dieser Dinge einem der beiden Partner albern erscheint oder peinlich ist. Diese Dinge können später die ganze Beziehung schädigen.“

Das war eine intensive Arbeit, die ohne Hilfe schwer für Paare zu tun ist. Michael war jedoch Psychotherapeut. Sie wussten also beide, welchen Wert ein solcher „Hausputz“ haben würde. Ich würde jedoch empfehlen, dass Sie anfangs mit einem Eheberater zusammenarbeiten, um Unterstützung dafür zu erhalten, diese Kommunikationsebene zu erreichen.

Positive Wirkungen auf Kinder

Paul war nach seiner Scheidung ziemlich wütend. Er war seinen Kindern gegenüber nicht liebevoll, weil sie ihn an die schmerzliche Scheidung und an seine finanziellen Probleme erinnerten. Er verhielt sich nicht folgerichtig oder zärtlich, wenn sie zusammen waren. Natürlich hatten sie deshalb nicht viel Lust, mit ihm zusammen zu sein. Paul jedoch konnte nicht sehen, was er selbst zu dieser Entfremdung beitrug.

Glücklicherweise zerrte ihn seine Freundin in ein Vergebungsseminar. Darin war er endlich in der Lage, seinen Teil der Verantwortung bei dieser Entfremdung von den Kindern zu erkennen. Einen Monat später, in seiner Zusammenfassung für die Teilnehmer, sagte er, dass er jetzt in der Lage sei, eine liebevolle Bindung zu ihnen herzustellen und ihnen und seiner Exfrau nicht länger nur die Schuld zu geben.

Ehen und neue Beziehungen

Statistiken zeigen, dass Zweit- und Drittehen wahrscheinlich NICHT glücklicher und erfolgreicher sind als Erstehen. Wie bei einem Computer sind alte Programme von unseren Eltern und Erinnerungen an fehlgeschlagene Beziehungen immer noch im BETRIEBSSYSTEM unseres Bewusstseins gespeichert und unterbrechen die neue Beziehung, bis sie im Kern zerstört ist. Die Probleme werden dann auch in der Wirklichkeit immer weiter zunehmen, bis das System an einer weiteren zerbrochenen Beziehung zusammenbricht oder ein Gesundheitsproblem auftaucht.

Eigentlich schulden Sie es jeder neuen Beziehung oder jeder neuen Lebensaufgabe, darauf zu achten, welche Themen sie vielleicht vergiften kann, und diese auszumerzen. Vergebung schenkt eine Gelegenheit, destruktive Familienmuster zu verändern. Um ein neues Betriebssystem zu installieren, müssen Sie das alte de-installieren. Das können Sie mit dem Power- Vergebungsprogramm tun. Um ein besseres Betriebssystem zu installieren, das Ihnen bessere Möglichkeiten und Glücklichsein schenkt, löschen Sie so viele alte Kümmernisse und Verbitterungen, wie Sie nur können. Der Power-Vergebungsprozess ist dabei wie ein Anti-Virus-Programm, das schädliche Ereignisse entfernt, die ansonsten Ihr Leben ruinieren würden.

Körperliche Heilung

Studien, die im *Journal of General Psychiatry* veröffentlicht wurden, zeigten, dass feindselige Interaktionen in der Ehe die Wundheilung verlangsamten und einen Anstieg von entzündlichem Protein im Körper verursachten. Diese Daten zeigen auch, dass „feindseliges oder aggressives Verhalten die körperlichen Funktionen und auch die Gesundheit beeinträchtigt“ (9). Chronisch hohe Werte dieses „feindseligen“ Proteins können zu Herz-Kreislauf-Erkrankungen, Arthritis, bestimmten Krebsformen und anderen Erkrankungen beitragen. (10)

„Es gibt so etwas wie die „Physiologie der Vergebung". Nicht in der Lage zu sein, die Fehler anderer Menschen zu vergeben, ist schädlich für die Gesundheit.“

Herbert Benson, Autor, Forscher und Vorsitzender des Mind/Body Medical Institutes

Julia kam zwei Monate lang zu einer wöchentlich stattfindenden Vergebungsgruppe. Das Leben meinte es inzwischen besser mit ihr, aber sie konnte ihren Missbrauch, den sie als Kind erlitten hatte, immer noch nicht vergeben. In der vierten Woche widmete sich die Gruppe den gesamten Abend lang diesem Thema, um Julia die Gelegenheit zu geben, an den offenen Themen zu arbeiten, die sie noch mit ihren Eltern klären musste, obwohl diese schon zehn Jahre tot waren. Sie fühlte sich gut nach der Sitzung. Zwei oder drei Wochen später entdeckte sie, dass der Schmerz in ihren Knien, wegen dem sie schon seit Jahren in Behandlung war, aufgehört hatte. Sie sagte, dass er in der Nacht vollständig verschwunden war, in der sie endlich ihrem Vater vergeben hatte.

Als Hank sich im Zusammenhang mit einer fiebrigen Erkältung und einer Halsentzündung scheußlich und hoffnungslos fühlte, entschloss er sich, nach einer unerlösten Verletzung zu suchen, die die Erkrankung vielleicht verursacht haben könnte. Nachdem er nur wenige Minuten gesucht hatte, sagte er: „Ich erinnere mich an einen Assistenten an meiner Arbeitsstelle, der ein Gehalt verlangt hatte, das dem meinem entsprach, obwohl er längst nicht über die langjährige Erfahrung verfügte wie ich und auch nicht ähnliche Fähigkeiten aufwies. Ich war ziemlich sauer auf ihn.“ Hank setzte den Vergebungsprozess ein, den er im Seminar gelernt hatte.

Später sagte er: „Als ich erkannte, dass der Typ einfach nur er selbst war und wirklich eine Gehaltserhöhung brauchte, ging es mir plötzlich gut. Ebenso plötzlich hörte die Halsentzündung auf. Das Fieber sank, und in weniger als drei Stunden waren alle Symptome verschwunden. Es war wirklich erstaunlich.“

Obwohl ein solches Ergebnis ziemlich ungewöhnlich ist, scheint klar zu sein, dass Vergebung, wenn man sie anwendet, einem dabei hilft, eine bessere Gesundheit zu erhalten.

Chris Loukas

Selbst die verheerenden Folgen eines Traumas heilen schneller, wenn man vergibt, und oft auf wundersame Weise. Chris Loukas, ein tief-spiritueller Mann und ein alter Freund von mir, lebt Vergebung. Eines Abends – es ist schon Jahre her – stieß ein betrunkener Autofahrer mit dem Transporter von Chris zusammen. Sechs Wochen lang lag Chris im Koma, weil er zahlreiche Knochenbrüche davongetragen hatte. Als er das Bewusstsein wiedererlangte, sagten ihm die Ärzte, dass seine Gehfähigkeit unwiderruflich zerstört war. Aber mit den Gebeten von vielen seiner Freunde und einem Vergebungsprozess für den Typen, der in ihn hineingefahren war, konnte er wieder gehen.

Als er entlassen war, befreundete sich Chris nicht nur mit dem jungen Mann, der den Unfall verursacht hatte, sondern er behandelte ihn auch wie einen Sohn und half ihm dabei, vom Alkohol wegzukommen und eine Arbeitsstelle zu finden. Chris empfand keinerlei Groll. Seine vergebende Haltung erleichterte nicht nur seine eigene körperliche Heilung, sondern schenkte ihm auch inneren Frieden. (11)

Nach meinen Seminaren sind einige Menschen so vom Nutzen der Vergebung überzeugt, dass sie schon bei den ersten Anzeichen einer Erkrankung herauszufinden versuchen, wem sie noch nicht vergeben haben. Oft verschwinden die Symptome dann schnell und gehen manchmal innerhalb von wenigen Stunden nach der „Behandlung“ weg.

Wenn Sie sich also krank fühlen, fragen Sie sich:

1. Wann genau hat es angefangen?
2. Was war gerade zu diesem Zeitpunkt in meinem Leben los?
3. Wem müsste ich vergeben?

Hoffnung

Hoffnungslosigkeit, die ein Gefühl von Nutzlosigkeit, negativer Zukunftsperspektiven sowie negativer Erwartungen bezüglich der eigenen Ziele miteinander vereint, ist ein weiterer Faktor, der zur Depression beiträgt. Studien haben gezeigt, dass Hoffnungslosigkeit eng mit einem ungünstigen Herz-Kreislauf-Verlauf verbunden ist. (12) Der Schauspieler Christopher Reeve, der vom Hals an abwärts gelähmt war, nachdem er von einem Pferd abgeworfen wurde, fuhr mehrere Jahre (bis zu seinem Tod) fort, eine öffentliche Figur zu sein und sich lebhaft für die Erforschung von Wirbelsäulenverletzungen einzusetzen. Obwohl er glaubte, dass er mit seiner

Verfassung andere belaste, schrieb er die Tatsache, dass er dennoch über einen starken Lebenswillen verfügte und eigentlich ständig positiv gestimmt war, seiner Entscheidung zu, niemals das Pferd für seine Verletzungen verantwortlich machen zu wollen, nicht einmal während des Unfalls oder direkt danach.

Eine tiefere Spiritualität erleben

Alle oben erwähnten Studien und Beispiele zeigen die geistigen, emotionalen und körperlichen positiven Folgen des Vergebens. Noch eindrucksvoller ist der spirituelle Nutzen.

Spirituell betrachtet kann der klare und vergebende Geist das Göttliche und Heilige in seinem Leben fühlen. Wenn man seine Verletzungen loslässt, dann wird das Leben voller, das Herz wird friedlicher und das Denken ruhiger. Freude ist dann eine natürliche Folge, die Liebe erneuert sich und wahrer Selbstwert entsteht erneut. Wir erfahren dann durch die Verbindung mit der Essenz des Lebens die Wahrheit dessen, was wir sind.

Diejenigen Menschen, die einen vergebenden Lebensstil haben, den Weg des Loslassens aller Verletzungen, berichten und zeigen uns, dass Liebe ein essenzieller Teil unseres natürlichen Seinszustands ist.

Manche Menschen haben tiefe, religiöse Erfahrungen, nachdem sie vergeben haben. Sie sagen, dass sie ein vertieftes Verständnis für das Leben, die Liebe und für Gott in sich tragen. Lewis Smedes schlägt in seinem Buch *Forgive and Forget* vor:

> „Wenn Sie demjenigen Menschen vergeben können, der Sie tief und auf unfaire Weise verletzt hat, erzeugen Sie ein Wunder, das seinesgleichen sucht. Nichts kommt dem gleich. Vergeben hat sein eigenes Fühlen, seine eigene Farbe und seinen eigenen Höhepunkt, ganz anders als jeder andere kreative Akt im Spielplan menschlicher Beziehungen." (13)

Vergebungsarbeit ist sehr wirkungsvoll, um unser Leben zu verändern, weil wir unseren Geist wieder mit dem ursprünglichen Prinzip des Lebens in Einklang bringen – Gott, der Höheren Macht, Allah, dem Großen Geist usw. Dies bestärkt uns darin, nicht mehr länger nur nachzudenken über
1. die Art und Weise, wie die Dinge sein sollten und
2. was uns zugestoßen ist.

Dieses Beruhigen unserer Selbstzentriertheit und das Sich-selbst-wieder-in Einklang-Bringen mit der Höheren Macht in uns und um uns herum bewirken ein stärkeres Ausmaß von Heilkraft in uns.

Weil etwas so schrecklich negativ war oder so lange Zeit anhielt, bedeutet das nicht, dass das Loslassen vergleichsweise schwer sein muss oder sich lange hinzieht. Psychotherapie wird mit diesem Irrglauben in Verbindung gebracht. Im Power-Vergebungsprozess sprechen wir über einen anderen Ansatz. Die normale Psychotherapie beschäftigt sich oft mit diesem Thema von einem Standpunkt des Opfers aus. Bei der Vergebungsberatung dagegen versuchen der Fachmann und der Mensch, der an seiner oder ihrer Verletzung arbeiten will, eine Verbindung zum höchsten verfügbaren Potenzial herzustellen.

„Kein Problem kann auf derselben Ebene gelöst werden,
die es hervorgerufen hat."

Albert Einstein

Die Perspektive des göttlichen Bewusstseins einzunehmen, richtet unser menschliches Bewusstsein immer wieder auf unser höchstes Potenzial aus. An Groll festzuhalten, Rachegelüste zu hegen, Wut zu empfinden oder Missgunst, sich zwanghaft mit seiner Verletzung zu beschäftigen oder jemandem aus dem Weg zu gehen, sind alles Zeichen eines Mangels von Liebe und eines Mangels der Verbindung mit dem Höchsten in uns. Indem wir uns entschließen, uns mit unserem höchsten Potenzial, der höchsten Macht in uns zu verbinden, rufen wir sowohl persönliche wie auch universelle Kräfte an, uns zu helfen.

Die realen Folgen des Festhaltens an Störungen

Manchmal glauben Menschen, dass es Nutzen bringt, nicht zu vergeben. Deshalb wollen wir uns damit auseinandersetzen. Das Erste, mit dem wir uns in diesem Zusammenhang beschäftigen müssen, ist die Folge des Nicht-Loslassens einer Störung. Im Allgemeinen haben Menschen einen guten Grund, etwas zu tun oder nicht zu tun. Selbst wenn eine Entscheidung, die wir getroffen haben, nicht in unserem wahren Interesse zu liegen scheint, werden wir – wenn wir näher hinschauen – bemerken, dass wir irgendwo doch glauben, dass die Entscheidung die bestmögliche zu jenem Zeitpunkt war. Und sehr oft werden wir dabei von unserem primitiveren Gehirn und von Stress beeinflusst.

Fragen Sie sich:

A. Was habe ich davon, dass ich an der Störung festhalte? Schreiben Sie jeden Nutzen auf, der Ihnen einfällt. Wer profitiert davon und wie?

B. Ist im Recht zu sein wichtiger als glücklich zu sein?

Manchmal bemerken Sie nicht einmal, wie sehr die Störung Sie beeinflusst. Hier gibt es Fragen zu stellen:

1. Was habe ich wirklich von der Störung? Listen Sie die negativen und die positiven Folgen auf.
2. Was geschieht mit den Menschen in meiner unmittelbaren Umgebung dadurch, dass ich an der Störung festhalte?
3. Welche Rolle spielen in meinem Leben Liebe, Frieden und Freude?
4. Könnte Vergebung in dieser Situation mein Glücklichsein und das der Menschen in meiner Nähe vergrößern?

Stellen Sie sich auch die folgenden Fragen zum Thema Opfer-Sein:

a) Sehe ich mich als Opfer oder sehen mich andere so?
b) Wie lange habe ich mich schon als Opfer gefühlt?
c) Wie lange ist es okay, dass andere über mein Glücklichsein bestimmen?
d) Trage ich vielleicht irgendwie zu dem Problem bei, und bin ich damit nicht nur ein Opfer?

Die selten eingesetzte Handlung, die große Ergebnisse nach sich zieht

Gebet für Hilfe von innen – Obwohl viele Menschen ihr Leben von einem religiösen oder spirituellen Standpunkt aus betrachten, beten sie selten um Hilfe beim Vergeben. Dabei verfügen wir über eine tiefe Hilfe von innen. Sie kann uns einen anderen Weg zeigen, eine negative Situation zu betrachten und uns entlasten, wenn wir bereit sind, sie anzunehmen. Ich nenne diese Hilfe von innen göttliche Hilfe, weil sie über eine so viel größere Weisheit und Ehrlichkeit zu verfügen scheint als ich selbst. Mit dieser Macht in Verbindung zu treten, die weit über unser kleines, Vergebung ablehnendes Selbst hinausreicht, ist sehr wirkungsvoll.Wenn Sie sich auf das Schöpfungspotenzial des Universums ausrichten und Ihren Geist für die Möglichkeiten und Standpunkte öffnen, die über Ihre eigenen hinausgehen, dann bauen Sie sich geistig auf.

Um sich mit dieser göttlichen Hilfe zu verbinden:

1. Nehmen Sie sich Zeit, sich zu entspannen und sich mit dem Höchsten in sich selbst in Verbindung zu setzen, während Sie diese Vergebungsarbeit tun.
2. Nehmen Sie sich jetzt einen Augenblick Zeit und bitten Sie um göttliche Unterstützung von innen, indem Sie ein Gebet sprechen und darin um Hilfe bei Ihrem Vergebungsprozess bitten.

Anmerkung: Bitten Sie darum, die Situation von einem anderen Standpunkt aus zu sehen. Das Gebet: **„Bitte hilf mir, dies anders zu sehen"** ist extrem nützlich.

Wenn Sie an irgendeinem Punkt dieser Arbeit stecken bleiben, dann werden Sie still und bitten Sie ehrlich um Hilfe. Haben Sie Vertrauen zu der göttlichen Liebe. Wenn Sie alles getan haben, was Sie tun können, dann lassen Sie das Kämpfen los und lauschen Sie. Ich kann Ihnen nicht sagen, wie diese Hilfe sich manifestieren wird oder wie sie geschehen wird, aber ich weiß, dass sie da ist, um Ihnen zu helfen. (14)

Schreiben Sie einen Dialog: Darüber zu schreiben, was in Ihnen jetzt bezüglich eines speziellen Vorfalls oder eines Menschen vorgeht, ist ein sehr wirksames Werkzeug für den Vergebungsprozess. Ich setze dabei das ein, was ich den **prozessualen Dialog** nenne. Es ist eine Schreibtechnik, die Ihnen hilft, auf eine tiefere Ebene der Störung vorzustoßen und so zu einem anderen Standpunkt zu kommen. Diese Verschiebung Ihres Standpunktes ist ausschlaggebend für den gesamten Prozess des Loslassens.

Um dies zu erreichen, sprechen Sie mit sich selbst, indem Sie über die Störung schreiben, bis Sie an die nächste logische Frage kommen. Wenn Sie zum Beispiel eine Störung mit Ihrem Ehemann haben, dann schreiben Sie darüber, wie verletzt Sie sind, bis eine Frage nach oben steigt. Diese lautet vielleicht: „Wie konnte er das bloß tun?" Dann schreiben Sie weiter und beantworten dabei die Frage, bis die nächste Frage nach oben kommt, wie beispielsweise: „War seine Mutter auch so zu ihm?" Dies machen Sie weiter, bis Sie etwas verstehen oder beginnen, Mitgefühl zu empfinden.

Das ist eine sehr wertvolle Methode. Die Fragen und Antworten sind immer sehr überraschend. Wenn ich mit einem Gebet um Führung und Hilfe beginne, dann finde ich, dass immer Hilfe kommt. Wenn Gefühle nach oben steigen, dann nehmen Sie sie an und schreiben dennoch weiter, oder stellen Sie eine weitere Frage, wie beispielsweise: „Was ist hinter diesem Gefühl?"

Die allereinfachste Vergebungs-Übung

Anfangs war ich skeptisch, als ich Rosies Vergebungs-Rosenkranz sah und ihr Gebet hörte. Als ich Rosie Rodriguez, eine sanfte, spirituelle Frau aus Santa Rosa in Kalifornien, zum ersten Mal traf, unterrichtete sie diese Arbeit, bei der sie Menschen ihre „Tue anderen etwas Gutes“-Rosenkränze machen ließ – mit zum Teil unglaublichen Ergebnissen. Rosie hatte die Vision dieser Rosenkränze in einer Meditation vom Engel der Vergebung bekommen.

In diesem Rosenkranz sind insgesamt 490 Perlen, und er sieht aus wie ein katholischer Rosenkranz. Diese Anzahl leitet sich aus der Bibel (Matth. 18:21-22) her:

> „Da trat Petrus zu ihm und sprach: HERR, wie oft muss ich denn meinem Bruder, der an mir sündigt, vergeben? Ist's genug siebenmal? Jesus sprach zu ihm: Ich sage dir: Nicht siebenmal, sondern siebzigmal siebenmal.“

Zu meinem großen Erstaunen ist keine der Vergebungsmethoden und Lehren, die ich seit nunmehr zehn Jahren sammele und unterrichte, so einfach wie diese. Beim ersten Mal, als ich den Perlenkranz einsetzte, packte ich damit ein großes Vergebungsthema an, das mich sehr belastete. Ich betete ganz einfach: „Ich vergebe“, mit einer wirklich starken andächtigen Haltung, bei jeder der Gebetsperlen. Nach zehn Perlen gibt es eine Dankbarkeitsperle, bei der ich etwas sage, für das ich dankbar bin und das sich aus jener Situation ergeben hat. Am Ende dieser Situation war die Störung verschwunden und kam nie wieder. (15)

Selbstvergebung ist gewöhnlich die schwierigste innere Arbeit, die ein Mensch tun kann. Deshalb entschloss ich mich einige Monate später, einen Bereich in meinem Leben anzugehen, für den ich mich schuldig fühlte und bei dem ich Mitgefühl mit mir selbst brauchte. Erneut setzte ich Rosies Methode ein. Und wieder brach ich die große Störung herunter in mundgerechte Bissen. Ich betete für jede der kleineren Störungen, die ich in mir trug, „Ich vergebe“, verbunden mit einem dankbaren Gedanken bei allen zehn oder 20 Wiederholungen. Ich war hocherfreut über die Veränderungen, die ich innerhalb von nur fünf bis sieben Minuten bei jedem kleinen Thema erlebte – es veränderte sich von Schmerz zu Erleichterung. Ich machte 45 Minuten lang weiter, bis es keine kleineren Störungen mehr gab. Ich fühlte mich großartig – und die große Störung war nicht mehr vorhanden. In meinen Seminaren und Beratungssitzungen lehre ich diese Methode in einem frühen Stadium des Prozesses. Sie hat sich als sehr wirkungsvoll für Menschen erwiesen, sowohl bei kleineren als auch bei größeren Störungen.

Hoffnung für die Menschheit

Unser höchstes Selbst tritt nur in einem ruhigen, unbedrohten Geisteszustand hervor. Dann fängt unser Gehirn an, sich zu synchronisieren, unser Leben in einen sinnvollen Zusammenhang zu bringen und unseren Handlungen Bedeutung zu verleihen. Vergebung stabilisiert diesen Geisteszustand, sodass wir auf unserer höchsten Ebene funktionieren und unsere tiefsten Träume verwirklichen können.

Vergebung ist dann die Hoffnung für die Menschheit, weil Vergebung schnell die höchste Funktion des Denkens und des Herzens spürbar werden lässt und uns so hilft, unsere unvernünftigen Erwartungen, Ängste und Angriffe gehenzulassen. Sie versetzt uns in die Lage, die chronischen Reaktionen des primitiven Gehirns – Angst und Flucht – zu annullieren, und ermöglicht so, dass die höchste Funktion des Gehirns aktiviert werden kann. Zusätzlich haben wir die Verbindung zum Göttlichen, die uns ermöglicht, unser höchstes Potenzial zu erreichen.

Vergebung ist nicht die höchste Funktion des menschlichen Geistes. Sie ist jedoch die machtvollste Art und Weise, über die Sie verfügen, um den Sturm der Gefühle und den primitiven Reiz-Reaktions-Mechanismus zu bezwingen, den Sie in sich erleben. Mit Hilfe eines vergebenden Geistes können Sie auf einer höheren Ebene der Freundlichkeit, des Friedens und des Problem-Lösens funktionieren, und Sie öffnen sich für die höchste Schöpfungskraft, die Ihnen zur Verfügung steht – ein Zustand, den die Menschheit anstrebt.

Die dritte Hürde

Wenn Sie von der Macht der Vergebung überzeugt sind, haben Sie die dritte Hürde der Vergebung genommen. Sie wissen nun, was sie in Ihrem Leben bewirken kann und was das Nicht-Vergeben in Ihnen hervorgerufen hat. Dies hat Sie vielleicht noch nicht dazu gebracht, dass Sie Ihre größte Störung vergeben konnten, aber für viele ist diese Information hilfreich, um ihre Vergebungsgedanken in Richtung auf das Positive umschwenken zu lassen. Inzwischen sollten Sie hervorragende Gründe dafür gefunden haben, zu vergeben, und vielleicht haben Sie auch schon daran gearbeitet, manchen Menschen in Ihrem Leben zu verzeihen.

Alle Ergebnisse des Vergebens können leicht der Tatsache zugeschrieben werden, dass Ihr Intellekt und Ihr Herz endlich wieder zu ihrem natürlichen Zustand zurückkehren. Dieser „natürliche Zustand" ist mehr als das Loslassen der Kontrolle des primitiven Gehirns, es ist auch ein spiritueller Zustand. Die spirituelle Verbindung wird durch das Funktionieren Ihres gesamten Gehirnsystems verursacht, das endlich wieder gut zusammenarbeitet. Wir werden uns im folgenden Kapitel noch mit den Auswirkungen und dem Potenzial Ihres Gehirns beschäftigen.

In den nächsten Kapiteln werden wir dann weitere effektive Methoden vorstellen, wie man mit Störungen umgeht, damit echte Heilung geschehen kann.

Der Kern der meisten Methoden besteht aus folgenden Elementen:

1. einem gesteigerten Bewusstsein dessen, was in Ihnen im Zusammenhang mit der Störung geschieht, und
2. der Bereitschaft, Ihre Störung loszulassen.

„Vergebung bedeutet nicht, dass wir unsere Wut unterdrücken müssen, Vergebung bedeutet, dass wir alle um ein Wunder gebeten haben: um die Fähigkeit, durch die Fehler, die jemand begangen hat, hindurchzusehen, bis man die Wahrheit erkennt, die in unser aller Herzen liegt. Vergebung ist nicht immer leicht. Manchmal fühlt es sich schmerzhafter an, dem Menschen zu vergeben, der sie hervorgerufen hat, als die Verwundung zu spüren, die wir erlitten haben. Und dennoch gibt es keinen Frieden ohne Vergebung. Aggressive Gedanken anderen gegenüber sind aggressive Gedanken uns selbst gegenüber.“

Marianne Williamson, Illuminata: A Return to Prayer

Teil II
Tiefer Gehen

Aus einer buddhistischen Geschichte (1):
„Ein Mann wird von einem Pfeil getroffen, der von einem unbekannten Angreifer abgeschossen worden ist. Statt die Wunde versorgen zu lassen, weigert er sich, den Pfeil herauszuziehen, bis der Bogenschütze gefunden ist und seine Strafe bekommen hat. In der Zwischenzeit eitert die Wunde, bis ihn das Gift schließlich tötet. Wer trägt größere Verantwortung für seinen Tod: das Loslassen des Bogenschützen oder das närrische Festhalten des Opfers?“

Colin Berg, Amerikanischer Autor/Lehrer

Kapitel 5

Der Sinn unseres Denkens

Unser komplexes und erstaunliches Gehirn

Die größte Ansammlung von Nervenzellen in unserem Körper befindet sich in unserem Gehirn. Die Außenkante unseres Gehirns ist von der Grauen Materie umgeben, die in der Nähe der Schädeldecke liegt. Sie ist nur wenige Millimeter dick (6-7 mm), dennoch finden sich in diesen wenigen Millimetern rund 100 Milliarden Nervenzellkörper. Die Nervenzelle, das Neuron, besteht aus Zellkörper und Armen, die Botschaften von und an andere Nervenzellen, Muskeln und Organen empfangen und aussenden. Jeder Nervenzellkörper kann bis zu 10 000 Verbindungen zu anderen Zellen haben. Die Weiße Materie des Gehirns, die den größten Teil des Volumens unseres Schädels ausmacht, ist der Ort, an dem die Arme aus den Zellkörpern der Grauen Materie sich verbinden.

Die Anzahl dieser gegenseitigen Verbindungen ist astronomisch hoch (100 Milliarden mal 10 000). Wenn Sie 15 Stunden pro Tag damit verbringen würden, mit Ihrem Finger jede Sekunde auf einen Tisch zu tippen, dann würde es ohne jeden freien Tag (nicht einmal, um wegen Ihres schmerzenden Fingers zum Arzt zu gehen) 50 Jahre dauern, nur eine Milliarde Mal zu tippen.

Alles, was Sie lernen und tun, erzeugt in jeder Sekunde neue neuronale Verbindungen in Ihrem Gehirn – bis Sie sterben. Die Hunderte von Billionen Nervenbahnen versetzen Sie in die Lage, all Ihre Erinnerungsspeicher, Fähigkeiten und Lebensaktivitäten vom Mutterleib bis zur Bahre anzuzapfen.

Sie können sich diese Verbindungen wie ein Autobahnsystem Ihres Gehirns für Ihre Gedanken, Emotionen und Handlungen vorstellen. Die Impulse rasen mit einer Geschwindigkeit von 320 km/h durch Ihr Gehirn. Dort finden Sie alles, von zehnspurigen Autobahnen bis zu Spazierwegen, um Ihre Erfahrungen aufzuzeichnen.

Warum Gewohnheiten so schwer zu durchbrechen sind

Was Sie am häufigsten tun, erzeugt die größte Anzahl von Nervenverbindungen. Diese sind ähnlich einer Schnellstraße oder der Hauptverkehrsader einer größeren Stadtautobahn. Weniger oft genutzte Potenziale nutzen weniger Nervenzellen.

Um eine Gewohnheit auszubilden, ist deshalb Mühe nötig – wie bei jedem Neuen, was Sie tun. Es ist, als ob man einem ausgetretenen Pfad durch den Wald folgt. Wenn Sie einen neuen Pfad anlegen wollen, dann ist dies anfangs schwierig, aber es wird mit jedem Mal leichter, den Sie den Pfad benutzen. Anfangs werden Sie Zweige und Felsen beiseiteschieben müssen, die Ihren Weg behindern. Aber wenn Sie diese Hindernisse auf dem Weg beseitigen und ihn weiter nutzen, dann wird es leichter, ihn zu gehen. Irgendwann entwickelt das Thema, das Sie lernen möchten, einen Nervenweg, der breit genug ist, und dann wird es einfach.

Wenn Sie etwas wiederholt tun, dann erschaffen Sie einen neuronalen Superhighway. Das ist eine Gewohnheit. Gewohnheiten können Ihnen helfen, besser zu funktionieren und Ihre Arbeit effizienter zu tun. Zum Beispiel fahren Sie Ihr Auto aus reiner Gewohnheit und sind sich kaum noch dessen bewusst, was Sie tun. Das ist hilfreich bei vielen Aktivitäten, aber nicht bei denen, die Sie verändern wollen.

Wenn Sie 40 Jahre damit verbracht haben, an Ihrer Verbitterung über jemanden festzuhalten, dann entwickeln Sie eine Nervenautobahn zu dieser Verbitterung. Solange Sie von einer negativen Situation sprechen oder auch nur daran denken, verstärken Sie diese Negativ-Autobahn in Ihrem Gehirn, was nicht nur Ihr Denken beeinflusst, sondern auch körperliche Probleme verursachen kann.

Obwohl Gewohnheiten Sie in Spuren festhalten, die Sie nicht mögen, kann es frustrierend sein, sie verändern zu wollen. Wiederholte Versuche, dies zu tun, werden normalerweise den gewünschten Erfolg bringen, es sei denn, dass die Stressreaktionen im Gehirn weiterhin aktiv sind.

Was hinter Ihren Gedanken ist

Um mit der gesamten Information, die wir empfangen, umzugehen und sie in einen sinnvollen Zusammenhang zu bringen, sortieren und katalogisieren wir die hereinkommenden Daten so, dass sie zu unseren früheren Gedankenverbindungen und Erfahrungen passen. Darüber hinaus lagert das Gehirn mit Hilfe einer persönlichen symbolischen Kurzschrift – einem Code – Daten ein und wirft sie wieder aus. Dieser Code ist nur uns selbst bekannt und basiert auf unseren Erfahrungen. Sie können deshalb einfach nicht wissen, was ein anderer Mensch denkt, weil Sie seinen Code nicht kennen, und er selbst weiß dies im Allgemeinen auch nicht, weil sich das alles unterhalb der Bewusstseinsschwelle abspielt.

Da wir unsere Erfahrungen in einer ganz einzigartigen Weise zusammenbringen, können sich daraus Probleme ergeben, weil jede neue Erfahrung, die wir machen, sich mit der bereits formierten Gruppe zusammentut. Die Nervenbahn mit der größten Passgenauigkeit, die schon vorhanden ist, vereinnahmt diese neue Erfahrung. Diese Verbindung ist auch abhängig von der Nervenbahn, die zu dem jeweiligen Zeitpunkt am aktivsten ist.

Die neuen Erfahrungen werden also von den alten huckepack genommen. Und auf diese Weise verarbeitet jeder Mensch seine oder ihre neue Erfahrung ganz unterschiedlich.

Ein Mädchen, das in einer liebevollen Familie aufgewachsen ist, tritt zu ihrem neuen Freund wahrscheinlich in eine Verbindung, die von liebevollen Familienerfahrungen geprägt ist, und fühlt sich in der neuen Beziehung mit großer Wahrscheinlichkeit sicher. Die Frau mit einer schrecklichen Familienbeziehung tritt wahrscheinlich auch zu ihrem neuen Freund mit ihrer neuronalen Familienbahn in Beziehung. Wenn es in ihrer Herkunftsfamilie keine Sicherheit gab, dann wird sie wahrscheinlich Gewalt fürchten, die der ähnelt, die sie von ihrem Vater oder ihrem Ex-Ehemann erfahren hat, und ihrem neuen Freund kein Vertrauen entgegenbringen können. Das ist eine Formel, die Fehlschläge wahrscheinlich macht, auch wenn der Freund ein wunderbarer Mensch ist.

Das dreifältige Gehirn

Wie ich schon in Kapitel 1 sagte, ist unser Gehirn eigentlich ein Drei-in-eins-Apparat. Evolutionsgeschichtlich passen die frühen vorhandenen Gehirnstrukturen sich an die neuen Funktionen und Strukturen an. Als die Amphibien sich in Säugetiere verwandelten, machte das Gehirn diese Entwicklung mit. Und als aus den Säugetieren Primaten und dann Menschen wurden, machte das Gehirn auch diese Entwicklung mit.

Eine Möglichkeit, diese Gehirnteile zu veranschaulichen, besteht darin, sich einen Teil wie einen Golfschläger vorzustellen, der das Reptiliengehirn repräsentiert. Dann zieht man über den Kopf des Golfschlägers eine Bedeckung, die dem Säugetierteil des Gehirns entspricht, dem Limbischen System, und dann steckt man Golfschläger und Bedeckung in eine Wassermelone, die der Neocortex ist. So ungefähr sieht die körperliche Entsprechung aus.

David Linden, ein Professor für Gehirnforschung an der John-Hopkins-Universität, sagt in seinem Buch *The Accidental Mind*, dass unser Gehirn, funktionell betrachtet, wie ein iPod ist, der um einen achtspurigen Kassettenrecorder herum gebaut wurde. Das ist sicherlich technisch nicht gerade ideal. (1) Und ein gemeiner Spaß, wenn man das so planen würde.

Psychologisch betrachtet können Sie sich den Neocortex wie einen Dompteur vorstellen, wobei ein Löwe das Säugetier-Gehirn/das Limbische System darstellt und ein Alligator das Reptiliengehirn. Alle sind im selben Käfig zusammen untergebracht. Solange jeder sein eigenes Essen bekommt, Wasser und ausreichend Schlaf, wird die Situation wahrscheinlich nicht aus dem Ruder laufen. Jetzt stellen Sie sich aber vor, dass Sie kein Essen mehr in den Käfig stellen. Genau das geschieht in unserem Inneren, wenn wir von irgendetwas überwältigt werden.

Der Neocortex im vorderen Teil unseres Schädels, dem präfrontalen Cortex, macht das aus uns, was wir normalerweise mit dem Menschsein in Verbindung bringen. Manche sagen, dass es sich hierbei sogar um ein viertes Gehirn handelt. Gehirnforschungen haben ergeben, dass dieser Bereich derjenige zu sein scheint, in dem Vergebung angesiedelt ist und stattfinden kann. (2) Jede Seite des präfrontalen Cortex ist verantwortlich für die Kontrolle der Antworten eines früheren Gehirnteils. Die rechte Seite managt die Funktionen des Reptiliengehirns, und die linke Seite arbeitet daran, das Limbische System zu kontrollieren. Magnetresonanzbilder zeigen, dass ein Mensch, der deprimiert ist, ein überaktives Limbisches System hat und der linke präfrontale Cortex deutlich weniger aktiv ist. (3)

Der Neocortex

Der Gehirnteil, mit dem die meisten Menschen das Wort „Gehirn" verbinden, ist der Neocortex, der der Hauptspeicher unserer Informationen und Erinnerungen ist. Er

- erzeugt unsere Vorstellungen, gibt uns die Fähigkeit zur Konzentration und setzt Symbole ein, um unsere Fähigkeit, zu lesen, zu schreiben, zu sprechen und zu rechnen, herzustellen (4),
- hilft uns dabei, nicht nur logisch und systematisch zu denken, sondern auch intuitiv und bildhaft(5),
- setzt nichtakzeptable Antworten des primitiveren Gehirns außer Kraft und unterdrückt sie (6).

In seiner höchsten Funktion ist der Neocortex nicht nur der Vermittler der Kreativität und Erfindungsgabe, sondern beeinflusst auch das Beten und unsere spirituelle Erfahrung. (7)

Selbst wenn wir all diese wunderbaren Ergebnisse der Vergebungsforschung nicht besitzen würden, können wir daraus schließen, dass es schon positive Ergebnisse zur Folge hätte, wenn wir besser im Neocortex funktionieren würden.

Dieses neueste Gehirn ermöglicht uns,

1. unserem Leben und der Welt Bedeutung zu verleihen,
2. unterschiedliche Standpunkte und alternative Möglichkeiten zu analysieren und uns zwischen ihnen zu entscheiden,
3. uns mit den primitiveren Gehirnteilen zu verbinden – und uns in die Lage zu versetzen, Empathie zu empfinden und ausgewogen zu urteilen. (8)

Unser emotionales Gehirn

Im Zentrum des Gehirns befindet sich unser emotionales Zentrum – das Limbische System, das aus einer Serie wechselseitig miteinander verbundener Strukturen besteht und die Größe einer Walnuss hat. Mit der Entwicklung des Limbischen Systems in Vögeln und Säugetieren bilden sich unsere Verbindungen heraus, die nährend und liebevoll sind: (9) Sie

- versetzen uns in die Lage, unsere Kinder und unsere Familien besser zu nähren und zu schützen,
- erzeugen Aktivitäten wie Freundschaft, Liebe und Zuneigung, Lachen und Verspieltheit,
- kontrollieren aggressives Verhalten.

Sie färben unser Leben und unsere Sprache mit Anteilnahme und sogar Leidenschaft.

„Emotionen sind Boten der Liebe", sagen Lewis, Amini und Landon in ihrem Buch *A General Theory of Love*. Und sie fügen hinzu, dass Emotionen die Signale unseres Herzens zu einem Anderen tragen und dass für viele von uns die Fähigkeit, tief zu fühlen, identisch ist mit dem Gefühl, lebendig zu sein. (10).

Das klingt gut, nicht wahr? Das Problem liegt darin, was geschieht, wenn diese Liebe aus irgendeinem Grund zum Halten kommt. Dann übernehmen andere Emotionen wie Kummer oder Wut – um nur einige zu nennen – die Regie und verursachen schreckliche Reaktionen und Folgen. (Weil es eine Kontroverse unter den Gehirnforschern gibt, zu welcher Struktur dieser Gehirnteil gehört, sagen wir hier, dass wir das Limbische System und die Vergebung mit dem Angstmechanismus und der Amygdala in Verbindung bringen, deren Strukturen die Angstreaktionen aktivieren. (11))

Das Limbische System reichert die Ereignisse unseres Lebens mit Gefühlen an – und zwar über ein ganzes Spektrum hinweg, von Schrecken und Trauer bis zu Aufregung, Freude und Leidenschaft. Diese Gefühle helfen uns dabei, uns sowohl an positive als auch an negative Ereignisse zu erinnern, weil unsere Erinnerungen immer auch einen emotionalen Inhalt haben. (12) Tatsächlich: größere emotionale Stimulation im Zusammenhang mit einem Ereignis erhöht die Fähigkeit eines Menschen, sich an dieses Ereignis zu erinnern. (13)

Bei Stress und seelischen Qualen kann die Kontrolle aggressiven Verhaltens abnehmen, und Wut, Rachegefühle und Eifersucht können zunehmen, was noch mehr Schwierigkeiten verursacht. Dieses innere Durcheinander ist in der Lage, das „rationale Verhalten" völlig auszuschalten. Im juristischen Sprachgebrauch nennen wir dies „vorübergehende Unzurechnungsfähigkeit" und im gesellschaftlichen Kontext „Verbrechen aus Leidenschaft".

Ralph war von sich selbst enttäuscht, weil er nicht in der Lage war, seiner Schwester zu vergeben, die bei einem Familientreffen einen verletzenden Kommentar zu ihm abgegeben hatte. Als wir darüber sprachen, wie er sich fühlte, sagte er: „Meine Gefühle haben damit nichts zu tun; ich sollte dennoch in der Lage sein, ihr zu vergeben." Dabei sind schwierige unverziehene Situationen immer mit starken Gefühlen verbunden. Das Vermeiden seiner Gefühle hinderte ihn daran, wirklich vergeben zu können. Ich behaupte nicht, dass man sich in seinen Gefühlen suhlen sollte, aber anzuerkennen, wie man sich fühlt, hilft einem, wie gesagt, dabei, eine Störung loszulassen.

Ein anhaltendes Trauma oder Spannung vergrößert die Amygdala, den Initiator der Angstreaktion, was dann wiederum deren Veranlagung steigert, im Leben des Betreffenden noch mehr Angst zu produzieren. Wenn diese Reaktion zu lange anhält, dann nennt man dies eine Posttraumatische Stress-Störung (PTBS). Wir werden uns damit noch intensiver in Kapitel 12 beschäftigen.

Erinnern Sie sich: Vergebung kann einige Zeit dauern, weil im Verlauf des Prozesses intensive Gefühle aufsteigen können.

Das Limbische System regelt die Klangfarbe unserer Reaktion auf Ereignisse und auch unsere Lebensfreude. Es ist die Vermittlungsstelle, die die gesamte Informationsmenge aus der inneren und der äußeren Welt koordiniert. Entweder speist sie eingehende Information in den Neocortex ein, damit dort das bewusste Denken, Planen oder Problemlösen angeregt wird, oder sie gibt die Daten weiter an das Reptiliengehirn, wo eine Überlebensreaktion ausgelöst wird. Sie entscheidet darüber, in welche Richtung die Botschaften weitergeleitet werden, indem sie unmittelbar die gegenwärtigen Bedingungen mit ähnlichen Erfahrungen aus der Vergangenheit abgleicht. (14)

Diese Informationsvermittlung erzeugt jedoch Probleme, wenn ein Mensch emotional durcheinander ist. In einem solchen Moment wird alle eingehende Information als unangenehm eingestuft, selbst wenn dies in einer vergleichbaren Situation nicht so wäre. Dann, wenn das Limbische System die eingehende neue

Information mit der verzerrten Information abgleicht, die schon vorhanden ist, gibt es Ungenauigkeiten, und die neuen Informationen werden als gefährlich eingestuft, und eine entsprechende Reaktion erfolgt. Ein Mensch mit chronischen Schmerzen beispielsweise oder jemand, der sich in einer dauerhaft bedrohlichen Situation befindet, wird einen riesengroßen Speicher negativer Erinnerungen besitzen und wahrscheinlich in einem konstanten Reaktionsmodus sein, sich schnell verletzt fühlen, und es wird unangenehm sein, mit ihm zusammenzusein.

Alex, ein Therapeut, war nicht in der Lage, seinem Vater den Missbrauch zu vergeben, den er als Kind erlitten hatte, und auch nicht die Härte, mit der er ihn sogar bis zu seinem Erwachsenenalter behandelt hatte. Ihre Beziehung war immer extrem schwierig gewesen. Als Alex jedoch Probleme an seiner Arbeitsstelle und auch mit seinem Körper bekam, meldete er sich zu der Vergebungsarbeit an. Obwohl er alles andere in seinem Leben verzeihen konnte, war er nicht in der Lage, seinem Vater zu vergeben. Aufgrund dieses einen unverziehenen großen Themas verschlimmerten sich die Situation an seiner Arbeitsstelle und auch seine körperliche Verfassung immer mehr. Ich war nicht in der Lage, ihm einen Standpunkt oder einen Prozess zu vermitteln, die ihm helfen konnten, seinem Vater zu vergeben. Schließlich, nach zwei Monaten der Verschlimmerung und des inneren Kampfes, erinnerte er sich daran, dass sein Vater sein ganzes Leben lang ständig Schmerzen gehabt hatte. Als er das erkannte, verstand er plötzlich, warum sein Vater all diese Jahre lang so wütend und gemein gewesen war. Alex vergab beinahe automatisch, und seine Arbeit und seine körperliche Verfassung verbesserten sich innerhalb einer Woche.

Aus dieser Arbeit mit Alex können wir zwei Dinge lernen. Das erste ist: **Ein einziger Mensch, dem man nicht vergeben hat, kann die eigene Heilung verhindern.** Das zweite kam von Alex, mehrere Monate, nachdem er seinem Vater vergeben hatte. Er besuchte seinen Vater und berichtete mir, dass sie eine angenehmere Zeit miteinander verbracht hatten als je zuvor. Darüber hinaus hatten sie nicht gestritten und auch keine Meinungsverschiedenheit gehabt. Sein Vater war sogar ganz freundlich gewesen. Alex erkannte, dass seine eigene negative Grundhaltung die Beziehung zu seinem Vater beeinflusst hatte. Als er diese Einstellung verändert und durch Mitgefühl und Verständnis ersetzt hatte, verhielt sich der Vater anders. „Wir hatten sogar eines Abends ein tolles Erlebnis miteinander, wir redeten und hörten gemeinsam Musik. Und Dad sagte an diesem Abend: „Besser als so kann es nicht werden!" Die zweite Lektion heißt also: **Wir beeinflussen unsere Beziehungen durch unsere subtilen Haltungen dem Anderen gegenüber.**

„Dein Auftreten ist so laut,
dass ich nicht hören kann, was du sagst."

Ralph Waldo Emerson

Wenn die negativen Erinnerungen stärker werden als die positiven, dann können durch die Überreaktion des Limbischen Systems folgende Störungen entstehen (15):

- Stimmungsschwankungen, Gereiztheit und klinische Depression
- Vermehrtes negatives Denken und Wahrnehmen
- Verminderte Motivation und Antriebsschwäche
- Überflutung mit negativen Gefühlen
- Appetit- und Schlafprobleme
- Verminderte sexuelle Lustgefühle
- Soziale Isolation.

Traurigkeit, Hoffnungslosigkeit und eine Überfülle automatischer negativer Gedanken können ebenso vorkommen. (16)

Die Psychiater Lewis, Amini und Landon weisen in ihrem Buch *A General Theory of Love* darauf hin, dass wir unser emotionales Leben nicht kontrollieren können wie unsere Muskeln. Wir können uns nicht zwingen, „das Richtige zu wollen oder den Richtigen zu lieben oder glücklich zu sein, wenn wir eben eine Enttäuschung erlebt haben, und sogar nicht, glücklich zu sein, wenn die Umstände doch so glücklich sind." Das geschieht nicht, weil wir nicht über genug Disziplin verfügen, sondern weil unser Wille auf das jüngste Gehirn beschränkt ist. „Das emotionale Leben kann beeinflusst, aber nicht beherrscht werden", sagen die Ärzte. (17)

Es gibt spirituelle Lehrer und auch Gehirnforscher, die glauben, dass Menschen lernen können, ihre Emotionen zu lenken, aber dies erfordert ernsthafte Übung. Wenn ein Mensch, dem Sie versuchen zu vergeben, emotional reagiert und Sie ihn deshalb verurteilen, weil er sich nicht verändert, müssen Sie verstehen, dass dieser Mensch sich nicht so schnell und auch nicht in der Art und Weise verändern kann, wie Sie das gerne hätten.

Martin war ein verantwortungsbewusster Mann und er kümmerte sich sehr gut um seine Familie. Er war hingebungsvoll und arbeitete hart für sie – er übernahm sogar Arbeiten, die ihm eigentlich keinen Spaß machten. Er tat dies, weil er ein anständiges Heim für seine Familie schaffen wollte. Er mochte seine Arbeit jedoch nicht und war deshalb oft schlecht gelaunt und müde. Nachdem dies einige Jahre lang so gewesen war, reichte es seiner Frau und sie beantragte die Scheidung. Martin rastete völlig aus und brachte sie beinahe um. Daran können wir erkennen, wie Emotionen uns in positive oder negative Richtungen treiben können.

In einem ähnlichen Beispiel mochte Rick nicht nur seine Arbeit nicht, sondern hasste auch die Stadt, in der er und seine Familie lebten. Er blieb dennoch da, weil seine Frau Natalie sie mochte. Als sie seines Mangels an Freude über sie und sein Leben müde war, entschied sie, dass die Ehe vorbei war. Als sie die Kinder mitnahm und die Scheidung einreichte, fiel Rick in ein tiefes emotionales Loch und versuchte sich umzubringen. Natalie konnte seine Trauer und seine Verzweiflung nicht verstehen. Sie sagte: „Er hat nie so viel Interesse an mir oder an den Kindern gezeigt, wenn er nach Hause kam."

Im ersten Fall konnte Martin seiner Frau jahrelang nicht vergeben, weil er nicht verstehen konnte, wie sie nicht erkannt hatte, dass er sich für die Familie aufopferte, indem er eine Arbeit tat, die ihm keinen Spaß machte. Darüber hinaus hatte er das Gefühl, dass sie keinerlei Einfühlungsvermögen für das zeigte, was er jeden Tag bei seiner Arbeit durchmachen musste. Im zweiten Fall konnte Natalie nicht verstehen, wie Rick so verzweifelt reagieren konnte, weil ihre Ehe ihm doch so wenig bedeutet zu haben schien. Als sie jedoch ihre Beziehung aus seiner Sicht erforscht hatte, verstand sie ihn.

Unsere emotionalen Kreisläufe können uns dazu bringen, dass wir uns im Namen der Liebe (und des Hasses) auf seltsame und irrationale Weise verhalten. Das geschieht, weil das emotionale System sich vor dem Neocortex entwickelt. Unsere Fähigkeit zu analysieren ist die letzte, die sich entwickelt und wird oft weniger genutzt. Bei Teenagern ist der Neocortex noch nicht vollständig ausgebildet. Deshalb scheinen sie insgesamt auch emotionaler zu sein, und sie sind es auch, weil ihr Gehirn noch unvollständig ist. Die Entwicklung ist erst im Alter von 21 Jahren abgeschlossen.

Das Limbische System ist auch bei Alkoholismus, Drogenmissbrauch, Spielsucht und zwanghaftem Süßigkeiten-Essen beteiligt. (18) Deshalb kann ein Mensch sich auch nicht einfach entschließen, mit seiner Sucht aufzuhören, sondern muss eine starke, anhaltende und entschlossene Anstrengung unternehmen, um es wirklich zu schaffen. Weil wir soziale Wesen sind, kann die Arbeit in einer Gruppe zur Sucht-Bewältigung sehr gute Ergebnisse bringen, eine Tatsache, die die Zwölf-Schritte-Bewegung vor langer Zeit schon entdeckt hat.

Zusammengefasst schenkt uns das Limbische System Leidenschaft und Interesse an unserem Leben. Es entscheidet, wie wir auf Ereignisse reagieren, und färbt diese Ereignisse mit Emotionen ein. In Zusammenarbeit mit dem Neocortex bereichert es unser Leben und unsere Erinnerungen. Wenn es andererseits das Reptiliengehirn aktiviert, das älteste Gehirn, dann kann es sein, dass wir durch wirklich schlimme Zeiten gehen.

Das Reptiliengehirn

Unser ältestes Gehirn, der R-Komplex, auch bekannt als das Reptiliengehirn, kann blitzschnell reagieren. Es ist dafür ausgelegt, uns zu erhalten – es ist die Basis unseres körperlichen Überlebens und unseres Überlebens als Menschen. Seine Strukturen schließen den Gehirnstamm und das Cerebellum ein. Körperlich hat es mit den mechanischen Funktionen des Körpers zu tun wie Muskeln, Verdauung, Atmung, Kreislauf und Fortpflanzung. (19) Es schläft nie, aber wir sind uns seiner am wenigsten bewusst.

Paul MacLean, der ausgedehnte Forschungen zu den drei Gehirnteilen gemacht hat, hat uns im Laufe der Jahre eine Eigenschaftsbeschreibung der Arbeit dieses frühesten Gehirns übermittelt. (20) Zusätzlich zu den von ihm kontrollierten physiologischen Aktivitäten gibt es noch folgende grundlegende, lebenswichtige Aktivitäten, die von diesem Gehirn beeinflusst werden:

- **Vorherrschaft und territoriale Kontrolle** – Unser Raum ist unser Herrschaftsbereich, unser Territorium. Hier liegt die Ursache für unsere Reaktion Fremden gegenüber oder Menschen, die anders sind. Dieser Ursprung von Vorurteilen resultiert aus unserem Grundbedürfnis, das zu schützen, was uns gehört. Unter Stress wird daraus: „Ich greife jeden Fremden an, der meinen Raum betritt." Beim Autofahren können wir dies in Form von aggressivem Verhalten im Straßenverkehr beobachten, was oft von einer Verletzung des Raumes oder „Territoriums" eines Autofahrers seinen Ausgang nimmt.

- **Werben und Balzverhalten zeigen** – Diese Handlungen garantieren das Überleben einer Spezies. Sie beinhalten sexuelle Aggression und Unterwerfung. Die Antwort auf die Frage, warum eine Frau sich manchmal gegen besseres Wissen einer sexuellen Aggression unterwirft und warum Männer und Frauen manchmal von sexuellem Verlangen überwältigt werden, liegt hier, tief im Reptiliengehirn.

- **Kontrolle der Interaktion mit anderen** – Hier liegt der Antrieb für die Erhaltung der Gesellschaft und auch der Dominanz durch Einrichtung einer Hackordnung, der Kommandokette. Im Kern sind wir alle soziale Wesen. Deshalb besitzen wir die Tendenz, einer Gruppe und ihren Vorgaben zu folgen, und wir haben Respekt vor Autoritäten. (21)

- **Rituelles Verhalten** – Regelmäßigen Ritualen zu folgen und Zeremonien abzuhalten ist wertvoll, um Menschen das Gefühl zu geben, dass sie Teil der gesellschaftlichen Matrix und Teil einer Gruppe sind. (22) Deshalb vermitteln uns wiederkehrende Abläufe und Muster ein grundlegendes Gefühl von Sicherheit. Aus diesem Grund organisieren wir. Das ist auch der Antrieb, weshalb wir Religionen, Regierungen und Institutionen bilden (23). Unter Stress können diese Rituale und Handlungen jedoch zwanghaft werden, wenn ein Mensch sie beispielsweise zwanghaft wiederholt und sie sogar anderen aufzwingt.

Diese Ebene des Gehirns gibt gewöhnlich den gesellschaftlichen und Gruppeninteraktionen die höchste Priorität. Unter ihrem höchsten Einfluss schenkt es uns den Antrieb für Vergebung – wenn aber ihr Einfluss im niedrigsten Bereich ist, aktiviert sie Gewalt und Faschismus.

Aus diesem Verlangen nach sozialem Kontakt und nach sozialer Kontrolle resultieren Verhaltensweisen wie Imitieren, Kopieren und Täuschen – die alle dazu da sind, uns weiter Teil einer Gruppe sein zu lassen. Die gesamte Modeindustrie ist auf diesem Antrieb aufgebaut.

Eine Veränderung in irgendeinem dieser oben genannten Bereiche kann heftige Reaktionen nach sich ziehen. Angst treibt die reaktiven Impulse an. Unser fundamentaler Angstreflex wird dann ausgelöst und zeigt sich als Angriff oder Unterwerfung. (24) Die Reaktionen des Reptiliengehirns sind der wichtigste Grund, aus dem wir uns dem Vergeben widersetzen. Obwohl die Amygdala im Limbischen System das Angstsignal auslöst, ist es der Hirnstamm des Reptiliengehirns, der unsere Reaktionen auf diese Angst ausführt. (25) Das Reptiliengehirn wird zu unserem Feind und sabotiert uns, wenn wir zulassen, dass es zu lange die Kontrolle übernimmt.

Es setzt uns nicht absichtlich schachmatt, sondern macht nur seinen Job, um uns überleben zu lassen. Es sorgt dafür, dass ein Mensch angreift, gewalttätig wird, wegrennt oder sich zurückzieht. Es kann aus einem Menschen ein Opfer machen. Das Programm, dem es folgt, heißt Überleben, und alles, was es kennt, wenn es Bedrohungen wahrnimmt, sind diese Reaktionen.

Täuschen Sie sich nicht – das sind Sie nicht! Es ist ganz normal, dass ein Mensch fälschlicherweise diese Gehirnreaktionen mit sich selbst identifiziert. Aber das stimmt nicht. Es ist, als ob man ein Computerprogramm mit dem Computer verwechselt. Das Programm mag vielleicht nicht gut laufen und die Funktion des Computers beeinträchtigen, aber das Programm ist nicht der Computer. Sie sind vielmehr sehr unterschiedlich.

Erkennen Sie also, dass ein Programm repariert werden kann, um richtig zu funktionieren. Wir sind eine komplexe Mischung aus Körper, Geist und Seele, nicht eine uralte programmierte Reaktion.

Wenn das Reptiliengehirn reaktiv die Kontrolle übernimmt, können folgende Symptome sichtbar werden (26):

- Nervosität und Panikattacken
- Ständige Vorhersagen, dass das Schlimmste geschehen könnte
- Konfliktvermeidung oder Aggression
- Zu niedrige oder zu hohe Motivation

Auch unangenehme Gefühle bei jeder Veränderung oder das Bestreben, den Status Quo aufrechtzuerhalten, sind Kennzeichen des ersten Gehirns. Es wiederholt am liebsten immer wieder dieselben Verhaltensweisen und lernt nie aus Fehlern der Vergangenheit. (27) Sein Antrieb bei Stress besteht darin, ohne rationales Denken zu handeln. Sein Motto kann dann heißen: „Wer die Macht hat, hat das Sagen!" Bei einem anderen heißt dieses Motto vielleicht: „Verstecken!" und wieder bei einem anderen: „Lauf weg!"

Rod schien in dieser Ebene der Gehirnfunktion festzustecken. Er konnte Situationen nicht gut durcharbeiten oder Probleme lösen. Er war wie in einer Dauerkampfsituation und war seit seinen Teenagerjahren immer wieder im Gefängnis gewesen. Er missbrauchte seine Frau sexuell und schlug sie auch. Er kontrollierte ihre Ausgaben, wohin sie ging und wen sie traf. Er wollte, dass sie seine Befehle ohne Zögern ausführte. Sie unterwarf sich all seinen Forderungen aus Angst, dass ihrem gemeinsamen Kind sonst etwas geschehen würde. Aber als er auch diesem Kind gegenüber gewalttätig und kontrollierend wurde, erkannte sie die furchtbare Gefahr, in der sie steckten. Sie suchte Hilfe in einem Frauenhaus und verließ ihn, um sich dort zu verstecken. Er tat alles, um sie wiederzufinden. Glücklicherweise war er nicht in der Lage, das Frauenhaus zu finden, wo sie sich mit dem Kind versteckt hatte.

Als wir über sein früheres Leben sprachen, war ich in der Lage, zu verstehen, warum er zu dem geworden war, was er nun war. Sein Vater war ein Alkoholiker, der ihn mit dem Gürtel oder mit den Fäusten verprügelte, seit er zwei Jahre alt war. Er wusste nie, wann sein Vater einen Wutanfall bekommen und ihn verprügeln würde. Als ich dies hörte, erkannte ich, warum er das Leben so lebte, wie er es tat. Er kannte nichts anderes, als in seinem Reptiliengehirn zu sein – der Quelle psychopathischen, soziopathischen und antisozialen Verhaltens.

Wenn ich mit seiner Frau gearbeitet hätte, dann hätte ich ihr niemals empfohlen, zu ihm zurückzugehen, sondern hätte sie darin unterstützt, Verständnis dafür zu entwickeln, warum er so war, wie er war, sodass sie ihn nicht hassen musste und sich auch nicht selbst ablehnte, weil sie mit ihm zusammen gewesen war. Ich billigte oder rechtfertigte auch nicht, was er getan hatte, und hätte auch von ihr nicht verlangt, dies zu tun. Ich hätte sie allerdings ermutigt, ihre eigene Wut durch die Vergebungsarbeit loszulassen, sodass sie heil werden und mit einer positiven Zukunftsperspektive ihr weiteres Leben leben konnte. Auf diese Weise würde sie vermeiden, ihr Kind und andere mit ihrer negativen Einstellung und ihrem Verhalten zu traumatisieren.

Anmerkung: Menschen, die sich noch nicht mit ihrem tiefen Trauma beschäftigt haben, laufen eher Gefahr, aus ihrem Reptiliengehirn heraus zu handeln, weil es so lange die Kontrolle über sie hatte. Sie haben oft keine andere Art und Weise gelernt, auf Druck zu reagieren. Selbst sehr anständige Menschen, die Dauerstress ausgesetzt sind, wie beispielsweise in einem Kriegsgebiet oder in einer Sekte zu leben, können anfangen, mehr und mehr aus diesem niedrigsten Gehirn heraus zu reagieren, und Handlungen verüben, die sie normalerweise nicht begangen hätten. Das zu wissen ist ausschlaggebend, wenn Sie versuchen, sich selbst all die schrecklichen Arten und Weisen Ihres Verhaltens zu vergeben, als Sie unter endlosem, schrecklichem Stress standen.

Die Reaktionen des Reptiliengehirns und des Limbischen Systems können einen Menschen überwältigen. Die Überlebensfunktionen dieser frühen Systeme sind sehr mächtig. Wenn man nur lange genug unter Dauerstress steht oder in Angst lebt, dann, so glaube ich, kann jeder anfangen, Verhaltensweisen an den Tag zu legen, die aus dem Reptiliengehirn gespeist sind, und dabei wie eine Würgeschlange das Leben in sich selbst und anderen zerquetschen. Allerdings sollten Sie das Gesagte nicht als Rechtfertigung für fortgesetztes reaktives Verhalten benutzen. Glücklicherweise gibt es viele Werkzeuge, die Ihnen dabei helfen können, zu Ihrem wahren Selbst zurückzukehren. Vergebung ist ein unverzichtbares Werkzeug, mit dem Sie aus der Falle des Überlebenmüssens herauskommen und in die Lebensfreude und die menschliche Funktionsfähigkeit zurückkehren können.

Management aus Angst

Wenn wir die Stressreaktionen dieser Gehirnebene kennen, dann können wir klar erkennen, warum ein inneres Management, das aus Angst heraus agiert, die am wenigsten wirkungsvolle aller Managementrichtungen ist. Es bringt vielleicht Ergebnisse, aber letztlich sabotiert es nicht nur die Angestellten, sondern sogar die Firma selbst.

Wenn Sie Teil einer Organisation waren, die Angst einsetzt, oder wenn Sie einen Chef hatten, der damit arbeitet, dann wäre es lebenswichtig zu erkennen, dass die Menschen, denen Sie zu vergeben versuchen, wahrscheinlich auf ihrer stärksten Stressebene gelebt haben. Und es ist möglich, dass es Ihnen genauso ging. Sekten und manche religiöse Gruppen arbeiten damit. Sie bekennen vielleicht nach außen „Gott ist Liebe", aber sie leben ganz gewiss nicht nach diesem Motto, sondern erzeugen und begünstigen Angst. Menschen in Angst und unter konstantem Druck zu halten ist Teil einer Gehirnwäsche und kann die Opfer dazu bringen, Dinge zu tun, die sie normalerweise nicht tun würden. Um zu vermeiden, von diesem Gehirnteil kontrolliert zu werden, müssen Sie bereit sein, Ihr Verhalten wie ein neutraler

Beobachter zu betrachten – so als wäre es nicht Ihr eigenes. (28) Und in Wahrheit sind Sie das auch nicht. Aus dieser distanzierten Perspektive heraus, in der Sie nicht reaktiv sind, können Sie sich selbst Fragen stellen und verstehen, was die Reaktion vielleicht erzeugt hat. Ich empfehle, dies mit jemand anderem oder in einer Gruppe zu machen, die einen objektiven Gesichtspunkt beibehalten kann. Wenn Sie dann anspringen, können die anderen Ihnen wieder heraushelfen.

Die renommierte Autorin Elaine De Beauport sagt, dass dieses Basisgehirn gegen jedes neue Verlangen Ihres Limbischen Systems oder jede neue Entscheidung Ihres Neocortex Widerstand aufbaut (29). Sie hat den Eindruck, dass dieser Widerstand der Grund dafür ist, dass Willenskraft allein, „ganz gleich wie stark oder wohlgemeint", nicht ausreicht, um Verhalten wirklich ändern zu können (30).

Zusammengefasst kann man sagen, dass dieses Gehirn unser Verhalten beeinflusst, wenn es um

- unsere unmittelbare materielle Sphäre geht
- oder um Partnerverhalten
- oder um sozialen Kontakt.

Jede Veränderung in einem dieser Bereiche kann heftige Reaktionen auslösen. Furcht aktiviert die Reaktivität. Diese wiederum löst unseren grundlegenden Angstreflex aus, der sich als Aggression oder Unterordnung zeigt. (31)

- Betrachten Sie nun Ihre eigenen unverziehenen Situationen genauer und erkennen Sie, wie diese Information Ihnen hilft, den Täter auf neue Weise zu verstehen.

Wie das Gehirn am besten arbeitet

Die Fähigkeit unseres Gehirns, unser Leben zu organisieren und aus ihm diese Symphonie der Handlungen und Entscheidungen werden zu lassen, ist – wenn man die Anzahl der Reize und Reaktionen bedenkt, die in jedem Augenblick ablaufen – einfach unglaublich. Unsere Gehirnstrukturen vermischen sich und kommunizieren miteinander, dennoch sind sie sehr unterschiedlich im Hinblick auf ihre Struktur, ihre Eigenschaften und ihre Chemie. Obwohl sie alle unterschiedlich strukturiert sind, haben Forschungen sehr deutlich gezeigt, dass sie nicht getrennt voneinander arbeiten können (32).

Unser überaus komplexes Gehirn besitzt viele Interaktionsebenen, die alle gleichzeitig aktiv sein können. Sie arbeiten am besten in einer sicheren Umgebung zusammen, die unseren Geist in die Lage versetzt, eine Symphonie zu sein statt ein Kriegsgebiet. Wie schon gesagt, sind in unser Nervensystem Überlebensfunktionen eingebaut, die uns nicht immer erlauben, die perfekt funktionierenden Menschen zu sein, die wir gerne wären. Das Überleben in gefährlichen Situationen hängt von der schnellen Reaktionsfähigkeit dieser Strukturen ab, die sich im Verlauf von Hunderttausenden von Jahren entwickelt haben. Im Extremstress einer Bedrohung (Angst) und im Fall von Hoffnungslosigkeit kann unser frühes Gehirnsystem leichter die Kontrolle übernehmen, und wir verlieren unser Mitgefühl und unsere Fähigkeit, unsere Schwierigkeiten klar zu durchdenken. Kampf, Flucht oder Erstarren sind dann nur einige dieser Überlebensstrategien. Wenn sie zur falschen Zeit in unserer modernen und hochkomplexen Gesellschaft auftreten, können sie peinliche Situationen und gesellschaftliche Ablehnung verursachen und können sogar juristische Folgen haben.

Anmerkung: Da unser Gehirn am besten seine Magie einsetzt, wenn es sich nicht bedroht fühlt, stellen Sie sicher, dass Sie sich in einer angenehmen Umgebung befinden, wenn Sie diese Arbeit tun oder wenn Sie eine Verletzung erlebt haben. Dann können sich Ihre Gefühle beruhigen, und Ihre höheren Denkfähigkeiten können harmonisch arbeiten, um sich mit Ihren noch nicht vergebenen Stress-Situationen zu beschäftigen.

Wir scheinen oft von unseren Stress-Reaktionen wie gefangen zu sein. Und dennoch geschehen diese Abläufe in demselben Gehirn, das uns auch zu unseren Bestleistungen befähigt. Das nächste Kapitel wird noch intensiver die Arten und Weisen untersuchen, wie Sie mit Frustrationen, Ängsten und unverziehenen Situationen in Ihrem Leben umgehen können.

Kapitel 6
Aus dem Gefängnis ausbrechen

Halten Sie niemanden gefangen. Binden Sie ihn stattdessen los, denn das wird Sie frei machen. Der Weg ist einfach. Jedes Mal, wenn Sie wütend werden, nehmen Sie diese Wut wahr, als ob sie ein Schwert wäre, dass Sie hoch über Ihrem Kopf halten. Und Sie können das Schwert herunterschlagen oder das Herunterschlagen vermeiden, je nachdem, ob Sie verdammt sein wollen oder frei.

EIN KURS IN WUNDERN – LEKTION 192

Mit emotionalem Schmerz umgehen

Das gestresste Gehirn kann uns erscheinen wie ein Gefängniswärter, der uns und andere bestraft. In diesem Kapitel werden wir Wege untersuchen, wie wir das Reptiliengehirn zur Ruhe bringen können.

Oft wird übersehen, wie wertvoll Hilfe von außen beim Vergebungsprozess sein kann. Die Unterstützung von anderen kann uns schneller und leichter durch diesen Prozess gleiten lassen. Sich mit Menschen zu umgeben, die selbst Vergebung praktizieren, hilft Ihnen, es selbst auch zu tun. Andere zu sehen, die schon Erfahrung mit dem Vergeben haben, kann Ihnen vermitteln, wie man es macht.

Die Unterstützung von Einzelnen oder Gruppen ist oft auch überraschend nützlich, wenn Sie feststecken und scheinbar nicht vorankommen. Oft ist man selbst nicht in der Lage, die Muster im eigenen Leben zu erkennen, besonders, wenn diese Muster bis zu den frühesten Lebensjahren zurückreichen.

Gibt es irgendwo eine unterstützende Gruppe, einen Therapeuten, Berater oder Geistlichen, der Ihnen helfen kann, mit einer unangenehmen Lebenssituation umzugehen, sodass Sie eine positivere Haltung Ihrem eigenen Leben gegenüber bekommen? Die 12-Schritte-Programme sind hervorragend dafür geeignet. Finden Sie die Gruppe, die am besten zu Ihnen passt. Wenn Sie regelmäßig in eine Kirche oder zu einer Meditationsgruppe gehen, dann nutzen Sie diese Unterstützung, um Ihre Vergebungsarbeit weiterzumachen.

Die Forschungen von Donald Hall von der Vanderbilt-Universität zeigten (1), dass soziale Unterstützung und Kontakt Wirkung dabei zeigen,

- wie gut Menschen mit Stress in ihrem Leben umgehen und wie glücklich und zufrieden oder wie deprimiert oder einsam sie sich fühlen,
- wie gut das Immunsystem des Körpers funktioniert und wie gut die Überlebenschancen sind, wenn ein Mensch in eine Krise gerät oder eine schwere Krankheit bekommt.

Er sagt, dass das Ausmaß des sozialen Kontakts sogar vorhersagen kann, wie lang ein Mensch lebt.

„Liebe und Intimität haben eine machtvolle Wirkung auf unsere Gesundheit. Soziale Unterstützung und ein Zusammensein tragen genauso viel dazu bei, wie schnell ein Mensch gesund wird und wie lange er leben wird, wie Nichtrauchen, Sporttreiben und gesund essen."

Dean Ornish (2)

- Gibt es jemanden, mit dem Sie sprechen können und der/die Ihnen helfen kann zu vergeben?

Unsere Komfortzone

Wenn wir gezwungen sind, das zu verlassen, was wir gewohnt sind, dann senden uns unsere Gehirne ungemütliche Signale, die wir Stress nennen. Wir haben alle unterschiedliche Stress-Schwellen. Manche Menschen können problemlos ein Unternehmen mit hunderten Mitarbeitern und mehr führen. Wenn es aber um Nähe geht, dann kann derselbe Manager extrem ängstlich reagieren. Andere können es vielleicht nicht aushalten, auch nur für einen einzigen Menschen verantwortlich zu sein, fühlen sich aber in Nähe-Situationen sehr wohl.

Solange wir in unserer Komfortzone sind, fühlen wir uns sicher. Bedrohliche Umgebungen verursachen uns Unbehagen, Angst und sogar Panik und lassen unsere Fähigkeit sinken, klar zu denken. Auf diese Weise ist die beste Lernsphäre eine, die nicht als bedrohlich empfunden wird. (3)

Unsere Komfortzone ist allerdings nicht immer der gesündeste Ort für uns, aber sie ist diejenige, an die wir am meisten gewöhnt sind. Beispielsweise kehren Menschen, die in Kriegsgebieten leben, oft in ihre Häuser zurück, obwohl die Situation dort immer noch gefährlich ist und sie öfter Gefahr laufen, dort verletzt zu werden. Wir glauben oft, dass wir das Beste tun, wenn wir uns in Wirklichkeit in Gefahr bringen, weil wir zu bekannten Familienmustern und alten Verhaltensweisen zurückkehren, selbst wenn diese schon damals nicht funktioniert haben.

Ein guter Freund berichtete mir von einem guten Beispiel für dieses Muster: „Ich ging auf einer Brücke mit einem Geländer entlang, als ich merkte, dass meine Höhenangst mich dazu brachte, mehr auf der Fahrbahnseite zu gehen statt am Geländer entlang. Wenn ich aus irgendeinem Grund abgerutscht wäre, dann wäre ich auf die Straße gefallen statt gegen das Geländer. Und obwohl ich ganz sicher war, dass der Straßenverkehr die größere Gefahr darstellte, musste ich mir immer wieder bewusstmachen, wo es sicherer für mich war.“

Als Kind hasste Mario es, dass sein Vater ihn schlug, wenn er nicht gehorcht hatte. Er hasste seinen Vater und ging früh von zu Hause weg. Wenn jemand schrie, geriet er völlig aus dem Häuschen. Dennoch, als sein Sohn ihm dann nicht gehorchte, schlug Mario ihn auch und brüllte ihn an, genau wie sein Vater. Seine Ausbrüche führten nicht nur dazu, dass er sich schuldig fühlte, sondern er war auch deprimiert, weil er keine Vorstellung davon hatte, warum er das tat und wie er es ändern sollte.

In stressreichen Situationen greifen unbewusst starke Emotionen, Erlebnisse aus früherer Zeit und alte Verteidigungsmechanismen nach uns. Deshalb müssen wir bei Situationen, die Vergebung erfordern – sei es anderen oder uns selbst gegenüber – die Rolle des Stresses genauer untersuchen.

Wir leben in einer Gesellschaft mit einem hohen Maß an Komplexität, und Vergebung kann nur geschehen, wenn wir in unserem höchsten menschlichen Funktionsmodus sind. Wenn wir allerdings emotional verstört sind – deprimiert, überfordert, ärgerlich oder voll Rachegedanken – dann sind wir nicht in der Lage, auf diesem hohen Funktionsniveau zu handeln. In diesen Zeiten ist Vergebung lebenswichtig und gleichzeitig deutlich schwerer.

Sinngebung

Eine interessante Aktivität unseres Neocortex besteht darin, unsere visuellen Eindrücke gleichmäßig zu verteilen. Seit der Zeit unseres Reptiliengehirns springen unsere Augen ganz leicht auf und ab, während sie über das Sichtfeld gleiten. Die Punkte zwischen denen, auf die sich unsere Augen fixieren, sind verschwommen. Dennoch erzeugt der Neocortex eine kohärente Wahrnehmung aus ihnen, indem er die Lücken der ungleichmäßigen Eingabe füllt, sodass das, was Sie sehen, zusammenhängend und schlüssig ist. In Wirklichkeit jedoch ist es das gar nicht. (4)

Während diese Fähigkeit bei unzusammenhängenden Augenbewegungen gut funktioniert, gibt es ein Problem im Zusammenhang mit diesen lückenfüllenden Tätigkeiten des Neocortex. In seinem Buch *The Accidental Mind* berichtet David Linden, ein Professor für Gehirnforschung an der John-Hopkins-Universität, dass dieses kreative Gehirn in der Lage ist, das Rohmaterial unserer Erinnerungen zu nehmen und es auf dieselbe Weise zu einer stimmigen und dennoch verrückten Geschichte zusammenzubauen. (5) So kommt es, dass jeder Augenzeuge eines Verbrechens eine andere Geschichte von dem erzählt, was geschehen ist.

Wir können diesen Zustand auch in der Hypnose beobachten, wenn einem Menschen eine posthypnotische Suggestion vermittelt wird, nach der er ein bestimmtes Verhalten ausführen soll. Wenn er dann aus der Hypnose herauskommt und die Suggestion ausführt, dann wird er alle möglichen Entschuldigungen dafür finden, warum er so handelt, wie er es tut. Die Entschuldigungen kommen aus dem Neocortex, der versucht, das Geschehen in einen sinnvollen Zusammenhang zu bringen.

Je nachdem, wie unser Stress-System aktiviert wird, wird der Neocortex das nutzen, was Sie sehen und was die „Fakten" sind, um eine Geschichte zusammenzubauen, die alle Faktoren enthält, um einen reibungslosen Fluss sicherzustellen. Der Neocortex nutzt die zu dem Zeitpunkt verfügbaren Daten, aber oft durch die Linse der Emotion, die zu dem Zeitpunkt vorherrschend war. Ein Mensch, der beispielsweise in einer Angstreaktion gefangen ist, wird entsprechende Umstände sehen und seine Reaktionen damit rechtfertigen, selbst wenn die Reaktion sehr ungewöhnlich ist.

Die Auswirkungen, die das auf Vergebung hat, sind entscheidend. Die Geschichte, die Sie sich selbst aufgrund dessen zusammenbauen, was Sie gesehen haben und die angeblich auf „Fakten" basiert, könnte nicht korrekt sein. Es könnte sehr leicht auch eine Geschichte sein, die der Neocortex erfunden hat, um die Ereignisse zu „glätten". Wir glauben gern, dass wir klar sehen und denken können, aber in Wahrheit tun wir das nicht. Unsere Gehirnfunktion und Gedankenklarheit ist nicht so korrekt, wie wir vermuten. Es gibt Lücken. Wir haben ein Gehirn, das nicht auf Vernunft aufgebaut ist, sondern auf Reaktivität. Das muss man im Kopf behalten – nicht nur, wenn man anderen vergibt, sondern auch sich selbst!

Wie unsere Außenwelt die Innenwelt spiegelt

Die Welt, die wir sehen, ist oft verstörend. Aber in Wirklichkeit sehen wir real nur Partikel oder Lichtwellen, die Muster bilden. Physiologisch betrachtet kommt dieses Licht durch unser Auge nach innen und wird auf der Retina registriert, die diese Lichtmuster durch den Sehnerv zum Gehirn weiterleitet. Das Gehirn muss dann diese Muster interpretieren, bevor wir überhaupt wissen, was wir sehen. Um dies zu tun, muss das Gehirn seinen „Erfahrungs- und Informationsspeicher" anschalten, der nicht nur eine Interpretation dessen bereitstellt, was es sieht, sondern auch der Gefühle, die damit verbunden sind.

In unseren ersten Lebensjahren füllen wir diesen Informationsspeicher schnell auf. Wir lernen anfangs, unsere Umgebung durch die ersten Hauptpersonen in unserem Leben zu deuten. Sie bringen uns bei, was die Dinge sind und was sie zu bedeuten haben. Zusätzlich vermitteln sie uns auch ihre emotionalen Vorurteile über diese Dinge. Später interpretieren wir alle Erfahrungen, die wir machen, durch diese ersten Filter und Lehrer – Mama, Papa, Geschwister und andere Menschen, die uns nahestehen, sowie durch unsere Erfahrungen mit ihnen. Unsere Mutter ist eigentlich unsere Hauptquelle für Emotionen und Information: Diese Information wird sogar durch die Gebärmutter vermittelt. (6). Deshalb haben diese ersten Lehrer einen unglaublich großen Einfluss, nicht nur darauf, wie Sie die Welt sehen und spüren, sondern auch darauf, was Sie sehen und fühlen.

Selbst etwas so Einfaches wie Farben kann eine starke emotionale Reaktion hervorrufen. Wenn beispielsweise eine Mutter Rot gehasst hat, weil sie einmal ein Trauma erlebte, wird sie dieses Vorurteil auf ihr Kind übertragen. Sie muss dem Kind nicht einmal sagen, dass rot schlecht ist. Das Kind wird dies durch den Gesichtsausdruck oder den Stimmklang der Mutter aufnehmen. (7)

Ein Kind, das in einem von Gewalt geprägten Haushalt aufwächst, wird die Welt oft als einen gefährlichen Ort wahrnehmen, vor dem man Angst haben muss. Ein Kind, das von einem unter Verfolgungswahn leidenden Elternteil aufgezogen wird, wird oft ängstlich auf Menschen und Umgebungen reagieren. Aufgrund der Angst, die dieses Elternteil und dann auch das Kind haben, ist ihr früheres Gehirn überaktiv. Demzufolge gibt es weniger Gelegenheit für rationales Denken und positive Gefühle. Als Folge davon wird Angst die vorherrschende Emotion sein und Freude hat keinen Platz.

Umgekehrt wird ein Kind, das mit Liebe erzogen wurde, sich sicherer fühlen und die Welt als einen sicheren Ort betrachten, als jemand, der geschlagen oder auf irgendeine Weise missbraucht wurde. Das Kind, das sich sicher fühlt, wird besser denken können und glücklicher sein. Viele Studien haben gezeigt, dass Kinder, die in ihren ersten Lebensjahren ohne Berührung aufwachsen, dazu tendieren zu sterben, und wenn sie überleben, können sie nur eine ärmliche emotionale Reaktion auf Menschen und das Leben zeigen. (8)

Was in unserem Inneren vorgeht, bestimmt, wie wir die Welt sehen, und wie wir auf das reagieren, was wir sehen, wird von unseren Eltern, unseren Familienmitgliedern, unserer Ursprungsreligion und unserem Herkunftsland geprägt. Menschen aus unterschiedlichen Kulturen und Familien reagieren oft sehr verschieden auf dasselbe Ereignis. Die Reaktionen des Stressgehirns werden insbesondere durch das geprägt, was wir durch unsere Familien, Kulturen und Religionen sowie von deren Urteilen und Einschätzungen gelernt haben.

Erstaunlicherweise übernehmen und nutzen wir diese frühen Programmierungen sogar von Menschen, mit denen wir nicht einer Meinung sind und die wir nicht einmal respektieren. Daher müssen wir Ausschau nach unseren frühesten ideologischen Beeinflussungen halten und eine bewusste Anstrengung unternehmen, wenn wir eine gewohnheitsmäßige Reaktion verändern wollen. Das ist nicht leicht, weil Ihre frühkindliche Schulung und die damit zusammenhängenden emotionalen Reaktionen viele Jahre lang Teile von Ihnen gewesen sind und oft aus den früher entstandenen Gehirnteilen gespeist werden.

Nichtsdestotrotz ist die Freiheit, die wir gewinnen, wenn wir unsere Verhaltensregeln und die Erwartungen anderer genauer unter die Lupe nehmen, unschätzbar. Eine Psychotherapie kann bei diesen Nachforschungen sicherlich hilfreich sein.

Im Alter von 55 Jahren glaubte Allen nicht mehr daran, dass er jemals eine Partnerin finden würde, um die er sich kümmern und mit der er alt werden konnte. Er war ein Experte in seinem Fachgebiet, sah gut aus und war intelligent und hatte dennoch nie eine Langzeitbeziehung geführt. Im Seminar fiel es ihm schwer, seiner Mutter zu vergeben. Aufgrund dieser Schwierigkeit entschloss er sich, die gesamte Prägung durch seine Mutter näher unter die Lupe zu nehmen. Er nannte sie „Gehirnwäsche". Er hielt insbesondere Ausschau nach ihren unterschwelligen Botschaften und Regeln.

„Das war das Schwerste, was ich in meinem Leben je gemacht habe", gab Allen zu. „Ich hasste die Art und Weise, wie meine Mutter mich als Kind behandelt hat. Sie war zu behütend und machte sich Sorgen über alles, was ich tat. Sie war verletzt, wenn ich ihr nicht genug Aufmerksamkeit schenkte. Was mich überraschte, als ich unsere Beziehung näher untersuchte, war, dass ich auch von anderen Frauen erwartete, dass sie mir außergewöhnliche Beachtung schenken sollten. Wenn sie dies nicht taten, schloss ich daraus, dass sie mich offenbar nicht mochten." Und er setzte hinzu: „Kein Wunder, dass ich nie eine Langzeitbeziehung hatte. Ich gab keiner Frau wirklich eine Chance. Die Wahrheit ist, dass ich nie wieder so bemuttert werden wollte, und, schlimmer noch, ich hatte das Gefühl, ich könnte selbst nie genug für meine Partnerin tun. Ich sah Frauen wie ein Fass ohne Boden. Das war natürlich unfair jeder einzelnen Frau gegenüber, mit der ich ausging." Er verstand, warum seine Mutter so gewesen war, und er konnte ihr vergeben. Aber er sagte: „Wie es aussieht, werde ich wahrscheinlich nie eine tiefe Beziehung führen können. Und das ist traurig."

Dies zeigt uns, wie Allens Außenwelt eine Widerspiegelung seiner Innenwelt war. Frauen hatten an ihm kein Interesse, weil er über sie urteilte. Allens Fähigkeit, zu erkennen, wie seine frühkindliche Programmierung sein Leben bestimmte, war tiefgreifend, und ebenso waren es seine Einsichten. Es hatte ihn mehrere Jahre innerer Arbeit gekostet, mit solchem Können sein Innenleben zu betrachten. Da unsere Wege sich öfter kreuzten, merkte ich, dass er innerhalb eines Jahres eine liebevolle Beziehung aufbauen konnte, die auf eine Ehe hinauszulaufen schien.

„Wir leben nicht außerhalb von uns, das Leben spielt sich in uns ab, und unser Denken bestimmt, was wir erleben."

Jim Rosemergy, Autor und Geistlicher (9)

Bei Kindern können wir oft dieses Beispiel einer negativen Programmierung erkennen. Und wiederum spiegelt die Außenwelt die inneren Glaubensüberzeugungen wider. Ein Mensch, dem von seiner Mutter früh beigebracht wird, dass eine andere Hautfarbe zu haben schlecht und böse ist, wird diese Menschen immer in einer bestimmten Weise betrachten, bis es eine andere Art Botschaft gibt, die sich in seinem Gehirn festsetzt. In unserem frühkindlichen Leben werden uns viele Vorurteile und negative Reaktionen vermittelt. Das bestimmt uns sogar als Erwachsene weiter, weil wir das, was nach unserer Wahrnehmung außen geschieht, nur aufgrund der Informationen in unserem Inneren interpretieren können.

Der Vergebungsprozess versetzt uns in die Lage, unsere gewohnten Reaktionen zu verändern, sodass wir besser nach der Wahrheit suchen können.

Wahrscheinlich haben Sie schon einmal die Erfahrung gemacht, durch eine Stadt zu fahren, wenn Sie Hunger haben. Wenn Sie hungrig sind, dann beeinflusst die Tatsache, dass Sie vielleicht kein Restaurant finden, Ihre Meinung über diese Stadt. Wenn Sie ärgerlich darüber sind, dann könnte es sein, dass Sie nur unfreundliche Menschen und Probleme wahrnehmen. Ein anderer Mensch im Auto dagegen mag vielleicht von etwas anderem beeinflusst sein und reagiert anders auf die Stadt. Wenn man nun Sie beide über diese Stadt befragt, dann wird man ganz unterschiedliche Antworten bekommen, darunter einige, die vielleicht sogar ausgesprochen emotional ausfallen.

Unsere Antworten ändern

Da unsere Überlebensreaktionen von Gewohnheiten geprägt sind, müssen wir diese genau untersuchen und eventuell neu bewerten, wenn wir sie verändern wollen. Was Sie fühlen und sehen, ist oft nur die Reaktion auf Signale und nicht die Wirklichkeit. Während einer Störung können Sie, wenn Sie sich daran erinnern, versuchen, sich zu entspannen, tief zu atmen und vielleicht ein Gebet zu sprechen, um sich zu helfen, diese Erfahrung zu verändern. Wenn Sie nicht mögen, was sich gerade in Ihrem Leben abspielt, dann besitzen Sie die Fähigkeit, noch einmal hinzuschauen und Ihre Reaktion darauf zu verändern.

Das Beste, was ein neues Verständnis Ihnen bringen kann, ist Demut. Sie bringt die demütige Einsicht mit sich, dass es auch eine andere Sichtweise gibt als die, die Sie besitzen. Ihre Sichtweise ist nicht die einzige. Das öffnet die Tür zum Frieden und zur Vergebung, was wiederum die emotionale Veränderung hervorrufen wird, nach der Sie suchen.

Unsere Maßstäbe

Aufgrund unserer Erwartungen, perfekt sein zu wollen, setzen wir unrealistische Maßstäbe für andere und uns selbst. Diese Maßstäbe zu erkennen und neu zu bewerten ist von zentraler Bedeutung für das Vergeben und für unsere Zufriedenheit.

Der bekannte Vergebensforscher Fred Luskin von der Universität Stanford nennt diese Maßstäbe unsere Regeln. Der Kommunikationsexperte Marshall Rosenberg nennt sie unsere Werte. Beides sind nützliche Worte, die uns in die Lage versetzen, tiefer in uns hineinzuschauen, um zu erkennen, wie wir Menschen beurteilen. Diese Urteile halten uns nämlich auch vom Vergeben ab. Obwohl wir gerne glauben, dass eine kritische Analyse uns dabei unterstützt, besser zu funktionieren, nutzen wir in Wirklichkeit diese Analyse oft, um zu beurteilen und zu verurteilen. Auf diese Weise halten wir andere und uns selbst in den Trümmern des Versagens gefangen, statt dass wir uns in die Lage versetzen, aufzustehen, den Staub abzuschütteln und weiterzugehen. Wir brauchen Maßstäbe, Werte und Regeln für unser Leben, weil sie wichtig sind, um unsere soziale, religiöse und persönliche Ausdrucksfähigkeit auszubilden und unsere Entwicklung und unser Wachstum voranzutreiben. Ein Problem entsteht, wenn unsere Werturteile dazu führen, dass wir uns selbst und andere verdammen und angreifen.

Diese Angriffe, ob sie nun in unserem Geist oder in der realen Welt stattfinden, machen uns zumindest unglücklich und führen im Extremfall zu Tragödien. Denken Sie doch einmal an den Völkermord in Ruanda und in Bosnien, die sich beide in jüngster Zeit abgespielt haben, oder an die andauernden Bedrohungen durch den Dschihad und den Terrorismus. Ich trete nicht dafür ein, diese Maßstäbe zu senken, sondern zu erforschen, woher sie kommen und ob sie wirklich geeignet sind. Ich trete eindeutig dafür ein, weniger urteilend sich selbst und anderen gegenüber zu sein, wenn diese Maßstäbe nicht erfüllt sind. Wenn die Maßstäbe wertvoll sind, dann nutzen Sie sie weiter.

Die ursprüngliche Bedeutung des Wortes „Sünde" kommt aus dem Griechischen und bedeutet eigentlich, „die Markierung verpassen". Wenn Sie die Markierung verpassen, dann versuchen Sie immer weiter, besser zu werden, und üben und üben weiter, bis Sie endlich dort auftreffen, wo Ihre eigene Markierung ist. Eine erneute Bewertung Ihrer unrealistischen Erwartungen und ein wertschätzendes Fokussieren auf Ihre realistischen Ziele sowie die Vergebung Ihrer Fehler sind der Schlüssel dafür, das zu erreichen, was Sie möchten. Unrealistische Erwartungen resultieren oft aus den Meinungen anderer Menschen. Mitglieder der Vereinigung „Mordopfer gegen die Todesstrafe" werden manchmal schikaniert und bekommen sogar Drohbriefe mit Morddrohungen, weil sie dem Täter vergeben und sich dafür entschieden haben, kein Opfer des Hasses sein zu wollen.

Versuchen Sie einmal Folgendes: Versuchen Sie herauszufinden, wie andere Ihre Entscheidung zu vergeben beeinflussen, achten Sie auf die Meinungen Ihrer Familie und Freunde zu irgendeiner Entscheidung, die Sie schwierig finden.

1. Was sagen sie, was Sie davon abhalten könnte zu vergeben?
2. Was werden Menschen von Ihnen halten, wenn Sie vergeben?

Sich diesen Fragen zu stellen, wird Ihnen ermöglichen, tiefer in die sozialen und kulturellen Vorgaben einzusteigen, die Sie vom Vergeben abhalten.

Die „tödlichen" Regeln, Urteile und Erwartungen

Wenn Sie die Welt, die Sie sehen, nicht mögen, dann ist dieser Abschnitt für Sie unverzichtbar. Eine der Arten, durch die uns das Unbewusste weniger stark beeinflussen kann, besteht darin, sich der Einstellungen bewusstzuwerden, die uns bestimmen. Wie wir schon im vorigen Kapitel erwähnt haben, liegen unter der Oberfläche unseres Handeln und Denkens Regeln, Urteile und Erwartungen, die oft von unserem Überlebensmechanismus im niedrigeren Gehirn angetrieben werden.

Wie erwähnt, resultiert viel von den Schwierigkeiten, die wir beim Vergeben haben, aus den emotionalen Werten und den Überlebensregeln, die uns als Kindern von unserer Familie, der Religion und der Gesellschaft im Allgemeinen beigebracht wurden. Aus all dem formen wir unsere Urteile über Menschen. Diese Urteile und Regeln dahinter bestimmen unsere Wertmaßstäbe und auch, ob wir vergeben oder nicht. Unter intensivem Stress werden unsere Wahrnehmung und unser Verständnis dieser Regeln verzerrt, selbst wenn die Regeln sonst noch gelten.

Unsere Familie, Freunde, Lehrer, die Gesellschaft, Kirche und das Land haben alle emotional beeinflusst,

a) was wir wie bewerten,
b) wie wir handeln sollten und
c) was wir von anderen erwarten.

Bedenken Sie: Nicht alles, was uns beigebracht wurde, ist notwendigerweise wahr und von Wert für uns. Religiöse und soziale Werte können von Familie zu Familie sehr variieren, selbst im selben Land. Diese Unterschiede sind zwischen den Ländern oder Kulturen sogar noch größer. Deshalb liegt es an uns als verantwortungsvolle Erwachsene und Staatsbürger, dasjenige, was uns als Kindern beigebracht wurde, neu zu bewerten – besonders wenn wir Erwartungen in uns tragen, die nicht erfüllt werden.

Wenn Menschen Ihre Regeln brechen und Sie sehr ärgerlich darüber werden, dann können Sie ziemlich sicher sein, dass die darunter verborgene Emotion nicht aus dem höchsten Denken in Ihnen kommt, sondern aus dem niedrigsten. Ich spreche hier über wirklich starke Reaktionen wie Wut oder das Verlangen, zuzuschlagen und andere zu verletzen, wenn dieser Andere vielleicht nur eine Meinung zum Ausdruck gebracht oder etwas getan hat, das für andere Menschen vollkommen akzeptabel wäre. Ich spreche hier nicht über Missbrauch oder die Verletzung von Menschen oder des Eigentums anderer, aber selbst dann kann das Ausmaß unserer Reaktionen zu extrem werden.

Emotionen geben Ihrem Leben Würze und machen den Kontakt zu anderen lebendig. Aber wenn Emotionen Ihr Leben bestimmen und es unglücklich machen, dann ist es wichtig, dass Sie Ihre Regeln, Erwartungen und Werturteile mit Blick auf die Vergebung einer neuen Überprüfung unterziehen. Die Funktion des Neocortex besteht darin, diese früheren Gehirnstrukturen und Handlungen zu kontrollieren. Sie müssen diesen Gefühlen, die Ihr Leben bestimmen, deshalb Grenzen setzen.

Neds Mutter hatte ihm immer gesagt: „Du bist wie dein Vater!" Das war ein negatives Bild für ihn, weil Ned eigentlich gar nicht wie sein Vater war. Viele Jahre lang konnte Ned die positiven Seiten seines Vaters nicht erkennen. Dann, in einer geführten Vergebungsmeditation, erinnerte er sich daran, dass seine Mutter auch von ihrem eigenen Vater eine schlechte Meinung hatte, weil sie von ihm während ihrer Kindheit missbraucht worden war. Ned erkannte, dass diese Erfahrung ihre Einstellung allen Vätern und allgemein allen Männern gegenüber vergiftet hatte. Dieses Verständnis für ihre innere Haltung ermöglichte es ihm, seiner Mutter ihre andauernde Kritik an ihm zu vergeben.

Wenn wir vergeben wollen, dann ist es oft nötig, eine andere Perspektive als die uns gewohnte einzunehmen, damit die damit verbundenen Assoziationen sich verändern können. Verhaltensregeln sind manchmal aus negativen Quellen gespeist. Diese Regeln neu zu bewerten kann Ihnen helfen zu überprüfen, wie nützlich sie Ihnen eigentlich wirklich heute noch sind.

Mary war ein Einzelkind, das auf dem Land aufgewachsen war und die meiste Zeit ihrer Kindheit allein verbracht hatte. Pete, der aus einer großen italienischen Familie kam, wuchs in der Stadt auf. Anfangs waren diese Unterschiede aufregend für sie. Mary liebte es, in seiner großen Familie zu sein. Pete fand, dass Mary Frieden in sein Leben brachte, weil sie es schaffte, Zeit für sie beide allein zu kreieren. Er mochte es jedoch auch, wenn seine ganze Familie um ihn war. Nach einiger Zeit fühlte sich Mary gestört, weil sie nicht mehr so oft ihre eigene persönliche und private Zeit für sich hatte, und begann Pete zu kritisieren, wenn seine Familie da war. Pete schlug zurück. Bald schon hatten sie das Gefühl, dass ihre Gegensätze unüberbrückbar waren.

Dann entdeckte Pete das Vergebungstraining. Wenn Mary nun ärgerlich auf ihn war, dann versuchte er, seinen Ärger loszulassen und Ruhe in sich zu finden, um seine Ehe zu retten. Statt wie sonst auf sie ärgerlich zu reagieren, entdeckte er, dass er Mary leichter verstehen konnte, wenn er ruhig blieb. „Und als ich endlich anfing", sagte er, „mit den Ohren der Vergebung zuzuhören, waren wir in der Lage, hilfreiche Lösungen für unsere Unterschiede zu entwickeln und unsere Ehe zu retten."

Pete hatte die Einsicht, seine Haltung nicht für die einzig richtige zu halten. Deshalb versuchte er, nicht zu allen Familientreffen zu gehen, obwohl er schon Lust dazu hatte. Mary schätzte sehr, dass er dies für sie tat, und entwickelte ihrerseits mehr Bereitschaft, ihn zu diesen Treffen zu begleiten. Während der Arbeit an der Versöhnung ihrer Gegensätze beschlossen sie gemeinsam, die Familientreffen zu einem wesentlich früheren Zeitpunkt zu verlassen, als sie dies in der Vergangenheit getan hatten. Mary merkte, dass es ihr nicht mehr so viel ausmachte, dabeizusein, wenn sie früher weggehen konnten. Früher hatte sie es immer ärgerlich gemacht, dass sie bis in die Nacht hinein bei den Familientreffen ausharren musste. Durch das gemeinsame Durchgehen durch diesen Prozess entwickelten sie miteinander eine neue Basis.

Eine Tagebuch-Übung: Um sich mit der Stichhaltigkeit und dem Wert Ihrer eigenen Regeln und der anderer auseinanderzusetzen:

1. Machen Sie eine Liste der Werte, Gesetze, Regeln und moralischen Ordnungen, die der Täter Ihrer Ansicht nach gebrochen hat.
2. Betrachten Sie jeden einzelnen Wert, jede Regel usw. und fragen Sie sich:
   a) Woher kommt diese Regel?
   b) Ist es eine wirklich gültige Regel oder Ordnung? Oder sollte sie revidiert werden?
3. Dann fragen Sie:
   a) Habe ich eine unrealistische Erwartung, dass ein anderer dieses Gesetz befolgen und sich entsprechend diesen Werten oder Regeln verhalten soll, besonders, wenn ich sie auch nicht immer eingehalten und anderen auf die eine oder andere Weise dasselbe auch angetan habe?
   b) Habe ich eine unrealistische Erwartung an mich selbst, dass ich diese Gesetze immer befolgen oder mich diesen Werten oder Regeln entsprechend verhalten muss?

Die Briefübung

Diese Übung, bei der man drei Briefe schreibt, ist eine der besten Aufgaben, die ich für eine frühe Phase des Vergebungsprozesses entdeckt habe. (Den dritten Brief werden Sie später in diesem Buch verfassen.)

Kommunikation ist grundlegend für unser Leben. Babies im kommunistischen Rumänien, die wenig menschlichen Kontakt erlebten, starben entweder oder wurden sehr zurückgezogene oder sogar antisoziale Wesen. Wenn wir unverziehene Situationen betrachten, dann gab es oft ein Problem mit der Kommunikation, die verletzend, zurückweisend oder nicht vorhanden war. Selbst wenn Sie nicht möchten, dass der Kontakt wieder aufgenommen wird, müssen Sie sich darum kümmern, was damals geschah, weil die Art und Weise, wie wir unsere Erschütterung zeigen, sich oft in Form von Kommunikation oder Kommunikationsmängeln manifestiert.

Ich stolperte über eine ähnliche Brieffolge bei John Gray, der sie von Robert Plath hatte, dem Gründer und Direktor der weltweiten Vergebungs-Vereinigung. Bob ist ein warmherziger Anwalt, der sein Leben der weiteren Verbreitung der Vergebung in der Welt gewidmet hat. Eins seiner vorrangigen Ziele besteht darin, den Internationalen Vergebungstag als einen weltweit begangenen Feiertag zu etablieren. (10)

Diese Briefe spiegeln unsere menschliche Erfahrung. Sie beschreiben, wie wir miteinander umgehen, wenn wir verletzt sind. Als Erstes konfrontieren wir den Menschen, der uns verletzt hat. Wir werden vielleicht wütend und sagen demjenigen, warum. Dieser antwortet darauf. Idealerweise ist die Störung damit beseitigt und die Verbindung ist wiederhergestellt.

Der Verletzungsbrief

Da Vergebung eine emotionale Handlung ist, müssen wir uns zunächst klar darüber werden, welche Gefühle beteiligt sind, und sie dann loslassen.

Schreiben Sie darum einen Brief an den Menschen, dem Sie vergeben wollen. In diesem Brief, sprechen Sie **genau** aus, wie die Situation Sie verletzt hat und wie Sie sich jetzt in Bezug auf den Menschen fühlen. Nutzen Sie den Brief, um all Ihre Gefühle und Gedanken im Zusammenhang mit der Situation herauszulassen. Lassen Sie jede Vorstellung von „im Zweifel für den Angeklagten“ in diesem Brief weg. Schreiben Sie einfach auf, wie ärgerlich Sie sind.

Jetzt ist der richtige Moment, um Ihren ganzen Kummer und Ihre Enttäuschung über den Menschen auszusprechen. Sie sprechen aus, wie unzufrieden Sie sind. Es ist ausschlaggebend, wirklich alles aufzuschreiben, sodass Sie nicht erneut in einen emotionalen Angriff oder eine Überforderung geraten, wenn Sie zufällig dem Täter von Angesicht zu Angesicht gegenüberstehen oder manchmal sogar, wenn Sie nur an ihn (oder sie) denken.

Stellen Sie sicher, dass Sie folgende Fragen beantwortet haben:

1. Wie sind Sie verletzt worden?
2. Welches sind die wirklich unverzeihlichen Dinge, die in dieser Situation geschehen sind?
3. Was aus meiner Vergangenheit erinnert mich an diese Situation?
4. Gibt es irgendetwas in diesem Zusammenhang, das mich meiner Stärke oder Bereitschaft beraubt, Vergebung in Erwägung zu ziehen?

Schreiben Sie alle Gefühle auf, die Ihnen in den Sinn kommen. Sie könnten vielleicht diese Fragen dazu hilfreich finden:

1. Was fühle ich, wenn ich mir den Menschen vorstelle, der an der Situation beteiligt ist? Ich bin z. B. traurig, deprimiert, wütend, voller Schuldgefühle, verletzt, ängstlich.
2. Abgesehen von meinem Hauptgefühl, gibt es noch andere Gefühle, wie Peinlichkeit, Demütigung oder Scham, die unter dem Hauptgefühl liegen oder damit verbunden sind?
3. Bin ich bereit, diese Gefühle zuzulassen und sie nicht länger zu vermeiden?

Wenn Sie mitten in Ihrem Brief an eine ähnliche, aber frühere Situation denken müssen, die mit demselben Menschen oder auch einem anderen zu tun hat, dann ist es wertvoll, unmittelbar aufzuschreiben, was zu dieser früheren Zeit geschehen ist. Erinnern Sie sich daran, dieser frühere Kummer könnte den späteren zu einem Platzhalter machen, weil das spätere Ereignis sehr wahrscheinlich im Gehirn neuronal mit dem früheren verbunden ist.

Schreiben Sie diesen *Gefühlsbrief* weiter, bis es nichts mehr zu sagen gibt. Lesen Sie ihn sich noch einmal durch, um sicherzustellen, dass es nichts mehr hinzuzufügen gibt. Dann legen Sie den Brief zur Seite. Manche Menschen haben daraus ein Ritual gemacht und den Brief verbrannt. Auch wenn Sie den Impuls haben, ihn stattdessen abzuschicken, tun Sie das nicht. Nicht aus diesem ersten, sondern aus dem zweiten Brief wird Verständnis erfolgen.

Und nun gehen Sie über zum zweiten Brief.

Der Antwortbrief

Ich habe nicht nur in meiner Ausbildung als Ehe- und Familienberater erfahren, wie wirksam es ist, den Standpunkt eines Anderen anzuhören, sondern auch in Hawaii in einem Familienheilungsprozess und –ritual, das *Ho'o Pono Pono* genannt wird. Es handelt sich um eine alte traditionelle hawaiianische Praxis, bei der Familienmitglieder zusammenkommen, wenn es Beziehungsprobleme und Disharmonie im unmittelbaren Familienkern gibt. Es kann sein, dass dies zu einem großen Familientreffen mit bis zu 20 und mehr Menschen führt.

Beim *Ho'o Pono Pono* berichtet jedes einzelne Familienmitglied, vom kleinsten Kind bis zum Ältesten, wie und wodurch er oder sie von der Disharmonie oder von jeder Verletzung betroffen ist, die sich ereignet hat. Dafür wird dann Vergebung erwartet und die Harmonie wird so wiederhergestellt. Das Mitteilen der subjektiven Befindlichkeit ist sehr engagiert und kann lange Zeit dauern, manchmal sogar Tage, sodass jeder seine Zeit bekommt zu sagen, wie er oder sie sich fühlt, um dann auseinanderzusortieren, was geschehen ist, und bereit zu sein, allen beteiligten Parteien zu vergeben. Dies ist wesentlich für die Wiederherstellung der Harmonie und des gegenseitigen Wohlwollens. (11)

Schreiben Sie diesen zweiten Brief aus dem Gesichtspunkt des Täters heraus. Nutzen Sie ihn, um zu jeder Ihrer Verletzungen Stellung zu nehmen, aber schreiben Sie vor allem aus der Erfahrung des oder der Anderen heraus. Schreiben Sie den Brief an sich selbst, so, als ob er von dem Täter käme. Sie sind jetzt diese Stimme, die genau sagt, was geschah und warum, aber nur aus seiner Perspektive.

Irgendwo in diesem Brief, vielleicht nachdem der Täter seine Vergangenheit erklärt und gerechtfertigt hat, schreiben Sie auf, was Sie gerne von ihm hören würden. Lassen Sie ihn erklären, wie Ihr Kummer oder Ihre Wut ihn oder sie berührt. Es ist sehr wichtig, dass Sie bekommen, was Sie brauchen. Wenn Sie eine Entschuldigung brauchen, dann schreiben Sie sie. Wenn Sie es brauchen, dass der Täter eine Einsicht hat, dann lassen Sie sie in diesem Brief entstehen. Obwohl dies ein fiktiver Brief ist, könnte es sein, dass Sie überrascht sind, wie voll von Einsichten und nützlich er sein kann.

Und obwohl Sie wissen, dass dieser Brief von Ihnen ist, geschieht oft etwas beim Schreiben aus der Perspektive des Anderen. Ich hatte mehrere Schüler, die sagten, dass der Täter niemals so etwas geschrieben haben würde. Als sie dies erkannten, bemerkten sie die Aussichtslosigkeit Ihres Wartens auf etwas, was sie nie bekommen würden, und konnten es dann loslassen.

Um Klienten an diesem Punkt zu helfen, mache ich mit ihnen gern ein wenig Hypnotherapie. Ich lasse sie sich vorstellen, dass sie bekommen, was sie brauchen. Sie können das auch mit sich selbst tun, indem Sie sich entspannen und sich im

Geiste vorstellen, dass Sie eine Entschuldigung erhalten – oder irgendetwas anderes, was Sie gern bekommen würden. Das ist sehr kraftvoll, weil Forschungen ergeben haben, dass das Gehirn oft den Unterschied zwischen dem, was in dem hypnotischen Zustand geschieht, und der Wirklichkeit nicht auseinanderhalten kann. Auf diese Weise ermöglichen Sie, sich in Bezug auf die Situation besser zu fühlen, wenn Sie sich in einem tief entspannten Geisteszustand das geben, was Sie brauchen.

Um die Weltsicht des anderen Menschen wirklich verstehen zu können, stellen Sie sich vor, Sie seien wirklich er und sähen die Welt mit seinen Augen. Hier sind einige Hinweise, die dafür hilfreich sein können:

1. Schreiben Sie auf, was Ihrer Ansicht nach der vorherrschende Moralkodex ist, nach dem dieser Mensch lebt und der sein Verhalten in dieser Situation beeinflusst haben sollte.
2. Wie sieht und erlebt dieser Mensch die Welt? Was fürchtet er, was liebt er, was mag er und was nicht?
3. Wie war es wohl, in einer Familie wie der seinen aufzuwachsen?
4. Wie war es wohl, aus seiner Kultur zu kommen oder in seiner Zeit zu leben?
5. Welche Themen spielten in seinem/ihrem Leben eine Rolle?
6. Wie ist die emotionale Intelligenz des Menschen beschaffen?
7. Was waren seine Erwartungen im Hinblick auf Sie selbst oder auf andere?

Wenn Sie diese Fragen nicht beantworten können, dann wissen Sie nicht genug, um diesen Menschen zu verurteilen.

Oft wird sich Erleichterung einstellen, während Sie schreiben. Verständnis bringt immer eine Abnahme der seelischen Qualen mit sich. Mitgefühl hat Vergebung im Gepäck. Wenn Sie jedoch noch nicht in der Lage sein sollten, loszulassen, dann ist das vollkommen in Ordnung, gehen Sie dann einfach zum nächsten Kapitel über. Die Vergebungsarbeit besitzt einen Schneeballeffekt. Solange Sie auf jeder Ebene einfach Ihr Bestes tun, werden Sie bei dem Prozess weiterkommen. Dann, ganz plötzlich, wird es eine Veränderung geben, und Sie werden Ihre Verletzung loslassen.

Die vierte Hürde

Ihre Reaktion auf die Welt und die Menschen darin resultiert aus der Programmierung Ihres Denkens. Wenn Sie nach der Wahrheit suchen, dann können Sie jetzt die Kontrolle über Ihr Leben übernehmen. Sie haben jetzt das Handwerkszeug, um es zu tun.

Dies ist eine große Hürde, weil Sie damit aufhören können, andere für Ihre Situation verantwortlich zu machen, und stattdessen die Kontrolle über Ihre eigenen Reaktionen übernehmen. Das ist nicht leicht, aber es bringt Ihnen mehr ein als Wut und Rachegefühle. Wenn schlimme Dinge geschehen sind, dann müssen Sie nicht außerhalb von sich selbst nach Wegen suchen, um damit umgehen zu können. Stattdessen kann das Problem zu einer Herausforderung und einer Gelegenheit werden, über Ihr früher Gelerntes hinauszuwachsen, die Situation auf eine andere Weise zu betrachten und zu vergeben.

„Vergebung ist eine Methode, wie man Liebe schenken kann.
Sie ist ein Weg zu sagen:
„Ich lasse all das Schlimme los, was du getan hast;
ich werde nicht verbittert darüber werden,
und ich werde dich dennoch weiter lieben.'"

BERNIE SIEGEL, PRESCRIPTION FOR LIVING

Kapitel 7
Vergeben leichter machen

„Derjenige, der Anderen nicht vergeben kann, bricht die Brücken ab, über die er selbst gehen muss; denn jeder Mensch braucht Vergebung."

George Herbert (1593 – 1633)

Den Sinn in Ihrem Vergeben entdecken

Es ist von fundamentaler Bedeutung, einen Sinn in Ihrer Vergebung zu finden. Hier sind *zwei Geschichten*, die die Wichtigkeit dieses Schrittes zeigen.

Amy Biehls

Während der Rassenunruhen unter dem südafrikanischen Apartheid-Regime im Jahr 1993 tötete ein junger Schwarzer Amy Biehls, eine amerikanische Rhodes-Stipendiatin und Austauschstudentin. Ihre Eltern, die ihren Protest gegen das Apartheid-Regime unterstützt hatten, reisten aus den USA an, um die Familie des jungen Mannes zu besuchen, der ihre Tochter getötet hatte, als Zeichen, dass sie ihr und ihren Idealen Achtung erwiesen. Sie vergaben ihm und sagten dann vor Gericht zugunsten des jungen Mannes aus, sodass er begnadigt wurde. Sie sagten, dass sie nur deshalb in der Lage waren, das zu tun, weil sie wussten, dass ihre Tochter dies so gewollt hätte. (1)

Diese Eltern waren aus Liebe zu ihrer Tochter und zu deren Vision in der Lage, ihre Perspektive zu ändern und die Ansichten ihrer Tochter zu den ihren zu machen. Dieser Sinn versetzte sie in die Lage zu vergeben.

Wild Bill

George Ritchie, der lange Zeit als Psychiater an der Universität von Virginia arbeitete, schrieb ein wichtiges Buch, *Return from Tomorrow,* in dem er die folgende unglaubliche Geschichte erzählt:

Bevor er Arzt wurde, war Ritchie Teil eines kleinen medizinischen Teams, das in die gerade befreiten Nazi-Konzentrationslager entsandt wurde. Dort traf er einen jüdischen Gefangenen mit dem Spitznamen Wild Bill Cody. Er hatte ganz helle Augen und arbeitete 15-16 Stunden pro Tag mit den amerikanischen Soldaten zusammen, ohne je überarbeitet zu wirken. Während die anderen Soldaten irgendwann Zeichen der Erschöpfung zeigten, schien seine Stärke immer nur zuzunehmen. „Das Mitgefühl für seine Mithäftlinge strahlte auf seinem Gesicht", berichtet Ritchie.

Für die Amerikaner schien es offensichtlich, dass Wild Bill noch nicht allzu lange im Konzentrationslager gewesen sein konnte. Als Ritchie aber beim Ordnen der Unterlagen herausfand, dass Wild Bill seit 1939 dort gefangen gehalten wurde, war er schockiert. Er fragte Will Bill, wie er seine Lebenskraft über sechs Jahre bewahrt hatte, während die anderen kaum mit dem Leben davongekommen waren. Er antwortete:

> „Wir wohnten im jüdischen Viertel von Warschau, meine Frau, unsere beiden Töchter und unsere drei Söhne Als die Deutschen in unsere Straße kamen, stellten sie alle an eine Wand und begannen, mit Maschinenpistolen auf uns zu schießen. Ich bat darum, mit meiner Familie sterben zu dürfen, aber weil ich deutsch sprach, steckten sie mich stattdessen in eine Arbeitsbrigade. Ich musste mich entscheiden, ob ich zulassen wollte, dass ich den Soldaten hasste, der das getan hatte. Es war eine leichte Entscheidung, wirklich. Ich war damals Anwalt, und in meiner Praxis hatte ich oft beobachtet, was Hass im Denken und im Körper von Menschen anrichtet. Hass hatte gerade die sechs Menschen getötet, die mir das Meiste auf der Welt bedeuteten. Ich entschloss mich, den Rest meines Leben – ob dies nun nur ein paar Tage lang oder viele Jahre dauern würde – damit zu verbringen, jeden Menschen zu lieben, den ich traf." (2)

Die Suche des Menschen nach Sinn

Das ist der Titel eines Buches von Victor Frankl, der ebenfalls das Todeslager der Nazis überlebte. Er überlebte, weil er in der Lage war, einen Sinn in seiner Existenz zu entdecken. Er bemerkte, dass diejenigen, die ihrem Leben nicht wenigstens irgendeine Bedeutung gaben, oft nicht überlebten.

Aus dieser Arbeit entwickelte sich eine ganze Therapierichtung, die Menschen dabei hilft, ihrem Leben einen Sinn zu geben. Er spürte, dass unser wichtigster Antrieb im Leben darin besteht, das zu tun, was uns sinnvoll erscheint. Amazon sagt, dass sein Buch in den 90er Jahren als eins der einflussreichsten Bücher in den USA galt. Sinn zu entdecken ist eine lebenswichtige Lehre, nicht nur für die, die vergeben wollen, sondern auch für das Leben überhaupt.

- Was in Ihrem Leben könnte Sie inspirieren zu vergeben?

Die beste Strategie für den Umgang mit schwierigen Situationen

In Wirklichkeit wissen Sie nicht, wie Erfahrungen im Gehirn eines anderen Menschen miteinander verknüpft werden – Sie wissen nicht einmal, wie dies in Ihrem eigenen geschieht. Eine neue, schwierige Situation oder ein Problem kann sich mit rund einem Dutzend verschiedener Gedankenmuster und Erfahrungen verbinden und mit doppelt so vielen verschiedenen Regeln und Urteilen. Deshalb besteht die beste Strategie bei der Vergebungsarbeit darin, die Störung herunterzubrechen (Kapitel 3). Wenn Sie dann immer noch Schwierigkeiten mit einer Situation haben, dann brechen Sie sie noch weiter herunter.

Eine Technik, die Vergebung beschleunigt

Halten Sie Ausschau nach früheren Ereignissen, die ähnlich sind. Jede neue Erfahrung, die wir machen, setzt sich im Gehirn auf eine schon gebildete Gruppe von Erfahrungen auf. Auf diese Weise können wir erkennen, wie wichtig es ist, dass wir uns an frühere Situationen in unserem Leben erinnern, die vielleicht denen ähnlich waren, mit denen wir es im Moment zu tun haben. Ich habe herausgefunden, dass Ihre Vergebung sich intensivieren kann, wenn Sie nach den frühesten Menschen und Situationen in Ihrem Leben Ausschau halten.

Denken Sie daran, Ihre Wertschätzung für das Leben vertieft sich, wenn Sie die Störung mit der Familie, Religion und Kultur in Verbindung bringen, in der Sie aufgewachsen sind. (3) In der Vergebungsberatung können Sie den Verlauf der Sitzung glatter gestalten, wenn Sie nach früheren Situationen Ausschau halten, die irgendwie mit der gegenwärtigen in Zusammenhang stehen. Wenn ein Mensch seinem Ehepartner nicht vergeben kann, der einem Elternteil oder einem Geschwisterkind ähnlich ist, dann hören Sie für den Moment auf, mit dem Ehepartner zu arbeiten, und arbeiten Sie stattdessen an dem Elternteil oder Geschwisterkind, mit dem es ähnliche Situationen gegeben hat. Wenn Sie mit dem früheren Menschen zuerst arbeiten, wird die Störung mit dem Ehepartner oder Partner sehr viel leichter zu bearbeiten sein.

Wenn Sie selbst Schwierigkeiten haben, jemandem zu vergeben, fragen Sie sich:

1. Gibt es jemanden aus einer früheren Zeit in meinem Leben, der dies in derselben oder ähnlichen Weise mit mir gemacht hat?
2. Habe ich selbst so etwas Ähnliches früher in meinem Leben getan?
3. Bin ich schon einmal in dieser Situation gewesen? Wenn ja, präzisieren Sie die Zeit und die Situation.
4. Arbeiten Sie an der früheren Zeit, und wenn Sie dann immer noch Schwierigkeiten haben, fragen Sie erneut, ob es noch eine frühere Situation gibt, die angeschaut werden will. Beispielsweise kann eine Verletzung mit Ehemann 2 ähnlich der mit Ehemann 1 sein. Wenn die Verletzung nicht viel anders wird, sollten Sie vielleicht noch weiter in Ihrem Leben zurückgehen.

Fairseinwollen als Blockade bei der Vergebung

Ein starkes Verlangen nach Fairness kann die Bereitschaft zu vergeben negativ beeinflussen. Oft war es von unserem Standpunkt aus unfair, was ein anderer getan hat, besonders, wenn er oder sie sich nicht entschuldigt oder anerkennt, wie das, was uns geschah, uns beeinträchtigt hat. Es kann viele Gründe für das Ausbleiben einer Entschuldigung geben, aber oft werden wir sie nicht in Betracht ziehen, weil wir glauben, im Recht zu sein. Was Fairness wirklich ist, kann man kaum allgemeinverbindlich sagen, weil andere dies ganz anders sehen können. Wir glauben, dass es diese Unterschiede nicht geben sollte, aber sie sind da. Das ist der Grund dafür, warum wir Gerichtshöfe einsetzen oder Gesetze, die festlegen, was fair ist. Gesellschaftlich betrachtet erschaffen wir Gesetze, um über Fairness zu entscheiden, aber dennoch sind sie immer noch nicht fair. Diese Klage beginnt schon in der Kindheit und hört niemals auf: „Das ist nicht fair!“

Obwohl es verführerisch ist, sich vorzustellen, wie es sein würde, wenn Menschen Ihnen gegenüber wirklich fair wären oder Sie wirklich wertschätzten, wird ein anderer sich Ihrer Meinung kaum jemals anschließen. Und schließlich handeln Sie sich eine Menge Ärger ein, manchmal aus nichtigem Anlass. Das Wort Fairness maskiert oft persönliche Vorlieben und Bedürfnisse. Fair ist das, was *ich* will, aber das, was der Andere will, besitzt meist nicht diese Legitimation. Konsequenterweise verschließt jeder sich mit seinem oder ihrem Standpunkt gegen den anderen. Die Folge davon ist, dass jeder für seine Ansicht kämpft und zunehmenden Groll in sich spürt. Deshalb ist es am wichtigsten, sich selbst gegenüber fair zu sein. (4)

Gekoppelt an dieses falsche Fairness-Denken entwickeln wir oft Glaubenssätze mit Bedingungen, die auf inneren Gesetzen basieren, wie „Wenn er mich lieben würde, dann würde er doch abwaschen." – „Wenn er mich lieben würde, dann würde er dafür sorgen, dass ich ein schönes Auto fahren könnte." – „Wenn er etwas für mich übrighätte, dann würde er direkt nach der Arbeit nach Hause kommen." – „Wenn sie meine Arbeit wirklich wertschätzen würden, dann würden sie mir eine Gehaltserhöhung zahlen." – „Wenn sie mich lieben würde, dann würde sie mir nicht so auf die Nerven fallen, wenn ich von der Arbeit nach Hause komme." Wie die Autoren des Buches *Thoughts & Feelings: the Art of Cognitive Stress Intervention*, Mathew McKay, Martha Davis und Patrick Fanning, betonen, kann man diesen Trugschluss rückgängig machen, wenn man anerkennt, dass das, was Ihnen „fair" erscheint, oft nicht das ist, was beide Seiten so sehen. Es ist hilfreicher zu sagen, was Sie wollen, brauchen oder vorziehen. Ohne die Annahme der Fairness können Sie ehrlich mit sich selbst und mit dem anderen Menschen sein. (5)

Bedürfnisse und Wünsche erfüllen

Die eigenen Bedürfnisse und Wünsche zum Ausdruck zu bringen und dafür zu sorgen, dass sie auch erfüllt werden, ist schwer. Ohne die Bereitschaft, wenigstens auch den Standpunkt des Anderen kennenzulernen, werden Ihre Bedürfnisse wahrscheinlich nie erfüllt werden. Und selbst dann braucht man hervorragende Kommunikationsfähigkeiten, um diese Sehnsüchte dem Anderen gegenüber zum Ausdruck zu bringen.

Marshall Rosenberg hat sein Leben damit verbracht, eine Kommunikationsform zu lehren, die einfühlsam ist und die Menschen dabei hilft, sich selbst und andere besser zu verstehen, damit es eher möglich wird, dass ihre Bedürfnisse und Wünsche erfüllt werden. Seine hervorragende Arbeit ist im dem Buch „*Gewaltfreie Kommunikation. Die Sprache des Lebens*" (6) beschrieben.

Unsere Bedürfnisse und Wünsche entstehen oft aus unserem Unterbewussten. Der verbleibende Teil des Buches wird Sie in die Lage versetzen, Ihre wahren Bedürfnisse und Wünsche auf einer tieferen Ebene besser kennenzulernen, sodass Vergebung leichter möglich wird.

Die geheime Haltung, die Vergeben leichter macht

Das Geheimnis, das Vergeben erleichtert, heißt Demut. Es kann sein, dass man einige Zeit braucht, um die Macht dieser Haltung zu verstehen. Demut ermöglicht uns, einen Schritt von dem Teil von uns, der immer im Recht sein will, zurückzutreten und stattdessen die Situation objektiv zu betrachten. Demut ist nicht gleichbedeutend mit Schwäche, und auch nicht mit Schüchternheit, Unterwerfung oder kriecherischem Verhalten. Demut bedeutet, genug innere Stärke zu besitzen, um sagen zu können: „Ich weiß nicht alles!"

Abgesehen von vielen anderen Vorteilen öffnet Demut auch den Weg zur Vergebung, weil sie uns in die Lage versetzt, unsere Verteidigungswälle abzubauen und stattdessen Mitgefühl einzulassen, was uns ermöglicht, die Situation eines Anderen zu verstehen. Demut beruhigt das Reptiliengehirn. Sie ermöglicht uns, den defensiven Teil von uns aufzugeben, der stets anderen die Schuld geben und angreifen muss, um sich geschützt zu fühlen. Demut verlangt von uns, aufzuhören, Gott spielen und denken zu wollen, wir wüssten alles.

Demut ermöglicht uns zuzugeben, dass wir anderen ebenfalls Verletzungen zugefügt haben und nicht so hoch über den anderen stehen, denen wir nicht vergeben können. Sie erlaubt uns auch, uns selbst zu vergeben, indem wir von dem Podest heruntersteigen, auf dem wir Gott spielen, und stattdessen unsere Fehler einzugestehen, und zwar nicht dadurch, dass wir uns verurteilen, sondern mit dem Eingeständnis: „Hier stehe ich und kann nicht anders, Gott helfe mir!" Mit diesem Satz geben wir zu, dass wir uns nicht von anderen unterscheiden, abgesehen davon, dass wir vielleicht unter anderen Umständen leben. Das hilft uns, unsere Verteidigungsmauern und unsere Aggression loszulassen und erneut unser Geburtsrecht zu fühlen, das aus Freude, Frieden und Liebe besteht.

Wie man die Wahrheit erkennt

Um ehrlich die Wahrheit einer Situation erkennen zu können, müssen wir fast immer unser starkes Bedürfnis loslassen, Recht haben zu wollen. Demütig zu sein fühlt sich an, als ob wir ein unangenehmes Gewand anziehen sollen, aber wenn wir es schaffen, dann vergrößert dies unsere Freude, unseren Frieden und unsere Liebe. Vielen bringt das Demütigsein die Erkenntnis, dass sie etwas Heiliges und Göttlichen in ihr Leben lassen können.

Wut, Angst oder jeglicher Ausdruck des Mangels an Liebe rufen uns zu Demut auf, die sagen kann: „Ich weiß nicht wirklich, was hier passiert." Dann können wir uns möglicherweise mit dem höchsten Aspekt unseres Selbst verbinden und erlauben, dass das Fließen der Liebe, des Lebens und des Friedens in uns geschieht. Dort sind wir wahrlich im Recht, aber es ist ein Im-Recht-Sein, aus dem Vergebung strömt.

Demut verlangt von uns nicht nur, das „Ich bin Gott"-Spiel aufzugeben, was wir spielen, wenn wir glauben, dass wir alles wissen und verstehen, sondern es könnte sogar sein, dass wir stattdessen die Hand Gottes ergreifen müssen. Indem wir dies tun, bitten wir demütig um Wahrheit, und wir werden sie erkennen, weil wir dann mit den Augen der Liebe schauen.

Die Macht der Entscheidung entwickeln

Ein anderer wichtiger Punkt beim Vergeben ist unsere Fähigkeit zu entscheiden, dass wir wirklich vergeben wollen. In diesem Abschnitt wird das Wort „entscheiden" als aktives Verb benutzt, das ganz in der Gegenwart verwurzelt ist und nicht bedeutet, dass man etwas in die Zukunft verschiebt. Die Worte „Bereitschaft" oder „Absicht" bedeuten demgegenüber, dass man irgendwann in der Zukunft vergeben will. Die Entscheidung, zu vergeben, muss deshalb möglicherweise immer wieder erneuert werden.

Am Anfang dieses Buches habe ich darüber gesprochen, wie schwer es ist, sich zu entscheiden, vergeben zu wollen. Die Entscheidung zum Vergeben kann sehr machtvoll sein und wird erleichtert, wenn man versteht, was die verletzende Situation bedeutet hat. Wenn Sie dieses Buch weiter durcharbeiten, werden Sie genügend Verständnis für die unverziehenen Situationen in Ihrem Leben bekommen, sodass sich Mitgefühl für Sie selbst und für andere entwickelt und Sie früher oder später entscheiden können, Ihre Verletzungen loszulassen. Vielleicht ist das sogar schon in einer Situation geschehen, und Sie arbeiten jetzt an anderen.

Die Eigenschaften der Bereitschaft und Absicht können hilfreich sein, wenn Sie eine Entscheidung irgendeiner Art fällen müssen. Obwohl Sie vielleicht durch das Lesen dieses Buches viele Informationen aufnehmen, wird die Anhäufung von Information durch diese beiden Eigenschaften beeinflusst. Inspiration vergrößert die Bereitschaft und die Absicht.

Bereitschaft

Wenn wir uns mit der höchsten Sichtweise, dem ersten Hauptpunkt des Vergebens (vgl. Kapitel 1) verbinden, dann inspiriert uns das, unsere Bereitschaft zum Vergeben zu entwickeln. Diese Bereitschaft stellt das Hauptelement beim Vergeben dar. Alles andere leitet sich aus dieser Willenskraft ab.

Fragen, die Sie sich stellen können:

1. Bin ich bereit, daran zu arbeiten?
2. Bin ich bereit, meinen Dämonen ins Gesicht zu sehen?
3. Bin ich bereit, dies loszulassen?
4. Bin ich bereit, ganz ehrlich mit mir zu sein?

Bereiten Sie sich mit folgender Absicht auf den Power-Vergebungsprozess vor:
„Vergebung hat eine große Macht, und sie wird mich befreien!"

Wenn Ihre Absicht stark ist, dann können Sie dem Prozess folgen, bis Sie einen inneren Wandel spüren. Dann wird die Entscheidung zu vergeben leichter fallen. Es kann einige Zeit dauern, besonders wenn es alte Wunden zu heilen gibt, aber wenn Sie diese Kernabsicht, Ihre Verletzung loslassen zu wollen, in sich aufrechterhalten, haben Sie den wichtigsten Schritt getan.

Auf dem Tiefpunkt meines Lebens im Jahr 1993 versuchte ich herauszufinden, was eigentlich los war. Ich las das Vorwort von „Ein Kurs in Wundern", das im Grunde nichts anderes sagt, als dass Gott bedingungslose Liebe ist, dass wir aber vergeben müssen, um diese Liebe zu erfahren. Meine höchste Vision, Gott als diese Liebe erfahren zu wollen, wurde dadurch entfacht. Als ich weiterlas, nahmen meine Bereitschaft und meine Absicht zu, vergeben zu wollen. Und als ich erkannte, dass ich vergeben musste, um diese bedingungslose Liebe zu erfahren, traf ich die Entscheidung, in meinem Lesesessel sitzenzubleiben und nicht aufzustehen, bis ich alles vergeben hatte, was ich konnte. Viele Stunden später hatte ich jede Verletzung, der ich mir zu jenem Zeitpunkt in meinem Leben bewusst war, losgelassen.

Das scheint eine fast unglaubliche Behauptung zu sein, aber das ist sie nicht. Ich hatte bereits 30 Jahre lang innere Arbeit getan und kannte mich gut mit Psychologie und Spiritualität aus. Das alles kam mir jetzt zugute. Nach dieser „Grundreinigung" des Loslassens konnte ich volle sieben Jahre lang die Erfahrung göttlicher Liebe in mir spüren.

Diese allgemeine Absicht, verbunden mit der Entscheidung, zeigt, dass es bei dem, was wir tun, immer verschiedene Ebenen der Verbindlichkeit gibt. Ich verpflichtete mich zu dem allgemeinen Prozess, aber bei den einzelnen Verletzungen blieb ich manchmal doch hängen.

Dasselbe Muster können wir manchmal in Ehen erkennen. Die Verpflichtung und Entscheidung, in der Ehe zu bleiben, ist immer noch da, aber es kann sein, dass es in der Beziehung Probleme gibt, die Konflikte provozieren. Wenn der Kampf um das Zusammenbleiben weitergeht, die Inspiration, die Ehe verbessern zu wollen, aber ausbleibt, dann wird das Verlangen, auseinanderzugehen, stärker als der Wunsch, zusammenzubleiben. Dann kann es sein, dass die Verpflichtung zur Ehe aufhört und das Paar sich entscheidet, die Beziehung zu beenden.

Der Entschluss zu vergeben

Manchmal muss man im Laufe des Prozesses eine bewusste Entscheidung treffen zu vergeben. Diese Entscheidung ist ein echter Willensakt, der dem Höheren Selbst gegenüber als eine Halt gebende Verpflichtung getroffen wird und der Sie durch schwieriges emotionales Terrain hindurchtragen kann. Wenn Sie erkennen, dass

Sie mit Wut und Ärger nicht weiterkommen, werden Sie sich möglicherweise für das Vergeben öffnen. Und wenn Sie die Entscheidung zur Vergebung treffen, holen Sie sich die Macht zurück, die der verletzende Mensch oder die entsprechende Situation Ihrem Leben weggenommen hat.

Fragen zur Entscheidungshilfe: Beantworten Sie in Ihrem Tagebuch folgende Fragen:

1. Bin ich wirklich bereit, an dieser schwierigen Situation zu arbeiten?
2. Warum will ich diesem Menschen eigentlich vergeben?
3. Bin ich entschlossen, mich von den negativen Folgen zu befreien, die diese Situation in meinem Leben verursacht hat?
4. Was hält mich davon ab, den Entschluss zu fassen, das alles loszulassen?

Die oft übersehene Gehirnfunktion

Die Fähigkeit unseres Gehirns, die wir in unserer modernen, computerzentrierten Gesellschaft oft übersehen, ist der Einsatz unserer Intuition – eine Fähigkeit, die bei unserer Arbeit an der Vergebung ziemlich nützlich ist. Diese Fähigkeit wird oft mit der Funktion der rechten Gehirnhälfte in Zusammenhang gebracht. (7)

Ihre Intuition kennenlernen und nutzen – Wir besitzen innere Ressourcen, die uns bei der Arbeit an der Vergebung und bei unserer Heilung helfen können. Sich für schöpferische Einfälle und andere Quellen der Weisheit zu öffnen ist ein Schlüssel zu den höheren Funktionen des menschlichen Geistes. Wir besitzen alle eine natürliche Fähigkeit, die man unter vielen verschiedenen Bezeichnungen kennt: Intuition, Vorahnungen, innere Führung usw. Diese Fähigkeit ist im Verlauf der Geschichte immer wieder bei bedeutenden historischen Persönlichkeiten beobachtet worden. Manche haben sie mehr entwickelt als andere, aber im Prinzip steht sie allen Menschen zur Verfügung.

„Der Verstand kann nur so weit gehen, wie er etwas kennt und beweisen kann. Dann kommt ein Punkt, an dem der Verstand einen Sprung zu einer höheren Wissensebene macht, aber er kann nie beweisen, wie er dorthin gekommen ist. Alle großen Entdeckungen sind auf der Basis eines solchen Sprunges gemacht worden."

Albert Einstein (8)

Thomas Edison glaubte fest an diesen intuitven Sinn im Menschen und nutzte ihn oft. Wenn er darum kämpfte, eine Lösung für ein Problem zu finden, versuchte er in einem Sessel zu schlafen und gleichzeitig das Thema, um das es ging, im Kopf zu behalten. Dabei hielt er seinen Schlüsselbund fest in der Hand. Wenn er einschlief, fielen ihm die Schlüssel aus der Hand, und das weckte ihn auf. In diesem Moment erinnerte er sich daran, was er geträumt hatte. Oft war in diesem Traum eine Antwort auf sein Problem. (9)

Wenn man mit seiner Intuition in Berührung kommen will, ist es nötig, sich dafür zu öffnen, dass man etwas ganz Neues ausprobieren könnte. Wenn wir uns einem augenscheinlich unlösbaren Problem oder einem Dilemma gegenübersehen, dann brauchen wir eigentlich nichts anderes als einen Standpunkt, der außerhalb unseres normalen Denkprozesses liegt. Das nennt man oft „über den Tellerrand hinausdenken". Eine ruhige, stille Umgebung und ein entsprechender Geisteszustand helfen uns bei der Suche nach diesem schöpferischen Teil von uns. Bei mir steht er oft am frühen Morgen zur Verfügung, unmittelbar bevor ich wirklich aufwache. Neal, ein Freund von mir, der Bauunternehmer ist, designt in diesen frühen Stunden immer seine Projekte oder arbeitet an Problemen mit seinen Bauten. (Viele sagen, dass dies auch die beste Zeit zur Meditation ist). Oft merkt er dann, wenn er am Vortag irgendwelche Fehler gemacht hat, die er verbessern muss.

Frieden und Ruhe halten die reaktiveren und emotionaleren Teile des Gehirns im „Off", und dadurch können die problemlösenden und intuitiven Teile von uns aktiv werden. Wenn Sie an Vergebung arbeiten, dann stellen Sie sicher, dass Sie diese kraftvolle Hilfsquelle für sich nutzen.

Im folgenden Abschnitt berichtet uns Patanjali, ein weiser Gelehrter, der im dritten Jahrhundert vor Christus lebte, wie und warum Intuition funktioniert: (10)

„Wenn dich ein großes Ziel oder irgendein außergewöhnliches Projekt inspiriert, dann durchbrechen deine Gedanken ihre Grenzen, dein Geist überwindet seine Begrenzungen, dein Bewusstsein dehnt sich in alle Richtungen aus, und du findest dich in einer neuen, größeren und wunderbaren Welt wieder. Schlafende Kräfte, Eigenschaften und Talente werden lebendig, und du entdeckst dich selbst als jemand, der weit größer ist, als du je erträumt hast."

Alte Denkgewohnheiten ändern

Wenn man an seinem Groll festhält, dann ist man nicht in der Lage, Gedanken des Friedens zu denken, geschweige denn, mit einer höheren Macht in Berührung zu sein. Unter übermäßigem Stress geht unsere sinnvolle Denkfähigkeit verloren. Überlebensmechanismen und Reaktionen können dann die Macht übernehmen und uns unfähig zu solch höheren Gedanken machen.

Bitte notieren — Wenn Sie sich dabei unterstützen wollen, Ihren Stress zu vermindern, dann **unterbrechen Sie, was Sie tun, und richten Ihr Denken neu aus.**

Vor mehr als 30 Jahren erfand Herbert Benson von der Medizinischen Fakultät der Universität Harvard die *Relaxation Response,* um Menschen dabei zu helfen, mit Stress und seinen negativen Folgen wie hohem Blutdruck umzugehen. Er untersuchte Meditierende auf der ganzen Welt und vereinte ihre Methoden zu seiner wertvollen Entspannungsmethode, um Menschen zu unterstützen, sich besser zu fühlen und ihre negativen Gedankenmuster zu verändern. (11)

Es gibt inzwischen eine große Menge Daten aus der Gehirnforschung und kognitive Studien, die die Macht der Gedanken und Glaubenssysteme zeigen. Auch hier spielt die Vergebung eine wichtige Rolle. Wenn viele negative Gedanken durch das Gehirn eines Menschen schweifen, wird er oder sie keine Erleichterung erfahren, bis sie betrachtet und – jeder einzelne – zur Ruhe gebracht werden.

Ein anderer Weg, den Geist auf eine höhere Ebene zu bringen, ist durch kontinuierliche Meditation und Kontemplation. Aber ganz gleich, welchen Weg man wählt, Vergebung ist dafür unumgänglich. Der Power-Vergebungsprozess kann dabei eine große Hilfe sein. Ein Mensch, der sich von seinen Opfer- und Schuldgedanken befreit hat, wird sich positiver fühlen und mehr Frieden, Freude und Liebe in seinem Leben empfinden. Bis das geschieht, kann man keinen leichten Zugang zu seinem tiefsten, spirituellen Lebenspotenzial erreichen.

Wie Sie Ihre innere Erfahrung verändern

Nutzen Sie die Kraft Ihrer Vorstellung. Zum Thema Veränderungsmöglichkeiten der inneren Erfahrung hat die jüngste Hypnoseforschung Faszinierendes beizutragen. So berichtete die New York Times im November 2005: „Was Sie erkennen, ist nicht immer das, was wirklich ist, denn was Sie erkennen können, hängt von einem Rahmen ab, der durch Ihre Erfahrungen entstanden ist und der bereitsteht, um das Rohmaterial der Information zu verarbeiten." Dies ist eine Bestätigung dessen, was wir schon im vergangenen Kapitel behandelt haben. Der Artikel berichtete dann, dass Menschen unter Hypnose ein Ereignis aus ihrer Vergangenheit noch einmal erleben und dann verändern konnten, und ihr Gehirn verhielt sich dann so, als ob das veränderte Ereignis real gewesen sei. Wenn der Proband sich dann später an das Ereignis erinnerte, dann antwortete das Gehirn so, als ob die neue Erfahrung aus der Hypnose die reale sei. (12)

Wir kennen dies seit langer Zeit aus der Hypnotherapie, aber nun bestätigt dies auch die Wissenschaft. Geführte Meditationen können uns auch helfen, die Erfahrung eines Traumas neu zu interpretieren und oft auch zu verändern. Professor

Charles Figley von der Tulane-Universität und der Universität des Staates Florida, der ein Pionier der Traumforschung und verantwortlich für eine Einrichtung der Green-Cross-Stiftung und der Akademie für Traumatologie ist, bestätigt, dass die Hypnosemethode der Visuellen Kinästhetischen Disassoziation (VKD) Menschen hilft, ihre traumatischen Erfahrungen besser zu verarbeiten. (13)

Wann immer Sie sich entspannen, bewusst atmen und sich vorstellen, dass Sie selbst sich beispielsweise an einem Strand oder in den Bergen befinden, und gleichzeitig dafür Sorge tragen, dass dieses Bild so real wie möglich wird, dann wird Ihr Geist sich so verhalten, als ob dieses Bild wahr wäre. Dies zu tun, kann Ihre verletzende Erfahrung in Minutenschnelle zum Besseren verändern. Es braucht natürlich Übung, aber in kurzer Zeit werden Sie die Entspannung und die geistige Veränderung finden, nach der Sie suchen.

Maria war schon bereit, ihre Arbeitsstelle zu kündigen, als sie meine Beratung aufsuchte. „Ich hasse meinen Chef, und auch alle anderen hassen ihn", sagte sie unter Tränen. Ihr Chef hatte sie vor anderen Kollegen sehr unfreundlich behandelt. Sie konnte ihm nicht vergeben. In Hypnose ließ ich Maria das Bild entwickeln, wie der Chef sich bei ihr entschuldigte. Ich ließ sie dann das Bild entwickeln, dass sie ihrem Chef vergab. Ich bat sie nicht darum, ihm zu vergeben, sondern bat sie nur, sich vorstellen, wie es sein würde, wenn dies geschehen wäre. Die Sitzung dauerte nur 20 Minuten, aber am Ende hatte sie ein gutes Gefühl ihrem Chef gegenüber und den Eindruck, dass sie nun gut weiterarbeiten konnte. Einen Monat später hatte sie wieder echte Freude an ihrer Arbeit und ein gutes Verhältnis zu ihrem Chef.

Das ist ein Beispiel für die Macht der Imagination beim Vergeben. Obwohl diese Situation unter Hypnose hergestellt wurde, können Sie selbst diese Methode zu jeder Zeit selbst anwenden. Sie hat viele Bezeichnungen – schöpferische Visualisation und Selbsthypnose sind die bekanntesten. Es ist eine Fähigkeit, die wir alle besitzen – man muss sie nur entwickeln und üben.

Eine Visualisation zur Vergebung: Der erste Schritt bei jeder Form der Entwicklung innerer Bilder besteht darin, eine Pause zu machen und sich zu entspannen.

1. Schließen Sie die Augen.
2. Lassen Sie, so gut Sie können, jede Spannung los, derer Sie sich bewusst werden. Lassen Sie für die Zeit dieser Übung alle Sorgen los und konzentrieren Sie sich darauf, sich zu entspannen und ruhig zu werden.
3. Stellen Sie sich auf jede Weise, die Sie kennen, vor, dass Liebe in Sie hineinfließt – vielleicht aus einer göttlichen Quelle oder von jemand anderem – jemand, den es wirklich gibt, oder jemand aus der Welt Ihrer Fantasie, der oder die Ihnen Liebe schicken kann. Dies allein könnte schon sehr bewegend für Sie sein.

4. Wenn Sie spüren, dass die Liebe Sie erfüllt, stellen Sie sich denjenigen Menschen vor, der Sie verletzt hat. Schicken Sie ihm Liebe (sie könnten ihn sogar im Geist umarmen). Tun Sie das so lange, bis Sie in Ihrem Geist eine positive Veränderung bemerken.
5. Sie werden merken, dass Sie umso mehr Liebe spüren, je mehr Sie sie auch verschenken. Sie werden sich so nicht nur besser fühlen, sondern auch bereiter sein zu vergeben.
6. Sehen Sie sich selbst als der Andere, spüren Sie, wie das Leben für ihn oder sie wohl war.
7. Stellen Sie sich vor, wie Sie diesem Menschen vergeben. Wie es sich anfühlen würde.

Sie werden sehr überrascht sein, was diese Handlung für Sie tun kann. Wir sehen oft sehr gut negative Szenarien – aber sich die positiven vorzustellen, ist so viel besser.

Funktionieren Affirmationen?

Affirmationen sind positive, optimistische Bekräftigungen, die Menschen im Laufe des Tages immer wieder sprechen. Ihre Macht besteht in der Kraft der Imagination. Wenn Sie diese aufbauenden Bekräftigungen sprechen, dann überzeugen Sie sich selbst von ihrer Wahrheit, statt den negativen zu glauben, die Sie sich sonst vielleicht immer sagen. Wenn Sie dabei tief atmen und sich entspannen, unterstützen Sie sich dabei, dass die Statements tiefer gehen. Diese positiven Bekräftigungen können irgendwann vielleicht die negativen überlagern. Dennoch ist das eher so, als ob man eine Wand mit alter Farbe übermalt. Oft sieht man die alte Farbe noch durchscheinen. Vergebung ist auch hier ausschlaggebend dafür, dass die alten Farben in Ihrem Denken Ihre positiven Bekräftigungen und Absichten nicht wieder zerstören.

Das Geheimnis hinter den Affirmatonen und schöpferischen Visualisationen liegt nicht besonders in den Worten oder in dem, was Sie sehen, sondern in Ihrer positiven emotionalen Reaktion darauf. Die optimistischen Gefühle sind es, die Sie geistig aus dem Reptiliengehirn herausholen und Ihnen das notwendige Vertrauen schenken, um die Worte oder Bilder Wirklichkeit werden zu lassen. Die Magie liegt nicht in den Worten, sondern in den aufbauenden Emotionen. Solange Sie das Überlebensselbst mit seinen negativen Emotionen Ihr Leben kontrollieren lassen, werden Sie nicht das Leben leben, das Sie wollen, weil Sie nur in dem niedrigsten Teil Ihres Gehirns und Ihres Denkens unterwegs sind.

In der Psychologie zielt die Kognitive Therapie auf die negativen Bekräftigungen ab, die wir uns Tag für Tag selbst sagen. Oft sind wir uns dieser Urteile über uns selbst und andere nicht bewusst, weil sie aus unserer Kindheit stammen. Dennoch sitzen sie hier, direkt unter der Oberfläche Ihrer Bewusstheit und verurteilen, was Sie tun. Dieses „negative Selbstgespräch“ ist zerstörerisch und muss verändert werden, um glücklich sein zu können und die Fähigkeit zur Vergebung zu erlangen. Gestörte Denkmuster ruinieren das Leben.

Alicia kam ins Seminar, weil sie unglaublich wütend auf ihre Schwägerin Janet war. Den ganzen Tag musste sie daran denken, wie sehr Janet sie verletzt hatte. Nicht nur, dass sie die Verletzung immer wieder innerlich abspulte, sondern sie gab den ganzen Tag lang immer wieder Kommentare ab, die ihren Ärger darüber in Gang hielten, wie beispielsweise: „Diese undankbare“. Sie war ein emotionales Wrack und gab auch zu, dass sie Kommentare über sich selbst abgab, wie beispielsweise: „Niemand interessiert sich für mich.“ Darüber hinaus begann sie sich auch negative Dinge über ihren Ehemann zu sagen.

Das ist geistiges Gift. Negative Selbstgespräche zerstören. Am Ende des Seminars war sie in der Lage, die unrealistische Betrachtungsweise zu sehen, aus der heraus sie so zu sich sprach, und zu vergeben. Dann ersetzte sie die negativen Bekräftigungen über sich selbst und ihre Familie durch positive.

Die Suche nach einem positiven gedanklichen Rahmen hat vier handlungsleitende Abschnitte:

1. Werden Sie sich Ihrer negativen Selbstgespräche bewusst, die Sie zum Teil schon seit Jahren mit sich führen.
2. Stoppen Sie jedes einzelne, wann immer Sie die Chance dazu bekommen.
3. Formulieren Sie positive emotionale Bekräftigungen, mit denen Sie die negativen ersetzen können.
4. Vergeben Sie sich selbst und anderen.

Die ersten drei Handlungen werden es ermöglichen, dass sich die vergebenden Gedanken durchsetzen, weil Sie sich selbst aus der Kontrolle des Reptiliengehirns befreien. Dieses Gehirn mit seinen Überlebensfunktionen ist für Krisen ausgestattet, nicht für ständige Wahrnehmung. Wenn Sie bemerken, dass Sie sich in einer langandauernden Angst oder Wut gefangen fühlen, dann lassen Sie zu, dass Ihr primitiveres Gehirn zu viel Kontrolle über Sie hat. Üben Sie dann die oben genannten vier Schritte. Und leben Sie dann das Leben, das Sie eigentlich leben sollten.

Zusammenfassung

In allen Kapiteln habe ich die wichtigsten Punkte herausgestellt, die man bei der Vergebungsarbeit beachten sollte. Es sind Schlüsselaspekte, auf die Sie sich konzentrieren sollten. Behalten Sie sie im Kopf, wann immer Sie sich mit dieser Arbeit beschäftigen wollen.

1. **Halten Sie Ihre höchste Vision aufrecht.** – So bleiben Sie inspiriert und können leichter vergeben.
2. **Finden Sie einen Sinn im Vergeben.** – Nutzen Sie dazu einen zentralen Wert oder ein zentrales Prinzip Ihres Lebens, wie dies Wild Bill im Konzentrationslager tat und Amy Biehls Eltern in Südafrika.
3. **Bitten Sie um göttliche Hilfe.**
4. **Entscheiden Sie sich ganz für den Prozess.** – Seien Sie bereit zu vergeben. Formulieren Sie Ihre Absicht zu vergeben. Entscheiden Sie sich zu vergeben.
5. **Fühlen Sie alle Ihre Gefühle.** – Beachten Sie auch die Gefühle unter der Oberfläche.
6. **Finden Sie die Wahrheit.** – Seien Sie ehrlich mit sich – die Wahrheit wird Sie befreien!

Die Geheimnisse der Vergebungsarbeit

Seit 1968 bin ich in der einen oder anderen Weise als Berater tätig gewesen. Im Laufe dieser Jahre habe ich die folgenden Weisheiten entdeckt, die wichtig sind, wenn man Menschen helfen will zu vergeben. Weil sich im Allgemeinen nur so wenige Menschen dieser Punkte bewusst sind, nenne ich sie „Geheimnisse“. Es sind die folgenden:

1. **Brechen Sie die Situation in ihre Bestandteile herunter.** – Analysieren Sie sie Stück für Stück und Person für Person.
2. **Setzen Sie Ihre Intuition ein.**
3. **Lassen Sie sich von anderen unterstützen.**
4. **Nutzen Sie Ihre Fähigkeit zur Imagination.**
5. **Halten Sie Ausschau nach früheren Geschehnissen.** – Suchen Sie nach Erfahrungen in der Vergangenheit, die gleich oder ähnlich denen sind, mit denen Sie im Augenblick arbeiten.
6. **Lassen Sie jede Rechthaberei los und öffnen Sie sich der Demut.**

Die fünfte Hürde

Jetzt haben Sie die fünfte Hürde überwunden. Sie wissen jetzt, was Vergebung leichter macht. Sie sammeln weiterhin Informationen und Fähigkeiten zum Thema Vergeben. Sie haben es vielleicht auch schon geschafft, Ihre ursprüngliche Verletzung zu vergeben, und arbeiten jetzt an anderen.

Die wichtigsten Punkte, Geheimnisse und Übungen werden sich alle in Ihnen zusammensetzen, während Sie weitermachen. Es wird in Kapitel 9 eine Zusammenfassung des ersten Teils des Power-Vergebungsprozesses geben und dann eine Gesamtzusammenfassung des ganzen Prozesses in Kapitel 14 und auch noch eine Kurzform im Anhang. Mit diesen Zusammenfassungen ausgestattet werden Sie erkennen können, wie alles zusammengehört, sodass Sie sie in jeder möglichen Situation einsetzen können.

Vergebung ist bisher auf den Bereich der Religion begrenzt geblieben, weil es manchmal so scheint, als ob ein Akt Gottes nötig wäre, um loszulassen. An irgendeine Form einer höheren Macht zu glauben hilft tatsächlich, wenn man sich mit den Dingen beschäftigt, die eine große Macht auf uns auszuüben scheinen – und denen gegenüber wir uns oft ohnmächtig fühlen.

„Wenn wir negative Emotionen anderen oder uns selbst gegenüber speichern oder wenn wir absichtlich jemandem Schmerzen zufügen, dann vergiften wir unser eigenes körperliches und spirituelles System. Das bei weitem stärkste Gift für den menschlichen Geist ist die Unfähigkeit, sich selbst oder einem anderen Menschen zu vergeben. Es setzt die emotionalen Ressourcen eines Menschen außer Betrieb. Die Herausforderung besteht darin, unsere Fähigkeit zu verfeinern, andere ebenso wie uns selbst zu lieben und die Kraft der Vergebung zu entwickeln."

CAROLINE MYSS, WWW.MYSS.COM, AUS: ANATOMY OF THE SPIRIT

Kapitel 8

Die Macht hinter dem Vergeben

„Jeder, der sich ernsthaft mit den Naturwissenschaften beschäftigt, gewinnt nach und nach die Überzeugung, dass in den Gesetzen des Universums eine Intelligenz am Werk ist – und zwar eine Intelligenz, die der des Menschen weit überlegen ist."

ALBERT EINSTEIN (1)

Wenn wir von Vergebung sprechen, dann sprechen wir vom Schlüssel zum Glück und von Liebe nach einer tiefen Verletzung. Wirklich alle Verletzungen loszulassen, was das Ziel der Power-Vergebung ist, kann uns für eine vollkommen neue Verbindung zur Liebe, zur Inspiration und zum schöpferischen Grundprinzip des Lebens öffnen – und so all unseren Kummer heilen.

Der Kern unseres Seins

Die Macht der Vergebung kann auf unendlich vielfältige Weise dargestellt werden, aber im Kern geht es immer um Liebe und Mitgefühl. Selbst biologisch wird dabei die Liebe ins System eingebaut. In seinem gut recherchierten Buch über lebendige Systeme, *The Self-Organizing Universe,* erklärt uns der Naturwissenschaftler Eric Jantsch: „Seit der frühesten Zusammenballung von Zellen in primitiven Organismen gibt es die Fähigkeit, über sein Selbst zugunsten der Gemeinschaft hinauszugehen."(2) Das ist die essenzielle Bedeutung von Liebe.

Liebe ist das Zentrum der dynamischen Spannung des Lebens – unser Wille, selbstsüchtig zu sein, gegen unseren Willen, in Gemeinschaft zu leben. Liebe bedeutet für mich diesen Sinn, die grundlegende Güte, Freundlichkeit und das mitfühlende Sein anderen und dem Leben selbst gegenüber, die in unserem Herzen zu finden sind. Diese Basis der Liebe ist die Quelle unseres Lebens.

„Wir müssen von der höchsten Form der Liebe gerettet werden,
die Vergebung ist."

REINHOLD NIEBUHR

In vielen Weltreligionen sind Liebe oder Mitgefühl die wichtigsten Punkte der Philosophie, des Glaubens, der Meditationen und des Gottesbegriffs. Da Liebe sich andererseits auf der persönlichen Ebene von uns selbst ausgehend hin zum Anderen und zur äußeren Welt erstreckt, könnte man sogar sagen, dass Liebe grundlegend für die Einzigartigkeit des Lebens selbst ist. Dieses Gefühl des Über-sich-selbst-Hinausgehens ist auch ein integraler Bestandteil des Vergebens.

Auf der spirituellen Ebene verstehen wir die wahre Macht der Vergebung bereits. Durch Vergeben kehrt die Liebe in unser Denken und in unser Herz zu ihrer eigenen Wahrheit zurück. Liebe ist für unser Wesen lebenswichtig. Sie ist unser Zentrum und die mächtigste und wichtigste Emotion, die wir besitzen. Mit dem Wort „spirituell“ meine ich eine Ebene des Lebens jenseits unseres körperlichen, geistigen und emotionalen Überlebens und Funktionierens. Uns auf die spirituelle Ebene des Seins zu konzentrieren, gibt unserem Leben nicht nur Sinn und Bedeutung, sondern hilft uns auch dabei, uns über unsere rein körperlichen und emotionalen Probleme zu erheben. Religion ist ein organisierter Versuch, eine spirituelle Erfahrung und Haltung erfahrbar und fühlbar zu machen. (3)

Das Herz – der Altar des Göttlichen

Wir spüren die Liebe in unserem Herzen. Auch wenn wir über unser Gefühl für das Göttliche, über eine höhere Macht oder über Gott sprechen, erfahren wir dies lebendig in unserem Alltag. Auch Menschen, die keiner Religion angehören, wissen, was es heißt, herzerfüllt und liebevoll zu sein.

Wenn wir unseren Standpunkt nur ein ganz klein wenig verändern, dann können wir den Grund für die Handlungen von Menschen aus einer Perspektive der Liebe betrachten. Unser Herz und die Liebe treiben uns an, das zu tun, was wir tun, ob wir nun unser Leben für unsere Familie oder unser Land opfern oder ob wir ein anderes Wesen töten, um unsere Nächsten und Liebsten zu schützen. Selbst Hass entsteht aus einem verdrehten Gefühl der Liebe. Der Geist der Liebe und der Rechtschaffenheit durchdringt unser Leben – ob wir dies nun akzeptieren oder nicht und ob wir dies nun selbst so erleben oder nicht.

Wir fühlen uns schuldig, wenn wir gegen das Prinzip der Liebe und des Lebens verstoßen. Diese Schuld scheint uns von dem Höchsten in uns und um uns herum zu entfernen. Sie bewirkt, dass wir unsere höchsten Gedanken und Ziele verlassen, und scheint zu verhindern, dass wir Freude und Frieden empfinden können. Diese Schuld loszulassen ist gleichbedeutend mit der Rückkehr zum göttlichen Prinzip des Lebens und mit einer erneuten Erfahrung der Liebe, des Friedens und der Freude. Darin liegt der wahre Grund zu vergeben, und Vergebung zu schenken ist die höchste Macht auf dem Weg zurück zu diesem Glück.

„Trachtet zuerst nach dem Reich Gottes und nach seiner Gerechtigkeit, so wird euch das alles zufallen."

Jesus, Matthäus 6:33

Liebe und Vergebung

Liebe schenkt Freude, was unser Leben auf unendliche Weise bereichert. Vergebung ist dafür unabdingbar. Ohne Liebe als Fundament unseres Lebens und unserer Herzen erliegen wir leichter Leiden, Verlusten und Mängeln – was das Leben unangenehm und oft unerträglich macht.

Eigentlich ist es ganz leicht nachzuvollziehen, warum es so heilend ist, anderen und sich selbst zu vergeben. Unter der Komplexität unserer Emotionen und Reaktionen und unter unseren Überlebensmechanismen liegt eine Reinheit des Geistes, des Herzens und der Ehrlichkeit. Das ist unsere Essenz, und der Grund dafür, dass Vergebung so wirkungsvoll ist und unser Leben verändern kann.

Insgesamt, glaube ich, sind die meisten Menschen ehrlich. Wir sind anständige Menschen und strafen uns selbst, wenn wir etwas Falsches tun. Anderen zu vergeben und Vergebung für uns selbst zu erlangen bringt uns zu unserer höchsten Funktionsebene zurück. Eine lieblose Handlung zu begehen, löst in uns eine Reaktion aus, die Schuld erzeugt. Das ist die Grundlage dafür, dass Vergebung funktioniert. Sie bringt uns zurück zu einem realeren und authentischeren Selbst und zu unserem Wesen. Martin Luther King sagte uns: „Wir müssen die Fähigkeit zu vergeben entwickeln und erhalten. Derjenige, der die Macht der Vergebung nicht besitzt, besitzt auch die Macht der Liebe nicht."

Der gesündeste Geisteszustand

Um diesen authentischen, positiven Zustand näher zu erklären, will ich Ihnen ein Beispiel geben, über das Sie nachdenken können: Stellen Sie sich Ihren Geist und Ihr Herz vor wie ein großes, lockeres Gummiband, das auf einem Tisch liegt, ganz ohne Spannung, aber voll mit Gedanken an Fülle, Freundlichkeit und Liebe. Stellen Sie sich auch vor, dass Sie in diesem Geisteszustand zu Hause sind. Vielleicht können Sie aufgrund dieser Klarheit und Herzerfülltheit mehr Friedlichkeit in Ihrem Alltag spüren und wahrnehmen, wie Sie Ihre Arbeit von einer höheren Ebene aus verrichten.

Wenn Sie nun anfangen, an diesem Gummiband zu ziehen, erzeugen Sie Spannung. In unserem Beispiel könnte diese Spannung Schuld oder Groll sein. Wie Sie bereits wissen, kann selbst eine kleine Anspannung den gesamten Raum im

Inneren des Gummibandes zum Verschwinden bringen, der ja Ihre wahre Art zu sein repräsentierte. Je mehr Spannung auf das Gummiband ausgeübt wird, desto mehr Anstrengung braucht es, die Spannung aufrechtzuhalten. Auf diese Weise erlaubt jede Art und Weise, mit der Sie die Spannung vermindern können, Ihrem Denken und Ihrem Herzen zu ihrem natürlichen Zustand zurückzukehren – zu einem Raum für Erfüllung, Macht, Klarheit und Liebe.

Im Lauf der Jahrtausende ist Vergebung immer eine mächtige Kraft gewesen, weil sie den Geist für Heilung durch eine Quelle öffnet, die weit größer ist als unser Überlebensselbst. Diese Quelle hat viele Namen: Liebe, Natur, Gott, Allah, Der Große Geist usw. Hinter all diesen Bezeichnungen steht das, was unsere höchsten Gedanken, Ziele und unser größtes Potenzial aktiviert. Indem wir allen Groll, alle Verletzungen und Schmerzen der Vergangenheit loslassen, vermindern wir die Spannung unseres Denkens und unseres Herzens, sodass wir leichter ein Gefühl für unsere höchste Macht bekommen können, die uns ermöglicht, auf einer glücklicheren und kreativeren, erfüllenderen Ebene zu leben.

Nähren Sie Ihr Herz hiermit:

Hier eine Methode, die Menschen hilft, sich für ein tieferes Liebesgefühl zu öffnen:

1. Legen Sie alle unmittelbaren Sorgen beiseite und entspannen Sie sich vollkommen. Lassen Sie alle Spannung in Ihrem Körper los. Beginnen Sie damit bei Ihrem Herzen und arbeiten Sie sich dann nach unten, wobei Sie sich vorstellen, dass alle Spannungen aus Ihren Füßen hinausfließen.
2. Werden Sie sich nun eines Gefühls von Liebe in Ihrem Herzen bewusst. Lassen Sie es stärker werden und spüren Sie, wie die Liebe von Ihnen ausgeht und in den Raum hineinfließt.
3. Fühlen Sie, wie sie auf ganz natürliche Weise von Ihnen ausgehend weiter in die Umgebung fließt.
4. Dehnen Sie diese Liebe aus, bis Sie Ihre ganze Stadt erfüllt. Lassen Sie sie dann auch die Umgebung Ihrer Stadt erfüllen, sich bis zu Menschen erstrecken, die Sie lieben, dann auch zu anderen Menschen, den Bäumen, dem Land, anderen Städten, bis die ganze Region, in der Sie leben, von Ihrer Liebe erfüllt ist.
5. Lassen Sie nun zu, dass die Liebe Ihr ganzes Land erfüllt und sich dann auch auf andere Nationen erstreckt.
6. Und nun lassen Sie zu, dass die Liebe die ganze Erde erfüllt und jeden, der darauf ist.
7. Erlauben Sie, dass die Liebe, die Sie aussenden, allem Lebendigen zugute kommt.
8. Kommen Sie zurück, wenn Sie bereit dazu sind.

Wahre Heilung

Wenn Sie eine Beinwunde haben, in die Schmutz gekommen ist, dann wird diese nicht heilen, ehe Sie sie von dem Schmutz gereinigt haben. Und selbst dann könnte eine Unreinheit noch eine Zeitlang in der Wunde zurückbleiben. Dennoch kann sie äußerlich so aussehen, als würde alles wieder in Ordnung sein. Bevor jedoch die ganze Schönheit des Beines im Heilprozess wieder sichtbar werden kann, muss der Schmutz vollständig entfernt werden, und es dauert einige Zeit, bis die Unreinheit völlig verschwunden ist. Wenn Sie auf dieselbe Weise Groll aus Ihrem Geist entfernen, dann bleibt die Erinnerung daran weiter erhalten, aber sie kann jetzt endlich heilen, statt sich mit dem Gift der Wut oder der Schuld in Ihnen festzusetzen.

Ebenso ist es, wenn Sie mit Groll und Schuld in Ihrem Herzen Gebete oder Affirmationen sprechen oder meditieren – Ihre gute Absicht wird sich nicht einfach festsetzen. Sie müssen den Schmutz aus der Wunde entfernen. Wenn Sie die Störung entfernen, dann kann Heilung geschehen. Ansonsten werden die Affirmation, das Gebet oder die Meditation ständig wiederholt werden müssen. Der Schmutz wird keine wirkliche Heilung zulassen und verhindern, dass Ihre höchste Vision sich verwirklichen kann. Als ich vor meiner Vergebungstransformation meditierte, konnte ich in einen „ziemlich guten" Geisteszustand gelangen. Ich lehrte sogar Meditation, weil ich immer wieder meditiert hatte, seit ich 16 Jahre alt war. Nach der Vergebungstransformation jedoch war mein Geist so viel ruhiger und reiner, und meine Meditationen begannen schon in einem Zustand von Friedlichkeit, der sich vor dem Vergeben erst nach langer Zeit in mir eingestellt hätte.

Diese Heilungserfahrung ist das Ergebnis eines einfachen geistigen Prinzips: **Ihre Gedanken können nicht gleichzeitig in gegensätzliche Richtungen gehen und irgendwo ankommen.** Groll, Schuld, Wut und Angst ziehen den Geist in eine Richtung, die die Gegenrichtung von Liebe, Glücklichsein und Frieden ist. Ehe Sie nicht bereit sind, diesen Groll und diese Ängste loszulassen, kann sich keine tief greifende Veränderung ereignen.

Da Liebe die Essenz unseres Seins ist, und folglich auch die höchste Funktion unseres Gehirns, durchläuft das Gehirn einen Veränderungsprozess und eine Transformation, wenn Sie alle Verletzungen vergeben, sodass Sie mehr Liebe, Frieden und Freude erleben. Wenn dies geschieht, dann bildet sich auf ganz natürliche Weise eine positive Einstellung. Das Endziel der Vergebungsarbeit besteht darin, dass Sie Ihre Denkmuster erneuern, sodass Liebe, Freude, Frieden, Geduld, Freundlichkeit, Integrität, Treue, Sanftheit und Selbstkontrolle zu jedem Zeitpunkt leichter verfügbar sind.

„Wenn Sie das Leben der bedeutendsten Menschen, die je unter uns weilten, näher untersuchen, dann werden Sie einen gemeinsamen roten Faden entdecken, der sich durch alle hindurchzieht. Sie alle haben sich als Erstes auf ihr spirituelles Wesen und erst dann auf ihr körperliches Wesen hin ausgerichtet."

ALBERT EINSTEIN (4)

Die Frage in der Vergebungsarbeit lautet also folgendermaßen: „Auf was richten Sie Ihren Geist aus und wollen Sie ihn wirklich dort haben?" Es gibt verschiedene Vergebungsmethoden, die Ihnen dabei helfen können:

- Richten Sie Ihren Geist auf Liebe aus und senden Sie diese Liebe auch dem Täter oder den Tätern sowie sich selbst!
- Schicken Sie sich selbst und den Tätern Gebete!
- Wenn Sie Frieden wünschen, dann halten Sie Ihren Geist auf Frieden ausgerichtet und senden Sie den Tätern und sich selbst Frieden!

Dies sind alles Wege, die Verletzung zu heilen und eine Haltung des Glücklichseins einnehmen zu können. Nähren Sie sich selbst mit dem, was Sie wirklich brauchen. Wenn Chaos regiert, wählen Sie Frieden.

„Bekennt also einander eure Sünden und betet füreinander,
dass ihr gesund werdet. Des Gerechten Gebet vermag viel, wenn es ernstlich ist."

JESUS – JAKOBUS 5:16

Die 12 Schritte

„Wenn Sie Groll gegen jemanden hegen, von dem Sie sich befreien wollen, dann werden Sie frei werden, wenn Sie für den Menschen oder für den Zustand beten, gegen den Sie Groll hegen. Wenn Sie in Ihrem Gebet für denjenigen um all das bitten, was Sie für sich selbst erbitten würden, dann werden Sie frei sein. Beten Sie für seine Gesundheit, seinen Wohlstand und sein Glück, und Sie werden frei sein. Selbst wenn Sie dies in Wirklichkeit gar nicht für ihn wünschen und Ihre Gebete nur Worte sind und Sie es in Wirklichkeit gar nicht so meinen, tun Sie es trotzdem. Tun Sie es jeden Tag, zwei Wochen lang, und Sie werden merken, dass Sie es dann wirklich so meinen und für ihn wünschen, und dann werden Sie erkennen, dass Sie an derselben Stelle, an der Sie gewöhnlich Bitterkeit und Groll empfunden haben, jetzt mitfühlendes Verstehen und Liebe spüren."

DAS GROSSE BUCH DER AA (5)

Wir können die Macht des Zwölf-Schritte-Programms, das mit Süchten aller Art arbeitet, schon in den ersten drei Schritten wahrnehmen:

1. Wir haben zugegeben, dass wir dem Suchtmittel (Alkohol, Drogen oder anderen negativen Einflüssen) gegenüber ohnmächtig sind und dass unser Leben unkontrollierbar geworden ist.
2. Wir haben erkannt, dass eine Macht, die größer ist als wir selbst, uns zur Gesundheit zurückführen könnte.
3. Wir haben die Entscheidung getroffen, unseren Willen und unser Leben der Sorge Gottes anzuvertrauen, so, wie wir Gott verstehen.

Ein Zwölf-Schritte-Programm ist eine Gemeinschaft, die auf die Heilung ihrer Mitglieder von den Folgen von Sucht, Zwängen und anderen schädlichen Einflüssen in ihrem Leben mit Hilfe der auf Glauben ausgerichteten 12 Schritte abzielt. (6)

Positiv denken

Positive Einstellungen dem Leben gegenüber helfen Ihnen dabei, sich besser zu fühlen. Nicht vergebene Situationen und Menschen, denen Sie nicht verziehen haben, halten die Feindseligkeit in Ihrem Herzen aufrecht. Liebe und Feindseligkeits-/Aggressions-Gedanken können nicht gleichzeitig in Ihrem Kopf existieren, und das kann dazu führen, dass Sie sich für Frieden und positive Gedanken entscheiden. Das Mittel dazu ist Vergebung, damit Ihre Gebete und Sehnsüchte sich erfüllen können.

Wenn wir Groll, Wut und Verletzung jemandem gegenüber hegen und aufrechterhalten, dann erhalten wir damit den Glauben aufrecht, dass wir unser Gehirn spalten und dennoch glücklich sein können. Da dies unmöglich ist, streichen wir in Wahrheit die Möglichkeit, ein fröhliches, friedliches und liebevolles Leben zu führen. Groll und eine nicht verzeihende Haltung bewirken das Gegenteil eines ruhigen Lebens.

Ein reiner Geist und ein reines Herz werden das göttliche Wesen des Lebens erleben können.

„Darum: wenn du deine Gabe auf dem Altar opferst und dort kommt dir in den Sinn, dass dein Bruder etwas gegen dich hat, so lass dort vor dem Altar deine Gabe und geh zuerst hin und versöhne dich mit deinem Bruder, und dann komm und opfere deine Gabe."

JESUS, MATTHÄUS 5:23-24

Vergebung bringt die Fähigkeit, positiv zu denken, zurück, denn sie versetzt Sie in die Lage, mit Ihrem negativen Denken aufzuräumen. Wenn Sie aber das Negative aus Ihrem Leben entfernen, dann beginnen sich neue und positive Muster zu bilden.

Enrique war ein alter Freund von mir, der im Lauf der Jahre immer negativer wurde. Er mochte den Ort nicht, wo er lebte, obwohl es ein traumhafter Platz war, er war ärgerlich über seine Familie und war nicht in der Lage, Freundschaften zu schließen. Ich überredete ihn, den Power-Vergebungsprozess zu durchlaufen. Er arbeitete hart, suchte tief in seinem Inneren und nahm sich das, was ich sagte, zu Herzen. Innerhalb eines Monats war seine Beziehung deutlich besser geworden, als sie es seit Jahren war, er konnte besser mit seiner Familie kommunizieren und war auch viel zufriedener mit dem Ort, an dem er lebte.

Das Positive in Tragödien und Traumata entdecken

Manche von uns haben vom Leben einige sehr harte Lektionen zu lernen bekommen. Die meisten von uns bleiben in solchen Geschehnissen gefangen, weil wir nichts Positives darin entdecken können. Das Positive sehen zu können hilft zu vergeben. Aber wie bekommt man eine positive Einstellung zu etwas Schrecklichem? Indem man es macht wie bei dem allgemeinen Vergebungsprozess – nämlich das Geschehnis in kleinere Happen herunterzubrechen. Fangen Sie mit kleinen Dingen an. Die Zeit heilt alle Wunden, sagt ein altes Sprichwort. Die Wahrheit aber ist, dass Sie diese Heilung beschleunigen können, wenn Sie kleine Dinge entdecken können, die aus der negativen Erfahrung entstanden sind und für die Sie dankbar sein können.

Dankbarkeit

Dankbarkeit ist eine äußerst wirkungsvolle Methode für einen Veränderungsprozess. Sie funktioniert zu jeder Zeit und schenkt täglich die Gelegenheit, sich besser zu fühlen.

Die drittgrößte Religion in Japan, Seicho-No-Ie, hält die Tugend der Dankbarkeit sehr hoch. Der Gründer Masaharu Taniguchi hatte in den 1920er Jahren eine Erleuchtungserfahrung. Danach begann er zu lehren, dass die wichtigsten Tugenden, die man zur Vertiefung der eigenen spirituellen Erfahrung entwickeln sollte, Dankbarkeit, Vergebung und Versöhnung seien. Er arbeitete mit Menschen, um diese Tugenden in ihre Herzen zu bringen. Im Lauf der Jahrzehnte wurden seiner Vergebungsarbeit und seinen Gebeten viele Wunder zugeschrieben.

Die Positive Psychologie ist eine Bewegung in der Psychologie, die endlich die Aufmerksamkeit auf den Aspekt der höheren Eigenschaften unseres Geistes richtet, was unsere negativ ausgerichtete Psychologie nicht tut. Martin Seligman ist die inspirierende Kraft und der Forscher hinter diesem Ansatz. Eins seiner Forschungsteams untersuchte mehr als einhundert Glücksprozesse, von Buddha bis zu Anthony Robbins, um herauszufinden, welcher von ihnen wirklich funktioniert. Einer der wirkungsvollsten Wege, um glücklich zu sein, bestand darin, täglich seine Dankbarkeit zum Ausdruck zu bringen. In einer seiner Studien schrieben Menschen täglich drei schöne Dinge auf, die ihnen – ob sie nun klein oder groß waren – im Lauf des Tages widerfahren waren. Sie taten dies drei Wochen lang, jeden Abend. Neben jeden Eintrag schrieben Sie die Antwort auf die Frage: „Warum konnte dieses Gute in meinem Leben geschehen?" Noch nach drei Monaten waren diese Menschen wesentlich glücklicher und weniger deprimiert als die Kontrollgruppe. (7)

Der dritte Brief der Folge

Mediatoren und Menschen, die Verhandlungen leiten, haben die folgende Methode eingesetzt, um zu verhindern, dass Vergeltung ausbrach oder weiterging. Da wir nicht immer einen Mediator, einen Berater oder einen anderen neutralen Helfer in unserer Nähe haben, kann uns stattdessen die Folge von Briefen weiterhelfen, die Sie schon in Kapitel 6 kennengelernt haben. Sie haben damals einen Verletzungsbrief und einen Antwortbrief geschrieben. Der dritte Brief ist ein Dankbarkeitsbrief, den Sie jetzt schreiben werden. Wenn an Ihrer Verletzung mehrere Menschen beteiligt waren, dann empfehle ich eine getrennte Brieffolge für jeden von ihnen.

Ein Teil dieses Dankbarkeitsbriefes entstammt der *Honorable Closure*- Arbeit von Angeles Arrien, einer Kulturanthropologin, preisgekrönten Autorin, Erzieherin und Unternehmensberaterin (8). Ich empfehle dringend, ihre vielen Bücher zu lesen, wenn man sich dafür interessiert, was uns über alle Religionen und Kulturen hinweg miteinander verbindet.

Der Dankbarkeitsbrief

In diesem Stadium des Vergebens schreiben Sie einen Wertschätzungsbrief an den Menschen, dem Sie vergeben wollen. In diesem Brief bringen Sie bitte Ihre Dankbarkeit dafür zum Ausdruck, was dieser Mensch zu Ihrem Leben beigetragen hat. Lassen Sie Ihre negativen Gefühle los. Sie gehören nicht in diesen Brief.

1. Danken Sie vielmehr für die Gaben, die Sie von ihm/ihnen im Laufe der Jahre empfangen haben.
2. Sagen Sie ihm/ihnen, wenn Sie können, wie Sie durch das, was Ihnen geschehen ist, geistig, emotional und spirituell reifer geworden sind.
3. Danken Sie ihm/ihnen für das, was Sie durch ihn/sie gelernt haben, und bringen Sie Ihre Wertschätzung dafür zum Ausdruck, was er/sie in Ihrem Leben ausgelöst hat.
4. Wenn es einmal Liebe zwischen Ihnen gegeben hat, tun Sie so, als ob Sie diese Liebe fühlen könnten, und erinnern Sie sich daran, was Sie einmal an diesem Menschen geliebt haben.
5. Bringen Sie Ihre Wertschätzung für die positiven Aspekte des Menschen zum Ausdruck und schreiben Sie auf, was Sie in ihm/ihr bewundern.
6. Wie hat er/sie Sie auch inspiriert?
7. Sprechen Sie von der Liebe, die Sie gegeben, und der, die Sie bekommen haben.
8. Spüren Sie die Veränderung in Ihrem Körper. Schreiben Sie Ihre Erkenntnisse auf.

Vielleicht müssen Sie beim Dankbarsein anfangs „so tun als ob", bis Sie wirklich Dankbarkeit spüren, aber irgendwann wird sie kommen.

Entschuldigen Sie sich nur dann, wenn Sie erkennen, dass Sie selbst absichtlich oder unabsichtlich jemanden verletzt haben. Sie können so vielleicht die Fähigkeiten eines Menschen, seinen Charakter, seine Rechtschaffenheit, Stärke, Erscheinung und anderes, was Sie an ihm allgemein mögen, anerkennend zum Ausdruck bringen. Wenn Sie erkennen können, dass Sie selbst etwas Ähnliches wie die Verletzung, die Sie durch diesen Menschen erfahren haben, auf irgendeine Weise auch getan haben, dann können sich Mitgefühl und Demut leichter in Ihrem Denken ausbreiten, und Vergebung kann sich in Sekundenschnelle ereignen. Dann wird die Herausforderung darin bestehen, dass Sie sich selbst vergeben.

Schicken Sie die ersten beiden Briefe nicht ab, aber denken Sie darüber nach, ob Sie den Dankbarkeitsbrief abschicken wollen.

- Welche Themen bringt das in Ihnen hoch? Schreiben Sie darüber!

Jeanettes Dankbarkeitsbrief an Ihren gewalttätigen Ehemann begann mit einer Wertschätzung dafür, dass er ihr geholfen hatte, stark zu sein und nicht vor der Gewalt wegzulaufen. Dann konnte sie erkennen, wie hart er gearbeitet, und sogar, wie viele Opfer er gebracht hatte, damit sie ein schönes Haus ihr Eigen nennen konnten. Als sie erkannte, dass es wirklich Liebe zwischen ihnen gegeben hatte, löste sie sich fast in Tränen auf.

ACHTUNG: Ich möchte an dieser Stelle die Warnung wiederholen, die ich schon im ersten Teil dieses Buches ausgesprochen habe. Wenn die Liebe in eine Gewaltbeziehung zurückkehrt, dann kehrt der geschlagene Partner manchmal zu dem Täter zurück, weil er sich geheilt fühlt. Es kann sein, dass dann die Gewalt von Neuem beginnt. (Vgl. Sie Mythos 11 im Kapitel 3)

Wenn es zu schwer ist, diesen Brief jetzt schon zu schreiben, dann warten Sie damit, bis es sich richtig anfühlt. Der ausschlaggebende Punkt hier besteht darin, sich der Möglichkeit der Dankbarkeit für diese oder irgendeine Situation bewusstzuwerden, weil jede ein Geschenk enthält.

Vielleicht mögen Sie dazu das Buch *Thank God I:Stories of Inspiration for Everyday Situations* lesen, das von John Castagnini zusammengestellt und herausgegeben worden ist. Darin sind Geschichten von Menschen, die das Positive in den größten Herausforderungen ihres Lebens entdeckt haben. Diese Geschichten tragen Titel wie: Gott sei Dank, hat meine Frau mich betrogen. Gott sei Dank, bin ich vergewaltigt worden, Gott sei Dank, habe ich Aids, Gott sei Dank, ist mein Sohn gestorben, Gott sei Dank, war mein Ehemann Alkoholiker.

Ein inneres Gefühl für Wahrheit

Wenn Ihre innerste Quelle eigentlich liebevoll und harmonisch ist, dann hindern uns vielleicht unsere eigenen Barrieren gegen Liebe und Frieden daran, unseren höchsten Geisteszustand und unser spirituelles Selbst zu erfahren.

Wenn Sie anerkennen, dass Sie vielleicht nicht um die ganze Wahrheit einer Situation wissen, öffnen Sie sich dafür, die Situation tiefer erforschen zu können. Sie könnten dann beispielsweise entdecken, dass Sie den Grund, aus dem Gott diese Situation geschaffen oder zugelassen hat, nicht kennen – und auch nicht die Lektion, die für Sie oder einen anderen Beteiligten darin liegt. Sie kennen vielleicht auch nicht die Wahrheit, die in der Position des anderen Menschen verborgen ist.

Neben der grundlegenden Intuition aber verfügen die meisten von uns über ein untrügliches inneres Gefühl dafür, was das Richtige zu tun ist. Ich habe mit Menschen gearbeitet, die sich in ihren verletzenden Handlungen anderen gegenüber im Recht fühlten, aber wenn wir dann tiefer gingen und wahrhaftiger wurden, dann gaben sie ausnahmslos zu, dass es in ihnen einen Teil gab, der genau wusste, dass dies nicht richtig war. Nicht auf diesen ehrlichen Teil in uns zu hören, erzeugt seelische Qualen und Schuld.

Das innere Gefühl der Rechtschaffenheit nennt man Gewissen. Es ist ein Gefühl, durch das wir uns bewusstwerden, dass Heilung nur durch Ehrlichkeit entstehen kann. Mit Hilfe dieser inneren Rechtschaffenheit können wir viele der seelischen

Qualen im Zusammenhang mit unverziehenen Situationen wieder rückgängig machen. Diese innere Eigenschaft ist nicht verurteilend, sondern gänzlich gütig und weise. Man kann sie auch eine Haltung des Mitgefühls nennen – sich selbst gegenüber. Sie ist immer verfügbar und nie kontrollierend. Sie ist sehr subtil, fühlt aber immer richtig. Wenn Ihre Reaktion auf etwas nicht Liebe, Frieden oder Freude ist, dann haben Sie stattdessen auf das pessimistische Überlebensselbst gehört. Aufregung ist ein sicheres Zeichen, dass Sie *nicht* mit Ihrem innersten Wahrheitsgefühl in Kontakt sind.

Wie man sich selbst und andere stärkt

Sich mit diesem höchsten Aspekt des Lebens in Verbindung zu setzen, ist der beste Weg, sich selbst zu stärken. Manchen kommt dies vielleicht sehr schwer vor. Ich habe deshalb „Wirksame Arten, sich und andere zu stärken" für meine Workshops entworfen, um Menschen zu befähigen, mit möglichst vielen Quellen innerer Stärkung zu arbeiten. Sie sind eine gute Unterstützung, um sich mit der für die Vergebung notwendigen Kraft zu verbinden.

Anhang B enthält die Anleitung dafür, zusammen mit Fragen, die Ihnen weiterhelfen könnten.

Fragen für Ihr Tagebuch:

1. Bin ich bereit, vollkommen ehrlich mit mir und mit meinen Erinnerungen zu sein?
2. Kann ich dabei alles berücksichtigen, ohne irgendwelche Einzelheiten auszulassen oder hinzuzufügen?
3. Kann ich objektiv sein?
4. Bin ich bereit, ganz ehrlich meinen eigenen Anteil in meinen unvergebenen Situationen zu prüfen?

Kapitel 9
An Verletzungen arbeiten

In diesem kurzen Kapitel finden Sie eine Zusammenfassung der Arbeitsschritte aus allen vorherigen Kapiteln, die Ihnen beim Vergeben helfen können. Diese Zusammenfassung enthält nicht alle Schritte des Power-Vergebungsprozesses, aber sie können Sie ziemlich weit bringen, wenn Sie vergeben wollen.

Entscheidende Schritte und Handlungen,

um mit einem Menschen oder einer Situation umzugehen:

1. **Treffen Sie eine Wahl, die sich wirklich richtig anfühlt.**
   Fangen Sie klein an. Nehmen Sie eine kleine Verletzung, oder vielleicht auch nur einen Teil einer Verletzung, an der Sie arbeiten wollen. Es könnte nur ein Täter aus einer ganzen Gruppe Menschen sein oder eine von vielen Verletzungen durch einen Menschen.

2. **Achten Sie auf Ihre Bereitschaft.**
   Sind Sie wirklich bereit, an dieser Verletzung zu arbeiten?
   (Wenn nicht, dann wählen Sie eine andere Verletzung, die Sie anzuschauen bereit sind.) Wie schon erwähnt, ist die Absicht ausschlaggebend, weil sie den Beginn Ihrer Verpflichtung sich selbst gegenüber darstellt, was letztlich zur Vergebung führt. Ihre Bereitschaft, sich auch mit größeren Verletzungen auseinanderzusetzen, wird zunehmen, während Sie beginnen zu vergeben. Sie müssen nicht mit den großen Lebensthemen anfangen, sondern einfach das kleine Stück nehmen, was Sie jetzt verkraften können.

3. **Konzentrieren Sie sich darauf, was Sie wirklich inspiriert, vergeben zu wollen.**
   Was motiviert Sie, diese Arbeit zu tun?
   Die wichtigste Qualität bei der Arbeit des Vergebens ist, eine bleibende Motivation zu besitzen, wirklich vergeben zu *wollen*. Sie müssen einen wichtigen

Grund dafür haben. Dieser motivierende Grund wird Sie durch all die natürlichen Widerstände in Ihrem Denken hindurchtragen.
Diese Motivation kann spirituell sein oder emotional oder sogar körperlich. Inspiration ist der wirkungsvollste Beginn jeder Unternehmung – je stärker die Inspiration, desto größer die Möglichkeit des Erfolges. Das Eröffnungsstadium beim Vergeben ist das Anzünden oder Wiederanzünden Ihres Verlangens, zu vergeben. Diese anfängliche Eröffnung durch Inspiration trägt Ihren Geist vorwärts, hin zur Suche nach mehr Wissen zum Thema und später durch die emotionalen Blockaden hindurch, die vielleicht hochkommen.

4. Gehen Sie effektiv mit Gefühlen um.

Was für Gefühle haben Sie, wenn Sie an die Situation denken?
Mit Gefühlen umgehen zu lernen ist wichtig, um falsches Vergeben zu verhindern. Wenn Ihre Gefühle sich zum Positiven verändern, dann hat Vergebung stattgefunden. Vielleicht können Ihnen die folgenden Fragen helfen, Ihre innere Anfangshaltung kennenzulernen:

a) Was fühle ich, wenn ich an den Menschen denke, der an dieser Situation beteiligt ist? Zum Beispiel bin ich traurig, deprimiert, wütend, apathisch, schuldig, verletzt, ängstlich.
b) Abgesehen von den Hauptgefühlen, wenn ich an jede einzelne Situation denke: Gibt es noch weitere Gefühle, die darunter liegen oder mit den Hauptgefühlen verbunden sind, wie Peinlichkeit, Demütigung oder Scham?
c) Bin ich bereit, diese Gefühle zuzulassen und sie nicht zu vermeiden?
d) Was habe ich gefürchtet, was zu dem Zeitpunkt der Verletzung geschehen würde? Was fürchte ich jetzt, was geschehen könnte, wenn ich vergebe?

5. Finden Sie Ihre Bedürfnisse heraus und gestehen Sie sich ein, welche Schuld Sie noch nicht beglichen haben.

Erinnern Sie sich daran: Unsere Arbeitsdefinition des Vergebens heißt loslassen, was geschuldet ist – so als ob man eine finanzielle Schuld erlassen würde.

- Was schulde ich dir noch, was ich fühlen müsste, so wie du dich gefühlt hast?
- Was brauchen Sie noch von der Situation? Was würde Sie befriedigen?

Für manche Menschen würde es erleichternd sein, wenn der Betreffende verurteilt und ins Gefängnis gesteckt würde. Für andere wäre es nicht einmal genug, den Anderen sterben zu sehen. Deshalb ist die erste Frage bei jeder Art von Vergebungsprozess: Was schulden sie dir noch?
Hier sind weitere Fragen, die Ihnen vielleicht bei diesem Schritt helfen könnten:

a) Bin ich bereit, die Möglichkeit in Erwägung zu ziehen, dass ich nicht bekomme, was sie mir noch schulden?
b) Kann ich das loslassen, damit ich endlich Frieden finde?

c) Ist es wirklich wert, dass ich die Verletzung noch weiter mit mir herumschleppe, wenn es nicht realistisch ist, dass ich jemals das bekomme, was ich noch von ihm/ihnen will?

6. **Achten Sie auf die wirklichen Folgen des Festhaltens an dieser Verletzung.**
Dieser Schritt muss nicht schwer sein, und Sie müssen auch nicht lange darüber schreiben, sondern er kann in wenigen Augenblicken vollzogen werden.

Was ich davon habe
a) Was habe ich davon, dass ich die Verletzung aufrechterhalte? Schreiben Sie alles auf, was Ihnen dazu einfällt, jeden Nutzen. Wer hat am meisten davon und in welcher Weise?
b) Ist es wichtiger, im Recht zu sein oder glücklich zu sein?

Negative Folgen
Manchmal merken Sie nicht, wie sehr die Verletzung Sie wirklich beeinträchtigt.
Hier einige Fragen zum Nachdenken:
a) Was habe ich wirklich von dieser Verletzung? Listen Sie alle negativen Folgen auf.
b) Was sind die Folgen für die Menschen, die mir am nächsten sind, weil ich an der Verletzung festhalte?
c) Wie glücklich bin ich in meinem Leben?
d) Würde das Loslassen dieser Situationen einen Zuwachs an Liebe, Frieden und Freude in mein Leben bringen?

Opfer-Sein
a) Seit wann habe ich schon das Gefühl, ein Opfer zu sein?
b) Wie lange will ich zulassen, dass andere die Kontrolle über mein Glücklichsein haben?
c) Bin ich auf irgendeine Weise an diesem Problem beteiligt und nicht nur ein Opfer?

7. **Mit Widerständen gegen das Vergeben umgehen**
Was Menschen oft vom Loslassen abhält, sind falsche Denkweisen darüber, was Vergebung eigentlich ist. Wir haben diese falschen Glaubensmuster im Mythos-Kapitel dieses Buches aufgeführt, aber wir wiederholen sie hier, damit wir sichergehen können, dass diese falschen Überzeugungen Sie nicht in Ihrer Fähigkeit beeinträchtigen, weiterzugehen.
Erinnern Sie sich, Vergebung bedeutet:

- Schlechtes Verhalten nicht zu billigen, eine Verletzung nicht zu rechtfertigen und auch nicht die andere Wange hinzuhalten.
- Keine Versöhnung mit dem verletzenden Gegenüber
- Nicht dasselbe wie „Aus den Augen, aus dem Sinn“
- Nicht abhängig sein von einer Entschuldigung
- Nicht davon abhängig sein, ob der Andere noch am Leben oder in Ihrem Leben präsent ist
- Nicht davon abhängig sein, ob der verletzende Mensch Vergebung verdient
- Nicht verlieren oder einen leichten Weg wählen, einer Situation zu entkommen
- Kein Mangel an Verantwortung

Wenn irgendeiner dieser Punkte Ihren Vergebungsprozess beeinträchtigt, dann lesen Sie noch einmal im Kapitel 3 den entsprechenden Punkt bei den Mythen der Vergebung nach.

Die Entscheidung für Vergebung

Manchmal können Sie eine bewusste Entscheidung treffen zu vergeben, während Sie mitten in dem Prozess sind. Diese Entscheidung ist dann ein Willensakt in voller Absicht und ein solides Versprechen Ihrem höheren Selbst gegenüber. Die Entscheidung, zu vergeben, kann zu jeder Zeit geschehen.

Fragen, die Sie sich dabei vielleicht stellen könnten:

1. Kann ich mich jetzt und unmittelbar entscheiden zu vergeben? Treffe ich diese Entscheidung ganz allein für mich?
2. Auch wenn der Andere es nicht verdient, kann ich mich aus einem Akt des Mitgefühls dem Anderen und mir selbst gegenüber entscheiden zu vergeben?

Wenn Sie die Entscheidung treffen, vergeben zu wollen, gehen Sie bitte weiter durch die restlichen Stadien. Jemandem zu vergeben ist nicht das Ende dieses Prozesses; sich selbst zu vergeben schon, wenn Sie die Situation zum Guten für sich wenden und abschließen wollen.

Bitte bedenken Sie: Je stärker Sie sich wirklich entscheiden zu vergeben und die emotionale Erleichterung spüren, desto leichter wird es werden, diese Entscheidung auch ein weiteres Mal zu einem anderen Zeitpunkt wieder zu treffen. Der Prozess der Power-Vergebung beschleunigt sich, je weiter Sie fortgeschritten sind, weil Ihre Entscheidung, zu vergeben, von Mal zu Mal leichter fällt und Sie in die Lage versetzt, dauerhaft Ihre Verletzungen loszulassen. Die Geschwindigkeit des

Prozesses sieht für Unbeteiligte, die nicht verstehen, um was es beim Vergeben eigentlich geht, geradezu unrealistisch aus. Je öfter Sie es tun, desto leichter wird es Ihnen fallen. Wenn Sie immer stärker Ihre sich wiederholenden negativen Denkmuster erkennen und sehen, welche Rolle sie in den verschiedenen unverziehenen Situationen spielen, dann vergrößert sich Ihr Wissen um solche Situationen und die Entscheidung zum Vergeben wird ganz leicht.

Schlüsselfragen

a) Habe ich mir im Laufe dieser Vergebungsarbeit immer wieder Zeit für Entspannung, Meditation oder Kontemplation genommen, in denen ich mich auf mein höheres Selbst besinne?
b) Höre ich auf den höchsten Teil meines Selbst?
c) Welches ist das höchste Ziel in meinem Leben, das von dieser Situation vielleicht behindert werden könnte, entweder, weil es sie gibt, oder weil ich eine bestimmte Einstellung dazu entwickelt habe?

TEIL III

Der wahre Grund für den Widerstand

Einige der wichtigen Aspekte des Vergebungsprozesses werden in diesem Teil des Buches behandelt werden:

- Selbst-Vergebung
- Der Umgang mit Ehen und neuen Beziehungen
- Der Umgang mit Stress, Trauma und emotionalem Schmerz
- Wie man wirksam die Übernahme des Reptiliengehirns unter Kontrolle bringt
- Wie man Vergebung dauerhaft werden lässt

„Sei nicht wütend, wenn du andere nicht zu dem machen kannst, was du willst, denn du kannst dich auch selbst nicht zu dem machen, was du willst. Und wenn du dich selbst nicht in Gänze so formen kannst, wie du es wollen würdest, wie kannst du dann erwarten, dass andere Menschen genauso sind, wie du sie gern hättest?"

THOMAS A. KEMPIS, 15. JAHRHUNDERT, THE IMITATION OF CHRIST

Kapitel 10
Dauerhaft vergeben

„Jeder beklagt sich über sein Gedächtnis,
aber niemand beklagt sich über sein Schubladendenken."

Francois de la Rochefoucauld, Französischer Autor (1613 – 1680)

In unseren Romanen, Filmen und Schauspielen billigen wir Rache. Unsere Helden vergeben Übeltätern nicht, sie finden sie und zerstören sie und machen so die Welt für Menschen mit den richtigen Werten zu einem sicheren Ort. Und was ist nun das Problem dabei, wenn richtige Werte aufrechterhalten werden und schlechte Typen das bekommen, was sie verdienen? Das Problem besteht darin, dass es immer zwei Beteiligte an einem Konflikt gibt. Gerechtigkeit, wenn sie wirklich fair sein will, sollte in einer kontrollierten Weise geübt werden, wie in einem Rechtssystem.

Wenn wir Menschen, die uns nahe sind, auf der Basis unserer eigenen Ansicht darüber, was richtig und gut ist, beurteilen und angreifen, dann laufen wir Gefahr, im Unrecht zu sein. Das gilt auch für Regierungen. Sehr oft besitzen wir im Fall zwischenmenschlicher Verhaltensweisen oder Begegnungen nicht die gesamte Information, die wir brauchen würden, um zu einer abgewogenen Schlussfolgerung zu kommen, sondern nur eine emotionale Einstellung. Viele Kriege haben aus keinem anderen Grund begonnen als dem, dass jemand sich rächen wollte oder sich gedemütigt fühlte.

Hinter jedem Grund für das Nicht-Vergeben aber liegt eine Wahrheit, die Sie in die Lage versetzt zu vergeben. Wenn Sie Ihre Verwirrung und Ihren Widerstand genau untersuchen, können Sie damit Ihre Lebensqualität und Ihre Fähigkeit zu vergeben verbessern. Mitgefühl versetzt Sie in die Lage, bereit zu sein, einen Menschen zu verstehen, vielleicht sogar, sich in ihn oder sie hineinzuversetzen. Dieses Verstehen beschleunigt Vergebung und kann sie dauerhaft werden lassen.

In meinen Seminaren zur Vergebungstherapie haben ich herausgefunden, dass es von entscheidender Bedeutung ist, die tiefer liegenden inneren Faktoren zu entdecken, die Vergebung verhindern und die, wenn man sich um sie kümmert, dazu führen, dass Vergeben dauerhaft wird. Bei der Suche nach Verstehen übergehen wir oft, herausfinden zu wollen, warum Menschen nicht so handeln oder die Welt nicht so sehen wie wir und auch nicht dieselben Werte haben wie wir. Auf der Suche nach der Wahrheit müssen wir uns deshalb noch mehr mit unseren persönlichen Reaktionen und ihren Auswirkungen beschäftigen.

> „Ein Mensch ist Teil des Ganzen, das wir „Universum" nennen, ein Teil, der in Zeit und Raum begrenzt ist. Er erlebt sich selbst, seine Gedanken und Gefühle als etwas Getrenntes vom Rest der Welt – eine Art optischer Täuschung seines Bewusstseins. Diese Täuschung ist eine Art Gefängnis für uns, indem es uns auf unsere persönlichen Sehnsüchte und auf die Zuneigung beschränkt, die wir nur einigen wenigen Menschen gegenüber empfinden, die uns ganz nahe sind. Unsere Aufgabe besteht darin, uns selbst von diesem Gift zu befreien, indem wie unseren Kreis des Mitgefühls so erweitern, dass er alle lebenden Wesen und die ganze Natur in ihrer Schönheit umfasst. Niemand ist in der Lage, dies vollständig zu erreichen, aber das Streben danach ist in sich selbst schon Teil der Befreiung und ein Fundament für innere Sicherheit." (1)
>
> ALBERT EINSTEIN

Um das Loslassen zu vereinfachen, müssen Sie die tieferen Bereiche Ihres Geistes kennenlernen, die Sie nicht nur schützen, sondern Ihnen auch Probleme bereiten, und die das Vergeben beeinflussen können. Wenn Sie das als Erstes tun, werden Sie noch besser verstehen können, warum Sie so gehandelt haben, wie Sie es taten, und warum andere so handeln, wie sie es tun. Ausgerüstet mit diesem Wissen wird Vergebung einfach und klar und auch schmerzlos. Dies ist das Ziel dieses dritten Teils des Buches.

Das Reptiliengehirn kontrollieren

Seine Gedanken kontrollieren zu wollen ist nicht so einfach. Es kostet Mühe. Wir machen jeden Tag Fehler, manche sind groß, manche klein. Wir alle brauchen Vergebung, um den Mechanismus unseres sozialen und persönlichen Umgangs zu ölen, damit wir selbst und die Menschen um uns herum zufriedener sein können.

Unser Gehirn ist darauf programmiert, zu reagieren. Wie viel Einfluss die reaktiven Systeme haben, hängt nicht nur davon ab, wie viel Stress vorhanden ist, sondern auch davon, über wie viel Erfahrung wir verfügen, diese Reaktionen zu kontrollieren.

Wie bereits in Kapitel 5 erwähnt, müssen wir uns, um vergeben zu können, in einem vergleichsweise friedlichen, nicht-bedrohlichen inneren Raum befinden. Meditation, Gebet, Kontemplation und andere Stressreduktionsmethoden wie die Relaxation-Response-Methode, die von Herbert Benson an der Harvard-Universität entwickelt wurde, helfen, die primitiveren Gehirnteile davon abzuhalten, die Kontrolle zu übernehmen.

Anmerkung: Sie sind nicht immer in der Lage, alle Stressreaktionsprozesse im Körper und im Gehirn zu kontrollieren, aber mit Wissen und Übung werden diese Reaktionen weniger Macht über Ihr Leben ausüben.

Das wurde mir klar, als ich einen Dokumentationsfilm über Tiger Woods sah, in dem es darum ging, wie sein Vater ihm beigebracht hatte, in einem Turnier Golf zu spielen. Sein Vater wollte, dass Tiger sich unter allen Umständen darauf konzentrieren sollte, was er tat, ganz unabhängig davon, was um ihn herum vorging. Um ihm beizubringen, wie er mit dem Druck bei einem Wettbewerb umgehen konnte, ließ der Vater den Golfsack mit allen Schlägern darin auf die Erde fallen, wenn Tiger gerade zum Schwung ausholte, oder er erzeugte auf andere Weise Spannung, sodass Tiger nach und nach lernte, selbst unter großem Stress ruhig und konzentriert zu bleiben. In einem Wettbewerb Erfolg zu haben, erfordert dieses Maß an Konzentrationsfähigkeit und Ruhe, genau wie wenn Sie Erfolg im Leben haben wollen.

Menschen, die nicht gelernt haben, wie sie ihre Reaktionen kontrollieren können, werden unter Stress eine schwierige Zeit durchleben. Manche lernen es nie, effektiv mit Stress umzugehen. Es erfordert eine Menge Übung. Gewalttäter, die im Gefängnis sitzen, einfach so wieder frei herumlaufen zu lassen, ohne dass sie gelernt haben, wie sie ihre Reaktionen kontrollieren können, bringt wenig. Ich bin kein Befürworter von Gefängnisstrafen, trete aber sehr für ein Programm zum Stressmanagement und zur Rehabilitation, verbunden mit einem Vergebungstraining, ein. Wenn diese Trainings stattfinden würden, dann würden wir einen radikalen Wandel bei denen erleben, die im Gefängnis sitzen, und wahrscheinlich auch eine Verminderung der Kriminalitätsrate.

Ich ermutige Menschen, die gewalttätig gewesen sind oder ihre Partner geschlagen haben, zu lernen, wie sie mit ihren Wutreaktionen umgehen können, sodass sie nicht länger eine Gefahr für andere und für sich selbst darstellen. Wenn sie das nicht tun, werden die Gewalt und die unkontrollierten Reaktionen weitergehen.

Bitte bedenken Sie: Verhaltensmuster zu ändern ist schwer, weil sie oft mit frühkindlichen Wohlgefühls- und Sicherheitserfahrungen verknüpft sind. Demzufolge müssen Sie sicherstellen, dass es auch in dem neuen Muster Angenehmes und Sicherheit gibt, wenn Sie sie ändern wollen. Wenn Sie wütend über sich selbst sind, wenn Sie versuchen, diese neuen Muster einzusetzen, verfehlen Sie Ihren Zweck, weil Sie Stress anstelle von Angenehmem erzeugen.

Wenn Sie tanzen gehen und Salsa lernen wollen, dann könnten Ihre alten Muster anderer Tanzschritte, die Sie einmal gelernt haben, dafür nützlich sein oder gerade nicht. In jeder Tanzrichtung werden Sie sich unwohl fühlen, bis Sie den Rhythmus und die Schritte gelernt haben. Deshalb muss man bei allem klein anfangen. Sie fangen ganz langsam an, sodass Sie auf Wissen und auf Angenehmes aufbauen können, nicht auf Angst und Unruhe.

Wenn ein Mensch nie etwas über Rhythmus, Musik und Schrittfolgen eines Tanzes gelernt hätte, dann würde er oder sie Tanzen wahrscheinlich als etwas ausgesprochen Dummes und die Menschen, die es tun, als dumm und unwissend abqualifizieren. Genauso ist es, wenn die eigenen Tanzschritte anders sind als die von andren: Das kann ein harsches Urteil auslösen. Eben diese Art von Urteilen und Verurteilen ist es, was Verletzungen auslöst und Beziehungen so schwierig macht. Vergebung ist dann ein Schritt, den Beziehungstanz reibungsloser zu gestalten.

Unsere Stressreaktionen zu verstehen wird uns erkennen lassen, warum Vergebung so schwer ist und manchmal sogar leidenschaftlich verdammt oder gleichermaßen verteidigt wird.

Weiter vorne haben wir darüber gesprochen, wie die Reaktionen des primitiveren Gehirns die Kontrolle über unseren Neocortex übernehmen können. Jetzt wollen wir von weiteren Indikatoren dieser „Übernahme" sprechen. Wenn ein Mensch unter massiven Stress gerät und seine höchsten Funktionen massiv eingeschränkt sind, dann können die folgenden Probleme entstehen: (2)

- leichte Ablenkbarkeit und/oder Hyperaktivität
- Mangel an Entschlossenheit
- Probleme mit der Impulskontrolle
- Chronisches Zuspätkommen und schlechtes Zeitmanagement
- Desorganisation und Aufschieben wichtiger Dinge

Wenn Sie von sich selbst oder von jemand anderem erwarten, dass Sie selbst oder dieser Andere weiterhin gut funktionieren, obwohl sich die oben erwähnten Symptome für massiven Stress zeigen, dann sind Sie zumindest unrealistisch. Achten Sie dann stattdessen auf Ihre unverziehene Situation und versuchen Sie zu erkennen, ob Sie es lassen können, nur darauf zu reagieren. Versuchen Sie stattdessen, in eine Beobachterrolle zu kommen, indem Sie sich selbst beobachten. Aus dieser Haltung heraus fragen Sie sich:

1. Was in Ihrer Vergangenheit, glauben Sie, bringt Sie dazu, so zu reagieren, wie Sie es im Moment in dieser Situation getan haben?
2. Denken Sie darüber nach, warum Sie denken, dass Sie die Gefühle haben, die Sie haben.

Manchmal werden Sie sehr schnell eine Idee haben, was unter der Oberfläche verborgen ist; manchmal wird sie erst Tage später kommen, wenn Sie es am wenigsten erwarteten. Das Wichtige ist hierbei, die Fähigkeit zu erwerben, sich selbst von den eigenen Reaktionen zu trennen und ein tieferes Verständnis für die Gründe Ihrer Reaktionen in der gegenwärtigen Situation zu entwickeln.

Die Verteidigungsmechanismen unseres Denkens

„Was siehst du aber den Splitter in deines Bruders Auge und nimmst nicht wahr den Balken in deinem Auge? Du Heuchler, zieh zuerst den Balken aus deinem Auge; danach sieh zu, wie du den Splitter aus deines Bruders Auge ziehst."

JESUS, MATTHÄUS 7:3,5

Was wir am lautesten an anderen verurteilen, könnte das sein, unter dem wir in uns selbst am meisten leiden. Shakespeare hat das auch schon vor Jahrhunderten zum Ausdruck gebracht, als er Hamlet sagen ließ: „Die Dame protestiert zu viel, scheint mir." Jesus Lehre, erst den Balken aus dem eigenen Auge zu entfernen, bevor man den Splitter aus dem Auge seines Nächsten entfernt, ist eine Lektion über das größte Hindernis beim Vergeben – unsere Verteidigungsmechanismen.

Wenn der Umgang mit etwas zu unangenehm für uns ist, dann wird unser Gehirn uns mit Hilfe eines Musters von Verteidigungsstrukturen dagegen schützen. Wir sind uns dieser Verteidigungsreaktionen meist nicht bewusst. Wie unsere Stressreaktionen im Gehirn finden auch sie unterhalb unserer Bewusstseinsschwelle statt, weshalb sie weiter aktiv sind und uns fürchterliche Schwierigkeiten machen können.

Wir setzen oft Abwehrmechanismen ein, wenn wir in einer Stressreaktion sind oder wenn wir einen Fehler gemacht haben. Der Teil von uns, der mit unserem Moralempfinden verbunden ist und versucht, mit der Wirklichkeit fertigzuwerden, hat es oft schwer mit dem Dilemma, einerseits das Reptiliengehirn zufriedenzustellen, es andererseits aber nicht außer Kontrolle geraten zu lassen. Oft treffen wir Entscheidungen und begehen Handlungen, die wir später bedauern. Um den Sinn für unsere Moral und unser Selbst aufrechtzuerhalten und um uns mit uns selbst besser zu fühlen, setzen wir Mechanismen ein, die unsere Sehnsüchte, Fehler und Verhaltensweisen verteidigen und rechtfertigen.

Seit ungefähr hundert Jahren beschäftigt sich die Psychologie schon mit diesen Verteidigungsmechanismen und –reaktionen. Viele Bücher und Studien sind darüber veröffentlicht worden. Tatsächlich sind die meisten Psychiater in Europa und in den USA darin unterrichtet worden. Dieser Ansatz jedoch verlor an Popularität, als Denk- und Verhaltensänderungsansätze sich durchsetzten. Diese neuen Ansätze stimmten nicht besonders mit dem Konzept des Unterbewussten und seiner Verteidigungsmechanismen überein.

Dennoch habe ich sehr wirksame Vergebensarbeit beobachten können, die dadurch geschieht, dass man sich seiner unterbewussten Abwehrmechanismen bewusst wird. Manche dieser Ego-Verteidigungsmechanismen, wie sie auch genannt werden, enthalten eine Wahrheit, die dafür sorgen kann, dass Vergebung dauerhaft wird. Obwohl sie sich unterhalb unserer Bewusstseinsschwelle abspielen, können einige durch Achtsamkeit erkannt werden, und man kann damit arbeiten.Der Schlüssel bei der Arbeit mit ihnen ist nicht das Bewusstsein allein, sondern der Einsatz von Selbstvergebung, um sie rückgängig zu machen.

Wenn wir die Grundlage unserer Abwehrmechanismen verstehen, können wir:

- ein tieferes Verständnis für unseren Widerstand gegen das Vergeben gewinnen
- einen Weg finden, der Vergebung dauerhaft macht.

Anmerkung: Die Abwehrmechanismen sind das, was wir tun, damit wir uns besser fühlen. Sie werden oft aktiviert, um unsere negativen Reaktionen auf Stress zu rechtfertigen. Statt direkt mit unseren Reaktionen umzugehen und sie zum Schweigen zu bringen, bevor wir Fehler machen können oder einfach nur reagieren, erzeugen wir ein ausgefeiltes System, um unsere Taten zu rechtfertigen, und verstecken dieses dann vor unserem Selbst, sodass wir uns besser fühlen können. Wir würden uns aber in Wirklichkeit viel besser fühlen und keinen Abfall in unserem Unterbewusstsein abladen müssen, wenn wir einfach das Stresssystem beruhigen und effektive Entscheidungen treffen könnten. Aber oft kommt es zu diesen Abwehrmechanismen in schwierigen Situationen, und zudem haben sie gewöhnlich schon in der Kindheit begonnen.

Die Abwehrmechanismen

Zwei ursprüngliche Abwehrstrategien scheinen viel mit Vergebung zu tun zu haben. Eine besteht darin, dass wir störende oder unerträgliche Gedanken, Vorkommnisse oder Sehnsüchte tief unter unserer bewussten Wahrnehmung verbergen. Es gibt viele Feinheiten und Bezeichnungen für diese verbergende Abwehrstrategie: Verleugnung, Unterdrückung, Verdrängung, Abspaltung. Für unsere Arbeit werde ich das Wort Verleugnung für diese allgemeine Kategorie des Verbergens von Störungen in unserem Inneren benutzen.

Der andere Abwehrmechanismus, den man Projektion oder Verdrängung nennt, bedeutet, dass man den störenden Gedanken nach außen und auf oder in andere verlagert. Hier verbergen wir ihn in einem anderen Menschen und leugnen dann, dass er irgendetwas mit uns zu tun hat. Beschuldigen und jemanden zum Sündenbock machen sind die typischen Folgen dieser Strategie. Ich werde die Bezeichnung

Projektion für diesen Akt der Verlagerung der Verantwortung für unsere negativen Glaubensmuster oder Handlungen auf andere und für die darauf folgende Verleugnung unserer eigenen Beteiligung benutzen.

Jesus' Schelte, man solle erst den Balken aus dem eigenen Auge entfernen, weist auf diese beiden unterbewussten Abwehrmechanismen hin. Bei der Projektion leugnen wir, dass wir selbst gefehlt haben, und sehen dies aber nur zu bereitwillig in anderen. Im Kapitel 6, im Abschnitt „Wie unsere Außenwelt unsere Innenwelt spiegelt", haben wir die allgemeine Projektion unserer inneren Haltung auf die Außenwelt untersucht. Obwohl eine solche Handlung ganz natürlich ist, hat sie dennoch ihren Ursprung in unserem Denken.

Dies ist eine vereinfachte Darstellung unserer Abwehrmechanismen für die Arbeit an der Vergebung. Es geht hier nicht um Psychoanalyse.

Ted war stolz auf seine Ehrlichkeit. Sie machte einen großen Teil seiner Identität aus. Manchmal jedoch belog er seine Frau über die Höhe des Kontostandes, weil er nicht immer so viel Geld verdiente, wie er seiner Ansicht nach verdienen sollte. Weil er dieses unehrliche Verhalten nicht zugeben konnte, beschuldigte er die Bank, unehrlich zu sein, wenn er seinen monatlichen Kontoauszug bekam. Und er dachte wirklich, er habe Recht!

Bei der Projektion sehen wir diese Verzerrungen als wahr an. Hitler beschuldigte die Juden, dass sie für die Schwierigkeiten Deutschlands nach dem Ersten Weltkrieg verantwortlich seien, und Millionen stimmten ihm darin zu. Es ist leichter zu beschuldigen als seine eigene Verantwortung anzunehmen. Die ganze Vorstellung eines Sündenbocks steht hinter diesem geistigen Mechanismus, der direkt aus dem Reptiliengehirn kommt.

Vergebung dauerhaft machen

Projektion und Verleugnung können nicht leicht Seite an Seite mit Selbstvergebung existieren, die eine mutige und wirkungsvolle Alternative dazu darstellt. Statt uns gegen emotionale Schmerzen zu verteidigen, beginnt die Vergebung damit, dass wir ihnen und den damit verbundenen Umständen mit peinlicher Ehrlichkeit ins Gesicht sehen. Sie wird vervollständigt durch die Transformation in etwas Positives, sogar Inspirierendes, die darauf ausgerichtet ist, weiteren Schaden zu verhindern und ihn nicht aufrechtzuerhalten. Die Psychologie hat die Vergebung jahrzehntelang vernachlässigt, indem sie sie in die Religion verbannt hat.

Mit Klienten, die ihre Wut über Jahre festgehalten haben, suche ich oft danach, wie sie Selbstverletzungen auf andere projiziert haben. Nach der Projektion zu suchen und dabei Selbstvergebung zu praktizieren, entfernt den Grund dafür, etwas auf andere zu projizieren. Der Projektion ins Gesicht zu sehen und Selbstvergebung zu erlangen,ist einer der schnellsten Wege, aus einer Verletzung durch einen anderen herauszukommen.

Anmerkung: Was wir jetzt besprechen werden, bezieht sich auf Langzeit-Groll, bei dem man alle Verletzungen loslässt, und nicht auf Traumata, die außerhalb Ihres Einflussbereichs lagen, wie zum Beispiel Vergewaltigungen oder andere Akte der Gewalt oder des Terrorismus. Manchmal kann das Folgende nicht einmal auf normale Situationen angewandt werden. Dies ist ein Fortgeschrittenen-Modell und –Bewusstsein. Ich stelle es hier vor, weil ich bemerkt habe, dass es für einige Menschen nützlich war – mich selbst eingeschlossen. (Wenn Sie diese Arbeit mit Freunden oder Klienten machen, dann setzen Sie sie nicht ein, wenn der Mensch keinen unmittelbaren Zugang zu ihr hat. Wenn sie funktioniert, wunderbar, aber wenn nicht, gibt es zahlreiche andere Methoden)

Um einem Anderen dabei zu helfen, dauerhaft zu vergeben:

1. Helfen Sie dem Menschen, die Situation unter dem Gesichtspunkt zu betrachten, ob er sich auf irgendeine Weise selbst desselben oder eines ähnlichen Verhaltens schuldig gemacht hat wie das, für das er gerade versucht, einem Anderen zu vergeben. Wenn ja, dann
2. lassen Sie ihn dem Anderen vergeben, denn er hat dasselbe selbst getan. Dann
3. führen Sie ihn dahin, dass er sich selbst verzeiht, wenn möglich, oder finden Sie einen Weg, dass er für das, was er getan hat, Vergebung erlangen kann.

Im Hinblick auf die Selbstvergebung kann es sein, dass man die verletzende Handlung nicht im selben Ausmaß begangen hat, aber ich habe selbst beobachtet, wie die Verletzung sich löst, wenn Menschen erkennen, dass sie etwas Ähnliches selbst getan haben, auch wenn nur sie selbst davon wissen.

Erinnern Sie sich, dass das Gehirn mit Metaphern arbeitet, was bedeutet, zwei Dinge gleichzusetzen, die eigentlich unähnlich sind, die aber einen Aspekt gemeinsam haben. (3)

Als beispielsweise Jesus sagte: „Du bist Petrus, und auf diesem Felsen will ich meine Kirche erbauen“, dann ist nicht Petrus der Fels, sondern der Felsen symbolisiert Petrus’ Stärke. Oder wenn man die Zeile des Liedes singt: „Du bist der Wind unter meinen Flügeln”, dann hat der Mensch, der so besungen wird, keine Flügel, sondern der Wind und die Flügel symbolisieren die Beziehung des einen Menschen zu dem anderen. Diese Gemeinsamkeit ist das, wonach wir bei der Projektion suchen. Es geht nicht um die wortwörtliche Gemeinsamkeit – das könnte zwar so sein, aber normalerweise suchen wir nach etwas, was in etwa in dieselbe Richtung geht.

Das nächste Beispiel zeigt diese gekoppelte Bedeutung. Obwohl ich damit eine Situation von Gewalt anspreche, was ich normalerweise nie tun würde, tat ich es in diesem Fall aufgrund der Bewusstheit, Ehrlichkeit und Intelligenz, die diese Frau zuvor im Seminar gezeigt hatte.

Riva, eine Urgroßmutter, konnte Hitler nicht für das vergeben, was er den Juden und ihrer Familie angetan hatte. Sie war eine wütende, unglückliche Frau. Weil nichts zu helfen schien, um sie der Vergebung näher zu bringen, begannen wir über Projektionen zu sprechen, die sich um Hitler drehten. Sie war bereit, sich darauf einzulassen.

Es war offensichtlich, dass sie niemals irgendwelche Juden getötet hatte, aber als wir sie fragten, wie oft sie Hitler und die Nazis im Geiste umgebracht hatte und sich selbst im Laufe der Jahre innerlich umgebracht hatte, weil sie überlebte, wurde sie ruhig. Sie fand den Mut, sich diesem Aspekt ihres Selbst anzunähern.

Mit großer Ehrlichkeit gab sie zu, dass die Wut und der Hass, den sie all diese Jahre in sich getragen hatte, ihre Familie und die Menschen um sie herum negativ beeinflusst hatten. Ihre Kinder sahen sie nicht sehr oft, und sie hatte auch nicht viele Freunde.

Ich bat sie nicht, das, was Hitler getan hatte, zu billigen oder zu rechtfertigen, und auch nicht, ihm zu vergeben. Ich bat sie, sich selbst zu vergeben, und zwar für den Hass, die Wut und die Negativität, die sie so viele Jahre lang indirekt auf andere projiziert hatte. Als sie dies letztlich tat, flossen die Tränen um ihre Familie, und sie sagte, dass sie einen Frieden fühlte, wie sie ihn seit Jahrzehnten nicht mehr empfunden hatte.

Janet, eine Freundin, berichtete mir von dem folgenden Zwischenfall. Sie und ihr Mann wollten zu einem traumhaften Ferienzentrum fahren. Ihr Mann hatte es so arrangiert, dass er sie zu einem bestimmten Zeitpunkt von der Arbeit abholen wollte. Aber er wurde aufgehalten, weil sein Bruder ihn anrief, mit dem er schon seit Monaten nicht mehr gesprochen hatte. Sie wartete volle 45 Minuten in der prallen Sonne auf ihn und war ziemlich wütend, als sie hörte, dass er ein Telefongespräch wichtiger genommen hatte als ihre Verabredung.

Ihre Wut verdarb ihnen beiden den Abend. Glücklicherweise versetzte ihr Vergebungstraining sie in die Lage, zu verstehen, warum ihre Wut so stark und anhaltend war. „Erst am Mittag des nächsten Tages erkannte ich, dass ich dasselbe mit meinen Kindern gemacht hatte." Sie gab zu, dass sie ihre Kinder oft warten gelassen hatte, weil sie dabei war, ihre Doktorarbeit zu schreiben. Sie hatte sie abends zu Hause gelassen, und manchmal mussten sie sich auch selbst etwas zu essen machen – alles nur, weil sie das Gefühl hatte, dass sie etwas Wichtigeres zu tun hatte. Sie hatte sie warten lassen, genau wie ihr Ehemann heute sie selbst. Das aktivierte ihre Schuldgefühle und ihren Zorn, weil es etwas in ihr selbst war und nicht seine Handlungsweise. Sie vergab ihm auf der Stelle. Und der Rest ihres Aufenthalts in dem Ferienzentrum verlief wundervoll.

Charlottes Situation, die ich jetzt beschreiben will, ist ein Beispiel für Verleugnung. Ihre Mutter hatte ihr erzählt, dass ihr Vater sie schlimm geschlagen hatte, als sie 18 Monate alt war. Ihre Mutter war in Tränen aufgelöst, als sie von diesem Zwischenfall berichtete. Mehrere Jahre später stritt die Mutter komplett ab, jemals etwas Ähnliches erzählt zu haben. „Ich weiß gar nicht, wovon du redest. Dein Vater würde niemals etwas Derartiges tun."

Charlotte, die selbst eine erfahrene Therapeutin war, verstand die Schutzfunktion der Abwehrmechanismen. Sie verstand, dass die Verleugnung ihrer Mutter keine Lüge war, sondern einfach ein Versuch, ihre Illusionen über den Mann, den sie geheiratet hatte, und über sich selbst als Mutter zu schützen. Denn welche Mutter würde zulassen, dass ihr Kind dermaßen geschlagen wurde?

Menschen wehren sich natürlich dagegen, dass sie böse sind. Das ist so in unser System eingebaut. Irgendwann glauben sie der inneren Abwehr, die in diesem Fall Verleugnung heißt.

Mit Projektionen arbeiten

Hier ist ein Beispiel dafür, wie man mit Projektionen arbeiten kann. Stellen Sie sich vor, Sie sind wütend auf eine ausländische Diktatur. Vielleicht tragen Sie auch ein inneres Bild des Diktators mit sich herum. Fragen Sie sich dann: „Was genau kann ich von dem, was er tut, nicht leiden?" Vielleicht können Sie dann eine ganze Liste von Merkmalen benennen. Lassen Sie uns annehmen, dass eine der Antworten lautet: „Er nimmt Menschen die Freiheit." Wenn Sie sich jetzt an den vorigen Abschnitt über die Abwehrmechanismen erinnern, dann fragen Sie sich, ob sich darin möglicherweise eine Projektion verbirgt, indem Sie überlegen:

1. Wie verhalte ich mich genau wie dieser Diktator in meinem eigenen Leben?
2. Nehme ich anderen die Freiheit, oder lasse ich zu, dass andere jemand anderem die Freiheit nehmen?
3. Nehme ich mir meine Freiheit? (Das ist gewöhnlich die wichtigste Frage)
4. Halte ich mich selbst in einer Mühle (meiner Arbeit, meiner Ehe) gefangen und nehme mir nie eine Auszeit oder Ferien davon?
5. Fühle ich mich in meinem Leben wie in einem Gefängnis?
6. Habe ich mich selbst in diesem Gefängnis eingeschlossen und bin ich unfähig, mich wieder daraus zu entlassen?

Dies alles sind Fragen, die von verschiedenen Gesichtspunkten aus nach einer möglichen Projektion suchen. Situationen, die starke Emotionen freisetzen, weisen meist direkt auf unsere eigenen Fehler und vergeblichen Versuche hin, uns selbst zu vergeben.

Bo Diddley von der Band Creedence Clearwater Revival and Eric Clapton erinnern uns in dem Song „Before You Accuse Me" daran, zunächst sich selbst anzuschauen, bevor man jemanden anderen beschuldigt.

Gil war ein knallharter Typ. Er war groß, und er war im Laufe der Jahre durch viele Schlägereien gegangen, oft mit mehreren Gegnern gleichzeitig. Aber dieses Leben hatte seinen Preis. Er war wütend, deprimiert und wollte sich ändern. Während einer Beratungssitzung gab er zum ersten Mal einem Menschen gegenüber zu, das er ein Missbrauchsopfer war. Er hatte seinen Vater immer gehasst, aber er hatte nie über ihn als einen Missbrauchstäter gesprochen. Er weinte mit heftigem Schluchzen volle fünf Minuten lang.

Später konnte er erkennen, wie dieser sexuelle Missbrauch seine rücksichtlose Fahrweise und sein Verlangen nach Prügeleien ausgelöst hatte. Er erkannte, dass seine Kämpfe ihren Sinn darin hatten, dass er Männer, die so hart waren wie sein Vater, bestrafen wollte. Er erkannte auch, dass er sich damit selbst bestrafte, weil er sich so gedemütigt fühlte. Als er mit diesen Folgen seines Hasses arbeitete, erkannte er, dass er die ursprüngliche Verletzung in seinem eigenen Leben weiter fortsetzte, was ihm stets Entfremdung, Demütigung und Ohnmacht eintrug. Zwei Jahre später hatte sich sein Lebensstil grundlegend geändert. Er arbeitete nun mit anderen Männern, die gewalttätig waren, und hatte aufgehört zu trinken, rücksichtslos Auto zu fahren und sich zu prügeln.

Tagebuch-Übung:

1. Schauen Sie die Liste an, die Sie erstellt haben. Nehmen Sie daraus eine Verletzung, die Ihnen geeignet erscheint.
2. Schreiben Sie auf, ob Sie zu irgendeiner Zeit dasselbe oder etwas Ähnliches getan haben.
3. An diesem Punkt werden Sie möglicherweise Widerstand spüren. Schreiben Sie auf, was in Ihnen hochkommt. Unsere Abwehrmechanismen halten uns vielleicht von der Wahrheit der Situation ab, weil es zu heftig ist, sich mit ihr zu konfrontieren. Seien Sie ganz ehrlich mit sich, und seien Sie sich bewusst, dass die Wahrheit Sie von den alten Mustern befreien wird.
4. Schauen Sie genau hin, wo Sie den Widerstand spüren. Versuchen Sie sich nicht zu wehren oder mit einer Verdrängung abzuwehren. Achten Sie auf Ihre Gefühle.

5. Wenn Sie erkennen können, dass Sie selbst etwas Ähnliches getan haben, vergeben Sie dem Täter. Es sollte nicht mehr so schwer sein, weil Sie ja dasselbe getan haben.
6. Vergeben Sie sich nun selbst für das, was Sie getan haben. Das könnte wesentlich schwerer sein. Aber versuchen Sie, einen Weg zum Selbst-Vergeben zu finden.

Anmerkung: Byron Katie hat eine ausgezeichnete Ausbildung ausgearbeitet, mit der wir erkennen können, wie wir unsere Heilung verhindern. Ich empfehle ihre Methode sehr, die sie „The Work" (Die Arbeit) nennt. Ich habe mit dieser Methode und mit ihrem Buch *Loving What Is: Four Questions That Can Change Your Life* mit wunderbarem Erfolg in meinen Vergebungsgruppen gearbeitet. (4)

Sich seiner Projektionen bewusst zu sein reicht nicht aus, um Ihr Leben zu verändern. Das zu vergeben, was die Projektion entlarvt, ist ebenso nötig.

Riva, die Urgroßmutter, die ich schon weiter vorne erwähnt habe, musste sich selbst den Schaden vergeben, den sie in ihrer Familie aufgrund ihres Hasses gegen die Nazis angerichtet hatte. Sie erkannte, wie sie selbst die Arbeit von Hitler und Goebbels weitergeführt hatte, indem sie an ihrem Hass festhielt. Sie konnte nun verstehen, warum ihr Sohn nicht gern mit ihr zusammen war und wie es kam, dass ihre Tochter dieselbe Negativität entwickelt hatte.

Psychiater sind sich dieser Abwehrmechanismen seit mehr als 70 Jahren bewusst, dennoch ist ihre eigene Selbstmordrate immer schon außergewöhnlich hoch gewesen. Ein wichtiger Faktor bei Depression und Hoffnungslosigkeit, die zu Selbstmord führen können, besteht darin, dass man sich selbst oder anderen nicht vergeben kann.

Wie Sie Ihre Abwehrmechanismen ans Licht bringen: Um Ihre Projektionen und Verdrängungen aufzudecken, untersuchen Sie diejenigen Situationen in Ihrem Leben, die Sie immer wieder verletzen. Ihre Reizbarkeit ist Beweis und Wegweiser gleichzeitig.

Schreiben Sie auf, was Sie immer wieder an anderen Menschen aufregt. Das kann Ihnen Hinweise auf Ihre eigene Abwehr vermitteln, besonders auf Verdrängung und Projektion. Achten Sie insbesondere auf Fehler derjenigen, die Ihnen am nächsten sind.

Gehen Sie dann an einen stillen Ort, wo Sie wenigstens eine Stunde lang nicht gestört werden. Schreiben Sie auf, was Menschen tun, was Sie aufregt oder was Sie nicht tolerabel finden. Versuchen Sie dabei so ehrlich wie möglich zu sein und schreiben Sie einfach alle Geschehnisse auf. Sie werden diese Liste noch in den späteren Kapiteln weiter benutzen.

Nun drehen Sie mit dieser Liste in der Hand die Situation um. Fragen Sie:

1. Habe ich dasselbe einem Anderen zugefügt? Oder mir selbst?
2. Ähnelt das auf irgendeine Weise etwas, was ich einem Anderen oder mir selbst zugefügt habe?
3. Sieht dies in irgendeiner Weise einem Familienmuster oder der Handlungsweise von irgendjemandem in meiner Familie ähnlich?

Meine eigene Vergebungstransformation war das Ergebnis einer solchen ausgedehnten Liste über Menschen, die ich Punkt für Punkt durchging, und ich erkannte, wie ich mich selbst auf irgendeine Weise ganz ähnlich anderen Menschen gegenüber verhalten hatte. Für mich war es dann leicht, dem jeweiligen Täter zu vergeben. Aber ich brauchte Hilfe, um mir selbst all meine Verletzungen zu vergeben, die ich anderen zugefügt hatte.

Stressdenken, das Vergebung sabotiert

Hier sind drei der Hauptarten, mit denen wir unser Denken und unser Glücklichsein sabotieren. Außerdem biete ich Ihnen hier einige Wege, um zu vergeben, die Sie zusammen mit ihnen einsetzen können.

A: Sich auf das Negative konzentrieren und das Positive abwehren

Um unser Überleben zu sichern und unmittelbare Bedrohungen abzuwehren, konzentriert sich das Reptiliengehirn ausschließlich auf Gefahr. Dieser Tunnelblick, der ausschließlich auf die negativen Eigenschaften eines Menschen oder einer Situation ausgerichtet ist, kann Gefahren deutlich werden lassen, aber er übertreibt auch Ängste, Fehlschläge und Frustrationen und lässt den betroffenen Menschen aufgeregt und unglücklich zurück.

Roberta konnte nur noch die negativen Aspekte ihrer Ehe erkennen. Sie konnte sich selbst nicht vergeben, dass sie in einer solch schlimmen Situation war. Sie war wirklich nicht in der Lage, irgendetwas Positives darin zu erkennen, bis sie eine Übung machte, was schön in ihrer Familie und an ihrem Zuhause war, wenn sie sie wiedersah. Sie machte diese Übung eine Woche lang und trug die ganze Zeit einen Schreibblock mit sich herum. Zu ihrer großen Überraschung war ihre Liste der positiven Aspekte länger als die ihrer negativen, die sie während der Sitzung erstellt hatte. Die Lektion daraus ist: **Verstärken Sie die Konzentration auf das Positive.**

Versuchen Sie Folgendes: Wählen Sie einen Bereich Ihres Lebens aus, den Sie negativ sehen, und schreiben Sie die positiven Aspekte auf, die darin liegen. So sehr Sie können, versuchen Sie sich zu fragen: „Was ist daran positiv?" und „Was könnte ich davon haben?" Sehen Sie das Positive, selbst wenn Sie denken, Sie können nicht. Versuchen Sie auch, diese negativen Punkte in dem Menschen direkt zu vergeben, indem Sie sich daran erinnern, dass der Andere das Allerbeste gibt, was er oder sie zu schenken vermag.

B: Schwarz-Weiß-Denken

Bei dieser Art reaktivem Denken gibt es nur gut oder schlecht und nichts dazwischen und ohne Schattierungen von Grau. An einem Tag ist ein Mensch wundervoll, am nächsten ist er furchtbar. Für das Reptiliengehirn besteht der einfachste Weg, eine große Menge Information aus der Umgebung zu filtern, darin, sie mit Hilfe der Kriterien „Gefahr" oder „Sicher" zu sortieren. Diese Art zu denken beeinträchtigt Beziehungen auf sehr ungünstige Weise. Zum Beispiel ist Tochter 1 wunderbar, Tochter 2 schrecklich. Menschen sind jedoch nicht entweder oder, klug oder dumm, gut oder schlecht, schön oder hässlich, sondern sie sind alles in unterschiedlichem Ausmaß. (5)

Wir haben alle viel zu viele Facetten, als dass wir auf das Schwarz-Weiß-Urteil des Reptiliengehirns reduziert werden könnten. In diesem Denken liegt die größte Gefahr darin, wie man sich selbst beurteilt. Wenn Sie nicht perfekt sind, dann sind Sie ein Versager – es gibt keinen Raum für Fehler. Das ist ein großes Thema für Selbstvergebung.

Ich kannte eine besonders intelligente Frau, die in jungen Jahren in einer Sekte gefangen war. Obwohl sie kompetent war und ziemlich verantwortungsvolle Tätigkeiten ausgeübt hatte, nannte sie sich selbst immer wieder dumm, weil sie auf die Lügen des Sektenchefs hereingefallen war. Wegen dieses Fehlers bewarb sie sich immer nur auf untergeordnete Stellen. Ihre Selbstbotschaft war: „Ich war einmal klug, jetzt bin ich dumm." Auf dieselbe Weise ist es bei Frauen, die gewalttätige Beziehungen hinter sich haben, sehr verbreitet, nur Arbeitsstellen für sich in Erwägung zu ziehen, die unter ihrer eigentlichen Kompetenzebene liegen, auch wenn sie wissen, dass sie bessere Jobs vorher sehr gut ausgeführt haben.

Um das Schwarz-Weiß-Denken zu überwinden, haben McKay, Davis und Fanning, die Autoren von *Thoughts and Feelings* uns geraten, in Prozentzahlen zu denken. (6)

Hier sind Beispiele dafür: „25 Prozent ihrer Arbeit ist nicht zufriedenstellend, aber 75 Prozent sind ziemlich gut." Oder: „Etwa 60 Prozent der Zeit scheint er schrecklich mit sich selbst beschäftigt zu sein, aber es gibt 40 Prozent der Zeit, in der er ziemlich großzügig sein kann," oder „15 Prozent der Zeit bin ich ein Trottel, aber den Rest der Zeit bin ich ziemlich okay."

Wenn Sie sich selbst beim Entweder-oder-Denken ertappen und die Prozentübung gemacht haben, dann können Sie verzeihender mit sich selbst umgehen, weil Sie die Schublade verlassen, in die Sie sich oder andere gesteckt haben. Selbstvergebung ist hier von äußerster Wichtigkeit, wie auch das Vergeben von Unzulänglichkeiten anderer.

Bitte erinnern Sie sich: Wenn wir die Unzulänglichkeiten anderer vergeben, dann trainieren wir die Muskeln für unsere Selbstvergebung.

Versuchen Sie Folgendes: Machen Sie eine Liste all der Verhaltensweisen, für die Sie sich selbst verurteilen, und betrachten Sie sie dann realistisch, wobei Sie die Prozentübung einsetzen können. Und dann vergeben Sie sich jeden einzelnen Punkt.

C: Katastrophendenken

Diese Art zu denken sieht in jedem Negativen, was geschieht, gleich eine Katastrophe. Es ist dem ersten Punkt ähnlich, aber unterliegt weniger unserer Kontrolle. Beide sind weit verbreitet unter Menschen, die Tragödien oder Traumata erlitten haben. Es kann sich hierbei auch um eine gelernte Reaktion von den Eltern handeln. Eigentlich ist es aber eine Angst- und Hoffnungslosigkeitsreaktion aufgrund einer Situation, bei der jedes rationale Denken, jeder Glaube und jedes positive Denken vollständig verloren geht. Sie verlieren Ihren Job = Sie werden auch Ihr Haus verlieren = Ihre Frau und Ihre Kinder werden Sie verlassen. Alle diese Reaktionen geschehen in Sekundenschnelle. Dann passiert die emotionale Reaktion aus dem Reptiliengehirn heraus, das eine ganze Bandbreite von Reaktionen in seinem Repertoire hat: vom Verstecken und Erstarren bis zur äußersten Wut und zum Töten anderer.

Wenn diese Perspektive chronisch wird, dann gibt es kein Vertrauen mehr, dass das Leben je besser wird. Die Zukunft ist nur noch düster. Es gibt Wut, die schon bei kleineren Ereignissen ausgelöst wird, oder ständige Angst.

Jims Vater, der in Brooklyn in New York aufwuchs, konnte als Kind nicht auf der Straße spielen, weil seine Mutter Angst davor hatte, dass er „von einem Auto angefahren werden könnte". Das war zu einer Zeit, als es wirklich noch nicht viele Autos dort gab. Alle seine Freunde spielten draußen, aber er durfte nicht. Und dabei gehörten ihm auch noch der Ball und der Schläger, mit denen sie spielten! Kein Wunder, dass er mit 15 von zu Hause auszog.

Diese Art zu denken kann wirklich schlimme Situationen hervorrufen, nicht so sehr aufgrund des stressenden Ereignisses, sondern aufgrund der Reaktion darauf.

Dass ein Mann seinen Job verliert und dann seine Kollegen tötet, ist ein offensichtlicher Zusammenhang. Viel subtiler ist es, wenn wir glauben, dass ein Fehler bei der Arbeit bedeutet, dass sie mir kündigen werden und ich deswegen gleich aufhören kann, gut und konzentriert zu arbeiten, weil sie mir ja sowieso kündigen werden. Oder etwas, was sehr oft bei Menschen vorkommt, die versuchen, das Ende einer Beziehung zu vergeben: Ich werde nie einen anderen Menschen finden, der mich wieder liebt. Mit dieser Haltung werden sie das wahrscheinlich auch nicht, was ein Grund dafür ist, dass Vergeben sich lohnt. Mit Vergebung sind Sie von dem Schmerz und von der Haltung befreit, dass Sie ein Opfer sind.

Dieses Denken zeigt Ihren Mangel an Vertrauen in andere und in sich selbst und enthält keine Vergebung. Notwendig an dieser Stelle sind Geduld und etwas rationale Kontrolle, sodass der Mensch andere Optionen und Möglichkeiten als die ersten, die ihm das Reptiliengehirn anbietet, in Erwägung ziehen kann. Wenn sich ein gestresstes Gehirn einmal die Schuld an dem gegeben hat, was geschehen ist, dann lässt es das nicht mehr los. Es ist wie ein Kampfhund, der besonders gern das Blut seines Besitzers leckt.

Um aus einer unmittelbaren Katastrophenreaktion herauszukommen, müssen Sie als Erstes das gestresste System beruhigen. Gehen Sie spazieren, rufen Sie einen Freund an, machen Sie die Relaxation Response usw. Wenn Sie sich beruhigt haben und wieder klar denken können, machen Sie die unten beschriebene Übung.

Versuchen Sie Folgendes: Lesen Sie noch einmal den Abschnitt über die drei negativen Denkarten. Sie werden dabei merken, dass es ziemlich viele Ähnlichkeiten zwischen ihnen gibt. Bei allen müssen Sie versuchen, das, was da gerade geschieht, von einer objektiven Perspektive aus zu betrachten, einer, die von Ihren Reaktionen getrennt ist.

Wenn Sie zu einem Katastrophendenken neigen, dann machen Sie eine Liste von dem, was nach Ihrer Meinung geschehen wird, weil das passiert ist, was passiert ist.

1. Fragen Sie sich dann bei jedem Punkt: „Ist das wirklich wahr?" und dann: „Woher weiß ich, dass das geschehen wird?“
2. Halten Sie Ausschau nach positiven Möglichkeiten, die bei jedem Punkt auch geschehen könnten.
3. Schreiben Sie alle Verhaltensweisen oder Eigenschaften auf, für die Sie andere oder sich selbst verurteilen. Dann probieren Sie, sich selbst oder anderen jeden einzelnen Punkt zu vergeben. Heben Sie diese Liste auf, weil Sie sie bald noch einmal brauchen werden.

Wenn Sie das nicht unmittelbar jetzt tun können, lesen Sie weiter und machen Sie die nächsten Übungen.

Katastrophendenken erfordert mehr als Vergebung, damit sie sich auflösen kann. Obwohl Vergebung hilft, sind Vertrauen und Glauben an das Leben und an sich selbst dazu nötig, was über das Thema dieses Buches hinausreicht. Vertrauen und Glauben zu entwickeln bedeutet, sich mit dem wahrhaftigsten Teil in uns zu verbinden. Diese Reise ist für mich die wichtigste. Vergebung hilft, den Weg dahin freizumachen.

„Denn es gibt nichts Gutes oder Schlechtes,
das Denken jedoch macht es dazu."

SHAKESPEARE, HAMLET

Oder, die moderne Version:
„Was der eine für Abfall hält, ist für den anderen ein Schatz."

Kapitel 11
Selbstvergebung und Stärkung

„Unglücksfälle kann man aushalten –
sie kommen von außen; sie sind Zufälle.
Aber an den eigenen Fehlern leiden –
ah, darin liegt der stechende Schmerz des Lebens."

Oscar Wilde

Im vorigen Kapitel haben wir untersucht, wie man Vergebung dauerhaft werden lassen kann, indem wir Ihre Abwehrmechanismen angeschaut und Selbstvergebung geübt haben, um über sie hinauszugelangen. Das ist nicht einfach. Nun werden wir uns eingehend damit beschäftigen, wie man Vergebung für sich selbst erlangen kann.

Erinnern Sie sich an Kapitel 2, in dem Forscher feststellten, dass Selbstvergebung nicht nur umfasst, sich mit den eigenen Fehlern zu beschäftigen, sondern auch, negative Gedanken, Gefühle und Handlungen loszulassen, die gegen das Selbst gerichtet sind, und sie „durch Mitgefühl, Großmut und Liebe zu ersetzen." Sie werden also merken, dass Sie sich vergeben haben, wenn Sie sich selbst gegenüber positiv fühlen, handeln und denken.

Wenn Sie entdecken, dass Sie diese positive Haltung sich selbst gegenüber nicht einnehmen können, dann wird Ihnen dieses Kapitel dabei helfen.

Schuld, Schmerz und Bestrafung

Die Werte, Regeln und Moralvorstellungen von Menschen setzen den Maßstab, nach dem sie leben. Wenn Sie gegen Ihre eigenen Werte und Maßstäbe verstoßen, dann fühlen Sie sich schlecht, weil Sie wissen, dass es nicht richtig war, was Sie getan haben. In solchen Momenten werden Sie oft ein Gefühl von Schuld entwickeln.

Der Selbstwertmangel, den wir an uns wahrnehmen, hält unsere eigene innere Kraft auf Abstand. Das ist die Folge von Schuld, die eigentlich Ärger ist, der sich gegen uns selbst richtet. Wegen dieser Schuld haben wir das Gefühl, dass wir Strafe verdienen. Auf irgendeiner Ebene haben wir die Schlussfolgerung gezogen, dass wir schlechte Menschen sind, weil wir irgendetwas getan haben, für das wir uns schämen müssen. Wenn wir an diesen negativen Gefühlen festhalten und sie durch Verurteilungen und Selbstbeschuldigungen aufrechterhalten, dann setzen wir damit eine zerstörerische Schleife in Gang, die uns in einer Depression festhält und uns glauben lässt, dass die Welt etwas gegen uns hat.

Wenn Sie so viel Schuld wie möglich loslassen, dann stellen Sie die höchsten Eigenschaften in sich wieder her, genau wie Sie Ihre persönlichen Beziehungen wiederherstellen, indem Sie anderen vergeben. Dann können wir wieder spüren, dass auch wir grundlegend gut sind, wie die meisten Menschen auf der Welt.

In seinem Buch *Big Prisons, Big Dreams: Crime and the Failure of America's Penal System* hat Michael J. Lynch nachgewiesen, dass von den drei Methoden, Verhalten zu ändern, nämlich 1. positiver Verstärkung, 2. negativer Verstärkung und 3. Bestrafung, die **Bestrafung für Menschen am wenigsten tauglich ist.** Positive Verstärkung dagegen ist die erfolgreichste Methode. Bitte nehmen Sie sich das zu Herzen, wenn es um Sie selbst geht. (1)

Dennoch ist Bestrafung in Kulturen seit Urzeiten eingesetzt worden, um Verhalten zu ändern. Durch die Macht der Gewohnheit werden wir gewöhnlich das tun, was uns selbst zugefügt wurde. Nichtsdestotrotz müssen Sie lernen, dieser Versuchung zu widerstehen, weil Bestrafung lediglich Angst zur Folge hat, das Reptiliengehirn aktiviert und den Groll erhöht, den Sie eigentlich ja gerade loswerden wollten. Das bedeutet auch, dass all dies Ihrer Absicht zur Selbstvergebung zuwiderläuft.

Aber Schuld loszulassen ist keine leichte Aufgabe. Sie müssen vielleicht viele Vergebungsmethoden anwenden, um sich dabei zu unterstützen. Ich empfehle hier, mit jemand anderem zu arbeiten und es nicht allein zu versuchen, wenn Sie durch die Arbeit mit sich selbst keine große Veränderung in Ihrem Leben erfahren.

Carl fühlte sich sehr schlecht, weil sein Vater ganz plötzlich gestorben war und er nicht mehr mit ihm über eine große Verletzung gesprochen und die Situation nicht bereinigt hatte. Er setzte eine der ältesten Methoden ein, die uns als hilfreich bekannt sind: Er ging regelmäßig lange spazieren und betete auf seine ganz eigene Weise darum, von seiner Schuld befreit zu werden. Schließlich, bei einem dieser langen Gebetsgänge, spürte er plötzlich die Vergebung, um die er gebeten hatte.

Schuld sollte nur ein Aufruf zum Handeln sein. Wenn wir erkennen, dass wir „die Markierung verpasst haben" (was die eigentliche Bedeutung von „Sünde" im ursprünglichen griechischen Bibeltext ist), dann müssen wir eigentlich nur unseren Zielpunkt verändern und es erneut versuchen. Wiederholte Selbstbeschuldigungen verbessern unser Verhalten oder unsere Fähigkeiten nicht, während Übung und Vertrauen dies schon bewirken können.

Mit inneren Konlikten umgehen

Thomas Merton erklärt in „Keiner ist eine Insel" (2):
„Alle Menschen suchen zuallererst Frieden mit sich selbst zu schließen. Das ist auch notwendig, weil wir nicht auf natürliche Weise in unserem eigenen Sein Ruhe finden. Wir müssen lernen, mit uns selbst Zwiesprache zu halten, bevor wir mit anderen Menschen und mit Gott kommunizieren können. Ein Mensch, der mit sich selbst nicht im Frieden ist, projiziert notgedrungen seinen inneren Kampf auf die Gesellschaft derjenigen, mit denen er zusammenlebt, und verbreitet so einen ansteckenden Konlikt um sich herum. Selbst wenn er versucht, anderen Gutes zu tun, sind seine Bemühungen erfolglos, weil er nicht weiß, wie er sich selbst Gutes tun kann."

Matthew war als strenggläubiger Christ erzogen worden und vehement gegen die riesigen Profite eingestellt, die in kapitalistischen Unternehmen erzielt wurden. Ein Lieblingslehrspruch von ihm war: „Es ist leichter für ein Kamel, durch ein Nadelöhr zu kommen, als für einen Reichen, das Königreich Gottes zu betreten." – *Matthäus 19:24.* Dennoch verdiente er als Erwachsener sehr viel Geld in seinem Unternehmen und führte einen ziemlich komfortablen Lebensstil. Aber aufgrund seines inneren Konfliktes folterten ihn Schuldgefühle und Depressionen. Inspiriert durch seine Schwester probierte er irgendwann eine Vergebungsmethode aus: Er listete all die positiven Dinge in seinem Leben und in der Kultur auf, in der er lebte. Dies führte ihn zu einer tieferen Wertschätzung der Tatsache, dass er seine Familie auf diese Weise ernährte und seinen Kindern wichtige Prinzipien in einem System beibrachte, das von Überfluss gekennzeichnet war. Mit dieser neuen Perspektive konnte er erkennen, dass er sein Geld auch verwenden konnte, um anderen zu helfen, die nicht so viel Glück gehabt hatten wie er selbst. Als er begann, anderen zu helfen, löste sich sein Schuldgefühl auf. Ein weiteres positives Ergebnis bestand darin, dass er andere weniger in Schubladen steckte. Für viele mag diese Lösung auf der Hand liegen, aber weil er so in seiner Selbstkritik gefangen war, hatte er selbst nicht darauf kommen können.

Juliette hasste ihren Vater wegen seiner Gewalttätigkeit und hatte gleichzeitig schreckliche Schuldgefühle, weil sie ihre Schwestern und ihre Mutter nicht vor ihm beschützen konnte, als sie ein Kind war. Die Erwachsenen um sie herum sagten ihr immer wieder: „Du brauchst dich nicht so zu fühlen", und: „Du konntest doch gar nichts machen, du warst doch so klein." Aber das veränderte ihre Schuldgefühle nicht, weil sie diese Erkenntnis selbst für sich entdecken musste.

Der Vergebungsprozess half ihr, den irrationalen Aspekt in ihren Schuldgefühlen zu erkennen und ihre Selbstbeschuldigungen loszulassen.

Agnes war bei einer Verabredung mit einem jungen Mann vergewaltigt worden. Sie hatte dazu viele Gefühle, darunter auch Scham. In der Therapie war sie in der Lage, all diese Gefühle auseinanderzudividieren und zu untersuchen, was eigentlich dahintersteckte. Sie erkannte, dass sie sich schämte und schuldig fühlte, weil sie zugelassen hatte, dass ihr dies geschah. Obwohl diese Reaktion keineswegs rational war, weil sie vollkommen unschuldig an dem Übergriff war, fühlte sie sich dennoch schuldig. Als Agnes sich selbst vergab, dass sie sich überhaupt auf diese Verabredung eingelassen hatte, obwohl sie ja nicht voraussehen konnte, was geschehen würde, fühlte sie nicht nur, wie eine große Last von ihrem Herzen fiel, sondern erkannte auch, dass der Vergewaltiger derjenige war, der die volle Verantwortung für die Vergewaltigung zu tragen hatte.

Unterschiedliche Werte

Wir können beobachten, dass die meisten Menschen Werte und ein Gefühl für Moral besitzen. Obwohl wir vielleicht nicht mit den Moralvorstellungen anderer übereinstimmen, können wir dennoch anerkennen, dass sie ebenfalls über Werte und innere Maßstäbe verfügen. Indem wir verstehen, dass das Leben des Menschen, dem wir noch nicht verziehen haben, in vielerlei Hinsicht ganz anders war und auch von anderen Werten bestimmt wurde als das unsere, können wir eine gewisse Demut erlangen, die sagt: „Ich weiß nicht alles." Vergebung könnte dann ein Herzensgeschenk sein, das eine neue und erfrischende Dynamik zwischen Ihnen und dem Anderen in Gang setzt.

An einem heißen Sommernachmittag wurde Lucys Leben vollkommen auf den Kopf gestellt, als sie plötzlich merkte, dass ihr Vater eigentlich ein ganz guter Vater im Vergleich zu seinem eigenen gewesen war. Sie war immer böse darüber gewesen, wie streng und gefühllos er war und wie distanziert er sich verhielt. Aber sie berichtete: „Als ich mit meiner Tante, seiner Schwester, sprach, konnte ich erkennen, welche Entwicklungsschritte er seit seinen Kindertagen gemacht hatte, als er von seinem Vater oft und gnadenlos verprügelt worden war. Er war im Vergleich zu seinem eigenen Vater wirklich ein guter Vater." Das ließ sie eine neue Wertschätzung für ihren Vater entdecken, und sie konnte viel von ihrem Groll über sein scheinbar liebloses Vatersein loslassen. Und sie konnte erkennen, dass es nicht ihr Fehler gewesen war, aufgrund dessen er sich so verhielt.

Wie Menschen mit ihren frühkindlichen Erfahrungen umgehen, kann schon bei unterschiedlichen Familienmitgliedern ganz anders sein. In einem Interview mit zwei

Brüdern sagte der eine: „Meine Eltern waren Alkoholiker, sie betranken sich täglich. Deshalb ist es kein Wunder, dass ich auch zum Alkoholiker wurde." Der andere Bruder sagte: „Ich habe beobachtet, was der Alkoholismus mit meinen Eltern gemacht hat und wie er ihr Leben zerstörte. Deshalb habe ich natürlich nie getrunken."

Geben und empfangen

Wir würden gern alle glücklich sein. Dennoch können wir nur in dem Maße glücklich sein, wie wir Glück überhaupt wahrnehmen können. Ein Mensch, der andere glücklich machen kann, hat eine Fähigkeit erworben, die sich oft in sein oder ihr eigenes Leben überträgt. Denn um Liebe zu empfangen, verschenkt man sie. Können Sie vielleicht Menschen dazu bringen, Sie zu lieben, wenn Sie diese Liebe dann nicht in Ihr Leben hineinlassen können? Es scheint, dass Sie mehr Liebe bekommen könnten, wenn Sie herausfinden würden, was Sie davon abhält, sie zu empfangen. Dasselbe gilt für Freude, Frieden und andere positive Gefühle.

Stellen Sie keine Fragen wie „Warum kann ich keinen Liebespartner oder jemanden finden, der mich wirklich liebt?" oder: „Wohin ist unsere Liebe bloß verschwunden?", wenn Sie sich selbst oder anderen nur schwer oder gar nicht vergeben können. Denn Liebe verschwindet, wenn man sich dafür entscheidet, zu grollen, wütend zu sein oder zu hassen. In gewisser Weise bekommen sie zurück, was sie aussenden. Wenn Sie wütend sind, dann ist es das, was Sie aussenden, und Sie bekommen die Folgen zu spüren.

Wut hat Folgen, aber sind sie den Preis wert? Einer meiner ersten Studenten, Glen, war Bauunternehmer. Die Menschen sprangen, wenn er seine Wut zeigte, und vermittelten ihm so ein Machtgefühl, das ihm gefiel. Dennoch, nach einigen Jahren, fiel ihm auch die andere Seite der Medaille auf: Er hatte einen zu hohen Blutdruck, seine Ehe war gescheitert, er war nicht glücklich, hatte Wutanfälle, die ihn leicht explodieren ließen, er schlief schlecht und war deprimiert. Als er nach einem anderen Weg suchte, sein Leben zu leben, begann er endlich zu vergeben und fing an, sein Leben zu genießen.

Die Beatles haben das sehr schön in ihrem Song *The End* gesagt: „Die Liebe, die du annimmst, ist gleich der Liebe, die du gibst." Vergebung, Liebe und Frieden sind Wahlmöglichkeiten. Sie können nicht erzwungen oder gefordert werden. Wir haben das in den letzten 2 000 Jahren gesehen. Priester und Geistliche haben Vergebung gepredigt, ohne wirksame Methoden zu vermitteln, wie man sie erreichen soll, und oft auch ohne selbst dafür Modell zu stehen. Oder sie haben Menschen gesagt, dass ihnen vergeben worden ist, ohne dass die Menschen dies wirklich glauben oder fühlen konnten. Vergebung kann aber nur dann geschehen, wenn das Verlangen nach Liebe, geistlichem Frieden und Freude wichtiger geworden ist als das Verlangen nach Beschuldigung, Wut und es jemandem heimzuzahlen. Was Sie empfangen, ist das Resultat dessen, was Sie geben.

Probieren Sie einmal aus: Wenn Sie das Gefühl haben, dass Sie nicht so viel Positives vom Leben bekommen, wie Sie es eigentlich verdienen, prüfen Sie noch einmal intensiver Ihr Selbstwertgefühl, das nur Sie selbst fühlen können. Selbstvergebung ist der Schlüssel zu Ihren inneren Reichtümern und Ihrem Selbstwert.

Sortieren Sie Ihre Gefühle von Wertlosigkeit aus. Finden Sie heraus, welche Schuld mit dem Gefühl der Wertlosigkeit verbunden ist. Sie ist da. Kümmern Sie sich um sie, indem Sie vergeben.

Der Teufelskreis von Opfersein und Schuld

Viele Menschen wissen nicht, dass sie in einem Teufelskreis gefangen sind: Sie sehen sich als Opfer, was sie davor bewahrt, sich schuldiger zu fühlen, was aber Wirkungen auf andere ausübt. So läuft dieser Teufelskreis ab:

1. Wir verstoßen gegen unsere moralischen Grundsätze, Regeln, Werte usw.
2. Das führt zu Schuld, Scham und Bedauern.
3. Wir verurteilen uns und nehmen deshalb eine Strafe von unserem Selbst oder von anderen an, weil wir glauben, dass wir sie verdienen. Außerdem gibt es oft Angst davor, dass auch ein höheres Wesen uns strafen könnte.
4. Unsere selbstschützende Abwehr tritt auf den Plan und wir beginnen, andere für das beschuldigen, was geschehen ist und werden
5. sie deshalb angreifen, ob subtil oder ganz direkt. Auf diese Weise entsteht noch mehr Schuld. Wir haben natürlich auch Angst davor, dass sie zurückschlagen könnten, was uns dann scheinbar das Recht gibt, sie noch mehr zu beschuldigen, was den ganzen Teufelskreis weiter in Gang hält.

Dieser Teufelskreis wird schlimmer und schlimmer, je mehr wir andere oder uns selbst beschuldigen, und wir werden immer deprimierter und unglücklicher. Diese Beschuldigung, ob nun external oder internal, muss nicht einmal schrecklich sein, auch wenn sie es manchmal ist. Sie kann so schlichte Formen annehmen wie das Tratschen hinter dem Rücken eines Menschen, in dem Versuch, sein Ansehen bei anderen zu mindern. *Vergebung kann diesen Teufelskreis jederzeit unterbrechen und ihn verändern!*

Wenn Sie das Gefühl haben, dass Sie Liebe schenken und Wut zurückbekommen, müssen Sie sich um die tieferen Themen kümmern. Margret war ein liebevoller, religiöser Mensch, die regelmäßig von ihrem Ehemann geschlagen wurde. Sie vergab ihm immer wieder und kehrte zu ihm zurück, wenn sie ihn mal wieder verlassen hatte. Sie glaubte, dass ihr Vergeben der Grund dafür war, dass sie wieder verletzt wurde. Das ist ähnlich, wie zu sagen, dass Menschen, die mehr als drei Verkehrsunfälle hatten, besser nicht mehr Auto fahren sollten. In Wirklichkeit aber geht es darum, herauszufinden, was sie falsch machen, und das zu korrigieren. Wenn jemand liebt und als Reaktion darauf Wut empfängt, dann könnte das tiefere Thema die Unfähigkeit sein, Grenzen zu setzen. Das Daueropfer hat gewöhnlich diese Fähigkeit nicht. Wir können dies oft bei häuslicher Gewalt beobachten.

Gesunde Menschen im Außen fragen dann das Opfer: „Warum bleibst du bloß in der Beziehung?“ Das ist eine legitime Frage.

Der Opfereffekt ist jedoch ein Ergebnis einer emotionalen Programmierung von „weniger als“, „nicht gut genug“ und „mir fehlt etwas“. Dieses Programm ist gewöhnlich in der Kindheit entstanden. Wenn man ein Opfer ist, dann gibt es gewöhnlich eine Menge Beklagen und Jammern; der Mensch sieht oft nur das Negative und fühlt vor allem Bedauern, Schuld und Groll. Opfer beschuldigen sich gewöhnlich selbst oder werden von außen beschuldigt, weil sie auf irgendeine Weise glauben, dies zu verdienen. Das ist das, was geändert werden muss. Frauen fallen leichter in diese Rolle hinein als Männer, weil sie eine lange Geschichte mit Gewalt, Missbruch und Herabsetzung haben.

Auf der anderen Seite dieser Medaille gibt es den Angreifer. Der Täter erlebt sich auch als Opfer, aber er reagiert anders. In unserer Gruppe zur häuslichen Gewalt war es üblich, den wütenden Mann zu fragen, was er fürchtete. Wenn er darauf ehrlich antworten konnte, dann veränderte sich unmittelbar darauf seine Wut.

Als Chuck, ein drahtiger, harter Typ, absichtlich auf der Autobahn geschnitten wurde, beschädigte er wiederum willentlich das Fahrzeug, das ihn geschnitten hatte, und fuhr weiter. Als er erkannte, wie verrückt er sich gerade verhielt, kam er zur Besinnung, fuhr wieder zurück auf seine Spur und verließ die Autobahn bei der nächsten Ausfahrt. Als ich ihn fragte, was da passiert war, sagte er, niemand würde ihn jemals wieder ausnutzen. Als ich ihn weiter befragte, sprach er darüber, wie sein Vater ihn geschlagen hatte, wenn dieser betrunken und wütend war. Er war damals fünf Jahre alt, und es ging weiter, bis er zwölf war. Als er zwölf war, schlug er zurück, und seitdem prügelten Vater und Sohn immer wieder mal aufeinander ein.

Immer wieder auf diese Opfergeschichten und –gedanken zu hören ist, als ob man einem Kind erlauben würde, über das eigene Leben zu bestimmen. Es ist, als ob man einem egozentrischen, schwachen Teil von sich erlauben würde, den ganzen Laden zu schmeißen. Wenn dies geschieht, werden Sie selbst zu Ihrem schlimmsten Feind. Alle Gewalttaten zu vergeben und sich selbst zu vergeben ist hier von ausschlaggebender Bedeutung. Die Entscheidung heißt hier Vergebung, denn nur so kann man wieder geistigen Frieden und Liebe zurückgewinnen. Sie bringt die Freude zurück. Manche Therapeuten werden hier mit mir nicht einer Meinung sein und sagen, dass Wut in bestimmten Situationen nur gut ist, aber das ist nie meine Erfahrung bei andauernder Wut gewesen.

„Es gibt keine spirituelle Macht, die größer wäre als die, die aus der Vergebung kommt und aus einem Gebet für den Feind. Deinen Feinden zu vergeben und für sie zu beten erzeugt eine große spirituelle Kraft, weil sie Liebe ist."

JOEL GOLDSMITH, SPIRITUELLER LEHRER (1892 – 1964) (3)

Meredith, eine Frau, die von ihrem Mann geschlagen wurde, begann wöchentlich zu Treffen der Anonymen Co-Abhängigen zu gehen, und ging manchmal sogar dreimal wöchentlich hin, bis sie anfing, sich besser zu fühlen. Die Anonymen Co-Abhängigen bieten ein Zwölf-Schritte-Programm für Menschen, die ein gemeinsames Verlangen teilen, funktionsfähige und gesunde Beziehungen zu führen. Sie sind aus den Anonymen Alkoholikern entstanden, sind aber nicht auf Alkoholthemen beschränkt (vgl. Anhang A: „Die zwölf Schritte für Co-Abhängige"). In diesem Programm lernte sie, warum sie immer wieder zu einem gewalttätigen Mann zurückkehrte, und auch, warum diese Gewalt immer wieder passieren musste.

Sie begann, sich mit den zwölf Schritten zu heilen, die eine starke spirituelle Komponente und auch Vergebungselemente beinhalten. Meredith erkannte, wie das Muster, zu dem Gewalttäter zurückzukehren, ein altes Muster ihrer Mutter war und den Selbstwertmangel ihrer Mutter widerspiegelte.

Da Merediths Mann nicht mit dem Trinken aufhören wollte und immer gewalttätiger wurde, flüchtete Meredith schließlich und kehrte nie mehr zu ihm zurück. (Da ihr Ehemann Alkoholiker war, hätte sie auch zu Al-Anon gehen können, aber sie entschied sich für die Anonymen Co-Abhängigen (4), weil sie dort eine Freundin hatte. Al-Anon und auch Al-a-Teen für jüngere Mitglieder haben Familien und Freunden von Alkoholikern immer wieder Hoffnung, Verständnis und Unterstützung gegeben. Auch sie sind aus den Anonymen Alkoholikern hervorgegangen.)

Als ich mit ihr im Seminar sprach, liebte sie ihn immer noch, aber sie wusste, dass sie mehr verdient hatte. Nun war sie in einer Beziehung mit einem Mann, der sie liebte und sie gut behandelte. Sie war ins Seminar gekommen, um an der Vergebung in ihrer Ursprungsfamilie zu arbeiten.

Sich von einem Peiniger verfolgt zu fühlen kann die Folge einer gewohnheitsmäßigen Wirklichkeitswahrnehmung sein, nach der man von außen kontrolliert wird und dem hilflos ausgeliefert ist – ein Opfer des Schicksals. Diese Gedanken können dazu führen, dass Menschen feststecken, weil sie nicht glauben können, dass sie wirklich positive Ergebnisse in ihrem Leben erschaffen können, ganz zu schweigen davon, dass es irgendeinen Unterschied machen würde, ob es sie gibt oder nicht. Jemand oder etwas ist verantwortlich für ihren Schmerz, ihren Verlust, ihr Versagen: „Sie haben es mir angetan!“ ist ihr konstanter Schrei. Es ist schwer, mit dieser Haltung Lösungen zu finden, weil die „wahrscheinlich sowieso nicht funktionieren werden.“ (5)

Die Wahrheit über unseren augenscheinlichen Mangel an Kontrolle ist:

1. Wir treffen andauernd Entscheidungen.
2. Jede Entscheidung beeinflusst unser Leben.
3. Im Allgemeinen haben wir eine Verantwortung dafür, was mit uns geschieht. (6)

Sie machen die Lüge der Hilflosigkeit wieder rückgängig, wenn Sie mehr Kontrolle in Ihrem Leben übernehmen. Sie sind verantwortlich für das, was in Ihrer inneren Welt geschieht, weil Sie durch Ihre Wahl entscheiden, dass Ihr Leben überhaupt geschieht. Sicher geschehen auch Ereignisse in der Außenwelt, über die Sie keine Kontrolle haben, aber im Allgemeinen haben Ihre Entscheidungen auch Auswirkungen auf die Außenwelt. Zufriedenheit und Freude entstehen durch besondere Entscheidungen, die Sie getroffen haben und die Sie weiterhin treffen können. Diese Fakten versteht ein Opfer nicht und leidet daran. (7)

Mitgefühl hilft, wenn man wie ein guter Elternteil jemandem vergeben will, der sich regelmäßig dafür entschieden hat, die Rolle des Opfers in seinem Leben zu spielen. Wenn man anderen vergibt, dann erinnern Sie sich daran, dass Menschen ihre Entscheidungen danach treffen, was ihrer Ansicht nach am wertvollsten für sie ist. Sie glauben, dass dies ihnen Glück bringen wird, nur dass es dann nicht immer so eintrifft.

Gabrielle dachte, dass es wichtiger als alles andere war, sicher zu sein. Auf diese Weise blieb sie 30 Jahre mit einem Mann verheiratet, der ihr zwar Geld nach Hause brachte, aber sonst nichts. Sie bezahlte einen hohen Preis für ihre Sicherheit: Sie kostete sie die Leidenschaft und die Lebensfreude. In ihrem Vergebungsprozess erkannte sie, dass ihr Ehemann sie mit dem beschenkt hatte, was ausschlaggebend für sie war, nämlich Sicherheit. Das veränderte ihre gesamte Einstellung zu ihm und zu sich selbst.

Tiefer schauen

Um eine lang anhaltende Gewalt in Ihrem Leben oder dem eines anderen zu vergeben, versuchen Sie Ihre wichtigsten Sehnsüchte herauszufinden – Was war für Sie am wichtigsten? Da gibt es gewöhnlich einen Konflikt. Das Opfer profitiert irgendwie von der Situation, was sie oder ihn darin festhält, fühlt aber gleichzeitig einen Mangel an Kontrolle oder Hoffnungslosigkeit, weil etwas ebenso Wichtiges dabei nicht herauskommt.

Wir alle haben einen freien Willen und können Entscheidungen treffen. Wenn Ihnen die Entscheidungen, die Sie getroffen haben, nicht gefallen, dann versuchen Sie eine mitfühlende Perspektive zu entwickeln und finden Sie heraus, was hinter Ihrer Entscheidung stand. Was war das Wichtigste dabei? In unverziehenen Situationen ist es bei vielen oft das Rechtbehalten-Wollen, das wichtiger ist als das Glücklichsein.

„Wir können nicht lieben, ehe wir nicht die Vergebung akzeptiert haben,
und je tiefer unsere Erfahrung der Vergebung ist,
desto größer ist auch unsere Liebe."

Paul Tillich

Ich habe mehrere Sektenmitglieder beraten. Alle geben zu, dass ihr Verbleib in der Sekte – auch wenn es dort fürchterlich war – ihnen doch zu der Zeit etwas gab, was ihrem Leben Bedeutung verlieh – genug jedenfalls, um die Gewalt dort auszuhalten. Oft ist es für Menschen, die versuchen, unterdrückende Situationen zu vergeben, die sie nicht verlassen haben, wichtig zu erkennen, dass sie selbst entschieden haben, dort zu sein. Dann wird es zu einer Frage der Selbstvergebung.

„Was ist, wenn man dich belogen hat?", fragte Lorraine, eine meiner Schülerinnen. „Wir sind alle darüber belogen worden, was die Kirche getan hat. Man kann das doch nicht rechtfertigen. Ich wäre niemals in der Kirche geblieben, wenn ich gewusst hätte, dass das alles Lügen waren." Ich stimmte ihr zu und fragte: „Wie kannst du die Lügen der Kirche vergeben, sodass du mit deinem Leben weitermachen kannst?" Jeder würde nun auf unterschiedliche Weise an dieser Frage arbeiten. Deshalb habe ich dieses Buch vorgelegt.

In ihrem Schlussvortrag im Vergebungstherapie-Seminar beschäftigte sich Lorraine damit, indem sie darüber sprach, dass wir alle immer belogen werden – von den Eltern, Medien, Politikern, der Werbung usw. „Es scheint normal für Menschen in Organisationen zu sein, das zu tun. Ja, und ich habe meine Familie und Freunde auch belogen und ihnen erzählt, wie gut es mir ging und wie wunderbar die Kirche war, obwohl ich genau wusste, dass das alles nicht wahr war."

Fragen: Hier sind einige Einsicht provozierende Fragen, wenn es bei der Situation um einen erkennbaren Mangel an Kontrolle geht:

1. Welche Entscheidungen habe ich getroffen, die zu dieser Situation geführt haben?
2. Welche Entscheidungen habe ich überhaupt getroffen?
3. Welche Entscheidungen kann ich jetzt treffen, um die Situation zu verändern?

Hilfen bei der Selbstvergebung

Forscher haben gezeigt, dass unsere Überlebensmechanismen direkt nach der Geburt schon voll in Gang sind. (8) Und während wir älter werden, nutzen wir sie weiterhin und immer mehr, damit wir geschützt sind und uns wohlfühlen.

Dennoch, eigentlich steht uns auch etwas anderes zur Verfügung – eine Erfahrung, die uns über die täglichen Gewohnheiten hinausträgt. Sie inspiriert uns zum Besten in uns, im Gegensatz zu dem, was das reine Überleben sichert. Sie ist die Quelle unserer Inspiration und Liebe. Diese Erfahrung ist im Allgemeinen die Domäne der Religion. Dort wird man Methoden finden, die einem helfen können, sich mit dieser religiösen Erfahrung und einem solchen Denken in Verbindung zu setzen.

Als die Psychologie sich im späten 19. Jahrhundert entwickelte, bezeichnete sie diese spirituelle Erfahrung als anormal. Zu der Zeit fand ein Kampf zwischen Kirche und Staat und zwischen der zunehmenden Popularität von Freud und seiner Abneigung gegen die Religion statt. Diese unglückselige Spaltung zeigt sich noch heute in der Trennung zwischen unserer spirituellen Erfahrung und unserem alltäglichen Überlebensmodus. Die Transpersonale Psychologie hilft Menschen dabei, diese scheinbar unvereinbaren Erfahrungen zu verbinden. Im Allgemeinen jedoch bleibt das Schisma zwischen Religion und Psychologie bestehen. Das ist besonders schade für den Bereich der Vergebung. Dennoch ist es kein Zufall, dass die Religionen die Kraft der Vergebung seit Jahrtausenden genutzt haben – sie transformiert. Wenn Sie nicht in der Lage sind, Vergebung für sich zu erlangen, dann können Ihnen viele Menschen helfen, darunter auch ein Priester oder ein anderer Geistlicher. Ich habe sicherlich sehr von Kirchenritualen profitiert, die mir geholfen haben, Vergebung zu finden, wenn ich in Schwierigkeiten steckte.

Unverziehene Situationen kosten unglaublich viel Energie. Sie selbst können sich stärken, wenn Sie es schaffen, Mitgefühl für die Situation eines Anderen aufzubringen, ebenso, wenn Ihnen das bei sich selbst gelingt und wenn Sie dann diesem Anderen und sich selbst vergeben.

Und darin liegt eine gewisse Ironie: Diese Arbeit ist sicherlich sehr intensiv und erfordert persönlichen Einsatz. Aber diese Kraft, dieser Einsatz, ist in der unverziehenen Situation gebunden. Das bedeutet, anfangs steht einem nur eine begrenzte Energie für die Arbeit an der Vergebung zur Verfügung. Daher kommt es wohl, dass Vergeben anfangs als ein so harter Job wahrgenommen wird. Aber, wie gesagt, nur anfangs.

„Weh euch, Schriftgelehrte und Pharisäer, ihr Heuchler, die ihr die Becher und Schüsseln außen reinigt, innen aber sind sie voller Raub und Gier! Du blinder Pharisäer, reinige zuerst das Innere des Bechers, damit auch das Äußere rein wird!"
JESUS, MATTHÄUS 23:25-26

Kapitel 12

Der Umgang mit Stress und Trauma

Da unverziehene Situationen Stress in uns erzeugen, müssen wir noch tiefer gehen, um zu erkennen, wie wir unsere Stressreaktionen mildern können, um leichter vergeben zu können. Dieses Kapitel handelt von den inneren Spannungen, die eine Folge unserer Familiensituation oder eines Burnout in der Arbeit sein können oder ein Ergebnis von Mitgefühlsfatigue oder eines Traumas und seiner Folgen.

In den vergangenen Kapiteln haben wir uns damit beschäftigt, warum wir so reagieren, wie wir es tun. In diesem Kapitel werden wir uns einigen der ernsthaften Probleme zuwenden, die aus diesen Reaktionen heraus entstehen, und damit, wie wir auf wirkungsvolle Weise damit umgehen können, damit wir nicht von ihnen überwältigt werden. Unser Endziel ist natürlich Vergebung, aber um dorthin zu gelangen, müssen wir uns oft zunächst einmal beruhigen.

Stress kann sehr nützlich sein. Unter Stress können wir neue Möglichkeiten entwickeln, wie wir reagieren können, wenn die alten nicht länger funktionieren. Dennoch überlastet zu viel Stress das System und führt zu einem Kurzschluss – und dann wird unser Verhalten deutlich weniger rational. Die Lebensbelastungen provozieren oft eine gewohnheitsmäßige Angst- oder Wutreaktion, weil die Kampf- oder Fluchtreflexe ziemlich leicht aktiviert werden. Flucht ist das Ergebnis von Angst, wodurch Panik und Panikattacken entstehen können. Als emotionale Extremreaktion folgen daraus Hoffnungslosigkeit, Apathie und sogar Selbstmord. Kampf in seiner Extremform kann zu mörderischen Reaktionen führen. In Schulen und am Arbeitsplatz kommt es immer häufiger zu solchen Extremreaktionen.

Es ist von existenzieller Bedeutung, dass Sie die ersten Anzeichen von Stress in sich erkennen können und auch wissen, wie diese Symptome in den Menschen erkennbar sind, denen Sie zu vergeben versuchen. Die Zeitschrift „Psychologie Heute“ berichtet, dass vergangene Stresserfahrungen die heutige Stressreaktion vergrößern. (1)

Wir wissen heute, dass traumatische Ereignisse verheerende Auswirkungen haben können, aber die meisten Menschen kommen im Laufe der Zeit darüber hinweg. Dennoch können diese schmerzlichen Ereignisse schädliche Spätfolgen haben, wenn sie nicht auf geeignete Weise behandelt werden. Da ein Trauma die Stressreaktionen des Körpers auf besonders intensive Weise aktiviert, ist Vergebung bei den Menschen besonders von Nutzen, die an den Langzeitfolgen von traumatischen Ereignissen leiden. Oft resultiert die Unfähigkeit eines Menschen, mit chronischem Stress umzugehen, aus einem Trauma, das er oder sie früher einmal erlitten hat.

Traumatische Ereignisse oder Katastrophen geschehen meist plötzlich, sie sind überwältigend und oft lebensgefährlich, wie beispielsweise ein Verkehrsunfall, ein Kampfeinsatz, eine Vergewaltigung, eine Naturkatastrophe, ein Raubüberfall, bei dem auch Waffen eingesetzt werden, das Leben in einem Kriegsgebiet oder ein Fast-Ertrinken, um nur einige zu nennen. Die Opfer solcher Ereignisse spüren meist intensive Angst, Hilflosigkeit oder Schrecken – Gefühle, die sich zu der Zeit des Ereignisses oder auch viel später bemerkbar machen können. Während die meisten Überlebenden in der Lage sind, mit den Erinnerungen an das Trauma umzugehen und es gut zu verarbeiten, entwickelt ein kleiner Prozentsatz von ihnen später starke Angstreaktionen. Wenn dies geschieht, nennt man das eine Posttraumatische Belastungs-Störung oder PTBS. (2)

Anmerkung: Die Familie, nahe Freunde und Fachleute, die Überlebenden dieser intensiven Erlebnisse zur Seite stehen, können durch ihr Mitgefühl mit dem Menschen oder den Menschen, die es betroffen hat, selbst auch von dem Ereignis berührt sein. (3) Wir werden darauf später in diesem Kapitel noch zurückkommen. Man nennt das eine Mitgefühlsfatigue oder Sekundärtraumatisierung.

Ich beschäftige mich im zweiten Teil dieses Kapitels aus zwei Gründen besonders mit einem Trauma und seinen Folgen:

1. Ein Trauma verursacht oft scheinbar unverzeihliche Situationen, besonders, wenn es im Zusammenhang damit zu größeren Verlusten, Todesfällen oder ernsthaften Verletzungen gekommen ist.
2. In Zeiten wie diesen, in der es beispielsweise Terrorismus gibt, könnte es sein, dass es in unserer unmittelbaren Umgebung zu traumatischen Ereignissen kommt. Deshalb sollten wir uns ihrer Folgen bewusst sein, besonders, wenn diese Folgen in uns selbst, bei jemandem in unserer unmittelbaren Umgebung oder bei jemandem spürbar werden, dem wir vergeben wollen.

Sie können etwas gegen Stress tun, wenn Sie Ihre gewohnheitsmäßigen Denk- und Verhaltensmuster verändern, mit denen Sie normalerweise Stress begegnen. Kognitive Verhaltenstherapie kann hier helfen, aber auch Meditation und Gebet. Ebenso sind die Traumatische Ereignis-Reduktion (TIR) und die Visuell-kinästhetische Dissoziation (VKD) sehr wirkungsvoll gewesen, um die Trauma-Erfahrungen von Menschen zu heilen. TIR arbeitet damit, die emotionale Ladung bei spezifischen traumatischen Ereignissen zu senken, VKD ist eine Hypnosemethode, die dasselbe bewirkt. (4) Bei meinem eigenen Trauma und der darauf folgenden PTBS funktionierte Vergebung am besten.

In stressreichen Situationen kann eine ganze Bandbreite von Methoden von Nutzen sein. Eine Ehefrau, die erwartet, geschlagen zu werden, könnte sich vielleicht endlich entscheiden, sich zu schützen und zu gehen, statt weiter in Angst und Schrecken zu leben. Mut löst hier das neue Verhalten aus. Auf andere Weise auf Stress zu reagieren, kann helfen, die gewohnheitsmäßigen Emotionen, die an die Situation gebunden sind, zu überwinden. Alles, was man tut, um irgendeinen Teil der Reaktion zu verändern, wird die gesamte Situation verändern.

Wir wissen aus der Psychologie und aus der Gehirnforschung, dass es hilft, das Licht der Logik auf emotionalen Stress scheinen zu lassen. Dieser wird dann als weniger bedrohlich wahrgenommen. Warum ist das so? Weil das lineare Denken, der analytische Teil des Gehirns, dafür ausgelegt ist, mit unserem emotionalen System zusammenzuarbeiten, um es zu beruhigen.

Der Mensch, der noch nicht verziehen hat, hält sich selbst in einem kontinuierlichen Stadium der Spannung fest, indem er oft über die Situation und die in sie verwickelten Menschen nachdenkt oder indem er versucht, genau dies zu unterdrücken, sodass die Situation zwar immer noch da ist, aber nur noch unterbewusst.

Wenn Sie die alten Stressreaktionen zu dem normalen Stress hinzufügen, der sich stets in unserer Umgebung abspielt, wie beispielsweise beim Autofahren, bei bestimmten Zeitplänen, oder wenn Sie Kinder erziehen müssen, dann kann es sein, dass Ihr System überlastet wird. Hier kann Therapie helfen.

Die Stressforschung hat gezeigt, dass wir mit Körperreaktionen reagieren, wenn wir es nicht schaffen, uns dem anzupassen, was der Stress in uns hervorruft. Diese Körperreaktionen können vielerlei Symptome haben, wie Müdigkeit, eine Erkältung oder Grippe oder sogar eine ernsthafte Erkrankung. In früheren Zeiten konnte der Körper sich nach einem stressreichen Ereignis, wie beispielsweise einem Zusammenstoß mit einem wilden Tier, entspannen und erholen. Heute jedoch gibt es diese Erholungszeit nicht.

In der Stressreaktion kommt es zu einer Ausschüttung von Hormonen und Chemikalien im Köper, die Veränderungen hervorrufen. Wenn diese Veränderungen sich nicht durch Entspannung zurückbilden können, dann kommt es zu Schwierigkeiten. (5) Natürlich können wir noch mehr Vitamine und Energiegetränke zu uns nehmen, aber erinnern Sie sich, wenn diese hochenergetisierenden Zusatzstoffe und Aufputschmittel in einer Maschine ständig als Antrieb für mehr Geschwindigkeit eingesetzt werden, dann werden sie irgendwann das System ausbrennen. Genauso ist es auch im menschlichen Körper.

Wenn diese Stressphase zu lange andauert und ein normaler Zustand wird, dann kommt es zu Stresserschöpfung und Burnoutreaktionen, was viele Probleme, wie etwa Herzerkrankungen, chronische degenerative Erkrankungen und manchmal auch den Tod, zur Folge hat.

„Chronischer Stress ist wie ein langsam wirkendes Gift.“

Jean King, Mediz. Fakultät der Universität von Massachusetts

Anzeichen für Burnout und Erschöpfung

Bitte merken Sie sich die Anzeichen und Symptome des chronischen Stresses und Burnouts, damit Sie erkennen können, ob sie in dem Menschen, dem Sie vergeben wollen, vorhanden sind oder vorhanden waren. Dasselbe gilt für Sie selbst.

Forschungen zeigen, dass die Chemikalien und Hormone, die der Körper unter Stress ausschüttet, folgende Wirkungen auf uns haben: (6)

1. Sie vergrößern unsere Bereitschaft, an Krebs, chronischen Entzündungen und anderen schweren Beeinträchtigungen zu erkranken.
2. Sie vergrößern die Wahrscheinlichkeit von Magengeschwüren, Geschwülsten, Schmerz, Gelenkbeschwerden und Asthma.
3. Sie können das Kreislaufsystem schwächen, was zu Schlaganfällen, Herzerkrankungen und Herzinfarkt sowie zu hohem Blutdruck führen kann.
4. Sie beeinflussen das emotionale System, was Depression oder Aggression hervorrufen kann.

Es gibt sogar Beweise dafür, dass intensiver psychischer Stress die Gehirnfunktion schädigen kann, manchmal sogar auf Dauer. (7)

Wenn Stress chronisch wird, dann kann er leicht zum Burnout führen, der sich in folgenden körperlichen Anzeichen manifestiert: (8)

1. Emotionale, geistige und körperliche Erschöpfung
2. Schlafunterbrechungen
3. Kopfschmerzen, Magenbeschwerden, Schmerzen im Körper
4. Anfälligkeit für Erkältungen oder Grippe

Ein Mensch kann mehrere der folgenden Einstellungen und Gefühle spüren, wenn er im Burnout ist: (9)

- Ohnmacht, Hoffnungslosigkeit und Hilflosigkeit
- Erschöpfung, ausgebrannt, traurig, gelangweilt oder zynisch sein
- Frustriert, gereizt, ängstlich, voll Groll sein
- Wenig Befriedigung aus der Arbeit ziehen, deshalb wenig produktive Arbeit. Manchmal geht der Mensch in Burnout gar nicht mehr zur Arbeit.
- Sich in einer Situation gefangen fühlen, aus der er oder sie sich selbst nicht befreien kann
- Unsicher über die Entscheidungen in einem Job oder über die eigene Karriere sein
- Rückzug und Abgeschnittensein von Kollegen, der Familie und Freunden
- Unsicher über die eigenen Fähigkeiten sein, sich als Versager fühlen

All dies sind Zeichen, dass etwas dramatisch schief läuft. Ein Mensch, der die oben genannten Gefühle zeigt, braucht sofortige Hilfe. Wenn Ihre unverziehene Situation bei Ihnen selbst oder bei jemand anderem diese Symptome zur Folge hat, müssen Sie verstehen, dass Sie selbst oder dieser Mensch nicht in der Lage waren, rational oder mitfühlend zu handeln.

Als ich selbst diese Symptome zeigte, hatte ich das Gefühl, dass das Leben es nicht wert war, so gelebt zu werden. Durch die Gnade Gottes half mir der Power-Vergebungsprozess. In Situationen wie diesen kann jedoch auch der Missbrauch von Alkohol oder Drogen zunehmen. Menschen setzen oft Alkohol oder Drogen ein, um sich zu entspannen und nicht mehr alles fühlen zu müssen. Das gilt auch für verschreibungspflichtige Medikamente, Nikotin und Kaffee. Diese Substanzen werden zu Suchtmitteln, weil sie das Einzige sind, was den Schmerz und das Leid mildern kann, den diese Menschen fühlen.

Das Problem dabei ist nur, dass es nicht die Droge, sondern die Stressreaktion ist, mit der ein Mensch nicht umgehen kann. Weltwelt haben die Anonymen Alkoholiker, die Anonymen Drogenabhängigen und das Allgemeine 12-Schritte-Heilprogramm gezeigt, dass Sucht auch ein spirituelles und emotionales Problem ist.

Schmerz

Menschen mit chronischen Schmerzen zeigen oft auch die oben genannten Symptome. Denn die, die unendlichen Schmerz erdulden müssen, sind oft nicht in ihrem normalen Geisteszustand und treffen oft ungünstige Entscheidungen für sich und andere. Wenn Sie jemanden kennen, der in einer solchen Verfassung ist, oder wenn Sie es selbst sind, dann werden Mitgefühl und Verständnis besonders benötigt, um damit umzugehen.

Barbara heiratete einen behinderten Kriegsheimkehrer nach dem Zweiten Weltkrieg. Er litt oft unter Schmerzen. Dann verärgerte er Menschen an seinem Arbeitsplatz durch seine Ungeduld und kündigte aus irgendeinem Grund. Er wechselte immer wieder die Arbeitsstelle – immer auf der Suche nach einer besseren Stelle, die er nie fand. Seine Wut und sein Zorn machten ihr Angst. Sie blieb bei ihm, weil sie wusste, dass er ein anständiger Mann war, der mit zu heftigen Schmerzen fertigwerden musste. Aber, so erklärte sie uns, seine Schmerzen rechtfertigten nicht den Schmerz, den er ihr zufügte.

Sie war nie auf seinen nächsten Ausbruch vorbereitet und auch nicht auf das plötzliche Fallenlassen von Freunden oder seine Entscheidung, wegzuziehen. Manchmal trennten sie sich. Ihre Religion gab ihr die Kraft, zu verzeihen. Manchmal verzieh sie nur, weil sie die Familie um der Kinder willen zusammenhalten wollte. Seine Schmerzen hatten jedoch auf die Dauer auch Folgen für sie. Sie wurde ängstlich und verbittert.

Menschen, die unter einer auszehrenden Krankheit oder unter chronischen Schmerzen leiden, haben es schwer im Leben und müssen oft Schmerzmittel oder andere Medikamente nehmen. Diese Medikamente beeinträchtigen ihre Lebensqualität und ihre Persönlichkeit. Sie kämpfen dauernd darum, die Schmerzen und die Nebenwirkungen der Medikamente kontrollieren zu können. Alkohol und illegale Drogen werden oft eingesetzt, um überhaupt mit den Schmerzen umgehen zu können. Menschen, die mit solchen Kranken zusammen sind, haben es oft ebenso schwer. Es ist schwer, mit den emotionalen Rückschlägen umzugehen, die Menschen mit Schmerzen verursachen. Kinder, die von jemandem mit chronischen Schmerzen aufgezogen werden, ob diese nun Schmerzmittel nehmen oder nicht, zeigen oft dieselben Symptome wie Kinder, die von Alkoholikern erzogen worden sind.

Max war ein richtig toller Bursche, und jeder liebte ihn. Er war erfolgreich in seiner Arbeit. Bei einer Party hatte er immer eine Traube Menschen um sich herum, weil er scherzte und Witze erzählte und lachte und viel Alkohol vertrug. Zuhause jedoch hatte er ein anderes Gesicht. Die Schmerzen einer viele Jahre alten Verletzung folterten ihn immer noch. Die Kinder mussten ruhig sein, durften keine Freunde mit nach Hause bringen und wurden oft beschimpft. Niemand außerhalb des Haushalts erkannte, was seine Familie zu erdulden hatte, weil er doch „ein so famoser Bursche“ war.

Sie brauchen tiefe, andauernde innere Arbeit, um solchen Menschen vergeben zu können. Vielleicht sind Sie auch verwirrt, weil die Medikamente, der Alkohol und die Drogen positive Effekte hatten und die Schmerzen verminderten, sodass der Betreffende eine angenehme und vielleicht sogar liebevolle Persönlichkeit zeigen konnte. Wenn Sie jemandem aus Ihrer Vergangenheit vergeben wollen, der so war, dann ist die Arbeit die Anstrengung wert. Ich empfehle jedoch, sich dabei Hilfe zu suchen. Sehr häufig werden Schmerzen durch Alkohol oder Drogen verdeckt, und Sie verpassen den eigentlichen Grund und geben der Sucht die Schuld. Das kann noch verwirrender und schwieriger werden, wenn die Schmerzen emotionaler Natur sind.

Oft kann der Zyklus so sein: Ursprüngliche Verletzung – Schmerzen – Drogen und Alkohol – Kinder werden emotional verletzt – ihre Kinder nehmen Drogen oder Alkohol – deren Kinder werden emotional verletzt – und weiter und weiter, über viele Generationen hinweg.

Tun Sie alles, was Sie nur können, um diesen Zyklus in Ihrer Familie zu verstehen, und arbeiten Sie daran. Zu vergeben ist das Beste, was Sie für Ihre ganze Familie, die Menschen um Sie herum und die zukünftigen Generationen tun können.

Mit familiärem Burnout umgehen

Hier ist ein weiterer grundlegender Bereich, in dem Stress vorkommt und den man beachten muss, wenn man daran arbeitet, Familienmitgliedern zu vergeben. Charles Figley, ein renommierter Forscher zum Thema Trauma und Stress, hat über starke Stressreaktionen geschrieben, die manchmal in Ehen vorkommen. Wenn unbefriedigende Erfahrungen die Träume und Erwartungen eines Paares ersetzen, dann wird die Ehe irgendwann leiden und letztlich an Burnout scheitern. Familien-Burnout, wie Figley es nennt, ist das Ergebnis von Anstrengungen, eine unangenehme Situation in einer Liebesbeziehung zu korrigieren oder zu tolerieren. Er sagte, dass es eine größere Wahrscheinlichkeit für den Familien-Burnout gibt, wenn: (10)

1. ein Familienmitglied ein geringes Maß an Zufriedenheit besitzt, was ein höheres Maß an Stress in der Familie erzeugt,
2. das gestresste Familienmitglied die familiären Abläufe über einen längeren Zeitraum durcheinanderbringt,
3. die Erwartung des Familienmitglieds bezüglich seiner Lebensqualität sehr von dem abweicht, was er oder sie als verfügbar wahrnimmt.

Achten Sie auf vergangenen Familienstress und Burnout, wenn Sie diese Arbeit tun. Wenn Sie beispielsweise mit Verletzungen durch Ihre Eltern arbeiten, müssen Sie sich daran erinnern, dass das Ausmaß an Stress in Ihrem Zuhause ihr Verhalten vielleicht beeinflusst hat. Wenn Sie Ihre Herkunftsfamilie untersuchen, dann ist es unerlässlich, dass Sie die Perspektive verlassen, die Sie als Kind hatten, und die gesamte Familienszenerie wie ein Außenseiter sehen, als der Erwachsene, der Sie inzwischen sind, mit allen Erfahrungen, über die Sie inzwischen verfügen. Sie müssen das tun, oder Sie werden in Ihren unreifen Reaktionsmustern stecken bleiben. Tatsächlich sind Sie wahrscheinlich inzwischen älter, als Ihre Eltern es zum damaligen Zeitpunkt waren; und demzufolge können Sie objektiver sein, als sie es waren.

Setzen Sie Ihre objektive Perspektive ebenso ein, wenn Sie an Verletzungen am Arbeitsplatz arbeiten, um zu erkennen, wie viel Arbeitsplatz-Burnout bei den Menschen vorliegt, auf die Sie ärgerlich sind. Achten Sie auch darauf, in welchem Ausmaß Sie selbst durch Burnout betroffen sind oder waren. Wenn Ihre Erschöpfung durch Stress hoch war oder ist, dann haben Sie mit mehr Ärger reagiert als normalerweise oder werden dies wahrscheinlich tun, und dann werden Sie wahrscheinlich ein Trauma aus einer Situation kreieren, die für jemand anderen vielleicht nur ein normaler Zwischenfall wäre.

Was Sie tun können

Bei Burnout und chronischem Stress kann ein Betroffener niemals einen guten Ausweg aus einer trostlosen Situation erkennen. Die nicht nachlassenden Anforderungen und der Druck machen es für ihn oder sie schwer bis unmöglich, nach Lösungen zu suchen.

Es gibt viele Gründe dafür, warum ein Mensch auf diese Weise auf Stress reagiert, beispielsweise schlechte Glaubensmuster, verzerrte Denkabläufe oder ein frühkindliches Trauma. Nichtsdestotrotz erfordert der Ausweg aus diesem Dilemma eine aktive Selbstprüfung, oft mit professioneller Hilfe oder mit Menschen, die eine liebevolle und objektive Perspektive für Sie aufrechterhalten können.

Der schlimmste Aspekt beim chronischen Stress besteht darin, dass Menschen sich daran gewöhnen und dann keinen Ausweg mehr erkennen können. Wenn der Stress einmal auf diesem unaufhörlichen, chronischen Niveau angekommen ist, dann tötet er durch Selbstmord, Gewalt, Herzinfarkt, Schlaganfall und Krebs, weil er Menschen aushöhlt. Chronischer Stress ist schwer zu behandeln und braucht vielleicht ausgedehnte medizinische Behandlung, Psychotherapie und Stress-Management. (11)

Wenn Sie an einem Freund, einem Familienmitglied oder an sich selbst die oben genannten Symptome bemerken, dann seien Sie sich bitte bewusst, dass es viele Wege gibt, um zu helfen. Obwohl ich hier nicht alle behandeln will, möchte ich dennoch sagen, dass der Power- Vergebungsprozess Ihnen ermöglicht, leichter vom Punkt des Überfordertseins wegzukommen. In all den Jahren, in denen ich Stressmanagement-Methoden unterrichte, kann ich ebenfalls sagen, dass Stressreduktion viel länger braucht, um effektiv zu sein, wenn ein Mensch an Groll oder Wut sich selbst oder anderen gegenüber festhält.

Sie müssen tun, was immer Sie können, um besser mit solchen andauernden Stress-Situationen umgehen zu lernen. Ein Therapeut könnte hier auch von Nutzen sein. Meditation ist auch wirkungsvoll, um den Zyklus von Stress und Krankheit umzukehren. Wie schon erwähnt, ist es am besten, den Geist zu beruhigen, bevor Sie vergeben.

Verletzungen auszumerzen, die jemand seit Jahren schon – und vielleicht sogar von Kindesbeinen an – mit sich herumträgt, ist natürlich von Vorteil. Meine Schwiegergroßmutter ließ Störungen mit Menschen gar nicht erst in sich entstehen. Ich lernte sie kennen, als Sie 96 Jahre alt war. Sie war geistig immer noch völlig klar und sprach wehmütig darüber, wie sie in ihren 80ern noch Zeitungen ausgetragen hatte. Sie sah immer noch anziehend aus und hielt sich gut. Ihre Präsenz, ihr Lächeln und ihre liebevollen Augen sagten mir, dass sie ein Geheimnis des Lebens entdeckt hatte – sie hatte aufgehört, an Verletzungen ihrer Kindheitszeiten festzuhalten, und hatte Frieden gefunden.

Was müssen Trauma-Überlebende wissen?

Die Ärzte Eve Carlson and Josef Ruzek haben eine sorgfältige Zusammenfassung für das Nationale Zentrum für PTBS geschrieben, in der sie zusammengetragen haben, was Trauma-Überlebende wissen sollten: (12)

- Sie können weder sich selbst noch andere vollständig davor schützen, ein Trauma zu erleiden, es kann vielen kompetenten, gesunden, starken und gütigen Menschen geschehen.
- Es kann in der Folge eines Traumas zu Langzeitproblemen kommen. Bis zu 80 Prozent der davon Betroffenen haben zu irgendeiner Zeit in ihrem Leben Störungen, die man als PTBS diagnostizieren kann.
- Nach einem Trauma denken Menschen manchmal, dass sie verrückt werden oder persönlich schwach sind. Das ist nicht wahr. In Wirklichkeit erleben sie nur die Symptome, die mit einer Traumareaktion verbunden sind.
- Auch gutgegründete und körperlich gesunde Menschen können PTBS entwickeln. Wenn das Trauma schlimm genug ist, könnte das wahrscheinlich jeder.

Die Symptome eines Traumas zu kennen, versetzt einen davon betroffenen Menschen in die Lage, mit sich besser umzugehen und sich wahrscheinlich dafür zu entscheiden, Hilfe zu suchen. Selbst wenn ein Mensch nicht unter den Langzeitfolgen eines Traumas leidet, ereignen sich doch im Zeitraum, der nahe bei dem traumatischen Ereignis liegt, häufig Traumareaktionen.

Sich mit dem Trauma allein zu beschäftigen, ist oft zu schwierig. Sie könnten einen Traumatherapeuten um Hilfe bitten. Es gibt viele Stellen, die Traumaunterstützung und Hilfe anbieten. Beachten Sie bitte, dass Psychiater, Psychologen, Psychotherapeuten, Sozialarbeiter und Familientherapeuten nicht unbedingt in Traumatherapie ausgebildet sind. (13)

Stress-Management bei einem schwerwiegenden Ereignis (Critical Incident Stress Management (CISM))

Überall in den Vereinigten Staaten wird eine intensive Vorgehensweise zur Krisenbewältigung eingesetzt, die besonders geeignet ist, die Bedürfnisse von Opfern traumatischer Ereignisse zu erfüllen. Im Moment hilft sie den ersten Helfern – den Polizeibeamten, Feuerwehrleuten und Notfallmedizinern – dabei, ihre Reaktionen bei besonders schweren Traumasituationen in Ordnung zu bringen. Speziell ausgebildete Teams wenden dazu eine Methode an, die „Stress-Management bei einem schwerwiegenden Ereignis“ genannt wird.

Die Männer und Frauen unserer Polizei, der Feuerwehr und der Notfallmedizin überall auf der Welt haben meinen höchsten Respekt, weil sie die ersten am Ort eines Ereignisses voll Tragödien und Gefahren sind. Während alle von ihnen erwarten, dass sie da sind und helfen, bedeutet das ja nicht, dass sie dem gegenüber immun sind, was da gerade geschieht. Ein Trauma fordert seinen Tribut. Als freiwilliger Polizeigeistlicher sah ich oft als unmittelbarer Augenzeuge, was sie durchmachten, und ließ mich in CISM ausbilden, um hier zu helfen.

CISM ist unschätzbar, weil es die Langzeitfolgen von Trauma verhindern hilft. Die CISM-Teams treffen sich mit den ersten Helfern innerhalb von Stunden oder wenigen Tagen nach dem schwerwiegenden Ereignis, um die emotionalen Störungen entschärfen zu helfen. Die Heilungsstatistik des Personals, das einen CISM-Einsatz erlebt hat, ist beeindruckend gegenüber denen, die keine solche Hilfe erfahren haben.

CISM betont dabei:

1. frühzeitige Interventionen,
2. direktes Eingreifen,
3. das Sammeln von Fakten,
4. den Ausdruck schwieriger Emotionen und
5. die Mobilisierung benötigter Ressourcen

Solche CISM-Interventionen können einen großen Einfluss darauf haben, dass ernsthafte Probleme gar nicht erst entstehen. (14)

Dieser Prozess wird jedoch immer noch nicht überall eingesetzt, selbst nicht bei ersten Helfern, aber er sollte generell verwendet werden, damit wir nicht wertvolle Einsatzkräfte durch die Traumata verlieren, die sie erleben. Weil der Prozess aber auch den Bedürfnissen der Opfer von traumatischen Ereignissen entgegenkommen kann, hoffe ich sehr, dass CISM in Zukunft bei allen Traumaopfern eingesetzt werden wird, um die Sekundärfolgen eines unmittelbaren Traumas zu lindern. Ich hoffe auch, dass es bei unserem militärischen Dienstpersonal in Kampfgebieten eingesetzt werden wird, die sich täglich mit Traumata konfrontiert sehen. Darüber hinaus brauchen es auch Krankenschwestern, Ärzte und anderes Krankenhauspersonal regelmäßig.

Die Langzeitfolgen eines Traumas – PTBS

Wie schon erwähnt, entwickelt und behält ein kleiner Prozentsatz von Menschen starke Reaktionen auf die Erinnerungen an ein Trauma, besonders, wenn sie kein CISM oder irgendeine andere Form von Therapie durchlaufen haben, die das Trauma entschärfen kann. Wenn ein Mensch mehr als einen Monat lang intensive Traumareaktionen zeigt, nennt man dies eine Posttraumatische Belastungs-Störung (PTBS).

In den Familien von amerikanischen Kriegsheimkehrern ist die Rate besonders hoch. In Ländern, die derzeit oder kürzlich gewaltsame Konflikte erlebt haben, kann die Rate von PTBS ebenfalls besonders hoch sein – zum Beispiel beträgt sie in Algerien 37 Prozent, in Kambodscha 28 Prozent und in Äthiopien 16 Prozent (15). Im Jahr 2007 lag die PTBS-Rate bei Kindern im Gaza-Streifen bei 70 Prozent. (16)

PTBS ist komplex and intensiv. Ich habe mich damit sehr intensiv beschäftigt und auch damit gearbeitet, und ich hatte es selbst mehrere Jahre lang, was mich irgendwann dazu gebracht hat zu vergeben. Ich schreibe das hier, weil ich herausgefunden habe, dass Vergebung unschätzbar ist, wenn man es mit Situationen zu tun hat, die unerträglich waren. Warum? Weil es immer jemanden gibt, den wir für die Katastrophe verantwortlich machen. Das können oft auch die Überlebenden sein, die dies aus ihrer eigenen Perspektive heraus so sehen. Forschungen haben gezeigt, dass es eine definitive Korrelation zwischen Vergebung und einer Abnahme der PTBS-Symptome gibt. (17)

PTBS wurde zum ersten Mal im Vietnamkrieg entdeckt. Ärzte bemerkten, dass die zurückkehrenden Soldaten von Alpträumen und anhaltenden Flashbacks (plötzlichen Rückblenden) heimgesucht wurden, die den Stress zum Inhalt hatten, den sie durchlebt hatten. Dieser Zustand wurde im Zweiten Weltkrieg noch „Kampf-Fatigue“ genannt. In den 1980er Jahren fingen Psychologen an, die Bezeichnung Posttraumatische Belastungs-Störung – PTBS – dafür zu entwickeln. Später erkannten sie, dass diese Störung bei jedem auftreten kann, der unter einem lang anhaltenden Trauma leidet, etwa unter kindlichem sexuellem Missbrauch. (18)

Charles Figley, den ich bereits erwähnt habe, ist eine der bedeutendsten Autoritäten im Bereich der Traumafolgen- und PTBS-Forschung. Er weist daraufhin, dass ein Mensch mit PTBS die folgenden Charakteristiken aufweist: (19)

Er oder sie

- erlebt die traumatischsten Aspekte des Ereignisses immer wieder, bei Flashbacks, plötzlichen Erinnerungen oder in Träumen,
- ist bemüht, möglicherweise Erinnerungen auslösende Orte oder Situationen zu meiden,
- ist stets angespannt und nicht in der Lage, sich zu entspannen,
- ist nicht in der Lage, an das Ereignis zu denken, ohne davon gefangen genommen zu werden,
- erlebt Symptome mehr als einen Monat lang.

Er oder sie kann auch folgende Symptome entwickeln: (20)

- Phobien und generelle Angststörung (besonders häufig bei früheren Kriegsgefangenen und Geiseln sowie bei den Überlebenden von Naturkatastrophen)
- Drogenmissbrauch
- Depression und/oder intensive Schuldgefühle
- Psychosomatische Störungen, vermehrte Krankenhausaufenthalte
- Verändertes Zeitgefühl (besonders bei Kindern)
- Trauerreaktionen und Zwänge, die mit Tod zu tun haben (besonders bei denen, die ein Trauma erlebt haben, bei dem jemand starb oder hätte sterben können)
- Vermehrte zwischenmenschliche Konflikte und plötzliche Wutausbrüche
- Häufiges unentschuldigtes Fehlen, kriminelles Verhalten und Schwänzen

Wenn es ein familiäres Trauma gegeben hat, dann können einer oder mehrere Familienmitglieder diese Symptome zeigen, die alle zu einem familiären Burnout beitragen. (21)

Wenn Sie unter PTBS leiden, dann suchen Sie sich Hilfe, wenn Sie jemand anderem beistehen – dann holen Sie ihm Hilfe, und besonders: Unterstützen Sie denjenigen dabei, sich selbst helfen zu können. Gehirnbildstudien, die von dem Forscher Bessel A. Van der Kolk durchgeführt wurden, einem bekannten internationalen Traumaspezialisten und Autor von mehr als hundert Studien und mehreren Büchern zum Thema Trauma, zeigen uns, dass während eines traumatischen Ereignisses derjenige Teil des Gehirns, der keine Sprache hat, die höchste Aktivität zeigt. Der vordere Gehirnbereich, der mit der Sprache und dem Vermögen in Verbindung gebracht wird, über Ereignisse zu sprechen, macht während eines Traumas buchstäblich alle Schotten dicht.

Wenn ein Traumopfer irgendwann „spricht", dann kann dies mit einer Stimme der Wut sein, oder durch Drogenmissbrauch, oder sogar durch körperliche Gewalt. Das bedeutet, dass Menschen nicht unbedingt über ihr Trauma sprechen müssen, damit es sich löst. Van das Kolk betont die Bedeutung von Qigong, T'ai Chi, Yoga, Tanzen und Atmen, um den Körper „herunterzufahren". (22) In seinem Trauma Center bringen sie Menschen Selbstregulation durch Biofeedback bei und setzen EMDR ein. (vgl. Sie die Anmerkung A zu EMDR und EFT (die sehr erfolgreich zum Vergeben eingesetzt wurden)).

Ich empfehle die Webseite des Nationalen Zentrums für PTBS (wenn Sie selbst oder jemand, den Sie kennen, mit PTBS zu tun haben). Sie können auch zur Seite der Amerikanischen Vereinigung für Ehe- und Familientherapie (oder einer entsprechenden deutschen Seite, Anm. d. Übersetzerin) gehen, um sich weiter über PTBS zu informieren und weitere Informationen über Probleme zu erhalten, mit denen sich Familien heutzutage konfrontiert sehen. (23)

Vergebung und PTBS

Ein Trauma oder seine Folgen ereignen sich, weil jemand anderes gehandelt hat. Wenn nun kontinuierlich die Akzeptanz für das fehlt, was geschehen ist, dann brennt innerlich der Groll. Vergebung kann den anhaltenden inneren Dialog und das Immer-wieder-Abspulen der Gewalt oder des Traumas oder beides stoppen. Der Power-Vergebungsprozess funktioniert deshalb so gut, weil er mit der gesamten Situation in einer vollständigen und methodischen Weise umgeht. Aufgrund der Intensität des Traumas und seiner Langzeitfolgen empfehle ich, die Power-Vergebungsarbeit mit einem erfahrenen Berater zu machen.

Hier ist ein Brief einer Klientin, die seit 20 Jahren unter PTBS litt. Als ich anfing, mit ihr zu arbeiten, hatte sie Angst, sich auf öffentliche Plätze zu begeben.

„Vielen Dank für die Zeit, die wir miteinander verbracht haben. Die Beziehung zwischen meinem Mann und mir ist viel besser geworden. Er sagt nun vor Streitgesprächen mit mir, oder wenn er etwas bemerken will: „Jetzt wollen wir einmal „kommunizieren" oder „Jetzt sind wir mal Freunde." Wir haben bereits mehrere Herzenskommunikationen erlebt (etwas, was in unserer Ehe vollkommen neu ist).

In einer von ihnen fing ich an, ihm zu erzählen, wie es für mich als Kind war, im Haushalt meiner Eltern aufzuwachsen. Eigentlich wollte ich ihm berichten, warum ich auf Dinge, die er tat oder sagte, so reagiert habe, wie ich reagierte. Dann plötzlich, wie aus dem Nichts heraus, kam da dieser unglaubliche Ausbruch von Trauer in mir hoch, der mich vollkommen erstaunte, während er noch im Gange war. Statt ihn zu unterdrücken, ließ ich ihn geschehen. Er dauerte etwa eine Minute lang, und dann war ich wieder ganz normal. Es war sooo aus dem Bauch heraus! Ich habe so seit mehr als acht Jahren nicht mehr geweint.

Ein Teil von mir war offensichtlich sehr mit dem ganzen Trauma und Drama meiner Kindheit verbunden, aber ich halte normalerweise einen solchen Abstand zwischen meinem Alltagsselbst und diesem Teil von mir aufrecht und tue das schon so lange, dass ich mich immer noch über die Stärke meiner Reaktion wundere. Seit Jahren passe ich extrem auf, dass ich mich nicht Dingen nähere, die mich aufregen könnten. Seit den Frühzeiten unserer Ehe drückt mein Ehemann viele dieser Kindheitsknöpfe; meine bewusste Absplitterung und Distanz zu meiner Vergangenheit hat mich auch von viel Nähe zu ihm abgeschnitten.

Obwohl es viele Vorteile hat, die Vergangenheit zu ignorieren, geht sie eigentlich dadurch nie vorbei. Nun, nach dieser relativ kurzen Zeit, die Sie mit mir verbracht haben, fühle ich mich bereit, alles und jedes in Angriff zu nehmen – in kleinen Dosierungen. Ich achte nicht mehr darauf, dass ich nur so vollständig an der Oberfläche lebe. Vielen Dank dafür, dass Sie mich zurück auf die Spur gesetzt haben.

> Es ist erst der Anfang, das weiß ich, aber vielen Dank, dass Sie dafür gesorgt haben, dass ich jetzt anfange. Und Sie haben es mir so leicht gemacht! Vielen Dank!"

Wenige Monate nach diesem Brief verließen ihr Mann und sie ihre Wohnung in New York City, die sie seit sieben Jahren bewohnt hatten, und zogen um ins Ausland. Nun reist sie regelmäßig ganz allein.

Sekundärtraumatisierung (Mitgefühls-Erschöpfung)

Ein weiterer störender Aspekt eines Traumas ist die Sekundärtraumatisierung, die durch eine indirekte Konfrontation mit dem Trauma geschehen kann, wenn man beispielsweise einem Augenzeugenbericht des traumatischen Ereignisses zuhört. Wenn man immer wieder ein traumatisches Ereignis im Fernsehen sieht, kann dies auch geschehen. Der praktisch tätige Psychologe oder jeder Mensch, der den anschaulichen Beschreibungen eines Traumas, wie es durch Überlebende geschildert wird, zuhört, erzeugt Gedanken oder eine emotionale Reaktion auf dieses Ereignis, die manchmal zu einer Reihe von Symptomen und Reaktionen führen, die der einer PTBS ähneln, wie Wiedererleben, Vermeiden oder ständiges Angespanntsein. Diese Sekundärfolgen eines Traumas nennt man nach Charles Figley „Mitgefühls-Erschöpfung" und nach Laurie Pearlman und Karen Saakvitne „indirekte Traumatisierung". (24)

Geistliche, Therapeuten, Sozialarbeiter und jeder, der andere berät, müssen sich bewusst darüber sein, dass der Umgang mit einem Trauma auch einen Einfluss auf sie selbst ausübt. Fachleute, die oft anderen zuhören, die von ihrem Trauma berichten, brauchen regelmäßig ein Gefühl der Befriedigung, Inspiration und Unterstützung für ihre Arbeit, um sich zu regenerieren. (25)

Vergebung ist wirkungsvoll selbst bei einer indirekten Traumatisierung durch das Fernsehen. Wir können etwas tun, um den Opfern zu helfen, und wir können Vergebungsarbeit tun, wenn wir merken, dass wir innerlich aufgeregt sind. Wenn wir genau hinschauen, können wir manchmal erkennen, dass wir in irgendeiner Weise selbst ähnlich betroffen waren. Das Werkzeug dafür finden Sie hier.

Wie und warum Selbstvergebung hilft

Wir haben oft das Gefühl, dass wir auf irgendeine Weise verantwortlich für die traumatischen Ereignisse sind, die sich in unserem Leben abspielen. Sie können dafür sorgen, dass diese Ereignisse Sie nicht weiter belasten, indem Sie sich selbst die Fehler vergeben, die Sie gemacht haben, ob dies nun rational erscheint oder nicht. Das ist besonders wichtig, wenn Sie Schuldgefühle in Bezug auf ein Trauma haben oder negative Dinge über sich selbst sagen. Alles ändert sich, wenn Sie sich mit Ihren „Wenn ich nur"- oder „Ich hätte sollen"-Anschuldigungen auseinandersetzen und Vergebung für das erlangen, was geschehen ist.

In Beziehungen, in denen es ein Trauma gegeben hat, nimmt Selbstvergebung die Gefühle von Schuld oder Reue weg, sodass Menschen aus ihren Fehlern lernen und einen neuen Weg finden können, um mit ihren zukünftigen Fehlern umzugehen. Beziehungen, die auf Liebe und nicht auf Beschuldigungen aufgebaut sind, fühlen sich befriedigender an und erlauben uns, aus unserem höchsten Selbst heraus zu handeln. Dies gilt für alle unsere Beziehungen.

Wenn Menschen unangemessen auf Situationen mit starkem Stress reagieren, dann fühlen sie oft Bedauern, Scham, Schuld und Schuldzuweisungen. Dass sie so negativ gehandelt haben, erscheint unverzeihlich. Vergebung beginnt mit dem Wissen, dass Reaktionen eben passieren! Indem Sie sich erinnern, dass das reaktive Gehirn nicht alles ist, was Sie sind, können Sie aus der Selbstbeschuldigung herauskommen und Ihre Schuld hinter sich lassen.

Erinnern Sie sich auch daran, dass Sie nicht die Reaktion *sind*. Diese Reaktion war nur ein machtvoller Überlebensmechanismus, der unpassenderweise bei einer Situation ausgelöst wurde.

Trauma und Vergebung

Erinnern Sie sich daran, dass Vergebung zum richtigen Zeitpunkt stattfinden und ihren eigenen Verlauf haben muss. Wenn ein Mensch gerade mitten in einer Reaktion auf ein schreckliches Ereignis ist, dann ist es nicht sinnvoll, ihm Vergebung aufzwingen zu wollen. Das würde ihn wahrscheinlich eher noch ärgerlicher machen. Deshalb wird ein Betroffener, der sich noch im Stadium der Reaktion befindet, wahrscheinlich anfangs andere Methoden brauchen, darunter vielleicht auch Therapie. Bei einem Menschen, der nach Vergebung sucht, kann der Power-Vergebungsprozess dagegen sehr hilfreich sein, wenn er zusätzlich zu anderen akzeptierten Behandlungsformen eingesetzt wird.

Ich mag diese Comic-Bemerkung sehr, weil sie so genau die Verrücktheit der Selbstverurteilung zum Ausdruck bringt:

Vom Management:
Es wird weiter Schläge geben, bis die Stimmung sich bessert!

TEIL IV
Die Arbeit tun

Bisher haben wir die Bühne für das Vergeben vorbereitet. In diesem Teil nun werden wir uns darauf konzentrieren, was wir tun müssen, damit der Power-Vergebungsprozess schnell zum Erfolg führt.

„Wahre Vergebung beschäftigt sich mit der Vergangenheit – der ganzen Vergangenheit, damit die Zukunft möglich wird. Wir dürfen nicht weiterhin Hassgefühle für diejenigen nähren, die nicht mehr für sich selbst sprechen können, selbst wenn dies nur indirekt geschieht. Wir müssen annehmen, dass wir das, was wir tun, für die Generationen tun, die waren, die sind und die kommen werden. So wird aus einer Gemeinschaft eine wahre Gemeinschaft, und aus einem 'Volk ein wahres Volk – im Guten und im Bösen."

DESMOND TUTU – AUS: NO FUTURE WITHOUT FORGIVENESS (1)

Kapitel 13

Erfolgreiche Vorbereitungen für die Power-Vergebung

Ein Überblick über die Power-Vergebung

Wie ich im ersten Teil des Buches erwähnt habe, habe ich im Laufe der Jahre verschiedene Teilabschnitte, Stadien und Schritte bei dieser Vergebungsarbeit entwickelt. In diesem Teil werden Sie nun bei jeder Situation, die Sie bearbeiten wollen, durch diese verschiedenen Stadien hindurchgeführt werden. Manchmal werden Sie sie schnell absolvieren, während Sie sich bei anderen Situationen mehr Zeit nehmen müssen. Sie werden entdecken, dass der Prozess jedoch immer seinen ganz eigenen, natürlichen Verlauf nimmt, wenn Sie an der Vergebung arbeiten.

Planen Sie also Zeit dafür ein. Wie lange es dauert, hängt ganz allein von Ihnen ab. Als ich endlich den Entschluss gefasst hatte zu vergeben und mich selbst zu dem Prozess verpflichtet hatte, habe ich in einer einzigen langen Sitzung daran gearbeitet, bis ich das Gefühl hatte, dass er abgeschlossen war. Andere wollen lieber mehrere Sitzungen darauf verwenden oder auch einen längeren Zeitraum dafür einplanen. Das ist eigentlich völlig gleich, solange Sie dem Power- Vergebungsprozess folgen, wie er hier beschrieben ist.

Hier sind die wichtigsten Bereiche des Power-Vergebungsprozesses:

Teil I – All Ihre Verletzungen auflisten

Teil 2 – All Ihre Verletzungen vergeben (in mehreren Stadien)

- Stadium 1 – sich für die Verletzung öffnen
- Stadium 2 – Ihr Verständnis und Ihr Mitgefühl erweitern
- Stadium 3 – Erkennen, dass Sie Ihre Einstellung zu dem Täter verändert haben
- Stadium 4 – Selbstvergebung praktizieren mit demselben Thema, das Sie gerade in Stadium 3 vergeben haben, – aber nun sich selbst gegenüber
- Stadium 5 – für die Heilung danken, dann die Stadien 1 – 4 wiederholen, bis alles vergeben ist

Teil 3 – Die Veränderung spüren

Vergebung ist ein Prozess – eine Serie von Handlungen, von denen wiederum jede eine Folge von Schritten beinhaltet, die dazu führen, dass man eine schlimme

Situation in einem veränderten Licht sieht. Vergebung ist die Kunstform der Bewegung des Geistes in Richtung auf mehr Offenheit, mehr Glücklichsein und mehr Selbstannahme sowie mehr Akzeptanz anderer. Oft wird Vergebung nicht wirklich eintreten, bis sich Verständnis und Mitgefühl einstellen. Wenn diese einmal vorhanden sind, dann könnte Vergebung wie von selbst entstehen, oder die Entscheidung zu vergeben kann leichter werden, sodass Heilung geschehen kann.

Diese Entscheidung zu treffen ist jedoch schwer, wenn man nicht tief in die verletzende Situation hineinfühlt und wenn man nicht versteht, wie das Gehirn darauf ausgerichtet ist, Vergebung zu verhindern.

Die Vorbereitungen für die Power-Vergebung

In diesem Buch folgen wir den verschiedenen Bereichen des Vergebens mit Hilfe vieler Fragen, Übungen und Vorschlägen. Im Laufe der Jahre bin ich oft gefragt worden, wie man den Prozess vereinfachen könnte, weil viele Menschen sich von dem Ausmaß des Engagements überfordert fühlen könnten. Ich habe jedoch herausgefunden, dass dies nicht notwendig ist, weil der Prozess selbst sich beschleunigt, wenn man sich mit ihm beschäftigt und vertrauter mit ihm wird. Vergebung ist zudem für die meisten Menschen nichts, was sie einfach und schnell hinter sich bringen können. Während Vergebung mit Übung schneller geschehen kann, ist zu Beginn Einsatz dafür nötig. Wenn Sie aber bis hierhin gelesen haben, dann werden Sie dies verstehen. Wahrscheinlich wollen Sie auch Ihre innere Arbeit noch vertiefen. Die Vorbereitungen, die Sie dabei unterstützen können, diese Arbeit effektiver zu durchleben, folgen jetzt.

Beim Vergeben müssen Sie mit der Weisheit der Gegenwart ausgerüstet tiefer in Ihre Vergangenheit eintauchen und die Auswirkungen der Vergangenheit in sich verändern.

Wenn Sie durch die Einsicht, dass Sie selbst auf irgendeine Weise auch einmal etwas Ähnliches getan haben, Demut zu der Gleichung hinzufügen, dann wird Ihre Vergebung dauerhaft werden. Das ist der ganze Prozess im Überblick und gleichzeitig sein Ziel. Er wird Sie verändern.

Ich hörte einmal einen Therapeuten sagen: „Dieser Power-Vergebungsprozess kann nicht effektiv sein. Jedes Leben ist voll von Verletzungen. Man kann das doch nicht alles mit einem Fingerschnippen loslassen.“ Diese Perspektive ist das Resultat einer Schule des Denkens, die die Wahrheit dessen, was wir wirklich dem Wesen nach sind, nicht anerkennt, und auch nicht die Macht der göttlichen Quelle, die bei all dem hilft. Einsteins Bemerkung gilt hier besonders: „Kein Problem kann auf derselben Bewusstseinsebene gelöst werden, auf der es entstanden ist.“

Wenn Sie in der Position sind, diese Arbeit als Helfer, als Freund oder Berater mit einem anderen Menschen zu tun, werden Sie ihm am besten helfen, wenn Sie in Verbindung mit Ihrer eigenen höheren Macht bleiben und wenn Sie seinen Einsatz mit einem völlig positiven Blick betrachten, auch während er seinen Groll und seine Hassgefühle loslässt. Es ist viel schwerer, wenn man diese Arbeit allein tun muss. Der positive Blick des Vergebungshelfers auf den Menschen, der vergeben will, macht einen großen Unterschied.

Oft muss der Helfer/Berater sich dann denselben Themen in sich stellen. In meiner Psychotherapie-Ausbildung wurde uns oft gesagt, dass der Klient die Themen des Therapeuten mit in die Praxis bringt. Vielleicht kann und will der Klient nicht vergeben, aber im Verlauf des Prozesses erkennt der Berater immer etwas aus seinem eigenen Leben, was angesprochen wird. Auf vielfältige Weise nimmt der Unterstützer oder Vergebungshelfer am Vergebungsprozess teil. Seine oder ihre Rolle ist extrem wertvoll. Ihr Glaube an den Betroffenen beeinflusst sein oder ihr Vergeben.

Die Geheimnisse der Vergebung

Die wichtigste Entdeckung, die man im Verlauf des Prozesses der Vergebung machen kann, besteht darin, wie schnell er abläuft. Das liegt daran, dass es viele kleine transformierende Verschiebungen des Herzens und des Denkens gibt, die größere Veränderungen nach sich ziehen. Mit jeder dieser Verschiebungen gewinnen wir Lebensenergie zurück, die in der geistigen und emotionalen Störung in uns gebunden war. Achten Sie darum während dieser Arbeit auf Ihren Körper:

- Achten Sie auf das Gefühl von „AHHH!" und eine Entlastung.
- Achten Sie auf körperliche Veränderungen in Ihrem Körper und in den größeren Muskelgruppen.
- Achten Sie auf Veränderungen Ihrer Körpertemperatur und Ihres Atems.
- Achten Sie auf Ihr Energieniveau und machen Sie Pausen, wenn Sie spüren, dass Sie sie brauchen.
- Spüren Sie Verschiebungen in Ihrer Einstellung und Ihrem Verständnis – das ist die „Aha!"-Reaktion.

Fragen zum Verschiebungsprozess: Stellen Sie sich folgende Fragen, um den „Felt Shift", den Verschiebungsprozess, zu bemerken:

1. Habe ich eine Entlastung oder ein Loslassen gespürt, während ich an diesem Prozess gearbeitet habe?

2. Ist es jetzt vielleicht Zeit, eine Pause zu machen?
3. Habe ich ein wenig mehr Liebe oder Verständnis gefühlt, die bei meinem Prozess aufgetaucht sind?
4. Will ich es in diesem Moment dabei bewenden lassen?

Die Hauptpunkte in Kürze

Hier sind die Hauptpunkte, auf die Sie sich während des Prozesses konzentrieren sollten. Verschaffen Sie sich einen Überblick und behalten Sie sie im Kopf, damit Sie Ihren Fortschritt daran messen und sich selbst damit unterstützen können.

- **Halten Sie Ihre höchste Vision in sich aufrecht**! – Wenn Sie sich auf den höchsten Aspekt Ihres Selbst oder auf Ihre höchste Vision konzentrieren, dann wird dadurch Vergebung leichter möglich. Konzentrieren Sie sich auf das, was Sie inspiriert zu vergeben.
- **Finden Sie einen Sinn in Ihrem Vergeben.** – Nutzen Sie dafür einen grundlegenden Wert oder ein Kernprinzip Ihres Lebens – wie Wild Bill es im Konzentrationslager tat und Amy Biehls Eltern in Südafrika. Finden Sie einen tieferen Sinn in der Situation.
- **Entscheiden Sie sich wirklich für den Prozess.** – Seien Sie bereit zu vergeben. Formulieren Sie Ihre Absicht zu vergeben. Entscheiden Sie sich für das Vergeben.
- **Lassen Sie alle Gefühle zu.** – Behalten Sie Ihre Gefühle im Blick, während Sie den Prozess durchlaufen. Suchen Sie auch nach den Gefühlen unter der Oberfläche. Schwierige Gefühle vermeiden zu wollen ist normal, hilft aber bei dieser Arbeit nicht weiter. Sie können nichts loslassen, was verborgen bleibt.
- **Finden Sie die Wahrheit.** – Seien Sie ganz ehrlich – die Wahrheit heilt. Die Wahrheit wird Sie frei machen. Wenn die Wahrheit erkannt ist, dann geschieht Heilung. Ehrlich mit sich selbst zu sein ist von ausschlaggebender Bedeutung für Ihre Gesundheit und Ihr Wohlbefinden. Abwehr dagegen wird verhindern, dass die Wahrheit der Situation erkannt und gefühlt werden kann.
- **Bitten Sie um göttliche Hilfe**, wenn Sie sich nicht sicher sind, was Sie tun oder wie Sie etwas verstehen sollen, an dem Sie gerade arbeiten. Gehen Sie in die Stille und übergeben Sie es der göttlichen Hilfe, die für Sie da ist. Überlegen Sie hin und her und dann lauschen Sie nur noch. Haben Sie Vertrauen in die göttliche Liebe.
- **Seien Sie dankbar.** – Jedes Mal, wenn Sie einem Menschen oder für eine Situation dankbar sein können, ändern Sie sie. Deshalb seien Sie am Ende jedes Vergebensprozesses dankbar. Was haben Sie durch die Situation gewonnen? Wofür können Sie dem Menschen dankbar sein?

Weisheiten für Berater

Die folgenden Weisheiten sind von Bedeutung, wenn Sie Menschen als Helfer beim Vergeben unterstützen. Ich nenne sie Geheimnisse, weil nur wenige Menschen sie bei der Beratung einsetzen.

Die Geheimnisse dieser Arbeit sind:

- Nutzen Sie Ihre Intuition! Neben der Intuition als Basis verfügen die meisten von uns auch über ein Gefühl, zu wissen, was das Richtige zu tun ist.
- Holen Sie sich Unterstützung! **Die** Hilfe von anderen beim Vergeben unterstützt Sie dabei, schneller und leichter durch den Prozess hindurchzugelangen.
- Brechen Sie die Situation in kleine Teile herunter! – Analysieren Sie die Situation Stück für Stück, Person für Person. Brechen Sie die großen Verletzungen auf, indem Sie alles aufschreiben, was ein Mensch getan hat. Brechen Sie eine Verletzung mit einer Organisation auf, indem Sie all die Menschen auflisten, die diese Organisation repräsentieren. Wenn Ihnen auch nur ein Einziger einfällt, dann werden andere folgen.
- Achten Sie auf frühere Vorkommnisse! – Suchen Sie nach Erfahrungen in der Vergangenheit, die gleich oder ähnlich sind wie die, an denen Sie im Augenblick arbeiten.
- Fangen Sie mit der frühesten Situation und den frühesten Menschen in Ihrem Leben an! – Unsere Wertschätzung des Lebens vertieft sich, wenn wir die Verletzungen mit unserer Ursprungs-Familie, -Religion und –Kultur heilen.
- Öffnen Sie sich für Demut! – Demut ermöglicht uns, unser Mitgefühl in einer Situation zu spüren, wenn wir versuchen, die Situation eines anderen zu verstehen. Sie bringt das Reptiliengehirn zum Schweigen und ermöglicht uns, den defensiven Teil von uns, der beschuldigen und angreifen muss, um sich geschützt zu fühlen, hinter uns zu lassen.
- Nutzen Sie Ihre Imagination! – Um die Weltsicht eines Menschen, dem Sie vergeben wollen, wirklich zu verstehen, versetzen Sie sich ganz in ihn hinein.
- Vergeben Sie sich selbst! – Vergebung wird dauerhaft, wenn Sie sich selbst dasselbe vergeben, was Sie einem anderen vergeben haben. Dann werden Sie nämlich nicht länger Ihre Verletzung auf einen anderen projizieren müssen und können sich selbst wohler fühlen.

Die Prinzipien der Power-Vergebung

1. **Die Erfahrung, geheilt zu sein, ist die Folge eines einfachen geistigen Prinzips**: *Ihre Gedanken können nicht gleichzeitig in entgegengesetzte Richtungen gehen*. Rachegedanken, Schuldgefühle, Wut und Angst ziehen das Gehirn in die Gegenrichtung von Liebe, Freude und Frieden. Bis Sie bereit sind, Groll und Ängste loszulassen, werden Sie die tiefgreifenden Veränderungen nicht erreichen, die Sie erreichen wollen.
2. **Die Absicht** der Power-Vergebung heißt darum: „Lass alles los!" Das bedeutet, wirklich alle Ressentiments und Verletzungen mit allem Möglichen und jedem. Das ist ein zentraler Punkt, damit man ganz in das volle Potenzial des Lebens hineintauchen kann – spirituell, geistig, emotional und körperlich.
3. **Bereitschaft ist ausschlaggebend,** weil sie den Beginn der inneren Entscheidung darstellt, die zur Vergebung führt. Manchmal muss ein Betroffener lernen, mit seiner Abwehr und seinen Zweifeln dem Vergeben gegenüber umzugehen, indem er sicherstellt, dass keiner der Mythen der Vergebung ihm im Wege steht.
4. **Bringen Sie sich in eine angenehme, nicht-bedrohliche Umgebung, während Sie diese Arbeit tun.** Das Gehirn funktioniert auf magische Weise am besten, wenn es sich sicher fühlt. Dann können Ihre höheren Denkfähigkeiten anfangen, harmonisch zusammenzuarbeiten, um mit Ihrer bisher nicht verziehenen Stress-Situation umzugehen.
5. **Stoppen und beruhigen Sie Ihre Stress-Reaktionen** zu jedem Zeitpunkt, an dem Sie merken, dass Sie davon gesteuert werden. Wir sind eine komplexe Mischung von Geist, Körper und Seele, nicht nur eine alte, programmierte Stressreaktion. Es ist ganz normal, dass Menschen solche Reaktionen mit sich selbst identifizieren. Aber das stimmt nicht. Sie sind nicht wir!
6. **Vergebung ist eine Bewegung des Herzens, die uns dafür öffnet, mitfühlender und liebevoller zu sein.** Akte der Freundlichkeit oder Wohltätigkeit sich selbst gegenüber oder für andere zu tun, ist heilend und transformierend. So bekommt Vergebung Kraft, denn die Essenz unseres Seins ist Liebe.
7. **Finden Sie die Metapher oder das Symbol für die Verletzung,** weil das Gehirn in Symbolen denkt. Zum Beispiel sind Worte Symbole für komplexe Handlungen oder Dinge. Wenn Sie sich um schwierige Situationen und Menschen kümmern, dann finden Sie heraus, ob sie vielleicht etwas in Ihrem Leben symbolisieren, was ähnlich ist, beispielsweise ein Chef, der wie Ihr Vater ist.
8. **Selbst-Vergebung lindert Schuldgefühle, Scham und das Bedürfnis zu beschuldigen.** Selbstvergebung ist bei unserer Heilung genauso wichtig, wie anderen zu vergeben. Schuldgefühle und Scham halten uns davon ab, ein glückliches Leben in Fülle zu leben.

9. **Seien Sie sich Ihrer Werte bewusst und passen Sie auf, dass Sie nicht urteilen.** Wir verurteilen andere, wenn Sie nicht unseren eigenen Moralvorstellungen, Werten und Regeln entsprechen. Schuld und Scham entstehen daraus, dass wir selbst nicht unseren höchsten Moralvorstellungen, Werten und Regeln genügen.
10. **Vergebung bedeutet, unser Selbst und das von anderen ganz neu zu untersuchen und uns sowie andere in einem anderen Licht zu sehen.** Die Maßstäbe, nach denen wir andere und uns selbst beurteilen, einer neuen Überprüfung zu unterziehen, ist eine fortlaufende Übung.
11. **Unsere Reaktion auf unsere Außenwelt ist ein Spiegel unserer Innenwelt.** Wenn Sie anfangen, mit dieser Arbeit vertraut zu werden, werden Sie erkennen, dass die Welt, die Sie außen sehen, ein Spiegel dessen ist, was in Ihrem Inneren vor sich geht. Aus diesem Grund ist es so wichtig, die Projektionen aufzudecken. Oft nämlich zeigen Ihnen Menschen Dinge, die Sie selbst betreffen, oder spiegeln Ihre Werturteile und Regeln. Wenn Sie dies erkennen können, dann wird aus jeder Vergebung Selbstvergebung.
12. **Liebe ist der Schlüssel. Liebe ist zum Geben da.**

Sich auf den Prozess vorbereiten

a) *Legen Sie einen Stift und ausreichend Papier bereit.*
b) *Nehmen Sie sich ausreichend Zeit, in der Sie nicht unterbrochen werden.* Je nach dem Stadium, an dem Sie gerade arbeiten, werden Sie Zeitblöcke von wenigstens 30 Minuten bis zwei Stunden brauchen oder sogar mehr. Als ich meinen Prozess durchlief, arbeitete ich viele Stunden lang daran. Das konnte ich jedoch nur, weil ich gut mit inneren Prozessen vertraut war.
c) *Essen Sie ausreichend, aber lassen Sie nicht zu, dass Nahrung zu einer Ablenkung wird.* Seien Sie sich bewusst, dass Sie einen Drang spüren werden, die harten Themenbereiche zu vermeiden, wenn Sie sich mit einer schwierigen Situation beschäftigen. Achten Sie insbesondere auf plötzliche Gier nach Essen, Zigaretten oder Koffein. Manchmal ist das Verlangen nach Ablenkung ein Hinweis darauf, dass Abwehrmechanismen im Gange sind, die das Vergeben verhindern.
d) *Arbeiten Sie mit anderen Menschen zusammen,* denn das kann Ihnen helfen. Gruppen, die gemeinsam an ihrem eigenen Vergebungsprozess arbeiten, zeigen hervorragende Ergebnisse.
e) *Stellen Sie sicher, dass Sie keine Drogen oder Alkohol in Ihrem Körper haben,* wenn Sie mit dem Prozess beginnen. Ich spreche hier nicht von Medikamenten, sondern von Freizeitdrogen. Diese und Alkohol töten vorübergehend die Stressreaktionen ab. Bei jeder Art von innerer Arbeit jedoch werden sie Sie davon abhalten, tiefer in eine Situation einzusteigen.

f) *Meditieren Sie, ziehen Sie sich zurück und entspannen Sie sich.* Beginnen Sie dabei mit den leichteren Übungen.

Angeles Arrien, eine meiner Vergebungslehrerinnen, sagte: „Sie können auf Ihrem spirituellen Weg nicht weiterkommen, ehe Sie nicht eine Berichtigung Ihrer Ursprungsfamilie, Ihres Ursprungslandes und Ihrer Ursprungsreligion vorgenommen haben."

Berichtigung bedeutet, etwas richtig zu stellen. Meine eigene Vergebungsarbeit mit meiner ersten Religion brachte die Erfahrung einer tiefen Verbindung zu Gott in mir hoch, die ich als junger Mensch gehabt hatte. Ich hätte diese Erfahrung nicht wiedergewonnen, wenn ich nicht Dinge „berichtigt" und mich in eine neue geheilte Beziehung zu meiner Vergangenheit gesetzt hätte.

Einst fragte mich jemand: „Wenn Sie spüren, dass das Leben nicht gut läuft, aber Ihnen nicht einfällt, dass Ihnen jemand einmal übel mitgespielt hat, was tun Sie dann?" Ich empfahl ihm, eine Liste von allem zu machen, das ihn in der Welt verletzte. Als er einmal anfing, all die Verletzungen aufzuschreiben, öffnete sich für ihn eine Tür zu längst vergessenen Situationen. Es ist wie bei einem Raucher, der weiß, dass er besser aufhören sollte zu rauchen, sich aber noch nicht dafür bereit fühlt. Sie müssen sich bereit und willens fühlen, sich mit dem auseinanderzusetzen, was in Ihnen los ist, damit Sie wirksam vergeben können.

Ein Überblick über die wesentlichen Elemente

- Halten Sie durch Inspiration und Ihre höchste Vision Ihre Motivation aufrecht!
- Schreiben Sie darüber, was in Ihnen vorgeht oder über ein spezifisches Thema – das wird das Werkzeug sein, das wir am häufigsten einsetzen! Über all Ihre Verletzungen und Hassgefühle zu schreiben wird Ihnen das Rohmaterial für Ihren Power-Vergebungsprozess verschaffen.
- Beschäftigen Sie sich nicht als Erstes mit den schwierigsten Situationen. Achten Sie darauf, woran Sie *bereit* sind zu arbeiten und was Sie wirklich loslassen möchten. Das wird Ihnen die Energie und das Gespür dafür geben, was Sie als Nächstes in Angriff nehmen wollen.
- Wenn Sie Fortschritte bei einigen der größeren Verletzungen gemacht haben und sie wirklich loslassen können, werden Sie merken, dass Sie über mehr Energie und innere Stärke verfügen, mit der Sie schneller auf Ihrer Liste weitermachen können. Bei dieser Arbeit bekommen Sie Ihre gesamte emotionale und spirituelle Energie zurück, die vorher gebraucht wurde, um die unverziehenen Verletzungen aufrechtzuerhalten.

- Mit jedem Akt der Vergebung sollten Sie eine innere Veränderung spüren – den „Felt Shift“. Wenn Sie nun zulassen, dass jeder der Menschen, denen Sie vergeben haben, Ihnen durch den Kopf geht, dann sollten Sie dabei auf Ihren Körper, Ihren Herzschlag und Ihre Muskelspannung achten. Bei vielen Menschen auf Ihrer Liste werden Sie sofort merken, dass Sie wirklich vergeben haben, weil Sie sich absolut wohlfühlen werden, bei anderen werden Sie spüren, dass es noch etwas zu vergeben gibt. Und während Sie weitermachen, werden Sie merken, dass es Ihnen leichter fällt zu vergeben, und dennoch dieses fröhliche, friedliche und liebevolle Ergebnis spüren.
- Bei wahrer Vergebung wird es überhaupt keine Feindseligkeit mehr geben. Sie werden eine neutrale oder sogar positive Erfahrung mit dem betreffenden Menschen machen, wenn Sie an ihn denken. Wenn Sie bei jedem Menschen, dem Sie vergeben, Erlösung spüren, Freude oder Frieden, dann sollte keine Verletzung mehr übrig sein. Machen Sie dies mit jedem Menschen und jeder Situation auf Ihrer Liste.
- Manchmal entsteht ein Loslassen schlicht dadurch, dass Sie erkennen, dass Sie einem anderen etwas Ähnliches angetan haben.
- Setzen Sie die Geheimnisse, wichtigen Punkte und Prinzipien ein, wenn Sie das Gefühl haben, stecken geblieben zu sein.
- Brechen Sie die Verletzung in so kleine Teilbereiche wie möglich herunter.
- Im Laufe des Prozesses werden Sie merken, dass er immer schneller vor sich geht. Sie werden leichter vergeben können und dennoch denselben fröhlichen, friedlichen und liebevollen Effekt erzielen – manchmal sogar noch stärker. Gegen Ende des gesamten Power-Vergebungsprozesses brauchen Sie dann nur noch an den Täter zu denken und Sie werden in der Lage sein zu vergeben, weil Sie Ihre persönliche Macht und Liebe zurückgewonnen haben.

„Man kann den wahren Adel des Geistes nicht erreichen,
wenn man nicht bereit ist, die Unvollkommenheiten der menschlichen Natur
zu vergeben. Denn alle Menschen, ob sie es nun wert sind oder nicht,
brauchen Vergebung.“

Hazrat Inayat Khan, 1882 – 1927, Indischer Sufimeister

Kapitel 14

Der Power-Vergebungsprozess

Der Power-Vergebungsprozess besteht aus drei Teilen oder Phasen.

Teil 1 – Sich mit dem Unverziehenen in seinem Leben konfrontieren
Teil 2 – An den Ereignissen arbeiten
Teil 3 – Die Transformation in sich spüren

Im ersten Teil erkunden Sie alle unverziehenen Situationen Ihres Lebens sowie alle Menschen, denen Sie nicht vergeben haben. Sie notieren sie alle auf Listen, statt dass Sie zulassen, dass sie sich weiter unter der Oberfläche festfressen.

Im zweiten Teil arbeiten Sie mit dieser Liste, jeweils mit einem Menschen oder einem Aspekt von vielen Verletzungen, die dieser Mensch Ihnen angetan hat. Dieser Teil beschäftigt sich mit den Grundlagen des Vergebens, die wir in den ersten Kapiteln beschrieben haben. Wenn Sie all den Menschen vergeben haben und keine Verletzungen mehr in Ihrem Leben zurückgeblieben sind, dann geschieht eine Transformation, die den dritten Teil bildet.

Bitte beachten Sie: Da dies der *Power-Vergebungsprozess* ist, sprechen wir hier davon, dass Sie sich mit ALLEN Menschen auseinandersetzen, die Sie verletzt haben, statt dass Sie zulassen, dass einige unter der Oberfläche weiter in Ihnen wirken.

Wenn Sie Anfänger oder Anfängerin sind, dann empfehle ich, dass Sie nicht all Ihre Verletzungen auf einmal aufzuschreiben versuchen, es sei denn, Sie befinden sich in einem Workshop, einem supervidierten Intensivtraining oder unter engmaschiger Supervision und in einem geschützten Raum und einem klaren Ablauf, sodass Sie in der Lage sind, sich ganz auf den Prozess zu konzentrieren, und nicht von Ihren Verletzungen abgelenkt werden.

Wenn Sie diese Arbeit allein tun wollen, dann werden Sie den Prozess wahrscheinlich nicht ohne Hilfe abschließen können, wenn Sie zu sehr abgelenkt sind oder sich zu verletzt fühlen. Wenn Sie das Buch vollständig durchgelesen und schon einigen Erfolg mit dem Loslassen Ihrer Verletzungen gehabt haben und bereit sind, dann schreiben Sie ALL Ihre Verletzungen auf. Aber Sie **müssen** unmittelbar darauf mit dem Vergeben weitermachen. Lassen Sie keine Zeit verstreichen!!!

Wenn Sie sich bei dem Prozess nicht wohlfühlen, dann nehmen Sie einfach einen Menschen, der Sie verletzt hat, und arbeiten Sie mit ihm oder ihr. Stellen Sie sicher, dass dieser Mensch nicht derjenige ist, der Sie am meisten verletzt hat. Sie werden sich schon noch mit dem Menschen mit der meisten „Ladung" beschäftigen, aber nicht jetzt. Gewöhnen Sie sich erst einmal an den Prozess und spüren Sie zuerst, was er bewirken kann.

Teil 1 – Sich mit dem Unverziehenen in Ihrem Leben konfrontieren

Schreiben Sie alle Menschen, Organisationen, Situationen oder Orte auf, bei denen Sie Groll verspüren oder Hass, Wut, Angst oder Kritik. Es könnte sein, dass Sie merken, dass es viele negative Handlungen gibt, die mit einem einzelnen Menschen oder einer bestimmten Sache verbunden sind. In diesem Stadium aber schreiben Sie nur die Situationen auf, mit denen Sie sich beschäftigen wollen. (Arbeiten Sie nur mit denen, mit denen Sie sich konfrontieren können. Wenn einige zu verletzend sind, dann können Sie sich mit ihnen beschäftigen, wenn Sie vertrauter mit dem Prozess sind. Für den Augenblick tun Sie die Vergebungsarbeit, die Sie können; das wird Ihnen die Energie bringen, die verletzenderen Situationen zu bearbeiten.)

Die Hauptfragen bei diesem Schritt sind:

a) Wer oder was verletzt mich?

b) Was genau sind **all** die Dinge, die jeder Täter begangen hat?
Anmerkung: Es ist ganz wichtig, diese Verletzungen in einzelne Bestandteile herunterzubrechen. Stellen Sie sicher, dass Sie jede Verletzung in ihre einzelnen Bestandteile heruntergebrochen haben. So kann eine Situation aus 20 kleineren Situationen bestehen, die alle Vergebung brauchen. Ebenso kann ein Mensch bei einem großen Vorkommnis 20 kleinere Verletzungen begangen haben. Kümmern Sie sich um jede dieser Verletzungen, bevor Sie zu jemand anderem weitergehen. Es ist leichter, die 20 einzelnen Handlungen zu vergeben, als alle gleichzeitig.

c) Nachdem Sie die Situation in kleine Einheiten heruntergebrochen haben, arbeiten Sie mit jedem Teil, bis Sie sich mit allen beschäftigt haben.

Hier sind die Fragen, die Ihnen helfen können, die Punkte A und B tiefgehender zu behandeln.

1. Wenn ich mich mit der Umgebung bei mir zuhause beschäftige, was muss ich loslassen?
2. Bei wem fällt es mir schwer zu vergeben?

3. Gibt es etwas, was ich mir selbst nicht vergeben kann?
4. Gibt es irgendwelche Situationen, die loszulassen oder zu vergeben ich einfach nicht die Willenskraft oder die Bereitschaft habe?
5. Gibt es Handlungen, die vollkommen unverzeihlich sind?
6. Gibt es Situationen, auf die ich wahrscheinlich regelmäßig negativ reagiere?
7. Gibt es Situationen, in denen ich gegenwärtig schlecht behandelt werde?

Notieren Sie nur so viel, dass es Ihr Gedächtnis aktiviert, wenn Sie es wieder lesen. Maximal ein Satz oder einige Stichworte können genug sein, um das Ganze in Ihnen wiedererstehen zu lassen. Nur Sie werden dies ja wieder lesen, niemand anderes. Sie müssen auch keine Absätze machen. Ich hatte 30 Seiten voll mit Einzeilern. Sie alle waren nicht witzig, aber sie waren alle auf dem Papier verfügbar.

Die Absicht dahinter ist, dass Sie all Ihre Verletzungen aufschreiben. Das alles auf einmal zu tun kann bedeuten, dass Sie sich sehr aufregen und aufgeregt und verletzt bleiben und sich als Opfer fühlen, wenn dies der emotionale Zustand ist, der Sie in die Lage versetzt, alles zu notieren. Das ist oft zu schwierig, obwohl einige es geschafft haben. Ich wollte den gesamten Schmerz wieder fühlen, sodass ich ihn vollständig loslassen konnte. Oft ist es leichter, einzelne Bereiche Ihres Lebens zu nehmen und sich mit ihnen zu beschäftigen, bevor Sie weitermachen.

Nachdem Sie Ihre Verletzungen aufgeschrieben und sie in kleine Einzelverletzungen heruntergebrochen haben, besteht der nächste Schritt darin, sich zu entscheiden, woran Sie als Erstes arbeiten wollen. Weil dies eine Überforderung darstellen kann, empfehle ich, dass Sie die kleineren Verletzungen zuerst bearbeiten und diese aus dem Weg räumen. Manche Menschen lieben es, sich kopfüber in die schwierigsten Dinge zu stürzen. Wir haben eben alle unsere unterschiedlichen Arten und Wohlfühlbereiche. Aber nur wenige Menschen sind in der Lage, alles auf einmal anzugehen. Viel öfter braucht es eine Eins-zu-Eins-Vergebungsberatung oder ein Vergebungs-Intensivseminar mit einem anderen oder mit anderen, um alles anzugehen. Das bedeutet, dass Sie sich in einer Sitzung mit einem Bereich Ihres Lebens beschäftigen sollten und diesen ganz bearbeiten. Verbringen Sie wenigstens eine Stunde bei jeder Sitzung. Wenn ich mit Menschen arbeite, dann nehme ich mir gern jedes Mal mehrere Stunden für sie Zeit, aber das hängt von Ihnen und von dem Menschen ab, der mit Ihnen arbeitet. Erinnern Sie sich daran, dass Sie die gesamte Zusammenfassung im Kopf haben, und nutzen Sie die wichtigen Punkte und Geheimnisse.

Teil 2 – An einem Ereignis arbeiten

Phase 1 – Eröffnungsstadium

Dies ist die Vorbereitungsphase der Arbeit an einer Verletzung. Wir haben sie in Kapital 1 bis 8 dieses Buches beschrieben. Eine Zusammenfassung findet sich am Ende von Teil II in Kapitel 9 dieses Buches. Ausgerüstet mit diesem Wissen der ersten Kapitel kann dieses Eröffnungsstadium schnell durchlaufen werden.

Bitte denken Sie daran, dass dieses ganze erste Stadium der Arbeit an einem verletzenden Menschen oder einer einzelnen Verletzung durch einen Menschen innerhalb von Augenblicken erledigt sein kann. Wenn Sie einmal jeden Schritt verinnerlicht haben, dann wird er zu einem Punkt auf einer Checkliste, mit der Sie sicherstellen können, dass sie ihn abhaken können.

Hier ist noch einmal eine Zusammenfassung des ersten Stadiums (lesen Sie Kapitel 9, wenn Sie mehr darüber wissen wollen):

1. **Treffen Sie die Wahl, die sich richtig anfühlt.**
   Brechen Sie die Verletzung in Einzelbereiche herunter und wählen Sie eine Verletzung aus.
2. **Achten Sie darauf, ob Sie wirklich bereit sind.**
   Stellen Sie sicher, dass Sie wirklich bereit sind, sich mit dieser Verletzung zu konfrontieren.
3. **Konzentrieren Sie sich darauf, was Sie motiviert, zu vergeben.**
   Je stärker Ihre Motivation ist, desto größer ist die Wahrscheinlichkeit, dass Sie erfolgreich sein werden. Diese Motivation setzt Ihren Geist auf eine Spur der Suche nach mehr Verständnis und Mitgefühl und trägt Sie durch die emotionalen Blockaden, die wahrscheinlich hochkommen werden.
4. **Gehen Sie richtig mit Ihren Gefühlen um.**
   Wenn Sie an eine gewählte Situation denken, gibt es dann andere Gefühle darunter, oder gibt es Gefühle, die mit der Hauptemotion vermischt sind, wie Hoffnungslosigkeit, Demütigung oder Schuld? Welche Folgen haben Sie zu der Zeit gefürchtet?
5. **Finden Sie Ihre Bedürfnisse heraus und auch die Schuld, die noch nicht beglichen ist.**
   Das herauszuarbeiten, was der Täter Ihnen noch schuldet, ist grundlegend, ebenso die Wirklichkeit dessen, was Sie wirklich wollen. Was schuldet er/sie Ihnen? Beachten Sie dazu die Zusammenfassung zum Thema Bedürfnisse, Wünsche und Schuld in Kapitel 2.

6. **Schauen Sie die ganz realen Folgen an, die das Festhalten an dieser Verletzung in Ihrem Leben verursacht.**
   Was ist die Belohnung dafür, dass Sie an der Verletzung festhalten? Was sind die negativen Folgen, wenn Sie an dieser Verletzung festhalten?
7. **Gehen Sie mit Ihrer Abwehr und Ihren Widerständen gegen das Vergeben um.**
   Stellen Sie sicher, dass keine Mythen der Vergebung aktiv sind. Wenn nötig, betrachten Sie die Liste der Mythen der Vergebung in Kapitel 3, um sicherzustellen, dass Ihnen keiner der Mythen im Wege steht.
8. **Schauen Sie, ob Sie vergeben können.**
   Können Sie sich jetzt auch selbst vergeben? Auch wenn es unverdient ist – können Sie aus Mitgefühl dem Anderen und sich selbst gegenüber vergeben?

Das erste Stadium vertiefen

Die erste Phase des *Power-Vergebungsprozesses* beschäftigt sich mit den Grundlagen des Vergebens. Viele Menschen sind in der Lage, mit diesen ersten Schritten schon Erlösung zu erfahren. Schritt 1 bis 8 folgen praktisch den ersten Kapiteln dieses Buches.

Das nächste Stadium vertieft diesen Prozess bis zur Vollendung, indem man:
- sich tiefer mit der Situation befasst,
- seine Perspektive über den Täter verändert,
- die inneren Mechanismen untersucht, die dazu führen, dass der wirkliche Grund der Verletzung verborgen bleibt,
- das Positive in dem entdeckt, was geschehen ist,
- Selbstvergebung übt

und damit weitermacht, bis alle Verletzungen abgeschlossen sind.

Phase 2 – Das Stadium des Verstehens

Verständnis ist ein grundlegender Schlüssel, um Gefühle und ein verschlossenes Herz aufzuschließen, wenn man sich mit dem Bereich des Herzens beschäftigt – was ja beim Vergeben geschieht. Nach dem Eröffnungsstadium, bei dem Sie begonnen haben, sich mit der verletzenden Situation zu konfrontieren, gehen Sie nun über zum zweiten Stadium, bei dem Sie Methoden und Anleitungen durcharbeiten, die Ihr Verständnis und Ihr Mitgefühl für einen anderen und für Sie selbst vertiefen helfen.

Jede einzelne der folgenden Kategorien kann Ihnen die Vergebung schenken, nach der Sie suchen. Machen Sie einfach weiter damit, die Liste der Methoden und ihrer Schritte durchzuarbeiten, bis Sie den „Felt Shift" fühlen, der ein Zeichen für den Erfolg ist.

Indem er versteht, wie das Gehirn arbeitet und wie wir es einsetzen, erlangt der Vergebungsschüler Mitgefühl für unser Menschsein. Mitgefühl bezwingt das emotionale Feuer der Wut und der Rachegefühle.

Im Laufe des menschlichen Wachstums entwickelt sich das emotionale (limbische) System vor dem intellektuellen. Selbst bei Teenagern ist die Entwicklung der Nervenzellen in demjenigen Bereich des Gehirns, das den Intellekt steuert, noch nicht abgeschlossen. Aufgrund der früheren Entwicklung des emotionalen Systems sind Gefühle durchaus in der Lage, unser logisches Denkvermögen auszuschalten. Wir wissen jedoch aus der Psychologie und aus der Gehirnforschung, dass es bei einer Verletzung hilfreich sein kann, das Licht logischer Analyse auf eine emotionale Verletzung scheinen zu lassen, um die Verletzung zu heilen. Dies kommt daher, weil der linear denkende, analytische Teil unseres Gehirns, der in der linken vorderen Hälfte des Neocortex angesiedelt ist, dafür ausgestattet wurde, unser emotionales System zu lenken.

Wege zur Erhöhung von Verständnis und Mitgefühl

Wir können viele Wege wählen, um unser Verständnis füreinander zu vertiefen. Dieses Vertiefen hat oft eine Veränderung unserer Sichtweise von Situationen zur Folge. Die Kunst der Beratung besteht auch im Wesentlichen darin, dass sich Sichtweisen auf eine Situation verändern, ob der Berater nun mein Freund, mein Geistlicher, ein Vergebungsberater oder mein Psychotherapeut ist. Die Methoden, die ich hier im Folgenden darstelle, werden Sie in die Lage versetzen, Ihr eigener Vergebungsberater zu sein. Dennoch empfehle ich, dass Sie mit jemandem arbeiten, der sich mit dieser Arbeit auskennt, damit er oder sie Sie durch diesen Prozess hindurchtragen kann, statt dass Sie gleichzeitig Klient und Berater in einer Person sein müssen.

Hier sind einige hilfreiche Fähigkeiten, über die Sie schon etwas gelesen haben und die Ihnen helfen können, Ihr Verständnis für die Situation, einen anderen Menschen und für sich selbst zu vertiefen:

Fähigkeit 1 – Untersuchen Sie Ihre Verhaltensregeln.
In unserer Diskussion über Gerechtigkeit haben wir erkannt, dass es notwendig ist, sich seiner Prinzipien, Werte und Benimm- oder Verhaltensregeln bewusst zu sein.

- Welchen Ihrer Prinzipien ist der Täter nicht gefolgt?
- Welcher Ihrer Werte wurde nicht beachtet oder abgewiesen?
- Welche Regeln wurden gebrochen?

Und nun fragen Sie sich bei jeder Regel, bei jedem Prinzip und bei jedem Wert:

1. Obwohl auch andere diese Prinzipien, Werte und Regeln beachten sollten – ist meine Erwartung realistisch, wenn ich die Lebensumstände des Täters in Betracht ziehe?
2. Bin ich selbst immer in der Lage gewesen, diesen Prinzipien und Regeln zu folgen?
3. Habe ich selbst dasselbe auf irgendeine Weise anderen zugefügt?

Fähigkeit 2 – Ändern Sie Ihre Perspektive.
Die Art und Weise zu verändern, wie Sie einen Menschen oder eine Situation betrachten, ermöglicht, den Menschen von seinen Handlungen trennen zu können. Wie Terry Hargrave betont: „Wenn Sie als Opfer anfangen können, die Begrenzungen des Täters zu verstehen, dann können Sie auch anfangen, seine Menschlichkeit zu erkennen.“ (1)

Manchmal brauchen wir, um unsere Perspektive ausreichend verändern zu können, die Fähigkeit, mit Gottes Augen zu schauen. In Situationen, die offenkundig unverzeihlich sind, müssen wir uns auf unsere höchste Vision konzentrieren. Auf diese Weise können wir den notwendigen Wandlungsprozess in unserer Sichtweise erzielen, der uns dahin führt, dass wir die Verletzung gehen lassen können.

- Fragen Sie sich: „Ist es möglich, dass es andere Sichtweisen als meine eigene gibt?" Und wieder ist es so, dass bereits die Bereitschaft ausschlaggebend ist, sich andere Sichtweisen zu eigen zu machen. Unser Verlangen danach, immer im Recht sein zu wollen, übermannt oft unser Verlangen nach der Wahrheit in der Situation und macht uns blind dafür, eine andere Perspektive einzunehmen.

Einer meiner Schüler beklagte sich vehement während des ganzen Seminars über einen Bauunternehmer, der ihn betrogen und damit seine familiären Schwierigkeiten verursacht hatte. Aus seiner Perspektive heraus war er völlig im Recht, und ich stimmte mit ihm darin überein, dass es nicht in Ordnung war, was der Typ angerichtet hatte. Dennoch weiß ich, wenn ich viel Ärger vor mir sehe, dass es dahinter mehr anzuschauen gibt als das Thema: Bin ich nicht im Recht?, wenn ein Mensch sich wirklich besser fühlen und heil werden möchte.

Erst als er seinen Abschlussbericht für das Seminar schrieb, erkannte er, dass auch der Bauunternehmer Zeit und Geld verloren hatte. Diese Veränderung in seiner Perspektive, wie er die Situation im Allgemeinen und im Besonderen nun betrachtete und wie er die Perspektive des Anderen verstehen konnte, half ihm dabei, sich besser zu fühlen. Die Veränderung in der Sichtweise rechtfertigte keineswegs, was geschehen war, brachte aber mehr Verständnis dafür, warum der Bauunternehmer sich so verhielt, wie er es tat.

A: Die Welt mit den Augen des Anderen sehen
Schreiben Sie in Ihr Tagebuch die Umstände, die das Ereignis umgeben, das Sie vergeben möchten, und zwar aus der Perspektive des Menschen, der Sie verletzt hat. Nutzen Sie dabei alles, was Sie über den Hintergrund und die Kindheit des Betreffenden wissen, und schreiben Sie seine Version dieser Situation. Versuchen Sie zu verstehen, wie die Welt sich mit seinen Augen anfühlt. Es könnte schwer sein, das zu tun, besonders, wenn es um ernsthaft verletzende Situationen geht.

Setzen Sie Meditation und vielleicht auch Gebete ein, um diese Übung vollenden zu können, besonders, wenn Sie merken, dass Sie viel Widerstand dagegen haben. Notieren Sie in Ihr Tagebuch, wenn Sie sich festgefahren fühlen.

1. Schreiben Sie auf, nach welchen herrschenden moralischen Richtlinien der/die Betreffende Ihrer Ansicht nach lebt, die sein/ihr Verhalten in der Situation beeinflusst haben sollten.
2. Schreiben Sie auf, welches möglicherweise seine/ihre Ängste und Hoffnungen waren, seine/ihre Vorlieben und Abneigungen.
3. Wie war es wohl, in seiner/ihrer Familie aufzuwachsen?
4. Wie war es wohl, in der Kultur oder in der Zeit, in der er/sie lebte, aufzuwachsen?
5. Welche inneren Themen hatte er/sie wohl zu bewältigen?
6. Worin bestand seine/ihre emotionale Intelligenz?
7. Was war seine/ihre Erwartung an Sie, an andere?

Wenn Sie nicht genug Information über den Menschen haben, um diese Übung zu machen, dann fragen Sie jemanden, der es wissen könnte. Beispielsweise konnte Lucy ihrem Vater vergeben, als ihre Tante ihr erzählte, dass ihr Vater als Kind in den Händen seines Vaters, Lucys Großvater, eine äußerst brutale Behandlung erfahren hatte.

Während Sie die Version des Täters aufschreiben, achten Sie auf den „Felt Shift“. Achten Sie auf jeden Unterschied in Ihrem Verständnis der Situation. Schreiben Sie alle Einsichten über den Menschen auf, die Sie vielleicht im Laufe der Übung gehabt haben. Wenn Sie sich einmal mit diesem Prozess vertraut gemacht haben, dann kann es sein, dass dieser Punkt in wenigen Augenblicken erledigt ist.

B: Was ist der große Plan dahinter?

1. Schreiben Sie auf, wie die Situation in Ihre Vorstellung von Karma oder von einem göttlichen Plan passen könnte.
2. War der Mensch in Ihrem Leben, um Ihnen eine wertvolle Lektion beizubringen?

C: Weitere Fragen, die Ihre Perspektive ändern könnten

1. Auf welche andere Weise könnte ich diese Situation noch betrachten?
2. Kann ich anderen zuhören, die vielleicht eine andere Ansicht vertreten?
3. Kann ich Hilfe von anderen suchen?
4. Wie würde ein neutraler Beobachter das sehen?
5. Was habe ich ausgelassen? Bin ich über irgendetwas hinweggegangen, das ich selbst vielleicht zu dem schlechten Ausgang beigetragen habe?
6. Was habe ich vielleicht hinzugefügt, was ich besser nicht getan hätte?
7. Halten Sie an Ihrer Verletzung aus Loyalität einem Dritten gegenüber fest?

Um diese Fähigkeit abzuschließen:

- Stellen Sie sicher, dass Sie all die Arten aufgeschrieben haben, die den Täter aus seiner/ihrer Perspektive ins Recht setzt.
- Achten Sie bitte auf den „Felt Shift" in Ihrer eigenen Perspektive und auf Ihre Gefühle während dieses Stadiums.

Fähigkeit 3 – Konfrontieren Sie sich mit Ihren Abwehrmechanismen.

Nun, da Sie die Situation aus der Perspektive betrachtet haben, die Sie für die Ansicht des Täters halten, ist es an der Zeit, noch tiefer zu gehen.

Das Gehirn ist dafür ausgestattet, unser prinzipielles Gutsein und unsere Rechtschaffenheit zu verteidigen. Deshalb, wie wir das auch in Kapitel 10 schon besprochen haben, schieben wir oft Fehler, die wir begangen haben, aus unserem Bewusstsein heraus und übertragen sie auf andere. Dann bestreiten wir, dass wir diese falschen Handlungen je begangen haben. Eine Art, wie wir uns selbst verteidigen, besteht darin, dass wir uns verletzt oder empört fühlen. Indem wir andere dafür verantwortlich machen, was in unserer Welt geschieht, scheinen wir unser ideales Selbstbild aufrechtzuerhalten. Es erfordert deshalb Mut, in Erwägung zu ziehen, dass unsere Reaktionen ihren Ursprung in den spezifischen Abwehrmechanismen der Projektion haben – jemand anderen zu beschuldigen, um den Schmerz zu vermeiden, dass wir selbst den Fehler begangen haben.

Wenn Sie erkennen können, dass Sie etwas Ähnliches getan haben wie das, was Sie an jemand anderem verletzt hat, dann wird Vergebung leichter, weil dadurch das Element der Demut in Ihren Standpunkt kommt und Sie in die Lage versetzt, Verständnis und Mitgefühl aufkommen zu lassen. In diesem Moment bricht unsere Abwehr gegen das Schlimme zusammen. Sie wird zurückkommen, wenn wir uns selbst nicht für diese Handlung vollständig vergeben haben, weshalb es bei dieser Arbeit auch ein Selbstvergebungsstadium gibt.

Hier sind weitere Fragen, die Sie dabei unterstützen können, Zeichen von Projektion bei sich leichter feststellen zu können:

1. Wie würde ein neutraler Beobachter all dies sehen?
2. Was habe ich hinzugefügt, was nicht stimmte?

Gesamtkonfrontation mit Ihren Abwehrmechanismen

a) Distanzieren Sie sich von allem, indem Sie fragen: „Wie würde ein unbeteiligter Beobachter das sehen?"
b) Erkennen Sie, ob Sie selbst etwas Ähnliches getan haben – vielleicht nicht in dem Ausmaß, und auch nur in einem ähnlichen Zusammenhang, und vielleicht haben Sie auch nicht anderen etwas Ähnliches angetan, sondern sich selbst.
c) Wenn Sie diese Frage mit Ja beantwortet haben, dann fragen Sie sich:
   - Kann ich dem Täter vergeben, dass er dasselbe getan hat wie ich? Oder dafür, dass er einen unrealistischen Wert, eine Moralvorstellung oder Regel gebrochen hat, genau wie ich?
   - Kann ich mir selbst verzeihen, dass ich dasselbe getan habe?

Bis hierher haben Sie in dieser Situation:

- Ihre eigene Verantwortung daraufhin untersucht, wie Sie Ihre Verletzung und Ihren Groll aufrechterhalten,
- Ihre Perspektive ausreichend verändert, dass Sie in der Lage sind, auch das Menschsein des Täters zu erkennen,
- Ihre eigenen unrealistischen Erwartungen betrachtet
- die nicht durchsetzbaren Werte und unrealistischen Regeln entdeckt,
- mehr Mitgefühl und Verständnis für den Standpunkt des Anderen entwickelt.

Fähigkeit 4 – Positiver denken und fühlen.

A: Entdecken Sie eine tiefere Bedeutung in dem Ereignis.

Vergebung wird Ihre Fähigkeit zu lieben erhöhen, weil sie eine Verschiebung Ihrer Weltsicht erfordert. Mit dieser neuen Perspektive ist es möglich, nach einer tieferen Bedeutung in den Situationen zu forschen, die Sie durch Vergebung losgelassen haben.

Fragen, die Sie sich stellen können:

1. Was hat diese verletzende Erfahrung mir über mich selbst, die Welt oder andere Menschen beigebracht?

2. Wie bin ich an dieser Erfahrung gereift?
3. Was habe ich als Folge dieser Erfahrung über Liebe und Mitgefühl gelernt?
4. Wie haben sich meine Werte geändert?

B: Seien Sie dankbar.
Dankbarkeit ist eine kraftvolle Veränderungsmethode, die jederzeit wirkt.

Suchen und schätzen Sie in der Vergebungsarbeit Arten und Weisen, durch die der Täter Ihnen geholfen hat. Es gibt dazu unterschiedliche Möglichkeiten und Perspektiven. Selbst ein negatives Rollenmodell kann Ihnen etwas Positives beigebracht haben. Ron beispielsweise war in einer besonders unfreundlichen und bösartigen Sekte, deren Anführer gegen das Konzept von Liebe war. Als er erkannte, wie schrecklich Menschen sich in dieser unfreundlichen Sekte behandelten, entschied er sich, sein Leben, so sehr er nur konnte, dem Ziel liebevoller Güte zu widmen.

Wenn Sie Ihre Dankbarkeit auf diejenigen ausweiten, die Ihnen eine größere Lebenslektion erteilt haben, dann schicken Sie Liebe, den größten Heiler. Diese Liebe, merkwürdig genug, heilt Sie selbst, indem Sie sie einem anderen schenken.

Dankbar zu sein macht es leichter. Eine wirksame Kontemplation ist, sich selbst zu fragen: „Für was, das sich aus dieser Situation ergeben hat, bin ich dankbar?" Sie fragen sich das wieder und wieder, bis Sie sich dankbar fühlen. Ich habe erlebt, wie Menschen mit dieser Erforschung begonnen haben, die offenbar nichts hatten, für das sie dankbar sein konnten. Sie suchten ihren ganzen Verstand durch, um etwas zu finden, für das sie dankbar sein konnten. Am Ende erkannten sie, dass sie als Folge dieser Situation viele Dinge wertschätzen konnten.

C: Schenken Sie Liebe.
Können Sie sich vorstellen, dass Sie den Menschen, dem Sie zu vergeben versuchen, einfach nur halten und lieben, ganz egal, was geschieht? Ihn oder sie zu halten wie eine Mutter oder ein Vater ihr Kind halten würden, auch wenn sie vielleicht nicht mit ihm einverstanden sind, aber ihn oder sie dennoch lieben. Sie können vielleicht immer noch nicht mit dem übereinstimmen, was er oder sie getan hat, aber Sie tun es nicht länger voll Wut oder Groll.

Erinnern Sie sich:

- Jedes Mal, wenn Sie an diesem Thema arbeiten, fühlen Sie vielleicht eine innere Veränderung. Dies könnte alles sein, was Sie brauchen, um es zum Guten zu wenden. Sie können immer noch später zu Ihrer Position zurückkommen, wenn es nötig sein sollte. Aber: Sie werden überrascht sein, was eine kleine Verschiebung der Perspektive für Folgen haben kann!

- **Wenn** Sie vergeben haben, gehen Sie zum nächsten Teil der Situation über, den Sie heruntergebrochen haben.
- **Wenn** Sie den Teil nicht vergeben konnten, an dem Sie gerade arbeiten: Schauen Sie, ob Sie ihn in noch kleinere Aspekte herunterbrechen können. Dann machen Sie die Eröffnungsschritte mit der neu heruntergebrochenen Verletzung.

ODER

- Schauen Sie noch weiter zurück. Fragen Sie sich:

1. Was in meiner Vergangenheit erinnert mich daran?
2. Gibt es eine frühere Situation in meinem Leben, die dieser hier vielleicht ähnlich ist?
3. Was muss ich von meiner Vergangenheit loslassen, einschließlich meiner Herkunftsfamilie, um mir hierbei zu helfen?

Dann gehen Sie zurück und vollziehen Sie die oben genannten Verständnisschritte mit diesen neuen Punkten.

- **Wenn es immer noch keine Veränderung gibt** – nehmen Sie ein anderes Ereignis von Phase 1 und arbeiten Sie daran und kommen Sie dann später auf dieses unvollendete Ereignis zurück.

Erinnern Sie sich:

- **Wenn** Sie meinen, dass es sich noch nicht aufgelöst hat, fragen Sie sich:

1. „Auf welche andere Art und Weise könnte ich diese Situation noch betrachten?"
2. Gibt es andere Menschen, mit denen ich sprechen könnte, die einen anderen Standpunkt einnehmen?
3. Kann ich Hilfe von anderen bekommen?

- Gehen Sie in die Stille und übergeben Sie es der göttlichen Hilfe, die für Sie da ist! Geben Sie es hin und lauschen Sie. Haben Sie Vertrauen in die göttliche Liebe. Sie haben alles getan, was Sie tun konnten. Erinnern Sie sich daran, das Göttliche um Hilfe zu bitten, um einen anderen Standpunkt einnehmen zu können!

Phase 3 – Stadium des Erkennens

Während unserer Arbeit mit diesem Menschen werden Sie eine Verschiebung Ihres Standpunktes und Ihrer Haltung fühlen. Wenn dies geschieht, dann nehmen Sie sich Zeit, die innere Veränderung zu spüren, und denken Sie erneut an den Menschen, um zu erkennen, ob da noch irgendein Groll oder eine Verletzung übrig ist. Wenn ja, dann gehen Sie dorthin zurück, wo Sie im Verständnis-Stadium aufgehört hatten.

Wenn Sie dem Menschen oder einer spezifischen Handlung, die er begangen hat, vergeben, dann ist die erste Vergebensebene dieses Themas abgeschlossen. Manchmal wird Ihre Vergebensarbeit schnell gehen. Sie können jede Phase sogar in Minutenschnelle durchlaufen. Solange Sie eine eindeutige emotionale Verschiebung bei jeder unangenehmen Handlung des Täters empfinden, machen Sie es richtig. Irgendwann werden Sie in der Lage sein, dem Menschen vollständig zu vergeben, solange Sie die Schritte bei all seinen verletzenden Handlungen einhalten.

Wenn Sie fühlen, dass Vergebung bei diesem spezifischen Punkt geschehen ist, gehen Sie weiter zum Selbstvergebungsstadium dieser spezifischen Handlung.

Irgendwann im Verlauf des Prozesses und, indem Sie diese Fähigkeiten nutzen, um Ihr Verständnis und Ihr Mitgefühl auszudehnen, werden Sie:

- Ihre Perspektive der Situation oder des Menschen zum Positiven verändern und Vergebung für diesen Menschen verwirklichen.
- Wenn dies geschieht, dann gehen Sie über zum Selbstvergebungsstadium, um die Vergebungsarbeit an dieser spezifischen Verletzung zum Abschluss zu bringen.

Phase 4 – Selbstvergebung erlangen

Weil die Welt, wie wir sie sehen, unsere eigenen Haltungen und unser Denken widerspiegelt, ist es immer nützlich zu erkennen, womit Sie selbst etwas zu tun haben und was Sie selbst betrifft. Deshalb und um die Vergebung dauerhaft werden zu lassen, müssen Sie sich mit einer zweiten Ebene der Vergebung beschäftigen, die darin besteht, sich mit Ihrem eigenen ähnlichen Tun auseinanderzusetzen.

Der erste Teil dieses Stadiums heißt persönliche Verantwortung. Hier versuchen Sie genau zu erfassen, was der Mensch, dem Sie gerade vergeben haben, in der Situation explizit getan hat, um zu erkennen, ob dies auch etwas mit Ihnen selbst zu tun hat.

Hier sind Fragen, die bei diesem Punkt helfen können:
1. Ist diese unvergebene Situation ein Spiegel für etwas in mir?
2. Habe ich anderen etwas Ähnliches angetan? Oder vielleicht nur mir selbst? (Das Ausmaß mag nicht dasselbe sein, aber vielleicht gibt es Ähnlichkeiten?)

Beachten Sie: Ohne Selbstvergebung ist es sehr wahrscheinlich, dass die Verletzung sich auf andere Weise mit anderen Menschen fortsetzt.

Der zweite Teil besteht darin, sich selbst für die ähnliche Handlung zu vergeben, die Sie vielleicht anderen oder sich selbst angetan haben.

Ich weiß nicht, was für Sie nötig ist, damit Sie sich selbst vergeben können. Manche Menschen entscheiden sich schließlich einfach, die Last loszulassen, die sie getragen haben. Peter sagte zu mir, nachdem er den Prozess durchlaufen hatte: „Ich habe gemerkt, dass ich lange genug Schmerzen mit mir herumgetragen habe. Diese Schmerzen waren meine Wiedergutmachung. Ich habe einfach beschlossen, dass genug genug ist. So war ich in der Lage, bei jeder Sache, die hochkam, die Verletzung loszulassen, die ich mir selbst zum Vorwurf machte. Als ich das tat, spürte ich mehr und mehr Mitgefühl mit mir selbst und konnte erkennen, wie sehr ich mich selbst gefoltert hatte. Jeder Akt der Vergebung war eine Erlösung für mein Herz."

Selbstvergebungsfragen: Nutzen Sie die folgenden Fragen im Hinblick auf den Menschen, mit dem Sie in dieser Situation beschäftigt sind (Auch wenn Sie schon einmal mit Selbstvergebung gearbeitet haben, konzentriert sich dieses Stadium darauf, dass Ihre Vergebungsarbeit vervollständigt wird.)

1. Bin ich bereit, mir selbst denselben Werteverstoß zu vergeben, den ich einem anderen zu vergeben bereit bin?
2. Kann ich mir dieselben Verletzungen vergeben, die ich einem anderen vergeben habe?
3. Spüre ich irgendein Schuldgefühl im Zusammenhang mit meinem eigenen Werteverstoß, das ich mir vergeben müsste?
4. Was ist dazu nötig, dass ich mir das vergeben kann? Muss ich irgendwem gegenüber Wiedergutmachung leisten?
5. Für diejenigen von Ihnen, die einer christlichen Orientierung anhängen, könnte diese Frage von Nutzen sein: Kann ich Gottes Vergebung für mich an diesem Punkt annehmen?

Wenn Sie spüren, dass Sie sich selbst vergeben haben, dann gehen Sie auf ganz natürliche Weise zum nächsten Stadium über, um die Situation abzuschließen.

Phase 5 – Das Stadium der Heilung

Mit diesem Abschluss haben Sie dem Andern und dann auch sich selbst vergeben. Sie erleben jetzt eine Veränderung der Intensität, und eine natürliche Bewegung zur Danksagung kommt auf. Hier sind die Fragen, die beim Abschluss der Arbeit an der Verletzung durch diesen Menschen hilfreich sein können. Bei diesem Stadium suchen Sie nach dem, was Sie durch die Situation gelernt haben und wobei Ihnen dies hilfreich war. Gibt es irgendetwas, was Sie dadurch gewonnen haben, dass dieser Mensch in Ihr Leben getreten ist? Jetzt ist der Moment, in dem Sie wertschätzen können, wie weit Sie in Ihrem Leben gekommen sind, und Ihre Haltung zu dem, was Ihnen durch diesen Menschen geschehen ist, verändern können.

Andere Fragen aus dem Dankbarkeits-Teil können hier auch von Nutzen sein:

1. Wofür können Sie dieser Situation dankbar sein? Was hat sie Ihnen beigebracht?
2. Hat die Situation einen Einfluss auf Ihr Leben gehabt – hat sie Sie stärker gemacht, kompetenter oder erfolgreicher?
3. Was haben Sie daraus gelernt?
4. Wie hat der Mensch oder wie haben die Menschen Ihnen geholfen?
5. Wie haben sie anderen geholfen?
6. Wie haben sie dazu beigetragen, dass sich eine positive Veränderung in Ihrem Leben ereignet hat?

Wenn Sie die Verletzung und dann auch sich selbst vergeben haben, dann spüren Sie den erfolgreichen Abschluss der Situation. Sie sollten keinerlei Feindseligkeit mehr fühlen, und normalerweise sollte es auch ein Gefühl von liebevoller Freundlichkeit dem dabei beteiligten Menschen gegenüber geben.

In nicht bedrohlichen Situationen könnte es sein, dass Sie vielleicht sogar Ihre Wertschätzung dem Anderen gegenüber zum Ausdruck bringen wollen. Als Mary Lou sich beispielsweise mit einer Verletzung durch einen Mentor beschäftigte, sandte sie ihm einen Wertschätzungsbrief, in dem sie sich für die Unterstützung bedankte, die dieser Mentor ihr im Laufe der Jahre gewesen war.

Jede der folgenden Gesten kann sich eignen, um Ihre Wertschätzung zum Ausdruck zu bringen:

- ein Dankbarkeitsbrief
- Blumen
- ein Anerkennungsbrief
- persönlich Anerkennung aussprechen

Es könnte sogar sein, dass es ein Verlangen nach Versöhnung in Ihnen gibt. Aber lassen Sie es jetzt erst einmal damit bewenden, den Prozess weiterzuverfolgen, und gehen Sie über zum nächsten Schritt, der darin besteht, dass Sie die nächste Verletzung in sich klären.

Der zweite Abschnitt dieses Heilstadiums besteht darin, sich eine weitere Situation vorzunehmen, die Sie stört. Gehen Sie denselben Prozess durch, um demjenigen und sich selbst zu vergeben, und kehren Sie so oft zum Stadium der Heilung zurück, bis es irgendwann nichts mehr zu vergeben gibt. Wiederholen Sie dieses Stadium, bis *alles vergeben ist.*

Wenn alle Ihre Verletzungen losgelassen werden konnten, dann wird da ein Friede, eine Liebe und eine Freude in Ihnen sein, die Sie seit langem schon nicht mehr gefühlt haben. Das bringt Sie zum nächsten Teil.

Teil 3 – Transformation

Anfänglich bemerken Sie vielleicht nicht all die Veränderungen, die in Ihrem Leben geschehen werden. Manche werden sehr subtil sein, manche wirklich bedeutsam. Diese Veränderungen werden nicht nur Sie selbst betreffen, sondern sich auch auf andere in Ihrem Umfeld auswirken. Das ist wie bei dem christlichen Konzept der Gnade. Natürlich ist diese Erfahrung nicht nur auf Menschen mit einem christlichen Hintergrund beschränkt, sondern kann in jeder Religion erfahren werden, weil es darum geht, alle Störungen, die uns bewusst sind, loszulassen und stattdessen im Herzen anzukommen. Aber was wirklich geschieht, ist, dass das Gehirn in die Lage versetzt wird, zu einer höheren Funktionsebene aufzusteigen. Wie lange dieses Stadium dauert, ist von Mensch zu Mensch unterschiedlich.

Es bedeutet nicht, dass jemand dauerhaft erleuchtet ist, nur dass der Mensch, der dieses Transformationsstadium erreicht, Situationen oft ganz anders betrachtet als zuvor und in einer besseren Art und Weise reagiert. Er oder sie wird natürlich auch einige der Wesenszüge weiter zeigen, die nicht so normal sind, besonders jene Eigenschaften, die von dem Vergebungsprozess nicht angesprochen wurden. Power-Vergebung ist kein endgültiger Lebensveränderungsprozess, aber sie versetzt einen Menschen in die Lage, von einer höheren Bewusstseinsebene aus zu funktionieren, indem sie dem Menschen wirkungsvolle Werkzeuge in die Hand gibt, Verletzungen leichter loszulassen, und ihm so ermöglicht, sich schneller zu heilen und zu erneuern.

Danke, dass Sie bis hierhin durchgehalten haben. Seien Sie gesegnet, dass Sie diese Arbeit tun.

Bitte bedenken Sie: Im Anhang F werden Sie die Zusammenfassung des *Power- Vergebungsprozesses* finden. Wenn Sie sie benutzen, dann stellen Sie bitte sicher, dass Sie dem folgen, was ich in diesem Kapitel ausgeführt habe, weil diese Zusammenfassung die Kenntnis der Kapitel 13 und 14 erfordert.

Der verkürzte Power-Vergebungspozess

Wenn Sie den Eindruck haben, dass Sie schneller fortschreiten, und wenn Sie wissen, was Projektion ist, und sie in Ihrem Leben erkennen können, dann können Sie auch die verkürzte Version des *Power-Vergebungsprozesses* ausprobieren.

Meine eigene Transformation entstand durch die folgenden Schritte. Sie müssen sich allerdings klarmachen, dass ich Jahre des Trainings hinter mir hatte, die alles betrafen, was Sie hier in diesem Buch finden, vor allem, was Prozessarbeit und Abwehrmechanismen angeht. Und ich hatte innerliche spirituelle Hilfe. All dies versetzte mich in die Lage, in mich hineinzuspüren und Antworten zu finden.

Wenn Sie auch über diese inneren Fähigkeiten und Erfahrungen verfügen, dann können Sie die folgenden Schritte versuchen. Wenn Sie entdecken, dass Sie nicht herausfinden können, wie Sie dieselben Handlungen – metaphorisch gesprochen – auch begangen haben, dann wird dieser verkürzte Prozess nicht funktionieren. Diese Sichtweise ist ausschlaggebend für diesen besonderen Prozess. Wenn Sie die Freude und die Zunahme an Energie der folgenden Schritte nicht spüren können, dann wechseln Sie besser zum vollständigeren Prozess in diesem Kapitel und arbeiten damit.

Der ursprüngliche Prozess

Diese Schritte beginnen, nachdem Sie:

- all die verletzenden Situationen und Menschen in Ihrem Leben entdeckt und aufgeschrieben haben und
- einen Menschen ausgewählt haben, mit dem Sie bereit sind zu arbeiten.

Bei einer der Verletzungen, die dieser Mensch Ihnen zugefügt hat, fragen Sie sich:

1. Was fühle ich, wenn ich hinspüre, was dieser Mensch mir angetan hat?
2. Wovor hatte ich Angst?
3. Welche Werte, Gesetze, Regeln oder Moralvorstellungen hat dieser Mensch gebrochen?

4. Habe ich eine unrealistische Erwartung an diesen Menschen oder an mich selbst, diesem Gesetz, diesem Wert und dieser Regel entsprechen zu müssen?
5. Habe ich dasselbe auf irgendeine Weise einem Anderen oder mir selbst angetan?
6. Kann ich demjenigen vergeben, dass er/sie dasselbe getan hat, was ich getan habe? Oder dafür, dass er/sie einen unrealistischen Wert, eine Moralvorstellung oder eine Regel gebrochen hat, genau wie ich auch?
7. Kann ich mir selbst vergeben, weil ich dasselbe auch getan habe? (ein Schritt von aussschlaggender Bedeutung)
8. Was sind die Dinge, für die ich dem Menschen gegenüber auch dankbar bin?

Dann wählen Sie etwas anderes, was der Mensch Ihnen angetan hat und mit dem Sie bereit sind zu arbeiten, und gehen Sie die Schritte 1 – 8 erneut damit durch.

Der nächste Teil des Buches beschäftigt sich damit, wie man die Tür für Vergebung und Transformation offen lässt.

Teil V

Nach dem Prozess

Um die positiven Folgen des Prozesses zu erhalten und sie noch weiter zu stärken, gib es einige wichtige Handlungen, die Sie nie vergessen sollten:

- Behalten Sie eine regelmäßige Praxis bei.
- Halten Sie Ihre Motivation aufrecht.
- Finden Sie innere und äußere Unterstützung.
- Setzen Sie vertiefende Werkzeuge ein, um noch mehr vergeben zu können.

„Die unbeschreibliche Freude, zu vergeben und Vergebung zu erfahren, wird zu einer Ekstase, die sogar den Neid der Götter herausfordern könnte."

Elbert G. Hubbard (1856 – 1915),
amerikanischer Autor, Künstler und Philosoph

Kapitel 15

Heilung, die nie endet

Nach der tiefgreifenden Veränderung

Die Transformation, von der ich gesprochen habe, ist eine spirituelle Wiedergeburt. Das ganze Potenzial des Lebens liegt vor uns, offen wie ein Buch. Das Gefühl einer viel tieferen Spiritualität ist oft ganz offensichtlich. Herbert Benson hat ein hervorragendes Buch über die Wirkungen dieser Gipfelerfahrung mit dem Titel *The Break-out Principle* geschrieben.

Nachdem Sie Ihre Vergebungsarbeit getan haben, werden Sie entdecken, dass sich Ihr Leben auf vielerlei Weise verbessert hat. Diese können sein:

- Entlassung aus dem emotionalen Gefängnis
- Leben aus dem Herzen
- Versöhnungsmöglichkeiten
- Einen tieferen Sinn in Ihrem Leben finden

Ohne eine Möglichkeit, all diese Freude, die Liebe und das bessere Lebensgefühl in bestimmte Bahnen zu lenken, kann eine tiefe Lebenskrise daraus entstehen. Wenn wir die christlichen Erfahrungen der Wiedergeborenen betrachten, dann wurden diese Menschen in ihren Kirchen aktiv und/oder setzten sich aktiv für etwas ein, was ihre Gemeinden weiterbrachte. Ich glaube, dass es ganz natürlich ist, anderen helfen zu wollen. Eine positive Wirkung in dieser Welt zu haben, befriedigt uns zutiefst. Als soziale Wesen brauchen wir das Gefühl, dass wir uns in eine Richtung bewegen, die bedeutungsvoll ist – nicht nur für uns, sondern auch für das größere Ganze – gesellschaftlich, spirituell oder sogar national.

Entlassung aus dem emotionalen Gefängnis

An diesem Punkt Ihrer inneren Arbeit haben Sie die alten Verletzungen losgelassen, die Sie innerlich eingesperrt gehalten haben. Wenn Sie sie einmal losgelassen haben, befreien Sie sich von dem Teufelskreis, durch den Sie Ihre Verletzung jedes Mal wiedererleben müssen, wenn Sie nur daran denken. Diese Wunden loszulassen bringt viel positive emotionale Energie mit sich.

Vergebung entfernt die emotionalen Blockaden, sodass Sie eine klarere Vision für Ihre Zukunft erkennen können. Wenn Sie sich selbst aus dem emotionalen Gefängnis des Grolls entlassen, dann ist Freude ein ganz natürliches Nebenprodukt. Freude ist Ihr bester Wegweiser, um sich in Einklang mit der Wahrheit dessen zu bringen, was Sie wirklich sind, mit Ihrer Authentizität. Sie können vollkommen in Berührung mit dem Frieden oder der Liebe sein, die Ihrem Leben Bedeutung verleihen.

„Liebe ist in jedem Fall der Sieger. Liebe zerbricht die Eisenstangen des Denkens, erschüttert die Mauern materiellen Denkens, öffnet die Kette der Bindungen, die das Denken um uns geschlungen hat, und befreit den Gefangenen aus seinem Gefängnis."

Ernest Holmes, Theologe, Autor und spiritueller Lehrer (1)

Aus dem Herzen leben

Jede Handlung, die Sie aus Groll begehen, wird Sie von der inneren Ausdehnung, von Liebe und Freude wegführen. Dies gilt auch für die Sklaverei, die sich manchmal als Dienst am anderen maskiert, wobei der Unterschied darin besteht, dass man dabei keine Wahl hat und deshalb unterschwellig grollt. Wahrer Dienst am Anderen jedoch bringt eine unglaubliche Menge positiver Energie und Liebe mit sich. Das ist die Bedeutung von „Aus dem Herzen leben".

Vergebung, und zwar insbesondere, wenn man sie zu einer regelmäßigen Praxis macht, ermöglicht Ihnen, in Freude und Frieden aus dem Herzen zu leben. Ob es bei Ihrer Arbeit ist oder in nahen Beziehungen – achten Sie sorgsam auf die Bewegungen Ihres Herzens. Aus der Liebe heraus zu leben erfordert, dass wir einen Weg finden, diese negativen Emotionen loszulassen, wenn wir einmal herausgefunden haben, was sie uns mitzuteilen haben. An ihnen festzuhalten und sie immer wieder zu fühlen, schadet unserer Fähigkeit zu lieben.

Aus meiner eigenen Erfahrung heraus empfehle ich, sich Hilfe zu suchen, um Ihre nicht liebevollen Gedanken zu korrigieren, wenn Sie nicht in der Lage sind, das selbst zu tun.

Tieferer Sinn

Nicht nur Ihre Fähigkeit zu lieben wird zunehmen, sondern auch Ihre Weltsicht sowie Ihr Bild von sich selbst und von anderen Menschen werden sich verändern. Mit dieser neuen Perspektive werden Sie durch das, was Ihnen geschehen ist, einen tieferen Sinn in Ihrem Leben entdecken. Es könnte sogar sein, dass Sie einen „göttlichen Blick“ auf Ihr Leben tun können, statt in der selbstzentrierten Sichtweise steckenzubleiben, die Sie vorher hatten.

Ein Beispiel für diese neugewonnene Perspektive ist der Traum eines Ortspolizisten, der diese Art Wirkung auf mich ausübte. Jack arbeitet schon 20 daran, dass die Gesetze eingehalten werden, und er hat ein intensives Leben geführt. Eines Nachts sah er sich im Traum surfen, was seine Lieblings-Sportart war. Als er gerade auf einer riesigen Welle ritt, flog ein Engel direkt neben ihm und sagte: „Und das war's!“ Er verstand es im Traum so, dass dies bedeutete, dass nun sein Leben zu Ende sei, und sagte: „Okay, das ist ein tolles Leben gewesen, ich dank dir sehr dafür. Ich habe das Leben in seiner ganzen Fülle gelebt. Vielen Dank dafür”.

Wenn ich anderen diese Geschichte erzähle, dann zeigen sie alle dieselbe Reaktion wie er. Und sie bekommen ein wesentlich besseres Gefühl für ihr Leben, für das, was sie durchgemacht haben und was aus ihnen geworden ist.

Vergebung auch nach dem Tode?

Der bekannte Arzt und Nahtodexperte Raymond Moody schrieb ein Buch mit dem Titel *Saved by the Light* zusammen mit Dannion Brinkley über Brinkleys Nahtoderfahrung (NDE). Ob NDEs nun echt sind oder nicht, werden wir wahrscheinlich nie wirklich wissen, aber ich referiere hier, was dieser renommierte Psychiater Moody berichtete:

Während er klinisch tot war, sah Brinkley sein Leben erneut von allen Seiten und erkannte mit Schrecken den ganzen Schaden, den er bei anderen angerichtet hatte, und auch, wie diese schlimmen Taten sich ausbreiteten und sogar noch schlimmere Ereignisse nach sich zogen. Er wurde wiederbelebt und schwor, dass er sein Verhalten ändern und von nun an anderen Menschen helfen wolle. Aufgrund seiner körperlichen Verletzung bei seinem ersten Tod und seiner starken Arbeitsbelastung starb er kurze Zeit später erneut. Dieses Mal beinhaltete die Rückschau all das Gute, das er in seinem späteren Leben getan hatte. Er erkannte, wie diejenigen, denen er geholfen hatte, nun weiter anderen halfen. Und dann hörte er eine klare, kraftvolle Stimme sagen: „Du kannst die nächste Ebene ohne Vergebung nicht erreichen.“ Er entschied sich in diesem Moment, alle Verletzungen loszulassen und zu vergeben. Plötzlich war er Teil des himmlischen Lichts. Er hatte gelernt, dass Vergebung ein ausschlaggebender Teil des Seins im Licht ist. Ihm wurde dann gesagt, dass er zurückgehen und den Menschen diese Botschaft bringen solle. (2)

Versöhnungsmöglichkeiten

Versöhnung, die in einer Beziehung geschieht, kann sich wie ein Segen anfühlen, aber Vergebung führt nicht immer dazu. Der Mensch, mit dem Sie eine Verletzung bearbeitet haben, ist vielleicht schon gestorben oder nicht mehr in Ihrem Leben, oder vielleicht einfach nicht offen für eine Beziehung mit Ihnen. In solchen Fällen wird eine Versöhnung nicht möglich sein, aber Vergebung ist nicht davon abhängig. Sie können die Verletzung loslassen, ob Sie sich nun mit dem Betreffenden versöhnen oder nicht.

Wenn Sie Ihre Vergebungsarbeit getan haben, dann empfehle ich Ihnen, die folgenden Bücher zu lesen:

- *Forgive for Love: The Missing Ingredient for a Healthy and Lasting Relationship,* von Fredric Luskin
- Für Christen, den Teil 3 von "*Forgiving and Reconciling: Bridges to Wholeness and Hope*" von Everett L. Worthington jr.

(Beide Bücher sind leider nur auf Englisch erhältlich, Anm. d. Übersetzerin)

Abgesehen davon, dass sie Ihnen selbst hilft, sich besser zu fühlen, kann Versöhnung auch dem Menschen, dem Sie vergeben haben, wirklich helfen. Nachdem Kirk und Nate einen Finanzvertrag geschlossen hatten, hielt sich Kirk nicht an die Vereinbarung und Nate erlitt einen herben Verlust. Nate hatte Kirk zwar vergeben und ließ die Sache auf sich beruhen, aber er wollte nichts mehr mit ihm zu tun haben. Später erzählte ein Freund Nate, dass Kirk durch die Situation am Boden zerstört war und bedauerte, dass er ihre Freundschaft verloren hatte. Nate rief Kirk an und entschuldigte sich dafür, dass er den Kontakt abgebrochen hatte. Daraufhin sagte Kirk: „Ich bin sechs Monate lang kein Stück weitergekommen. Ich schaffe nichts mehr in meinem Leben, aber ich kann die Situation ja nicht rückgängig machen oder zum Besseren wenden. Es tut mir so leid." Für Nate war die Sache ausgestanden, als er Kirk vergeben hatte. Für Kirk dagegen war es sehr wichtig, dass sie sich aussöhnten. Nate sagte später: „Wenn ich nicht bereit gewesen wäre, mich zu versöhnen, dann wäre Kirk nicht in mein Leben zurückgekehrt und hätte es so bereichert, und er wiederum wäre aufgrund des Verlustes unserer Freundschaft nicht mehr weitergekommen, und ich irgendwie auch nicht."

Die Fähigkeit, loszulassen und sich zu versöhnen, ist nicht nur etwas, was Menschen können. In ihrem Buch *Natural Conflict Resolution* dokumentieren Filippo Aureli von der britischen John- Moores- University und Frans de Waal vom Yerkes Primatenzentrum der Emory Universität Versöhnungen bei nicht weniger als 24 Arten von Menschenaffen, ebenso bei Flaschennasen-Delfinen und Ziegen. (3)

Das Ideal der spirituellen Bewegung Seicho-NO-IE besteht darin, mit jedem versöhnt zu sein. Wie der Gründer sagte:

> „Wahre Versöhnung kann nicht durch Geduld oder Nachsicht mit einem Anderen erreicht werden. Geduldig oder nachsichtig zu sein bedeutet nicht, aus der Tiefe des Herzens versöhnt zu sein. Erst wenn man einander dankbar ist, ist wahre Versöhnung erreicht." (4)

Ich habe diese Vorstellung und den Prozess sehr hilfreich gefunden, nicht nur, was Versöhnung betrifft, sondern auch bei der Selbstvergebung. Und mehr noch, wir sprechen hier eigentlich über eine Versöhnung mit dem Leben selbst – dankbar für alles und jeden in unserem Leben zu sein. Diese Vorstellung ist für mich im Laufe der Jahre sehr wertvoll gewesen, besonders, wenn ich mich über Ereignisse ärgere, die um mich herum geschehen. Wenn ich es schaffe, die Situation oder den Menschen mit Dankbarkeit zu betrachten, dann fühle ich mich versöhnt. Mir fällt dann auch viel leichter eine wirkungsvolle Lösung für das Problem ein, das ich wahrnehme.

Eine sinnvolle Entschuldigung aussprechen

Wenn wir die Bedeutung des Vergebens erkannt haben, dann gibt es ein natürliches Verlangen in uns, auch anderen Menschen beim Vergeben zu helfen, besonders, wenn wir uns gegenseitig verletzt haben. Eine Entschuldigung ist hier eine besonders wirkungsvolle Art und Weise, die Situation zu bereinigen. Beverly Engels Buch *The Power of Apology: Healing Steps to Transform All Your Relationships* ist dafür eine nützliche Hilfe.

Eine regelmäßige Praxis beibehalten

Eine regelmäßige Praxis der Vergebung beizubehalten ist die effektivste Art, Ihren Erfolg dieser Arbeit aufrechtzuerhalten und schnell weitere Verletzungen loszulassen, wenn sie geschehen. Obwohl Sie immer noch überraschend ärgerlich über etwas werden können, werden Sie in der Lage sein, Ihr Gleichgewicht und Ihren geistigen Frieden schneller wiederzugewinnen und Verletzungen mit größerer Leichtigkeit zu bewältigen.

Die beste Art, eine regelmäßige Praxis beizubehalten, die ich entdeckt habe, ist durch eine **abendliche Rückschau**. Machen Sie es sich zur Gewohnheit, am Ende jedes Tages alle Verletzungen zu vergeben, die sich im Laufe dieses Tages ereignet haben. Für mich ist die beste Tageszeit für diese Rückschau der Abend, wenn ich etwas ruhige und ungestörte Zeit für mich habe.

1. Gehen Sie im Geiste noch einmal durch den Tag und räumen Sie mit jeder Verletzung auf, die Sie gespeichert haben – die, die Sie bisher nicht losgelassen haben.
2. Lassen Sie sie dann los.

Wenn Sie entdecken, dass Sie eine Verletzung immer wieder erleben, dann können Sie sicher sein, dass Sie an dieser Stelle einen Vergebungsprozess brauchen.

Erneut vergeben?

Nur weil Sie einmal alle Verletzungen aufgelöst haben, die Ihnen bewusst waren, heißt das nicht, dass nichts mehr hochkommen wird, mit dem Sie sich auch beschäftigen müssen. Im Laufe der Jahre können vielleicht noch viele verletzende Ereignisse und Erinnerungen in Ihr Bewusstsein dringen. Sie verfügen aber jetzt über die Werkzeuge, mit ihnen umzugehen. Wenn Sie eine regelmäßige Vergebungspraxis beibehalten, dann werden Sie nicht von dem überwältigt werden, was sich vielleicht offenbart.

Wenn sich eine größere Situation zeigt, die Sie Ihrer Ansicht nach schon einmal vergeben haben, dann scheint es einfach noch mehr damit zu tun zu geben. Wenn Sie diese Situation noch einmal ganz aus der Nähe betrachten, dann werden Sie erkennen, dass es sich bei dem, was jetzt hochgekommen ist, um einen neuen und anderen Aspekt der Situation handelt. Genauso steht es mit Menschen, denen Sie schon einmal vergeben haben und die Ihnen wieder ins Bewusstsein kommen. Dieser andere Aspekt von ihnen ist offenbar noch nicht vergeben worden.

Arnie beendete den *Power-Vergebensprozess* und monatelang ging es ihm großartig. Dann rief in eines Abends eine alte Beziehungspartnerin an, und sie fingen nach kurzer Zeit an zu streiten. Er war ganz entmutigt, weil er gedacht hatte, er sei mit den Verletzungen aus der Beziehung zu ihr durch.

Bitte beachten Sie: Ihr Prozess ist keine Garantie dafür, dass nun nie wieder Verletzungen geschehen werden. Sie werden!!! Und zwar, weil unsere Abwehrmechanismen immer noch da sind und auch das Reptiliengehirn. Manchmal vergessen wir unsere Verpflichtung unserem Höchsten Potenzial gegenüber und tun etwas automatisch. Dann wundern wir uns darüber, was da passiert. Das wird wahrscheinlich alles vorkommen. Sie werden allerdings entdecken, dass Sie mit dem, was geschehen ist, schneller umgehen und leichter vergeben können, und Sie werden sich dann wieder schneller als je zuvor wohlfühlen.

Humor

Sie werden vielleicht sogar entdecken, dass Sie häufiger über Ihre Reaktionen lachen können, statt sich nur dafür zu verurteilen. Mit diesem Lachen entstehen alle Aspekte des Vergebens auf einmal.

„Lachen ist die kürzeste Distanz zwischen zwei Menschen."

VICTOR BORGE

Ein neues Phänomen mit Namen Lachclubs wurde von dem indischen Arzt M. Kataria erfunden. Inzwischen ist die Lachbewegung eine weltweite Erscheinung mit mehr als 6 000 Clubs in 60 Ländern geworden. Weil Lachclubs die große Macht des Lachens und seine Wirksamkeit als bestes Rezept für das Wohlbefinden verwirklichen, haben sie Lachen in das Leben von vielen Menschen gebracht, die an Verletzungen leiden, die sowohl körperlich sein können als auch geistig oder emotional. Sie haben sogar ein Vergebungslachen entwickelt! (5)

Vorsicht bei alten Gewohnheiten!

Auch wenn Sie Ihren Geist transformiert haben, können alte neuronale Gehirnmuster immer wieder auftauchen. Sie sind schließlich immer noch ein Mensch. Reaktionen werden nach wie vor geschehen, aber sie werden sich auch schneller wieder auflösen.

Am Tag nach meiner eigenen Transformation wachte ich mit derselben frühmorgendlichen Reaktion auf den Tag auf, die ich schon seit Monaten kannte: „Oh nein, nicht schon wieder solch ein Tag!" Dann kam ich zur Besinnung und erinnerte mich daran, dass der Tag zuvor unglaublich gewesen war. Und ich erkannte, dass meine Reaktion nur pure Gewohnheit gewesen war. Sie verschwand sofort. Ich hörte diese *„Oh nein!"*-Reaktion beim Aufwachen noch einige Wochen lang, wobei ihre Stärke jeden Morgen ein wenig nachließ. Am Ende lachte ich schon, wenn ich sie spürte. Dieses Lachen und die Freude blieben jahrelang beim Aufwachen bestehen.

Nähren Sie sich mit Gutem und Positivem.

In der Religion wie auch in der traditionellen Psychologie gibt es die Frage nach dem Umgang mit Verletzungen. In der Psychologie analysieren wir, was geschieht und was in der Vergangenheit geschehen ist. Und wir versuchen vielleicht, die gegenwärtigen Gewohnheiten zu verändern, um die vergangenen Ereignisse, die die Verletzung hervorgerufen haben, besser zu verstehen. Wir haben eine Menge davon in diesem Buch getan. Ein Problem auf seiner eigenen Ebene anzugehen kann ziemlich lange dauern, ehe es sich löst, aber es funktioniert.

Es ist jedoch viel effizienter, sich mit dem Problem von einer höheren Größenordnung her zu beschäftigen – dem spirituellen Geisteszustand. Von dieser Ebene aus geschehen Veränderungen deutlich leichter. Um zu dieser geistigen Ebene vorzudringen, müssen Sie sich die Frage stellen: „Worauf richten Sie Ihre Aufmerksamkeit, Ihre bewusste Wahrnehmung?" Der Ansatz besteht darin, sich auf den positiven Aspekt des Lebens und auf das Göttliche hin auszurichten. Das einzige Problem bei dieser geistigen Ausrichtung besteht darin, dass ein Geist in Aufruhr seine Schwierigkeiten damit hat, das Positive zu entdecken. Unverziehene Situationen werden immer weiteren Aufruhr erzeugen, bis Sie mit ihnen gearbeitet haben.

Selbst nach dem Vergebungsprozess oder auch ohne ihn gibt es oft die Frage, wie man denn das Positive findet. Das ist eine Frage des Verlangens. Um sich öfter besser zu fühlen, nähren Sie Ihren Geist mit mehr von dem, was er wirklich braucht. Und was ist die beste Nahrung für den Geist? Wenn Sie Frieden wünschen, dann fühlen Sie Frieden, seien Sie selbst innerlich friedlicher. Das Problem besteht nicht immer in dem, was in Ihrem Geist ist, sondern in dem, womit Sie Ihren Geist nähren.

Gene, ein Klient und Sektenüberlebender, verbrachte Jahre damit, sich von den Grausamkeiten der Gehirnwäsche in einer besonders missbräuchlichen Sekte zu erholen. Jeden Tag spulten sich in ihm wieder die Verletzungen, Störungen und Vertrauensbrüche ab. „Irgendwann war ich so deprimiert, dass ich eigentlich keinen Sinn mehr darin sah, weiterzumachen", offenbarte er. Mit Hilfe von Freunden begann er loszulassen und zu vergeben. Das war allerdings nicht das Einzige, was er tat. Er fing an, in eine Kirche zu gehen, die er mochte. Er meditierte. Er las regelmäßig inspirierende Bücher. Er hörte auf, Nachrichten und Kommentare im Fernsehen zu sehen. Er begann, sich mit Leuten zu treffen, die einen positiveren Einfluss auf ihn ausübten. Und er achtete darauf, sich mit einer besseren geistigen, seelischen und herzbezogenem Nahrung zu ernähren. Seine Depression verschwand, und er war in der Lage, sich weiterhin gut zu fühlen, wenn er seine Inspiration aufrechterhielt und versuchte, das Positive zu sehen, während er sich vorher mit dem täglichen Ansturm negativer Nachrichten und Ansichten nur heruntergezogen hatte.

Mary, eine Psychotherapeutin, sagte, dass ihre gesamte Therapiepraxis sich veränderte, als sie erkannte, dass es nicht ausreichend war, mit den negativen Gedankenmustern aufzuhören. „Wir müssen stattdessen die positiven hereinholen. Genau wie bei einer guten Ernährung müssen wir die Menge der guten Nahrungsmittel erhöhen und nicht nur mit den schlechten aufhören.“

Werte und Stärken

Wenn wir unsere Aufmerksamkeit auf unsere höchsten Werte und Stärken ausrichten, funktionieren wir besser. Dr. Seligman, der Vater der Positiven Psychologie, gründete die „Werte-in-Aktion” (WIA), eine gemeinnützige Organisation. (6) Diese Forschungseinrichtung versucht, die Wissenschaft der Positiven Psychologie bekannter zu machen, indem sie nach und nach eine systematische Klassifizierung und Messung weit verbreiteter positiver Charakteraspekte vorlegt, die sie „Charakterstärken“ nennt; Beispiele dafür sind Authentizität, Beharrlichkeit, Freundlichkeit, Dankbarkeit, Hoffnung, Humor, Vergebung usw. – von denen jede einzelne in unterschiedlichem Ausmaß in uns vorhanden ist. Vergebung ist nur eine dieser Stärken.

Dahinter steht die Vorstellung, dass Sie so Ihre persönlichen Schlüsselstärken entdecken und einsetzen sowie diejenigen unterstützen können, die Sie mehr in Ihrem Leben brauchen. (7) Wenn Sie mehr über diese Stärken wissen wollen und wie Sie sie besser entwickeln können, empfehle ich Ihnen Dr. Seligmans Buch *Authentic Happiness: Using the New Positive Psychology to Realize Your Potential for Lasting Fulfillment. (8)*

Die vergebende geistige Ausrichtung bringt unsere Tragödien und Traumata auf eine höhere Ebene, sodass Heilung geschehen kann. Für mich besteht die höchste Arbeit darin, dass wir das Göttliche und Heilige in unserem Leben erkennen können. Während die Power-Vergebung sicherlich dafür die Tür öffnet, gibt es noch viele andere Eigenschaften neben dem Vergeben, die entwickelt werden müssen, nachdem man die Tür zur Vergebung geöffnet hat.

Die Werkzeuge zum Vergeben – ausführlich betrachtet

KPV – Drei Begriffe: Kommunikation, Perspektive und Verantwortung stehen im Zentrum eines erfolgreichen Vergebens:

- Kommunizieren über das, was geschieht
- Veränderung Ihrer Perspektive oder Ansicht über etwas und
- die Übernahme von Verantwortung

Diese drei bilden fortlaufende Einzelübungen im übergeordneten Vergebungsprozess. Denken Sie an diese drei Handlungen als drei Arten von Werkzeugen in Ihrer inneren Werkzeugkiste.

Sie werden sie kontinuierlich während Ihrer Vergebungsarbeit einsetzen. Sie werden die meisten schon aus den vorherigen Kapiteln kennen. Ich habe sie hier zusammengestellt, damit Sie sie noch einmal schnell durchgehen können, um das herauszusuchen, was Sie im Moment am meisten brauchen, statt dass Sie den ganzen Power-Vergebungsprozess noch einmal durchgehen müssen.

Das Folgende ist eine Zusammenfassung. (Wenn Sie ausführlicher etwas darüber wissen wollen, dann lesen Sie Anhang B.)

Kommunikation

- Sprechen Sie mit sich und auch mit anderen über die Situation. Schreiben Sie ein Tagebuch und innere Dialoge und reden Sie mit anderen, um die Verletzung und Ihr Verlangen nach Vergebung zu kommunizieren.
- Beten Sie als eine Form der Kommunikation.
- In Ihrer Vorstellung kommunizieren Sie Gedanken der Liebe, die aus Ihrem Herzen zum Herzen des Täters fließen, bis Sie eine Veränderung in Ihrer Einstellung und Ihrer Energie fühlen.

Perspektive

- Versetzen Sie sich in den Anderen hinein. Einfühlung in denjenigen, der Sie verletzt hat, kann der Schlüssel zu Ihrer Freiheit sein!
- Versuchen Sie, eine weitere Sichtweise einzunehmen, die Sichtweise Gottes.
- Beobachten Sie die negativen Folgen des Aufrechterhaltens der Verletzung.

Verantwortung übernehmen

- Erkennen Sie Ihre Verantwortung, dass Sie selbst die Verletzung lebendig halten. Erkennen Sie, wie Sie daran beteiligt waren!
- Seien Sie sich Ihrer Abwehrmechanismen bewusst, mit denen Sie das Loslassen vermeiden. Seien Sie dabei ehrlich mit sich. Haben Sie dasselbe anderen angetan – oder sich selbst?
- Suchen Sie nach den Regeln, die Ihrer Ansicht nach gebrochen worden sind. Sind sie wirklich gültig? Wessen Regeln sind es? Folgen Sie immer diesen Regeln?
- Achten Sie darauf, was Sie vielleicht davon haben, dass Sie nicht vergeben. Was sind die Vorteile davon?

So bleiben Sie motiviert

Lesen Sie als Teil Ihrer täglichen Praxis inspirierende Schriften, die Sie in Einklang mit Ihrer höchsten Vision von sich selbst bringen und dieses Erleben aufrechterhalten. Verbinden Sie sich mit Menschen, die es genauso machen.

Wenn die Haltung der Vergebung in Ihrem Leben vorherrscht, vertieft sich das spirituelle Denken. Demgegenüber verdammen sich diejenigen, die sich selbst nicht vergeben können, zu einem Leben in Furcht und Ärger, was dazu führt, dass sie Schutzmechanismen und Abwehrformen entwickeln.

Deshalb schauen Sie sich jetzt um und finden Sie heraus, ob es inspirierende Schriften, eine Kirche oder eine Organisation gibt, die Ihnen helfen kann, mit Ihrer Vergebungsarbeit fortzufahren.

Geben Sie Unterstützung – Helfen Sie Menschen zu vergeben.

Die kraftvollste Art und Weise, Ihre vergebende Haltung zu bewahren, besteht darin, sie zu unterrichten. Manche Menschen haben Gruppen zur Power-Vergebung gegründet, um anderen beim Vergeben zu helfen. Das ist die Originalvision, die ich von der Erde hatte – dass sie harmonischer und friedlicher wird und dass Menschen anderen beim Vergeben helfen. Das ging weiter und weiter, bis sich diese Arbeit auf der ganzen Welt verbreitet hatte. Wir verfügen nun über die Werkzeuge, um es zu schaffen. Die Vergebens-Stiftung ist da, um Ihnen dabei zu helfen.

Halten Sie Vergebungsseminare in Ihrer Kirche, Ihrem Gemeindehaus und Ihrer Volkshochschule. Nutzen Sie dieses Buch als Anleitung.

„Als Ziel, das gleichermaßen von allen Weltreligionen befürwortet wird,
kann Vergebung eine wahrhaft transformierende Erfahrung sein,
die uns ermöglicht, über unsere eigenen selbstsüchtigen Sehnsüchte
und Bedürfnisse hinauszuwachsen."

HUSTON SMITH, THE WORLD'S RELIGIONS, AUSGABE 1989

Kapitel 16

Das Endergebnis

Vergebung ist ein Akt des Einbeziehens – und das ist auch genau das, was Liebe ist. Sie bezieht ein. Das ist auch das, was das Göttliche ist. Auf der tiefsten Ebene unseres Selbst besteht unsere Freude darin, über unser kleines Reiz-Reaktions-Selbst hinauszuwachsen. Auf der höchsten Ebene wünschen wir uns, mit allem in Einklang zu sein – mit Gott in seinen vielen Aspekten.

Ich habe Menschen kennen gelernt, die so enthusiastisch Vergebung verbreiten wollen, dass sie sie in ihrer Kirche oder an anderen Stellen unterrichten. Manche, wie ich, hatten ihre inneren Visionen davon, wie sie selbst dabei hilfreich sein könnten. Deshalb habe ich die Vergebungsstiftung gegründet, von der ich in Kapitel 1 gesprochen habe. Sie entstand aus der Vision der Möglichkeit einer vergebenden Welt und aus einem Gebet um Führung bei der Frage, was ich denn mit meinem eigenen Leben anfangen sollte. Mein Geist öffnete sich und ich sah Menschen auf der ganzen Welt, die anderen dabei halfen, zu vergeben. Und ich hörte immer wieder das Wort „Die Vergebungsstiftung". Ein Jahr später war sie offiziell gegründet und als gemeinnützig anerkannt.

Was Sie tun können

Welche Bewegung es auch immer in Ihrem Inneren gibt, die Ihrem Leben mehr Sinn verleiht – sie ist von größter Wichtigkeit. Beginnen Sie da, wo Sie gerade im Moment sind, nicht, wo Sie denken, dass Sie sein sollten. Meditation ist ein großartiges Werkzeug, um sich in Einklang mit der göttlichen Inspiration zu setzen, die immer da ist, um Ihnen zur Seite zu stehen. Wir alle verfügen über die innere Hilfe, um uns wieder in Verbindung mit unserem Geist und unserem Herzen zu setzen, was uns helfen wird, einen Weg durch die unendlichen Möglichkeiten unseres Lebens zu finden. Der wichtigste Schritt besteht darin, unseren Geist am göttlichen Geist auszurichten. Während Fehler und Enttäuschungen immer passieren werden, wird das Werkzeug der Vergebung und der Ausrichtung an der Höheren Macht immer Freude bringen, genauso wie Liebe. Und mit Vergebung ist es leichter, sich mit dem Heiligen Gotteshaus in unserem Inneren in Verbindung zu setzen – der Quelle des Lebens und der Liebe. Frieden und Verständnis werden dann ganz automatisch entstehen.

„Schreitet vertrauensvoll in Richtung auf Eure Träume voran.
Lebt das Leben, dass ihr euch vorgestellt habt."

HENRY DAVID THOREAU

Vertrauen stärken

Sich mit dem höchsten Potenzial des Lebens zu verbinden erfordert Vertrauen. Vertrauen zu entwickeln braucht Zeit. Wir sind nicht daran gewöhnt. Unser Reptiliengehirn ist immer noch da und will uns schützen. Es warnt uns vor den Fallstricken und zeigt uns die negativen Dinge. Das ist ganz natürlich. In uns werden immer noch Ängste hochkommen, aber nun können wir leichter mit ihnen umgehen. Vertrauen im Leben und ebenso in einer Liebesbeziehung stärker werden zu lassen, erfordert eine kontinuierliche innere Praxis der ständigen Rückbesinnung auf Frieden und Liebe. Dann wird innere Hilfe für uns stärker verfügbar sein, als wir je gedacht hätten, und wir werden das manifestieren können, was wir in unserem Leben manifestieren wollen.

Das Geheimnis, wie man Vertrauen bekommt, heißt Selbstvergebung. Sie können im Leben nicht vertrauen, wenn Sie sich unwert fühlen, die Geschenke des Lebens zu empfangen. Ich erinnere mich an eine Geschichte aus einem Seminar, das Doris Donnelly „Siebzig mal sieben" nannte und in der ein Mann das gesamte Geld seiner Geschwister verlor, das er investiert hatte. Natürlich fühlte er sich schrecklich. Er hatte einen schlimmen Fehler begangen. Jedes einzelne Familienmitglied vergab ihm. Aber er konnte ihre Vergebung nicht annehmen und zog sich vollkommen von der Familie zurück. Und das war ein schrecklicher Verlust – sowohl für ihn als auch für sie.

Ich glaube, dass die größte Quelle langfristigen Unglücks darin besteht, dass wir uns von unserem höchsten Wesen entfernt halten, vom göttlichen Aspekt des Lebens, oder wie auch immer Sie das nennen mögen. Damit aufzuräumen ist vorrangig und ein Schritt in Richtung auf ein erfüllendes Leben. Vergebung ist natürlich auch ein wichtiger Schritt dazu, so, als ob man ein Fundament aushebt und es mit Beton füllt. Die Frage nach der Entwicklung unserer spirituellen Natur jedoch geht über den Zweck dieses Buches hinaus.

Andauernde Vergebung

Durch neue Lebenserfahrungen werden Sie stets darauf hingewiesen, dass es vergangene Ereignisse gibt, die alten Groll in Ihnen spürbar werden lassen. Wenn Sie sich nicht darum kümmern, dann wird er sich erneut ansammeln und Ihre Lebensfreude beeinträchtigen. Die Vergebung, die Sie vorher ausgesprochen haben, war gültig für diejenigen Dinge, die Sie vergeben haben. Nun müssen Sie jedoch die Themen vergeben, die sich Ihnen heute präsentieren. Für viele ist diese zweite Ebene des Vergebens viel leichter als die erste. Für andere können diese neuen Vergebensthemen die tieferen sein, die unterdrückt waren und sich dem Blick entzogen hatten. Und das könnten die schwierigeren sein.

Jeremy fühlte sich hervorragend, als er seine Vergebungsarbeit mit seinen Eltern getan hatte, und hatte jetzt eine angenehme Beziehung zu ihnen – solange er auf der einen Seite des amerikanischen Kontinents war und sie auf der andren. Als er jedoch in dieselbe Stadt zog und sie viel häufiger sah als vorher, stiegen alte Themen in ihm auf, die er längst vergessen hatte. Das führte zu einem Streit mit seinen Eltern, bis er sich schließlich hinsetzte und selbständig ein „Mini-Vergebungs-Intensivseminar“ machte, das sich ausschließlich mit diesen alten Themen beschäftigte, die er vergessen hatte.

Wenn wir mehr und mehr vergeben, dann werden wir zu einem „vergebenden Menschen”, statt jemand zu sein, der Vergebung nur benutzt.

Schlussbemerkung

Weder der Bereich der Psychologie noch die Religion weiß bisher genau, was geistige und emotionale Gesundheit ist. Der kontinuierliche Einsatz der Vergebung kann das Gesicht der geistigen Gesundheit verändern, weil es das Wohlbefinden unseres Geistes in unsere eigenen Hände legt und uns so für ein Potenzial öffnet, das wesentlich größer ist als das, was von unseren Überlebensmechanismen allein zur Verfügung gestellt wird.

Das Arbeitsfeld der geistigen Gesundheit muss sich verändern. Obwohl es in der Psychologie gute Methoden gibt, um einem Menschen zu helfen, seine Verletzungen loszulassen und Beziehungen zu heilen, glaube ich, dass die Psychologie nicht wirksam genug ist, um wirklich geistige und emotionale Gesundheit in unsere Gesellschaft zu bringen, weil sie bisher die Bedeutung der Vergebung und des Loslassens aller Verletzungen negiert. So wird Vergebung weiterhin missverstanden, weil sie mit Billigung, Versöhnung und Wiederverletzung gleichgesetzt wird.

Zum Nutzen der Gesundheit unserer Gesellschaft und unserer Gemeinden weltweit dürfen wir nicht länger zulassen, dass die Vergebung weiterhin so schlecht gemacht wird. Wir können es uns nicht leisten, dass die geistige Gesundheit abnimmt und Gewaltakte zunehmen. Die Rechts- und Bestrafungssysteme der USA und der übrigen Welt arbeiten vor allem mit dem Konzept der Vergeltung, der Rache und der Bestrafung, bei denen es wenig Vermittlung und Rehabilitation gibt. Das kann man ändern. Wir können anfangen, Vergebung in unserem Leben einzusetzen, und uns damit selbständig um unsere geistige Gesundheit kümmern. Und wir können gesunde Grenzen setzen, damit wir selbst und andere nicht mehr verletzt werden.

Wie ich im Verlauf des ganzen Buches zu zeigen versucht habe, gibt es einen Grund für die Nichtakzeptanz der Vergebung, der sogar über den Graben zwischen der Psychologie und der Religion hinausgeht – der Graben in unserem eigenen Kopf nämlich. Es ist die Spaltung zwischen unserem höchsten und wahren Selbst und unserem grundlegenden Überlebensselbst. Beide gehören zu uns. Ein Teil schenkt uns unsere höchste Vision und ein Ziel für Frieden, Freundlichkeit und Gemeinschaft. Der andere schützt uns, indem er Begrenzungen und Probleme erkennt, aber dieser Teil kann uns auch leicht klein, ängstlich und rachelüstern machen.

Vergebung hebt unsere Fähigkeit an, unser Denken zu kontrollieren und auf das Höchste in uns auszurichten, um uns in eine Freude, einen Frieden und eine Liebe zu versetzen, die wesentlich größer ist als die, die wir vorher besaßen.

Vergebung ist daher ausschlaggebend für unsere geistige Gesundheit, für unser emotionales Wohlbefinden und für unsere spirituelle Erfüllung.

Das Endergebnis

Ich habe im Laufe der Jahre Menschen getroffen, die nicht verstehen können, warum viele Menschen einen solchen Wert auf Vergebung legen. Sie sind nicht etwa Menschen, die nicht verzeihen können – ganz im Gegenteil. Sie halten Ärger über andere einfach nicht fest. Sie besitzen die Demut in sich, keinen Anstoß an anderen oder an Gott zu nehmen, wenn schlimme Dinge geschehen. Sie bleiben in ihrer Liebe zum Leben und zum Höchsten in sich. Das erfordert einen Geisteszustand, der eine Folge großen Mitgefühls und Verständnisses für den Nächsten und für sich selbst ist. Ich glaube, dass diese Fähigkeit in jedem von uns vorhanden ist, weil das Göttliche für jeden von uns verfügbar ist.

Das Endziel dieser Arbeit ist die Vertiefung unserer Verbindung mit anderen, mit dem Leben und mit der göttlichen Gegenwart und Heiligkeit in unserem Leben. Mit den Werkzeugen der Vergebung

- können wir Liebe, Frieden und Freundlichkeit um uns herum erschaffen,

- ganz wir selbst sein und die Freude spüren, die wir verdienen; und
- wir können um unsere ursprüngliche Bindung an die Quelle des Leben und der Liebe wissen und diese jederzeit fühlen.

Eine Vision der Vergebung

Weil wir jetzt schon über ausreichend viele Vergebungsmethoden verfügen, um unser Leben in eins zu verwandeln, das von Liebe, Frieden und Freude erfüllt ist:

- werden wir Vergebung immer weiter verbreiten, sodass Menschen an der Macht der Vergebung nicht länger zweifeln;
- werden wir uns dafür entscheiden, glücklich zu sein und nicht Recht behalten zu wollen;
- werden wir uns dafür entscheiden, liebevoll in unseren Beziehungen zu sein, denn wir wissen, dass dies erfüllender ist, als wenn wir uns gegenseitig etwas übel nehmen;
- werden wir anerkennen, dass wir die Ersten sind, die Heilung durch Vergebung brauchen; und wir wissen nie, wie dies andere beeinflussen wird.
- werden wir verstehen, dass es keine wahre Versöhnung ohne vorherige Vergebung geben kann;
- werden wir unseren Kindern beibringen, wie man vergibt, und sie in der Bereitschaft zu vergeben aufwachsen lassen, sodass sie ein glücklicheres Leben mit bedeutend weniger Konflikten führen können;
- werden unsere Herzen Unterschiede mit anderen Menschen zulassen, ohne sie wegen dieser Unterschiede zu beschuldigen;
- werden Freunde ihren Freunden den Rat geben zu vergeben, statt ihnen nur darin zuzustimmen, wie schlimm die Dinge sind;
- wird die Einzel- und Paarberatung die vielen Methoden des Vergebens einsetzen, um Menschen dabei zu helfen, eigene Verletzungen und Verletzungen durch andere auflösen zu können;
- werden Schulen die Sozialkompetenz erweitern, indem sie Kommunikationsfähigkeiten, Vergebung sowie Konflikt- und Gewaltbewältigungsstrategien lehren, sodass der Geist der Schüler sich für kreative Win-Win-Lösungen in Konfliktfällen öffnen kann;
- werden Geistliche nicht nur predigen, dass Vergebung wichtig ist, sondern Menschen auch beibringen, wie man sie vollzieht. Sie werden Vergebungsseminare und Workshops veranstalten, um ihre Gemeindemitglieder in die Lage zu versetzen, ihren Geist und ihr Herz zu klären, damit sie ein tieferes spirituelles Leben führen – und Gott erfahren – können;

- werden Konfliktbewältigungsprogramme auf der ganzen Welt regelmäßig Vergebung einsetzen. Es gibt keine wahre Konfliktlösung ohne die Bewegung des Herzens, die durch Vergebung erzeugt wird. Vergebung vermittelt die Fähigkeit, zu hören, was der andere Mensch wirklich sagt oder will;
- werden Gewaltbewältigungsgruppen Vergebung als ein wichtiges Werkzeug zur Heilung einsetzen;
- werden Konferenzen zum Thema Heilung das Vergeben als ein kraftvolles Mittel zur Gesundheit hervorheben, statt dies nur so am Rande zu erwähnen;
- wird PTBS nicht länger so behindernd sein, weil die Selbstvergebung und das Vergeben anderer zum Teil des Heilungsprozesses gehören wird;
- wird die Psychologie die Fackel der Vergebung als Wegbereiter geistiger Gesundheit hochhalten;
- werden Jurastudenten und angehende Ärzte in ihrem Studium die Macht der Vergebung als regelmäßigen Ausbildungsinhalt lernen;
- werden Richter Angeklagte auffordern, Berater aufzusuchen oder Vergebungsgruppen zu absolvieren, wenn dies geeignet erscheint;
- werden Länder sicherstellen, dass ihre Repräsentanten und hochkarätigen Verhandlungsleiter auch in Vergebung ausgebildet sind;
- werden Nationen ihre eigenen Wahrheits- und Versöhnungsprogramme auflegen und fördern, um die Heilung zwischen den Rassen, ethnischen Gruppen und Religionen voranzutreiben;
- wird die Vergebungsstiftung nicht länger gebraucht werden, weil Kirchen, Schulen, Universitäten, Regierungen und Familien sich die Sache der Vergebung selbst zu eigen gemacht haben;
- wird die Heilung zwischen den Religionen und Nationen uns zu einer neuen Ära der nicht-gewaltsamen, einfühlsamen Kommunikation und des Miteinander führen.

Vielen Dank, dass Sie sich die Fähigkeiten zum Vergeben angeeignet haben!

ANHANG

A: Die 12 Schritte der Anonymen Co-Abhängigen
B: 24 Vergebungmethoden
C: Das Versöhnungsgebet
D: 1. Wie wir uns wahrscheinlich fühlen,
wenn unsere Bedürfnisse NICHT erfüllt werden
2. Wie wir uns wahrscheinlich fühlen,
wenn unsere Bedürfnisse erfüllt werden
E: Die Prinzipien der Einstellungsheilung
F: Zusammenfassung des Power-Vergebungsprozesses

„Vergebung ist die Antwort auf den Traum eines Kindes über ein Wunder, mit dessen Hilfe das, was zerbrochen ist, wieder heil und das, was beschmutzt ist, wieder rein wird."

Dag Hammarskjold, Ex-Generalsekretär der Vereinten Nationen

Anhang A

Die 12 Schritte der Anonymen Co-Abhängigen (Co-DA)

1. Wir gaben zu, keine Macht über andere Menschen zu haben – dass unser Leben nicht mehr zu meistern war.
2. Wir kamen zu dem Glauben, dass eine Macht, größer als wir selbst, uns unsere geistige Gesundheit wiedergeben kann.
3. Wir fassten den Entschluss, unseren Willen und unser Leben der Obhut Gottes – wie wir Gott verstanden – anzuvertrauen.
4. Wir machten eine eingehende und furchtlose innere Bestandsaufnahme von uns selbst.
5. Wir bekannten Gott, uns selbst und einem anderen Menschen die genaue Art unserer Verfehlungen.
6. Wir waren vorbehaltlos bereit, alle diese Fehler in unserem Charakter von Gott beseitigen zu lassen.
7. Demütig baten wir Gott, unsere Mängel von uns zu nehmen.
8. Wir machten eine Liste aller Personen, die wir geschädigt hatten, und wurden bereit, dies bei allen wieder gutzumachen.
9. Wir machten direkt bei diesen Menschen alles wieder gut – wo immer es möglich war –, es sei denn, dadurch würden sie oder andere verletzt.
10. Wir setzten die Bestandsaufnahme von uns selbst fort, und wenn wir Unrecht hatten, gaben wir es sofort zu.
11. Durch Gebet und Besinnung suchten wir unsere bewusste Verbindung zu Gott – wie wir Gott verstanden – zu vertiefen. Wir baten nur darum, uns Gottes Willen für uns erkennen zu lassen, und um die Kraft, ihn auszuführen.
12. Nachdem wir durch diese Schritte ein spirituelles Erwachen erlebt hatten, versuchten wir, diese Botschaft an andere Co-Abhängige weiterzugeben und in allen unseren Angelegenheiten danach zu leben.

(Text nach: www.coda-deutschland.de, der Webseite der Anonymen Co-Abhängigen Deutschlands)

Anhang B
24 Vergebungsmethoden

1. Kommunikation

Kommunikation kann uns helfen, eine Verletzung zu überwinden und ein besseres Verständnis für eine Situation zu erlangen. Mit Menschen zu kommunizieren, die mit unseren Empfindungen von Trauer und Verletztheit übereinstimmen, hält die Verletzung jedoch nur aufrecht. Erlösung geschieht, wenn wir mit anderen, uns selbst und einer Macht, die über uns selbst hinausweist, mit der Absicht kommunizieren, eine neue Einsicht zu erlangen. Hier einige Kommunikationsmethoden, die Sie dafür einsetzen können.

a) Verletzungsbriefe, Antworten und Dankbarkeitsbriefe
Vgl. Sie dazu die Briefübung in Kapitel 6 und 7. Senden Sie die beiden ersten Briefe nicht ab, aber denken Sie darüber nach, ob Sie nicht den Dankbarkeitsbrief abschicken wollen.

b) Dialog-Prozess
Einen Dialogprozess zu der Situation in Ihr Tagebuch zu schreiben, ist eine besonders kraftvolle Übung. Setzen Sie dabei Ihre ganze Ehrlichkeit und Ihr Wissen ein. Sie beginnen diesen Prozess, indem Sie über Ihre Verletzung schreiben und sich selbst Fragen stellen, die Ihnen zu der Situation dann in den Sinn kommen. Wenn Sie weiterschreiben, beginnen Sie mit einer der Fragen. Sie haben vielleicht gefragt: „Wie konnte ich das nur tun?“ Dann suchen Sie in Ihrem Verstand nach einer möglichen Antwort. Wenn diese Frage beantwortet ist, dann fragen Sie die nächste Frage, die Ihnen dazu in den Sinn kommt. Wir machen diese Übung gern mit Freunden, wenn wir etwas verstehen wollen, was die Intuition verbessern kann. Dann fragen Sie die nächste brennende Frage, die in Ihnen hochkommt.

Eine andere Form dieses Prozesses besteht darin, die Fragen so zu beantworten, als ob der Andere sie beantworten würde. Um damit zu beginnen, fragen Sie sich, was Sie am meisten an der Situation klären wollen, mit der Sie sich beschäftigen.

Jede einzelne der folgenden Fragen kann Ihnen helfen, mit dem Prozess zu beginnen:

- Was in meiner Tiefe hat verursacht, dass ich so verletzt bin?

- Wie kann ich meine Wut, meine Rachegefühle und meine aggressiven Gedanken in den Griff bekommen?
- Wie kann ich einen anderen Standpunkt in dieser Situation einnehmen?

c) Liebe schicken

Lassen Sie Liebe aus Ihrem Herzen zu dem Menschen fließen, auf den Sie ärgerlich sind, bis Sie eine Veränderung in Ihrer Haltung spüren. Stellen Sie sich geistig vor, wie er oder sie vor Ihnen steht, und umarmen Sie ihn oder sie, schicken Sie dabei Liebe aus Ihrem Herzen zum Herzen des Anderen. Tun Sie dies so lange, bis Sie eine Herzensverbindung zu diesem Menschen fühlen. Können Sie ihn oder sie lieben, ganz egal, was geschehen ist? Können Sie ihn oder sie halten, wie eine Mutter oder ein Vater ihr Kind halten würde – vielleicht ohne mit ihm einer Meinung zu sein, aber dennoch voll Liebe? Das müsste reichen, um die Verletzung und den Ärger gehen zu lassen. Sie sind vielleicht immer noch nicht einer Meinung mit ihm oder ihr, aber nicht mehr hasserfüllt, wütend oder voll Groll. Vergebung ist eine Bewegung des Herzens. Halten Sie den Menschen und spüren Sie, wie die Liebe den Ärger schmelzen lässt, bis er verschwunden ist.

d) Mit anderen kommunizieren, um mehr Information zu erhalten

- Gibt es irgendjemanden, der einen anderen Standpunkt vertritt als Sie und nicht einfach nur Ihrer Meinung ist?
- Gibt es irgendjemanden, von dem Sie mehr Information über den Menschen bekommen könnten, dem Sie zu vergeben versuchen?

Vielleicht können Sie mit einem Bruder oder einer Schwester des Menschen sprechen oder mit einem Freund/in oder mit anderen, die in der Lage sein könnten, Ihnen zu helfen, den Menschen mit anderen Augen zu sehen. Ein Klient bekam Mitgefühl und vergab seinem Vater, als er von einer Tante erfuhr, wie brutal der Vater seines Vaters sich ihm gegenüber benommen hatte.

e) Gebete

Gebete sind ein sehr kraftvolles Mittel, um Vergebung zu unterstützen. Alle der folgenden Arten aufrichtiger Gebete sind effektive Methoden zur Erlösung:

- Beten Sie um Hilfe, um die Situation mit anderen Augen zu sehen. Sagen Sie beispielsweise wieder und wieder: „Bitte, hilf mit, dies mit anderen Augen zu sehen."
- Beten Sie darum, vollständig von der Situation frei zu werden.
- Beten Sie um Versöhnung, wenn sie das ist, was Sie wollen.
- Sagen Sie das folgende Gebet immer wieder und wieder, bis Sie eine Veränderung spüren: „Ich vergebe dir, du vergibst mir, wir vergeben einander." Der Schlüssel hier liegt darin, dass Sie es jedes Mal wirklich fühlen.

Bitten Sie andere, für Sie zu beten. Es gibt in den meisten Kirchen Fürbittegruppen, die für Menschen beten. Für mich ist gebetet worden, und es hatte signifikante Ergebnisse, obwohl ich zu der Zeit nicht einmal wusste, dass für mich gebetet wurde. Forschungsergebnisse aus den letzten Jahren zeigen, dass Gebete die Heilung positiv beeinflussen. Das ist in religiösen Gemeinschaften schon seit Langem bekannt, aber nun zeigt dies auch neueste Forschung aus Krankenhäusern. Menschen, für die gebetet wurde, erholten sich schneller von ernsthaften Problemen – selbst wenn sie nicht wussten, dass für sie gebetet wurde (Dossey 1993).

Sie sagen einfach „Ich vergebe", mit voller Absicht und im Gedenken an alle Aspekte der Situation. (Vgl. Sie auch das „Gebet des Engels der Vergebung" in Kapitel 4 bei „Die einfachste Vergebungsübung".)

f) Gefühle kommunizieren

Ihre Gefühle zu einer Situation zu kommunizieren ist sehr wichtig. Ohne auf Ihre Gefühle zu achten, wird eine Situation sich oft nicht lösen lassen. Sie müssen sich darüber klar sein, was in Ihnen los ist, damit Sie es loslassen können.

Schreiben Sie in Ihr Tagebuch oder sprechen Sie mit einem anderen Menschen über all Ihre Gefühle, die Sie in einer Situation beeinträchtigen. Es kann sich dabei um Trauer handeln, um Ärger, Verletztheit, Depression, Apathie, Schuld, Peinlichkeit, Demütigung, Reue, Schuldzuweisung oder Scham, um nur einige zu nennen. All diese unterschiedlichen Gefühle müssen angeschaut werden. Sie können sich fragen:

- Was fühle ich bei dem, was sie getan haben?
- Wovor hatte ich Angst?

g) Tagebuch schreiben

Halten Sie in Ihrem Tagebuch fest:

- wie oft die Verletzung Ihnen im Laufe des Tages einfällt,
- welches die Situationen sind, die sie auslösen,
- frühere Zeiten, in denen dies schon einmal geschehen ist.
- Schreiben Sie auf, wie Vergebung dieses Wiederauftreten verhindern könnte.

h) Dankbarkeit entdecken

In der Vergebungsarbeit kann es sehr kraftvoll sein, nach der Art und Weise zu suchen, in der ein Täter/eine Täterin Ihnen geholfen hat, und dafür dankbar zu sein. Es gibt dabei sehr unterschiedliche Möglichkeiten und Gesichtspunkte. Selbst als negatives Rollenmodell kann Ihnen der Täter/die Täterin etwas Positives beigebracht haben. Wenn Sie ihm/ihr dafür danken, dann schicken Sie Liebe, den größten Heiler.

- Was haben Sie von ihm/ihr gelernt?
- In welcher Weise hat er/sie Ihnen vielleicht sogar geholfen?
- In welcher Weise hat er/sie vielleicht anderen geholfen?
- In welcher Weise hat er/sie dazu beigetragen, dass Sie eine positive Veränderung in Ihrem Leben vorgenommen haben?

Ganz allgemein macht Dankbarkeit das Leben eines Menschen leichter. Eine sehr gute Meditation/Kontemplation besteht darin, sich zu fragen: „Wofür bin ich dankbar?“ Sie fragen sich das wieder und wieder, bis Sie sich großartig fühlen. Ich habe Menschen gesehen, die am Anfang Ihr Gehirn durchforsten mussten, um etwas zu finden, für das sie dankbar sein konnten. Am Ende konnten sie viele Dinge in Ihrem Leben wertschätzen.

i) Wertschätzung ausdrücken

Jede dieser Arten und Weisen könnte geeignet sein, um Wertschätzung auszudrücken:

- Ein Dankbarkeitsbrief oder Blumen
- Ein Anerkennungsbrief
- Einem Menschen Anerkennung auszusprechen, wenn Sie mit ihm zusammen sind.

j) Direkt mit dem Betreffenden sprechen

- Gibt es irgendeinen Weg, mit dem Täter/der Täterin direkt zu sprechen, um zu einem besseren Verständnis dessen zu kommen, was geschehen ist?
- Können Sie dies tun, ohne dass es wieder gewaltsam oder verletzend für einen von Ihnen wird?
- Wenn Sie können, dann versuchen Sie nicht, dem Anderen Ihren Standpunkt klarzumachen. Versuchen Sie nur, den Geisteszustand und die Situation des Anderen zu verstehen. Vielleicht birgt das einige Überraschungen.

2. Perspektiven: Unterschiedliche Arten, eine Situation zu betrachten

Eine festgefahrene, unveränderbare Perspektive oder ein fester Standpunkt hält Rachegedanken und Groll aufrecht und ermöglicht nicht, dass Vergebung geschieht. Deshalb ist jede Art, die die unveränderbare Perspektive auflockert, hilfreich, um die negativen Folgen einer Situation aufzulösen. Hier sind unterschiedliche Arten und Weisen, mit denen man daran arbeiten kann, eine Situation aus einem anderen Blickwinkel zu betrachten.

a) Projektionen erkennen

Drehen Sie die Situation herum, die Sie betrachten, und fragen Sie:

- Habe ich dasselbe einem anderen angetan? Oder mir selbst?
- Ist das Erlebte auf irgendeine Art und Weise etwas ähnlich dem, was ich einem anderen oder mir selbst angetan habe?
- Ist das Erlebte einem Familienmuster oder den Handlungen von jemand anderem in meiner Familie ähnlich?

b) Die Dinge mit den Augen des Anderen sehen

- Wie sieht der Täter/die Täterin die Welt? Was fürchtet er/sie? Liebe?
- Was mag er/sie, was lehnt er/sie ab?
- Wie war es wohl, in seiner/ihrer Familie aufzuwachsen?
- Wie war es wohl, in der Kultur oder in der Zeit aufzuwachsen, in der er/sie lebte?
- Worin besteht seine/ihre emotionale Intelligenz?
- Was hat er/sie von Ihnen erwartet, oder von anderen?

Wenn Sie diese Fragen nicht beantworten können, dann haben Sie keinerlei Vorstellung von diesem Menschen.

c) Den Verantwortlichen finden

Oft liegt hinter einem großen Thema eine Situation in der Welt, die Sie nicht befürworten – wie etwa Rassismus. Gibt es einen Menschen oder mehrere Menschen, die in Ihnen für diese Situation stehen?

- Wer sind die Menschen, an die Sie denken, wenn Sie diese ärgerliche/verletzende Situation betrachten?
- Was ist an ihrem Verhalten so, dass ich mich ärgere/verletzt fühle?
- Wie sieht ihr Gesicht aus, was tun sie im Einzelnen?
- Tat jeder Einzelne von ihnen dasselbe?
- Sind alle Ihrer Erfahrung nach genau gleich gewesen?

d) Die Herausforderung im Vergeben sehen

- Können Sie es als Herausforderung sehen, darüber hinwegzukommen, statt bestrafen zu wollen oder aggressiv zu werden? Was würde die Lösung mit der größten Herausforderung für Sie sein?
- Wie würde ein neutraler Beobachter diese Situation betrachten?
- Gibt es irgendetwas anderes, das sich hier abspielt und was Sie ahnen, aber nicht wissen?

e) Den Sinn erkennen

- Sind Sie sicher, dass der Täter/die Täterin nicht in Ihrem Leben ist, um Ihnen etwas darüber beizubringen?

- Könnte dies ein Teil eines Göttlichen Plans oder des Karma sein? Oder um Ihnen einen besseren, effektiveren oder glücklicheren Weg des Seins zu zeigen?

f) Die Perspektive des Anderen

- Schreiben Sie all die Arten und Weisen auf, in denen der Täter/die Täterin sich aus Ihrem Gesichtspunkt korrekt und gerechtfertigt verhalten hat.

g) Der höchste Blickwinkel

- Was würde der höchste Teil von Ihnen tun? Warum?
- Wie könnten Sie den Täter/die Täterin mit den Augen der Liebe sehen? (für Christen könnte die Frage auch lauten: Was würde Jesus tun?)

3. Verantwortung

Ganz gleich, was jemand Ihnen sagt oder antut, Ihre Reaktion darauf liegt in Ihrer Verantwortung. Hier sind Methoden, die Ihnen dabei helfen können:

a) Gültigkeit von Regeln prüfen

- Machen Sie eine Liste all Ihrer Werte, Gesetze, Regeln oder Moralvorstellungen, die der Täter/die Täterin gebrochen hat.
- Wenn Sie jede einzelne betrachten, fragen Sie sich: 1. Woher habe ich diese Regel? 2. Ist es eine gültige Regel, Vorstellung usw., oder eine, die ich neu bewerten sollte?
- Dann fragen Sie sich: 1. Habe ich eine unrealistische Erwartungshaltung in Bezug auf diese Regel, Vorstellung usw., insbesondere, wenn ich dasselbe auf irgendeine Weise jemand anderem oder mir selbst angetan habe? 2. Habe ich eine unrealistische Erwartungshaltung mir selbst gegenüber, dass ich dieses Gesetz, diesen Wert oder diese Regel immer befolgen muss?

b) Wiedergutmachung

- Müssen Sie für irgendetwas, was Sie getan haben, Wiedergutmachung leisten?
- Was brauchen Sie, um es wieder in Ordnung zu bringen?

c) Belohnung

- Was habe ich davon, dass ich die Verletzung aufrechterhalte? Schreiben Sie alle Vorteile auf. Wer hat einen Vorteil davon und in welcher Weise?
- Ist es wichtiger, im Recht zu sein oder glücklich zu sein?

d) Opfer-Sein

- Wie lange sind Sie schon ein Opfer dieses Täters/dieser Täterin? Wie lange ist es okay, dass er/sie die Kontrolle über Ihr Glücklichsein ausüben darf?
- Können Sie wahrnehmen, dass Sie auf irgendeine Weise zu dem Problem beitragen und nicht nur Opfer sind?

e) Negative Konsequenzen des Festhaltens an der Verletzung

Manchmal erkennen Menschen die negativen Folgen nicht, die das Festhalten an der unverziehenen Situation in ihrem Leben verursacht. Hier einige Fragen, mit denen Sie sich diesen Punkt anschauen können:

- Was haben Sie wirklich von dieser Verletzung? Listen Sie alle negativen Folgen auf!
- Was geschieht in Ihrer Familie dadurch, dass Sie daran festhalten?
- Welche Rolle spielen Liebe, Frieden und Freude in Ihrem Leben? Könnte es Ihre Liebe, Ihren Frieden und Ihre Freude vergrößern, wenn Sie mit dieser Situation abgeschlossen hätten?

f) Persönliche Verantwortung übernehmen

- Möchten Sie, dass diese Situation weitergeht?
- Auch wenn andere die Ursache des Problems zu sein scheinen, wie bin ich daran beteiligt, dass es so bleibt?
- Steht mir meine Logik im Wege, im Hinblick auf die verletzende Situation das wirklich Richtige zu tun?
- Sind meine Gefühle mir im Wege, im Hinblick auf die Situation das wirklich Richtige zu tun?
- Versuche ich Menschen auf meine Seite zu ziehen, um meine Haltung zu rechtfertigen?
- Was war mein Teil bei all dem? Habe ich es schlimmer gemacht?
- Wie könnte ich besser für mich sorgen?

g) Dankbarkeit

Dankbarkeit ist eine kraftvolle Methode für Veränderung, die zu jeder Zeit funktioniert.

- Wofür kann ich dieser Situation dankbar sein? Was hat sie mir beigebracht?
- Hat mich ihr Einfluss in meinem Leben stärker, kräftiger oder erfolgreicher gemacht?
- Was habe ich letztlich daraus gelernt, für das ich dankbar sein kann?

Anhang C

Das Versöhnungsgebet von Masaharu Taniguchi

(Einige Sätze wurden zur Vereinfachung herausgenommen – J. Dincalci.)

Was ist das Gebet zur Versöhnung? Wie sein Titel schon impliziert, ist es ein Gebet, in dem man sich mit allem und jedem Menschen versöhnt, mit dem es einen Streit oder eine wie auch immer geartete Disharmonie gegeben hat. Warum müssen wir uns überhaupt versöhnen? Damit wir in Frieden mit allen Menschen und Dingen um uns herum leben können.

„Wahre Versöhnung kann nicht durch Geduld oder Nachsicht mit einem Anderen erreicht werden. Geduldig oder nachsichtig zu sein heißt nicht, aus der Tiefe des Herzens versöhnt zu sein. “

Wenn Sie das Gebet der Versöhnung aussprechen wollen, dann sollten Sie sich dazu einen ruhigen Platz suchen, eine demütige Haltung einnehmen und all die Namen der Menschen laut aussprechen, mit denen Sie sich versöhnen wollen. Die Menschen, die so gerufen werden, werden zu Ihnen kommen, selbst wenn sie sich dessen nicht bewusst sind. Glauben Sie das. Stellen Sie sich im Geiste ihre Gesichter vor und rezitieren Sie das folgende Gebet, wenn möglich, mit lauter Stimme. Wiederholen Sie jede Passage wieder und wieder. Es gibt keine Obergrenze für die Anzahl der Male, die Sie sie wiederholen sollten. Sprechen Sie das Gebet, bis Ihr Herz zufrieden ist. Wiederholen Sie das Gebet am nächsten Tag und dann so viele Tage, wie nötig sind, um eine wirkliche Versöhnung herbeizuführen. Wenn Sie in der Lage sind, auf den Gesichtern, die Sie vor sich sehen, ein wunderschönes Lächeln entstehen zu lassen, dann haben Sie die Versöhnung erreicht.

Das Gebet der Versöhnung

„Ich habe dir vergeben, Du hast mir vergeben.
Ich habe dir vergeben, Du hast mir vergeben.
Du und ich sind eins vor Gott.
Ich liebe dich, Du liebst mich.
Ich liebe dich, Du liebst mich.
Du und ich sind eins vor Gott.
Ich bin dir dankbar, Du bist mir dankbar.
Ich bin dir dankbar, Du bist mir dankbar.
Du und ich sind eins vor Gott.
Es gibt nicht einmal mehr das kleinste bisschen böses Blut zwischen dir und mir.
Ich bete vom Grunde meines Herzens für dein Glück.
Mögest du mit stets zunehmendem Glück gesegnet sein.
Ich danke dir sehr, Ich danke dir sehr!“

Anhang D

Wie wir uns wahrscheinlich fühlen, wenn unsere Bedürfnisse NICHT erfüllt werden:

ängstlich
ärgerlich
angewidert
apathisch
argwöhnisch
aufbrausend
aufgeregt, nervös
bekümmert
besorgt
beunruhigt
bösartig
böse
deprimiert
eifersüchtig
einsam
energielos
entmutigt
entsetzlich
entsetzt
enttäuscht
erbärmlich
erschöpft
erschrocken
erschüttert
fassungslos
feindselig
fies
freundlich
frustriert
gemein
gereizt
gestört
gleichgültig
heftig
hilflos
in Angst
jämmerlich
lethargisch
lustlos
melancholisch
misstrauisch
nervös
niedergeschlagen
passiv
perplex
rastlos
schockiert
schuldbewusst
schuldig
schwach
schwer
skeptisch
teilnahmslos
träge
traurig
trostlos
überrascht
überwältigt
ungeduldig
ungehalten
unglücklich
unruhig
unsicher
untröstlich
unzufrieden
verärgert
verbittert
verblüfft
verlegen
verletzt
verständnislos
verrückt
verwirrt
verzweifelt
voll Abneigung
voll Grauen
voll Groll
voll Hass
voll Trauer
wacklig
wahnsinnig
widerwillig
wütend
zitterig
zögerlich
zornig

Wie wir uns wahrscheinlich fühlen, wenn unsere Bedürfnisse erfüllt werden:

begeistert
belebt
berauscht
dankbar
eifrig
ekstatisch
elektrisiert
empfindsam
energiegeladen
erfreut
erfüllt
ermutigt
erstaunt
erwartungsvoll
entzückt
fantastisch
frei
freudig
freundlich
freundschaftlich
friedlich
froh
fröhlich
geborgen
genial
glänzend
glücklich
glückselig
großartig
gut gelaunt
herrlich
hilfsbereit
hocherfreut
liebevoll
mitteilsam
optimistisch
prachtvoll
ruhig
selbstbewusst
sicher
sorgenfrei
still
stolz
strahlend
überrascht
überschäumend
überschwänglich
unbekümmert
vergnügt
vertrauensvoll
verwundert
voll Freude
voll Zärtlichkeit
voll Zuneigung
wundervoll
zufrieden
zuversichtlich

Aus: *Nonviolent Communication: A Language of Life* von Marshall Rosenberg, www.NonviolentCommunication.com, deutsch: Gewaltfreie Kommunikation, Eine Sprache des Lebens, Junfermann, 2007

Anhang E

Die Prinzipien der Heilung von Einstellungen

Jerry Jampolsky hat einen grundlegenden Rahmen oder ein Set von Heilprinzipien für Einstellungen erarbeitet, um Menschen zu helfen, ihre Angst loszulassen, ihre negativen und schmerzlichen Gedanken aus der Vergangenheit auszurangieren und die inneren Hindernisse zu entfernen, die sie davon abhalten, Frieden zu finden. Darunter sind die folgenden:

1. Die Essenz des Seins ist Liebe.
2. Gesundheit ist innerer Friede.
3. Geben und nehmen ist dasselbe.
4. Wir können sowohl die Vergangenheit als auch die Zukunft loslassen.
5. Jetzt ist die einzige Zeit, die es gibt.
6. Wir lernen, uns selbst und andere zu lieben, indem wir vergeben, statt zu verurteilen.
7. Wir können Liebesfinder werden oder Fehlersucher.
8. Wir können innerlich friedlich bleiben, ganz gleich, was im Außen geschieht.
9. Wir sind alle Schüler des Anderen und Lehrer füreinander.
10. Wir können uns auf das Ganze unseres Lebens konzentrieren statt auf die Bruchstücke.
11. Da Liebe ewig währt, muss uns der Tod keine Angst machen.
12. Wir können uns und andere immer so sehen, dass wir Liebe verbreiten oder um Hilfe rufen.

Aus: *Teach Only Love: The Twelve Principles of Attitudinal Healing,* Jampolsky, G. (2000) Beyond Words Publishing, Inc, Hillsborough, Oregon, deutsch: Was heilt, ist die Liebe, Zwölf Schritte zu innerem Frieden, Schirner, 2006

Anhang F

Zusammenfassung des Power-Vergebungsprozesses

Es gibt drei größere Teile im *Power-Vergebungsprozess*:

1. Die Entdeckung all Ihrer Verletzungen
2. Die Vergebung aller Ihrer Verletzungen (beinhaltet fünf Stadien, jede davon mit mehreren Teilschritten)
3. Das Spüren Ihrer Transformation

Teil 1 – Die Entdeckung all Ihrer Verletzungen

A. Wer hat mich verletzt?

B. Was genau sind die Dinge, die er/sie getan hat? Stellen Sie sicher, dass Sie das Vorkommnis in mundgerechte Stücke herunterbrechen.

Teil 2 – Vergebung – Der Umgang mit Ihren Verletzungen

In diesem Teil nehmen Sie sich jede einzelne Ihrer Verletzungen vor und beschäftigen sich vollständig damit. Dieser Teil ist in fünf Stadien aufgeteilt, wobei jedes Stadium mit mehreren Dingen verbunden ist, die Sie tun sollten.)

Stadium 1 heißt Öffnung für den Menschen, für die Verletzung oder für einen Teilbereich davon.

Stadium 2 beinhaltet, Ihr Verständnis und Ihr Mitgefühl zu erweitern.

Stadium 3 heißt das Stadium der Realisierung.

Stadium 4 beinhaltet Selbstvergebung der gleichen Sache, die Sie in Schritt 2 vergeben haben.

Stadium 5 besteht darin, für die Heilung zu danken.

Stadium 1 – Das Eröffnungsstadium – Die Befreiung der Verletzung

Folgen Sie den angegebenen Schritten oder Vorschlägen. Wenn Sie einmal den Ablauf verstanden haben, kann das sehr schnell gehen.

1. Wählen Sie eine **bestimmte Person** in dem Zwischenfall aus, mit der Sie arbeiten wollen.
2. Fragen Sie sich: „Bin ich wirklich **bereit**, an dieser Verletzung und an dieser Person zu arbeiten?"
3. Achten Sie darauf, welches Ihre **Motivation** ist, daran zu arbeiten.
4. Fühlen Sie alle **Gefühle**:
   a) Was fühle ich, wenn ich an den Menschen denke, der in diese Situation involviert ist? Zum Beispiel: Ich bin traurig, deprimiert, wütend, verletzt, besorgt?
   b) Abgesehen von der Hauptemotion, die Sie fühlen, wenn Sie an den Menschen denken – gibt es andere Gefühle darunter oder vermischt mit dem Hauptgefühl, wie Hoffnungslosigkeit, Schuld, Demütigung oder Scham?
   c) Wovor hatten Sie Angst, was damals geschehen könnte?
5. Finden Sie Ihre Bedürfnisse heraus und spüren Sie die Schuld, die noch nicht beglichen ist.
   a) Was schuldet der Täter/die Täterin Ihnen, weil Sie das fühlen mussten, was Sie gefühlt haben?
   b) Was brauchen Sie noch von der Situation?
   c) Was würde Sie zufriedenstellen?
   d) Ist es realistisch, dass Sie das je bekommen werden?
6. Betrachten Sie nun die **Folgen**, die entstehen, wenn Sie an dieser Verletzung festhalten:
   a) Welchen Nutzen bringt es Ihnen, diese Verletzung aufrechtzuerhalten?
   b) Halten Sie an dem Groll über diese Verletzung aus Loyalität gegenüber einem anderen fest?
   c) Ist es wichtiger, im Recht zu sein, als glücklich zu sein?
   d) Was haben Sie wirklich von dieser Verletzung? Listen Sie alle negativen Folgen auf.
   e) Was geschieht mit den Menschen in Ihrer unmittelbaren Nähe dadurch, dass Sie an der Verletzung festhalten?
   f) Könnte mehr Liebe, Frieden und Freude in Ihrem Leben entstehen, wenn Sie die Verletzung aufgelöst hätten?
   g) Wie lange gibt es schon die Schikanierung durch den/die Täter in Ihrem Leben?
   h) Wie lange noch wollen Sie Ihr Glücklichsein von ihm/ihnen bestimmen lassen?

7. Können Sie sich als möglichen Beteiligten an dem Problem sehen und nicht nur als Opfer?
8. Stellen Sie sicher, dass Sie eine Vergebung nicht **abwehren.** Lesen Sie noch einmal das Kapitel über die Mythen.

Erinnern Sie sich:

- Nehmen Sie sich Zeit zum Entspannen, meditieren Sie oder verbinden Sie sich mit dem Höchsten in sich selbst, während Sie diese innere Arbeit tun!
- Hören Sie auf diesen höchsten Aspekt in Ihnen!
- Achten Sie auf das höchste Ziel, das Sie für sich in dieser Situation verfolgen – soll die Situation beendet werden oder verschwinden oder wollen Sie Ihre Einstellung dazu verändern?
- Fragen, die Sie sich immer dabei stellen sollten, sind:
  a) Kann ich mich entscheiden, jetzt, in diesem Moment, mir selbst zu vergeben?
  b) Kann ich mich entscheiden, dem Anderen in einem Akt des Mitgefühls zu vergeben?

Und nun machen Sie weiter.

Stadium 2 – Das Stadium des Verständnisses – Verständnis und Mitgefühl erweitern

Fähigkeit 1 – Halten Sie Ausschau nach verletzten Prinzipien, Werten und Regeln.

a) Welches Ihrer Prinzipien hat der Täter/die Täterin verletzt?
b) Welcher Ihrer Werte wurde nicht beachtet?
c) Welche Regeln wurden gebrochen?

Nun nehmen Sie sich jede Regel, jedes Prinzip und jeden Wert vor und fragen Sie:

d) Obwohl andere diese Prinzipien, Werte und Regeln beachten sollten – ist meine Erwartung, gemessen an der Lebenserfahrung dieses Menschen, wirklich realistisch?
e) Bin ich selbst immer in der Lage gewesen, diese Prinzipien und Regeln zu befolgen?
f) Habe ich vielleicht jemand anderen oder mir selbst dasselbe auf irgendeine Weise auch angetan?

Fähigkeit 2 – Finden Sie den Standpunkt des Anderen heraus, statt auf Ihrem zu bestehen.

A. Mit den Augen des Anderen sehen

1. Schreiben Sie auf, was Ihrer Ansicht nach die leitende Moralvorstellung ist, nach der dieser Mensch lebt und die sein Verhalten in dieser Situation beeinflusst haben könnte.
2. Was hat dieser Mensch befürchtet?
3. Was für Erwartungen hatte er/sie an Sie oder an andere?
4. Schreiben Sie all die Arten auf, in denen sich dieser Mensch nach seiner eigenen Auffassung korrekt und gerechtfertigt verhalten hat.

Allgemeine Fragen

5. Wie war es wohl, in der Familie des Täters/der Täterin aufzuwachsen?
6. Wie war es wohl, aus einer Kultur und Zeit wie der seinen/ihren hervorzugehen?
7. Welche Themen hat er/sie wohl mitgebracht?
8. Worin besteht seine/ihre emotionale Intelligenz?

B. Was ist wohl das Gesamtbild?

1. War dieser Mensch vielleicht in Ihrem Leben, um Ihnen eine wichtige Lektion zu erteilen?
2. Wie könnte diese Situation oder dieser Mensch in die Vorstellung von Karma oder göttlichem Plan passen?

C. Auf welche Weise könnten Sie die Situation noch betrachten?

1. Können Sie von anderen Hilfe bekommen?
2. Können Sie auf andere hören, die vielleicht einen anderen Standpunkt vertreten?

Fähigkeit 3 – Konfrontieren Sie sich mit Ihren Abwehrmechanismen, die das Vergeben verhindern.

A. *Distanzieren Sie sich von allem,* indem Sie fragen: „Wie würde ein neutraler Beobachter das alles sehen?

B. *Schauen Sie, ob Sie etwas Ähnliches selbst getan haben* – vielleicht nicht in derselben Größenordnung, aber im selben Zusammenhang – und vielleicht haben Sie es nicht anderen angetan, sondern sich selbst.

Wenn das so ist, dann fragen Sie sich:

1. Kann ich ihm oder ihr das vergeben, was ich selbst auch getan habe? Oder vergeben, dass er/sie einen unrealistischen Wert, eine unrealistische Moralvorstellung oder Regel gebrochen hat – genau wie ich auch?
2. Kann ich mir selbst vergeben, dass ich dasselbe auch getan habe?

Fähigkeit 4 – Entwicklung einer positiven Grundhaltung

A. *Einen Sinn in dem Ereignis finden*

1. Was hat dieses schmerzliche Erlebnis mich über mich selbst gelehrt, oder über die Welt, oder über andere Menschen?
2. Wie bin ich durch diese Erfahrung gereift?
3. Was habe ich über Liebe und Mitgefühl als Ergebnis dieses Ereignisses gelernt?
4. Wie haben meine Werte sich verändert?

B. *Seien Sie dankbar.*

1. Wofür bin ich dankbar?

C. *Geben Sie Liebe.*

1. Können Sie sich vorstellen, denjenigen Menschen, dem Sie zu vergeben versuchen, einfach nur zu halten und zu lieben, egal, was er/sie getan hat? Halten Sie ihn/sie, wie eine Mutter oder ein Vater ein Kind halten würde, mit dem er/sie vielleicht nicht übereinstimmt, das er/sie aber dennoch liebt. Sie sind vielleicht immer noch nicht einer Meinung mit ihm/ihr, aber nicht mehr voll Wut oder Groll.

- Wenn Sie nun vergeben haben, dann gehen Sie zum nächsten Menschen auf Ihrer Liste oder zur nächsten Situation über.
- Wenn Sie nicht vergeben konnten, dann probieren Sie, ob Sie das Ereignis in kleinere Einzelereignisse herunterbrechen können,

ODER

- schauen Sie weiter zurück. Fragen Sie sich folgende Fragen:
- Was in meiner Vergangenheit erinnert mich an das hier?
- Gibt es irgendeine frühere Situation in meinem Leben, die vielleicht dieser hier ähneln könnte?
- Was aus meiner Vergangenheit muss ich loslassen, darunter vielleicht auch meine Ursprungsfamilie, um mir hier zu helfen?

Dann machen Sie die oben genannten Verständnisschritte mit den neuen Themen.

- Wenn Sie **keine Veränderung** erleben – dann nehmen Sie ein anderes Ereignis von Stadium 1 und arbeiten Sie daran, und kommen später auf dieses hier zurück.

Stadium 3 – Das Stadium des Erkennens

Wenn Sie eine Veränderung Ihres Standpunktes oder Ihrer Einstellung spüren, dann nehmen Sie sich Zeit, diese Veränderung in sich wirklich wahrzunehmen. Denken Sie erneut an den Menschen, um zu erkennen, ob es noch Groll oder Verletzung gibt. Wenn ja, dann gehen Sie an den Punkt zurück, wo Sie das Verständnis-Stadium verlassen haben.

Wenn Sie Vergebung bei dieser spezifischen Situation spüren, die dieser Mensch verübt hat, gehen Sie weiter zum Stadium der Selbstvergebung bei dieser spezifischen Situation.

Stadium 4 – Das Selbstvergebungs-Stadium – Persönliche Verantwortung

Da die Welt, wie wir sie wahrnehmen, unser eigenes Denken und unsere geistige Haltung widerspiegelt, fragen Sie sich:

1. Spiegelt diese unverziehene Situation etwas von mir wider?
2. Habe ich mir selbst oder anderen etwas Ähnliches angetan? Oder vielleicht nur mir selbst? (Die Größenordnung mag vielleicht nicht dieselbe sein, aber es könnte vielleicht einige Ähnlichkeit geben.)
3. Spüre ich irgendwelche Schuldgefühle für meinen eigenen Verstoß, für die ich Vergebung brauche?
4. Kann ich mir selbst dieselbe Sache vergeben, die ich jemand anderem vergeben habe?
5. Was ist nötig, damit ich mir das vergeben kann? Muss ich irgendjemandem Wiedergutmachung leisten?
6. Für diejenigen mit einem christlichen Hintergrund: Kann ich Gottes Vergebung hier für mich annehmen?

Stadium 5 – Das Heil-Stadium – Dankbarkeit zum Ausdruck bringen

Hier sind einige Fragen, die Sie beim Abschluss der Verletzung vielleicht brauchen können:

1. Wofür kann ich in dieser Situation dankbar sein? Was hat sie mich gelehrt? Vielleicht hat sie Sie stärker gemacht, fähiger oder erfolgreich?
2. Was habe ich auf lange Sicht daraus gelernt, wofür ich dankbar sein könnte?
3. Wie hat der/die Betreffende mir geholfen, Anderen zu helfen?

4. Wie hat der/die Betreffende dazu beigetragen, dass sich mein Leben zum Positiven verändert hat?

Machen Sie nun weiter mit Teil 2 des Power-Vergebungsprozesses.

Wiederholen Sie alle Punkte dieses Teils mit einer neuen Verletzung, bis alles vergeben ist.

Teil 3 – Transformation

Anfangs werden Sie vielleicht nicht all die Veränderungen bemerken, die in Ihrem Leben geschehen werden, wenn Sie Ihre Vergebung auf alle Verletzungen ausgedehnt haben, denn Ihr Geist wird sich praktisch unmittelbar darauf auf eine neue Funktionsebene heben.

Anmerkungen

Einleitung

1. vgl. Coelho 1996
2. vgl. Guyton
3. ebd.

Kapitel 1

A. *NIH* ist eins der wichtigsten medizinischen Forschungszentren der Welt.
1. vgl. Legaree 2007
2. vgl. Sevrens
3. McCullough, et al (2000)
4. vgl. CBS News
5. Willson 1999
6. vgl. MacLean
7. vgl. Dubruc 2002
8. vgl. MacLean
9. vgl. Pert 1997
10. Healy 2007
11. Bio-medicine 2003
12. Potenza 1996
13. Abagayle 2009
14. vgl. Coelho 1996

Kapitel 2

A – Stresstyp-A-Menschen können als ungeduldig, übermäßig pünktlichkeitsorientiert, unsicher über ihren Status, im hohen Maße konkurrenzorientiert, feindselig und aggressiv und unfähig zur Entspannung beschrieben werden. Sie sind oft sehr erfolgreiche Workaholics, die verschiedene Aufgaben auf einmal ausüben, sich selbst mit Abgabefristen foltern und unglücklich sind, wenn sie diese auch nur im geringsten Maße überschritten haben. Aufgrund dieser Charakteristiken werden Stresstyp-A-Menschen oft als „Stress-Junkeys" bezeichnet. – Aus Wikipedia
1. vgl. Legaree 2007
2. McGinnis 2006
3. vgl. Wohl 2008
4. ebd.
5. vgl. Science Daily 2007
6. vgl. Brehm
7. vgl. Smalley p 91
8. Untersuchung von Redford Williams, vgl. auch Goodier
9. Gendlin, 1981
10. vgl. Reid, 2000
11. vgl. Wikipedia-TRC, 2006

Kapitel 3

1. vgl. Gordon, et al 2000
2. vgl. Warren 2006
3. vgl. Luskin 2007
4. vgl. Worthington
5. vgl. Clottey 1999
6. Jerrys Buch über die Heilung der Einstellungen heißt *Teach only Love,* deutsch: Was heilt, ist die Liebe
7. vgl. Tutu 1999, S. 271
8. vgl. Warren 2006
9. Siegel 1999
10. Dies bezieht sich auf den Titel eines kleinen inspirierenden Buches, das in den 70er und 80er Jahren bekannt war und von Jerry Jampolsky geschrieben wurde.
11. vgl. Arbinger 2006
12. Coelho 1996
13. Engel 2001
14. vgl. Rosenberg 1999

Kapitel 4

1. vgl. Toussaint, et al, 2008
2. vgl. Luskin, 2000
3. ebd.
4. ebd.
5. vgl. Enright, et al, 2000
6. Luskin 2007
7. persönl. Mitteilung
8. persönl. Mitteilung
9. Kiecolt-Glaser, et al, 2005
10. vgl. Real Age, 2006
11. vgl. Loukas 1995
12. Univ. Of Michigan 2000
13. vgl. Smedes 1988
14. Persönl. Mitteilung
15. Manche Menschen benutzen dazu katholische Rosenkränze.

TEIL II

1. Berg 87

Kapitel 5

1. Begley 2007
2. Healy 2007
3. vgl. Amen, D. G. 2006a
4. vgl. Do Amaral 2003
5. vgl. Frantz 2005
6. vgl. Wikipedia- Frontale Gehirnhälfte, (2006)
7. vgl. Miller 2002
8. vgl. Amen, D.G. (2006)a.

9. vgl. Do Amaral 2003
10. vgl. Lewis, S. 37
11. vgl. Le Doux 2000
12. vgl. Christison 2002
13. vgl. Wikipedia – Amygdala
14. vgl. Do Amaral (2000) Limbisches System
15. vgl. Amen, D.G. (2006)a.
16. vgl. Amen, D.G. (2006)b
17. vgl. Lewis et al
18. vgl. Amen, D.G. (2006)a.
19. vgl. Steiner C
20. vgl. MacLean 1990
21. Van der Dennen, 2005
22. vgl. Do Amaral
23. vgl. Prettyman 1997
24. MacLean 1990
25. Ledoux 2000
26. vgl. Amen, D.G. (2006)a.
27. ebd.
28. Do Amaral
29. vgl. De Beauport 1996
30. ebd.
31. MacLean 1990
32. Ledoux 2000

Kapitel 6

1. vgl. Hall 2005
2. ebd.
3. vgl. Caine
4. vgl. Begley 2007
5. ebd.
6. Lewis, et al 2000
7. ebd.
8. ebd.
9. Rosemergy 2009
10. Bob leitete seine Version der Briefe ab von John Grays *Männer sind anders. Frauen auch.*
11. vgl. ho'o pono pono

Kapitel 7

1. vgl. Reid 2000
2. vgl. Ritchie 1978
3. vgl. Arrien 1991
4. vgl. McKay, et al, 1981
5. ebd.
6. Rosenberg, vgl. S. 88
7. Für eine hervorragende Serie zum Thema Intuition, vgl. Daniel Benors Webseite auf www.healthy.net.
8. vgl. Clark 1971

9. Benor 2002
10. ebd.
11. vgl. Benson 1976
12. vgl. Blakeslee 2005
13. vgl. Figley 2000

Kapitel 8

1. vgl. Einstein (2) aus einem Brief aus dem Jahre 1936 an ein Kind, das gefragt hatte, ob Naturwissenschaftler auch beten.
2. vgl. Jantsch 1980
3. vgl. Young 2004, Kptl. 10
4. vgl. Einstein
5. Wikipedia-12-Schritte 2006
6. vgl. AA 1976
7. vgl. Seligman 2004
8. vgl. Arrien 1991

Kapitel 10

1. vgl. Einstein 1972
2. vgl. Amen, D.G. (2006)a.
3. About.com 2009
4. Katie 2003
5. vgl. McKay, et al, 1981
6. ebd.

Kapitel 11

1. vgl. Lynch 2007, S. 101
2. vgl. Merton
3. Goldsmith
4. Vgl.: http://www.alanon.alateen.org/ Für mehr Information über Al-Anon vgl. Anhang A.
5. Mckay
6. ebd.
7. ebd.
8. vgl. Lewis, et al, 2000

Kapitel 12

A – EMDR ist eine wirksame Methode, um Menschen dabei zu helfen, ihre Ängste und Probleme mit Hilfe von Augenbewegungen zu lösen. Sie wird ausschließlich von dafür ausgebildeten Therapeuten durchgeführt. Eine ähnliche Methode, die auch von Laien durchgeführt werden kann, wird EFT genannt. Sie ist einfach zu lernen, hat keine negativen Nebenwirkungen und stärkt. Für mehr Informationen gehen Sie zur EFT-Webseite unter www.emofree.com

1. Capri 1996
2. Figley 2002
3. ebd.
4. Figley 2000
5. Capri 1996
6. ebd.

7. ebd.
8. Young 2004
9. Helpguide.org ist eine hervorragende Webseite, die kostenloses Expertenwissen über geistige Gesundheit und lebenslanges Wohlbefinden verbreitet.
10. Peeples, 2000
11. APA 2004
12. Carlson, 2005
13. Sie können die Webseite der Vereinigung der amerikanischen Traumaspezialisten, Association of Traumatic Stress Specialists (ATSS) aufrufen, die Ihnen Informationen und Links zu Organisationen vermittelt, über die Sie (in den USA) einen Traumatherapeuten finden können. In Deutschland gehen Sie etwa auf die Webseite des Bundesverbandes der Deutschen Psychologen (BDP).
14. Flannery 1999
15. Friedman (2006)
16. ROTA (2008)
17. Witvliet, et al (2004)
18. Friedman (2006)
19. Figley 2000, 2002
20. Figley, 2002
21. Figley 2000, 2002
22. Van der Kolk 2009
23. vgl. http://aamft.org/families/index_nm.asp
24. Zimering, et al, 2003
25. Peeples 2000

Teil IV

1. vgl. Tutu 1999

Kapitel 14

1. Foltz-Gray, 2002

Kapitel 15

A. Sie können einen kostenlosen Fragebogen ausfüllen unter www.authentichappiness.com, um Ihre Hauptcharakterstärken herauszufinden.
1. Ernest Holmes 1984, S. 331
2. Brinkley 1994
3. Dugatkin 2005
4. SNI
5. Kataria, M. 2009
6. WIA, 2005
7. Seligman 2002
8. ebd.

Literatur

Anonyme Alkoholiker (1976) *The Big Book*, Alcoholics Anonymous World Services, Inc., deutsch: Anonyme Alkoholiker deutscher Sprache, Das Blaue Buch

APA (2004). *The Different Kinds of Stress,* heruntergeladen in 6/2006 von der Webseite des Hilfezentrums der Amerikanischen Psychologenvereinigung: www.apahelpcenter.org/articles/article.php?id=21

Aba Gayle, (1995), Persönliche Mitteilung.

Aba Gayle, (2009), heruntergeladen am 04/02/09 von der Webseite: http://www.catherineblount-fdn.org/rsof.htm

About.com (2009), heruntergeladen am 07/02/09 von der Webseite: http://grammar.about.com/od/mo/g/metaphorterm.htm

Allen, J. *Judy tells her moving story of using the Course to find healing for cancer,* heruntergeladen am 16-2-09 von der Webseite des Circle of Atonement (Versöhnungskreises): http://www.circleofa.org/articles/HealingJudyAllen.php

Amen, D.G. (2006)a, heruntergeladen am 4-6-06 von http://amenclinics.com/bp/systems/limbic

Amen, D.G. (2006)b, heruntergeladen am 4-6-06 von http://amenclinics.com/bp/articles.php?articleID=10

Arbinger Institute, (2006). *The Anatomy of Peace: Resolving the Heart of Conflict,* San Francisco: Berrett-Kohler.

Arrien, A. (1991), Persönliche Mitschriften von Vorträgen, 1991

Begley, S. (2007) "In Our Messy Reptilian Brains," *Newsweek Web Exclusive* April 09, 2007, heruntergeladen 16/1/09 von der Webseite der Zeitschrift: http://www.newsweek.com/id/35728

Berg, C. (1987). "The Art of Return," *Parabola* – Volume XII, Number 3, Aug.1987 Society for the Study of Myth and Tradition

Benor, D.J. (2002). Intuition, *The International Journal of Healing and Caring,* Volume 2, No. 2, heruntergeladen am 11. Aug 06 von der Webseite: www.healthy.net/scr/column.asp?ColumnId=34&ID=728

Benson, H. (1976). ***The Relaxation Response***, NY, HarperTorch. Deutsch: Gesund im Stress. Eine Anleitung zur Entspannungsreaktion, Ullstein, 1982

Bio-Medicine (2003) "New scientific study finds women more forgiving than men", heruntergeladen am 17/1/09 von der Webseite: http://news.bio-medicine.org/biology-news-2/New-scientific-study-findswomen-more-forgiving-than-men-3496-1/

Blakeslee, Sandra (2005). Hypnosis can profoundly change brain, *New York Times,* veröffentlicht am 22/11/05, heruntergeladen am 15/11/05 von der Webseite: http://www.ajc.com/news/content/health/1105/22hypnosis.html

Borysenko, J., (1993) *Fire in the Soul: A New Psychology of Spiritual Optimism,* NY: Warner Books, Inc., deutsch: **Feuer in der Seele. Spiritueller Optimismus als Weg zu innerer Heilung**, Bauer, 1995

Brehm, B.A. (1994). Type A revisited: Is Type A behavior OK?, *Fitness Management Magazine*, September 1994, Vol. 10, No. 10, p. 24, Los Angeles, Calif., heruntergeladen am 19/8/06 von der Webseite: www.fitnessmanagement.com/FM/tmpl/genPage.asp?p=/information/articles/library/labnotes/labnotes0994.html

Brinkley, D., Perry, P., Moody, R. A. (1994). *Saved by the Light*, NY: Villard Books. Deutsch: **Geborgen im Licht: Die wahre Geschichte des Mannes, der zweimal starb**, Knaur, 2010

Caine, R & Caine, G. (2006) "The Brain/Mind Learning Principles", heruntergeladen am 06/07/2006 von der Webseite des Autors: www.cainelearning.com/pwheel/expand/

Cambridge Advanced Learner's Dictionary, http://dictionary.cambridge.org

Carlson, E.B., & Ruzek, J. (2005). *Effects of Traumatic Experiences*, A Fact Sheet for the National Center for PTSD of the Department of Veteran Affairs, heruntergeladen am 26/04/2006 von der Webseite: http://www.ncptsd.va.gov/facts/general/fs_effects.html

Carpi, J. (1996). Stress: It's Worse Than You Think, *Psychology Today*, Jan/Feb 96, heruntergeladen am 23/04/2006 von der Webseite der Zeitschrift: http://www. psychologytoday.com/articles/pto-19960101-000027.html

CBS News (2007) "Suicide Epidemic Among Veterans," November. 13, 2007, heruntergeladen am 21-1-08 von der Webseite des Senders: http://www.cbsnews.com/stories/2007/11/13/cbsnews_investigates/main3496471.shtml

Christison, MaryAnn (2002). *Brain-Based Research and Language Teaching,* English Teaching Forum Online, Volume 40, Number 2, Bureau of Educational and Cultural Affairs, heruntergeladen von der Webseite: http://exchanges.state.gov/forum/vols/vol40/no2/p02.htm

Clark, Ronald W. (1971). *Einstein: The Life and Times, S. 622,* World Pub. Co., New York, heruntergeladen am 10-8-06 von "Einstein's Last Thoughts": www.einsteinandreligion.com/lastthoughts.html

Clottey, K., Abadio-Clottey, A. (1999). *Beyond Fear – Twelve Spiritual Keys to Racial Healing,* H.J. Kramer, Tiburon, CA

Coelho, P. (1996) *By The River Piedra I Sat Down and Wept: A Novel Of Forgiveness,* Aus der Abteilung "About the book", Harper Perennial Übersetzte Auflage, deutsch: **Am Ufer des Rio Piedra saß ich und weinte,** Diogenes 2007

De Beauport, E. (1996) "Crossing the Threshold of the Unconscious: Into The Basic Brain," heruntergeladen am 13-7-06 von: www.motleyfocus.com/crossing.html, Auszug aus ihrem Buch: *The Three Faces of the Mind: Developing Your Mental, Emotional, and Behavioral Intelligences.* Elaine de Beauport mit Aura Sofia Diaz. Quest Books. (1996) Wheaton: The Theosophical Publishing House.

Do Amaral, J.& de Oliveira, J. (2003). *Limbic System: The Center of Emotions,* heruntergeladen am 12-7-2006 von der Webseite: http://www.healing-arts.org/n-rlimbic.htm

Donnelly, D. (1993). *Seventy Times Seven – Forgiveness and Peacemaking,* Pax Christi, Benet Press, Erie PA

Dossey, L. (1993). *Healing Words- The Power of Prayer and the Practice of Medicine,* Harper Collins, NY, deutsch: **Heilende Worte. Die Kraft der Gebete und die Macht der Medizin,** Bruno Martin, 2000

Dubuc, B. (2002). "The Brain from Top to Bottom," *The Evolutionary Layers Of The Human Brain,* heruntergeladen von der Webseite: http://www.thebrain.mcgill.ca

Dugatkin, L. (2005). "Why don't we just kiss and make up?," *New Scientist,* 5/7/05

Einstein, Albert (1972). *New York Post, November 28, 1972*, heruntergeladen am 9-8-06 von: www.ivu.org/history/northam20a/einstein.html

Einstein (1), heruntergeladen am 7-2-08 von der Webseite http://thinkexist.com/quotation/a-person-experiences-life-as-something-separated/411055.html

Einstein (2), heruntergeladen am 11-08-06 von "Quotes by Albert Einstein," http://quotes.zaadz.com/Albert_Einstein

Engel, B. (2001) **The Power of Apology:** Healing steps to Transform All Your Relationships, NY: John Wiley & Sons, Inc.

Enright, R.D., Fitzgibbons, R.P. (2000). *Helping Clients Forgive: An Empirical Guide For Resolving Anger And Restoring Hope*, Washington DC: American Psychological Association.

Figley, C. R. (2000). *Post-Traumatic Stress Disorder*, American Association for Marriage and Family Therapy -AAMFT -Clinical Update Volume 2, Issue 5, Sept. 2000, heruntergeladen am 29/12/05 von der Webseite der Amerikanischen Psychologenvereinigung, Abtlg. für Ehe- und Familientherapie: http://www.aamft.org/families/Consumer_Updates/PTSD_AAMFT_Clinical_Update.htm

Figley, C. R. (2002). *AAMFT Consumer Update on Post-Traumatic Stress Disorder*, American Association for Marriage and Family Therapy, heruntergeladen am 15/05/06 von der Webseite der Amerikanischen Psychologenvereinigung, Abtlg. für Ehe- und Familientherapie: www.aamft.org/families/Consumer_Updates/PTSD.asp

Flannery, R.B. Jr. (1999). Psychological Trauma and Posttraumatic Stress Disorder: A Review, *International Journal of Emergency Mental Health*, 1999, 2, 135-140., heruntergeladen von der Webseite: www.icisf.org/Acrobat%20Documents/TerrorismIncident/PsyTrauPTSD.pdf

Foltz-Gray, D. (2002). "Start Forgiving," *Arthritis Today*, 9-10/2002., heruntergeladen von der Webseite: http://www.drrandijones.com/newsltr4.htm

Foundation for Inner Peace (1975) *A Course In Miracles,* Sausalito, CA, deutsch: **Ein Kurs in Wundern,** Greuthhof 2010

Frantz, R. (2005). "Introduction To Intuition," *Two Minds: Intuition and Analysis in the History of Economic Thought,* Berlin: Springer, heruntergeladen am 03/05/07 von http://wwwrohan.sdsu.edu/~frantz/docs/Chapter1.pdf

Friedman, M. J. (2005). *Posttraumatic Stress Disorder: An Overview*, A National Center for PTSD Fact Sheet, *Dept. of Veteran Affairs*, heruntergeladen von der Webseite: http://www.ncptsd.va.gov/facts/general /fs_overview.html

Guyton, R. (1995) *The Forgiving Place,* Waco: WRS Publishing.

Gendlin, E. (1981). *Focusing*, NY: Bantam. Deutsch: **Focusing. Technik der Selbsthilfe bei der Lösung persönlicher Probleme,** Otto Müller, 1981

Goldsmith, J. (1984). *Living by Grace,* NY: HarperCollins. Deutsch: **Ein Leben zwischen zwei Welten**, Heinrich Schwab Verlag

Goodier, S. "A Life That Make A Difference", heruntergeladen am 02/11/02 von der Webseite: http://lifesupportsystem.com/

Gordon, K. C., Baucom, D. H., & Snyder, D.K. (2000). "The Use Of Forgiveness In Marital Therapy." In M. C. McCullough, K. I. Pargament, & C. E. Thoresen (Eds.), *Forgiveness: Theory, Research, and Practice, s.* 203–227, NY: Guilford Press.

Hall. D. (2005). "Social Support," Health Plus – Vanderbuilt Faculty and Staff Wellness Program, Wellsource, Inc., heruntergeladen am 10/01/06 von der Webseite: http://vanderbiltowc.wellsource.com/dh/content. asp?ID=563

Healy, M (2007) "Humans may be hard-wired to have a soft spot: The predisposition to forgive appears genetic and may have been selected through evolution" *Los Angeles Times*, Dec. 31, 2007, heruntergeladen am 17/01/09 von der Webseite: www.psy.miami.edu/faculty/mmccullough/Media%20Coverage/Humans%20may%20be%20hard%20wired_la_times.pdf

Heartquotes, heruntergeladen am 18/5/07 von der Webseite: http://www.heartquotes.net/Anger.html

Helpguide.org (2006) "Emotional and Psychological Trauma: Causes, Symptoms, Effects, and Treatment", heruntergeladen am 11/05/2006 von der Webseite: www.helpguide.org/mental/emotionalpsychological_trauma.htm

Holmes, E. 1984. *Living the Science of Mind*, Marina del Rey: DeVorss and Co.

Ho'oponopono, aus Seminaren mit: Keoki Sousa, Sept-Okt 1999, Maui Community College, Maui, HI und Kapi'ioho Lyons Naone, Juni – Juli 1999, Bailey House, Maui, HI

Jampolsky, G. (1990). *Out of the Darkness into the Light: A Journey of Inner Healing,* NY: Bantam. Deutsch: **Aus der Dunkelheit ans Licht**, Kösel, 1991

Jampolsky. G. (2000) *Teach Only Love: The Twelve Principles of Attitudinal Healing*, Beyond Words Publishing, Inc, Hillsborough, Oregon, deutsch: **Was heilt, ist die Liebe. Zwölf Schritte zu innerem Frieden**, Schirner, 2006

Jantsch, E. (1980). *The Self-Organizing Universe: Scientific and Human Implication of the Emerging Paradigm of Evolution,* Pergamon, NY, NY, deutsch: Die **Selbstorganisation des Universums. Vom Urknall zum menschlichen Geist,** DTV, 1992

Kataria, M. (2009) "Laughter Clubs", heruntergeladen am 06/02/2009 von der Webseite: http://www.laughteryoga.org

Katie, Byron, (2003) *Loving What Is: Four Questions That Can Change Your Life,* NY: Three Rivers Press, deutsch: **Lieben, was ist. Wie vier Fragen Ihr Leben verändern können**, Goldmann 2002

Khan, H.I., *the Sufi Message of Hazrat Inayat Khan* – Volume VII – IX, heruntergeladen in 6/2005 von der Webseite: http://wahiduddin.net/mv2/IX/IX_9.htm

Kiecolt-Glaser, J. K., Loving, T. J., Stowell, J. R., Malarkey, W. B., Lemeshow, S., Dickinson, S. L., Glaser, R. (2005). Hostile marital interactions, proinflammatory cytokine production, and wound healing. *Archives of General Psychiatry* 62(12):1377-1384, heruntergeladen am 19/04/06 von der Webseite: http://archpsyc.amaassn.org/cgi/content/abstract/62/12/1377

Le Doux, J. (1996) *The Emotional Brain: The Mysterious Underpinnings of Emotional Life*, New York: Simon&Schuster

LeDoux, J. (2000) Emotion Circuits in the Brain, *Annual Reviews Neuroscience* 23:155–184, heruntergeladen am 30/01/09 von der Webseite: www.csmn.uio.no/events/2008/machamer_docs/ledoux.pdf

Legaree, T., Turner, J., Lollis, S. (2007) "Forgiveness and Therapy: A Critical Review of Conceptualizations, Practices, and Values Found In the Literature." *Journal of Marital and Family Therapy.* The American Association for Marriage & Family Therapy, heruntergeladen am 02/02/09 von der Webseite: www.highbeam.com/doc/1P3-1270855471.html

Lewis, T., Amini, F., & Landon, R. (2000). *A General Theory of Love*, NY:Random House.

Loukas, Chris (1995). Faith, forgiveness help crash victim heal, *The Press Democrat*, December 25, 1995, Santa Rosa, CA.

Luskin, F. (2000). *Forgive For Good : A Proven Prescription for Health and Happiness, S.* 77-93, San Francisco: Harper.

Luskin, F. (2007) *Forgive for Love: The Missing Ingredient for a Healthy and Lasting Relationship*, NY: HarperOne.

Lynch, M.J. (2007) *Big Prisons, Big Dreams: Crime and the Failure of America's Penal System* NJ: Rutgers University Press.

MacLean, P. D. (1990). *The Triune Brain in Evolution: Role in Paleocerebral Functions*, NY: Plenum

McCullough, M. C., Pargament, K. I. , & Thoresen, C. , (Eds), (2000) *Forgiveness: Theory, Research, and Practice,* NY: Guilford Press, S. 3

McInnis, N. (2006), herunterladen am 5/Juni/2006 von der Webseite: http://www.mediamessage.com/OURCHIVE/forgivenesspractice.htm#Staying%20in%20the%20Grace

McKay, M., Davis, M., & Fanning, P. (1981). *Thoughts & Feelings: The Art Of Cognitive Stress Intervention,* Oakland: New Harbinger. Deutsch: **Gedanken und Gefühle, Ein Arbeitsbuch: Wie Sie auf Ihre Stimmungen einwirken können, Techniken der kognitiven Verhaltenstherapie**, Junfermann, 2009

Merton, T. (1955) *No Man is an Island*, heruntergeladen am 6-6-07 von der Webseite http://www.octanecreative.com/merton/quotes.html, deutsch: **Keiner ist eine Insel. Betrachtungen über die Liebe**, Patmos, 2005

Miller, J. (2002). Science searches the brain for mystical experience: Newberg, Delio and the mystery of the brain, *Science & Theology News*, July 1, 2002, heruntergeladen am 19/Juli/2006 von der Webseite: http://www.stnews.org/print.php?article_id=1696

Myss, C., (1996) *Anatomy of the Spirit: The Seven Stages of Power and Healing*, NY: Three Rivers Press, deutsch: **Geistkörper-Anatomie, Chakren, die sieben Zentren von Kraft und Heilung**, Droemer Knaur 19999

Potenza, (1996) ein Vortrag über Vergebung, gehalten im Juli 1996

Peeples, K.A. (2000). Interview mit Charles R. Figley: Burnout In Families and Implications for the Profession, *The Family Journal*, 8: 203-206, heruntergeladen am 17/11/2004 von der Webseite: http://mailer.fsu.edu/~cfigley/burnout.htm

Pert, C.B. (1997). *Molecules of Emotion: Why You Feel the Way You Do.* New York: Scribner., deutsch: **Moleküle der Gefühle. Körper, Geist und Emotionen**, Rowohlt, 2001

Prettyman, J.W. (1997). *Deep And Deeper: Deep Blue vs. The Triune Brain,* heruntergeladen am 7-12-06 von der Webseite: www.americanreview.us/deepblue.htm

Real Age, Inc., (2006). April 21-Tip of the Day-A Case for Peace, heruntergeladen am 19/4/2006 von der Webseite: http://www.realage.com/news_features/tip.aspx?v=1&cid=16586, 1994

Reid, F., Hoffmann, D. (2000). *Long Night's Journey Into Day: South Africa's Search for Truth & Reconciliation*, Iris Films, heruntergeladen am 25/2/2008 von der Webseite: http://www.irisfilms.org/longnight/

Ritchie, George G., M.D. (1978). *Return From Tomorrow*, Fleming H. Revell, of Baker Book House Company, Old Tappan, NJ, deutsch: **Rückkehr von morgen**, Francke Buchhandlung, 1994

Rosemergy, J. (2009) Email vom 2. März 09

Rosenberg, M. (1999). *Nonviolent Communication- A Language of Compassion*, PuddleDancer Press, Del Mar, Ca. Deutsch: **Gewaltfreie Kommunikation, Eine Sprache des Lebens**, Junfermann, 2007

ROTA (2008). "ROTA (Reach Out To Asia) and Save the Children Collaborate to Support Children in Gaza Strip", heruntergeladen am 15-4-09 von der Webseite: http://www.reachouttoasia.org/output/page275.asp

ScienceDaily (2007). Outwardly Expressed Anger Affects Some Women's Heart Arteries, Quelle: Cedars-Sinai Medical Center, 15/1/07, heruntergeladen am 8-6-07 von der Webseite: www.sciencedaily.com/releases/2007/01/070114185909.htm

Seligman, M. E. P. (2002). *Authentic Happiness: Using the New Positive Psychology to Realize Your Potential for Lasting Fulfillment*, NY: Free Press. Deutsch: **Der Glücksfaktor. Warum Optimisten länger leben,** Bastei Lübbe, 2011

Seligman, M. E. (2004). Happiness Interventions That Work: The First Results, *Authentic Happiness Coaching News*, Vol 2, Number 10 5/3/2004, heruntergeladen am 13/7/2004 von der Webseite: http://www.AuthenticHappinessCoaching.com

Sevrens, J. (1999) *Learning to Forgive*, San Jose Mercury News, 6/9/99

Siegel, B. (1999). *Prescriptions for Living: Inspirational Lessons for a Joyful,Loving Life,* NY: Harper Paperbacks. Deutsch: **Prognose Hoffnung. Liebe, Medizin und Wunder**, Ullstein 2003

Smalley, G. (2001). *Food and Love: The Amazing Connection*, Tyndale House Publishers, Wheaton, IL, S. 91

Smedes , L. (1988). *Forgive and Forget: Healing the Hurts We Don't Deserve,* NY: Pocket Books. Deutsch: **Vergeben und Vergessen. Über die heilende Kraft der Vergebung**, Francke Buchhandlung, 2001

Snopes.com (2006) Grandma's Cooking Secret, heruntergeladen am 1-7-06 von der Webseite der Urban Legends Reference Page: http://www.snopes.com/weddings/newlywed/secret.asp

Starnes, G. (2005) "The Psychophysiology of Trauma" Returning Warriors Blog, 16/5/05, heruntergeladen am 17/1/09 von der Webseite: www.returningwarriors.org/2005_05_01_archive.html

Steiner, C. *Transactional Analysis and the Triune Brain*, heruntergeladen am 9/7/06 von der Webseite: http://www.emotional-literacy.com/triune.htm

Taniguchi, M. (1931). *Holy Sutra*, Special Maui Edition 1987 Hawaii: Seicho-No-IE.

Toussaint, L., Williams, D., Musick, & Everson-Rose, (2008). "Why forgiveness may protect against depression: Hopelessness as an explanatory mechanism," *Personality and Mental Health*, 2, 89-103.

Tutu, D.M. (1999). *No Future without Forgiveness*, NY: Doubleday. Deutsch: **Keine Zukunft ohne Versöhnung**, Patmos 2001

University Of Michigan, (2000) "New Study Shows Link Between Hopelessness And Hypertension," *ScienceDaily,* 18/02/00, heruntergeladen am 31/01/09 von der Webseite: www.sciencedaily.com/releases/2000/02/000217100606.htm

Van der Dennen, J.M.G. (2005). "Ritualized 'Primitive' Warfare And Rituals In War: Phenocopy, Homology, Or?", heruntergeladen am 12/6/06 von der Webseite: http://irs.ub.rug.nl/ppn/280499396

Van der Kolk, B., (2009) "Specialized Treatment Approaches" *The Trauma Center at Justice Resource Institute* Webseite, heruntergeladen am 21/1/09 von der Webseite: http://www.traumacenter.org/clients/spec_svcs_treatment.php

VIA – Values in Action (2006), heruntergeladen am 25/4/2006 von der Webseite: http://www.viastrengths.org

Warren, R. (2006), einige Auszüge eines Artikels von Rick Warren zum Thema Vergebung in der Frühlingsausgabe 2006 des "The Worshipper" Magazins, heruntergeladen am 05/6/09 von der Webseite: http://exubfjc.wordpress.com/2006/12/18/rick-warren-on-forgiveness/

Wikipedia- Amygdala (2006) The Amygdala, heruntergeladen am 09/07/06 von der Webseite: http://en.wikipedia.org/wiki/Amygdala 7-9-06

Wikipedia-12Steps, (2006*). The Twelve Steps, heruntergeladen in* 7/06 von der Webseite: http://en.wikipedia.org/wiki/12step_program#The_Twelve_Steps

Wikipedia –TRC (2006). *List of truth and reconciliation commissions*, von Wikipedia, heruntergeladen in 7/2006 von der Webseite: http://en.wikipedia.org/wiki/List_of_truth_and_reconciliation_commissions

Wikipedia-Frontal Lobe, (2006*)*, heruntergeladen am 09/07/06 von der Webseite: http://en.wikipedia.org/wiki/Frontal_lobe 7-9-06

Williamson, M., (1995) *Illuminata: A Return to Prayer,* NY: Riverhead Books. Deutsch: **Rückkehr zur Liebe. Harmonie, Lebenssinn und Glück durch „Ein Kurs in Wundern**", Goldmann, 1993

Willson (1999) "Memorandum: Accelerated Mortality Rates of Vietnam Veterans," heruntergeladen am 08/03/09 von der Webseite: http://www.brianwillson.com/awolvetmemo.html

Witvliet, C.V.O., Phipps, K.A., Feldman, M.E., & Beckham, J.C. (2004). Posttraumatic Mental and Physical Health Correlates of Forgiveness and Religious Coping in Military Veterans.*Journal of Traumatic Stress*, 17, 269-273.

Wohl, **M. J A DeShea, Wahkinney,** (2008) "Looking Within: Measuring State Self-Forgiveness and Its Relationship to Psychological Well-Being." *Canadian Journal of Behavioural Science.* Canadian Psychological Association, heruntergeladen am 02/02/09 von der Webseite: www.highbeam.com/doc/1P3-1485110721.html

Worthington, E. (2001) *Five Steps to Forgiveness*, NY: Crown Publishers.

Worthington, E. (2003). *Forgiving and Reconciling: Bridges to Wholeness and Hope,* Downers Grove, IL: InterVarsity Press Revised Edition

Young, M. A. (2004). *The Community Crisis Response Team Training Manual-Second edition,* National Organization for Victim Assistance, and The Office for Victims of Crime – U.S. Department of Justice, Washington, DC, heruntergeladen am 05/03/03 von der Webseite: www.ojp.usdoj.gov/ovc/publications/infores/crt/

Zimering, R., Munroe, J., Gulliver, S.B. (2003). "Secondary Traumatization in Mental Health Care Providers," *Psychiatric Times*, April 2003, Vol. , Issue 4, heruntergeladen am 27/04/2006 von der Webseite: http://www.psychiatrictimes.com/p030443.html

Genehmigungen

Ich danke vielmals für die Erteilung der Genehmigungen, aus folgenden, durch Copyright geschützten Werken zu zitieren:

Dank an Fredric Luskin für die Erlaubnis zum Zitieren aus seinem Buch: *Forgive For Good : A Proven Prescription for Health and Happiness*

Dank an Jerry Jampolsky für die Erlaubnis zum Zitieren aus seinem Buch *Out of the Darkness into the Light: A Journey of Inner Healing,*und aus: *Teach Only Love: The Twelve Principles of Attitudinal Healing,*

Dank an Paulo Coelho für die Erlaubnis zum Zitieren aus seinem Buch *By The River Piedra I Sat Down and Wept: A Novel Of Forgiveness,*

Dank an die PuddleDancer Press für die Erlaubnis zum Zitieren aus dem Buch *Nonviolent Communication-A Language of Compassion* von Marshall Rosenberg.

Dank an Cindy Funfsinn und David Smith für die Erlaubnis zum Zitieren aus *Anatomy of the Spirit* von Caroline Myss – www.myss.com

Dank an Luzie Mason für die Erlaubnis zum Zitieren aus dem Buch *Fire in the Soul: A New Psychology of Spiritual Optimism* von Joan Borysenko

Dank an Julie Noordhoek von der Baker Publishing Group für die Erlaubnis zum Zitieren aus dem Buch *Return From Tomorrow* von George Ritchie.

Die deutschen Übersetzungen wurden heruntergeladen am 05. 08. 2011 von der Webseite www.bibleserver.com

Danksagung

Niemand kann ohne Hilfe ein Buch schreiben. Jeder, der mir dabei geholfen hat, dass dieses Buch erscheinen konnte, ist mir wichtig. Die Redewendung „Ich hätte das nicht ohne Sie schaffen können“ ist zwar abgedroschen, aber wahr. Die Veränderungsprozesse, durch die ich im Laufe des Schreibens an diesem Buch gegangen bin, sind durch die Unterstützung all dieser Menschen in Gang gesetzt und begleitet worden. Ich fühle mich gesegnet, solch wunderbare Freunde zu haben, die alle von dem Buch begeistert waren und mich immer wieder ermutigten.

Dank also an Angeles Arrien, deren Unterstützung während meiner Ausbildung zum Psychotherapeuten und weit darüber hinaus unschätzbar war. Der Einfluss, den ihre Ausbildung in interkultureller Heilung auf mich ausübte, trug mich durch meinen eigenen Vergebungsprozess im Jahr 1993.

Dank auch an Fred Luskin, einen Pionier in Sachen Vergebung, der den Wert meines eigenen Ansatzes im Power-Vergebungsprozess erkannte und mich über Jahre hinweg immer wieder ermutigte.

Dank an Loralee Denny, Dr. Ken Lebensold, Karen Grunwald, Rob Williamson und Dee Cseh für ihre Arbeit beim Korrigieren und bei der Formatierung, an Ginnie Ward, Cate Griffiths und Gayle Shirle für die Korrektur einer früheren Version des Buches, an Ken Urquhart für seine Arbeit an den Genehmigungen und an Chris Many für seine Hilfe beim Finden des Titels.

Ganz herzlichen Dank auch an Tami Dever von der TLC Graphics für ihre Weisheit, ihren Segen, ihre Koordination und ihre Fähigkeit, ein innerlich und äußerlich schönes Buch zu erschaffen. Ein dickes Lob an ihre Mitarbeiter – Marisa Jackson für ihre erstklassige Arbeit am Cover und an Erin Stark für ihr künstlerisches Auge, damit auch das Innere ansprechend wurde.

Dank an Terri Gamboa, Jocelyn Callard, Nancy Many und Laure Davar für ihre Ideen, ihre Arbeit und ihre Unterstützung in den Frühphasen des Buches; an Susan Johnson dafür, dass sie dem anfänglichen Manuskript Gewicht verliehen hat, indem sie eins meiner Seminare an der Universität transkribierte. Dank an Dr. Michael Berkes für die Hilfe bei der Konzeption des Buches. Ich bin auch Abagayle, Rosie,

Chris Loukas, Kokoman und Aeeshan Clottes sowie Kima Douglas dankbar, die ihre Geschichten zur Verfügung gestellt haben. Und ich bin der Unzahl Menschen dankbar, die im Laufe der Jahre immer wieder „So ein Buch brauche ich“ gesagt haben, als ich erzählte, dass ich gerade ein Handbuch über Vergebung schrieb. Sie haben dazu beigetragen, dass ich daran weiterarbeitete.

Dank an die SW Florida Autorengruppe, deren Unterstützung in den schwierigen Zeiten des Schreibens unschätzbar war, wobei ich meinen besonderen Dank an Hana Whitfield richten möchte, die mich in die Gruppe gebracht hat und mir dann beim Überarbeiten half. Besonderen Dank auch an unsere Lehrerin Ginnie Ward, die so begeistert von meiner Rohfassung war, dass sie meine eigene Begeisterung dafür wieder weckte. Ihr alle habt mir geholfen, nicht nur ein besserer, sondern auch ein glücklicher Autor zu werden.

Dank auch an meine Schüler, Studenten und Klienten, die ich im Laufe der Jahre betreute. Ihre Bereitschaft und ihr Erfolg, über ihre Verletzungen hinauszuwachsen und Frieden und Freiheit zu erlangen, haben mir die Beharrlichkeit geschenkt, weiter an diesem Buch zu arbeiten. Ihre Geschichten bereichern dieses Buch.

Besonderen Dank an die Vergebensforscher auf der ganzen Welt, die dafür arbeiten, dass Vergebung von der Psychologie und der wissenschaftlichen Gemeinschaft stärker akzeptiert wird, an die Rechtsberater, die sie brauchen, um schmerzliche Situationen zu lösen, und an die Therapeuten, spirituellen Berater und Kirchenführer weltweit, die Vergebung Tag für Tag ganz praktisch einzusetzen versuchen.

Über den Autor

Im Laufe der letzten 18 Jahre hat Jim Dincalci an Methoden gearbeitet, die Menschen dabei unterstützen können, zu vergeben. Die Quellen dieser Wege zum Vergeben sind nicht nur die moderne Psychologie, sondern auch traditionelle spirituelle Methoden und kulturübergreifende Praktiken. Er hat mehr als 40 Jahre damit verbracht, sich stets weiterzubilden und in seiner Arbeit emotionale, mentale und körperliche Techniken eingesetzt, damit Menschen sich besser fühlen und ihr Leben heilen können.

Er hat einen Masterabschluss in Beratungspsychologie und zwei Doktortitel in Religiösen Studien und Theologie. Er hat sein Training in Psychologie bereits 1968 am Medizinischen College in New York begonnen und seither Unmengen wirkungsvoller Methoden zur Heilung von Geist, Körper und Seele gelernt und eingesetzt. Diese Methoden halfen ihm in seinem eigenen Vergebungsprozess im Jahr 1993.

Zusätzlich zu seinen eigenen jahrelangen Praktiken umfasst seine Beratungserfahrung die Leitung von Gruppen zur Bewältigung häuslicher Gewalt und die Arbeit als Klinischer Psychologe im staatlichen Schulsystem der Gesundheits- und Bildungsabteilungen von Hawaii.

Seit mehr als 45 Jahren hat er Weltreligionen und ihre Praktiken erforscht, darunter auch kulturübergreifende Heilweisen von Eingeborenen. Auf diese Weise hat er in diesem Buch nicht nur den wirkungsvollen Denk- und Gefühlsprozess der Psychologie, sondern auch traditionelle spirituelle Methoden und Sichtweisen eingesetzt, wie besondere Gebete, Meditationen und inspirierende Einsichten, die beim Vergeben helfen.

Zusätzlich zu seiner eigenen spirituellen Praxis und zu öffentlichen Seminaren hat er Beiträge bei Fachkonferenzen der Vereinigung für Transpersonale Psychologie und der Kampagne für Vergebungsforschung gehalten. Er hat seine Vergebungsarbeit auch in Universitäten, Krankenhäusern, Schulen und Kirchen unterrichtet.

Lobende Kommentare für das Buch

Dies ist ein wirklich hervorragendes Buch. Was für ein unschätzbares und notwendiges Buch für unsere Zeit. – Angeles Arrien, Anthropologin/Autorin/Lehrerin

Ich erlebe gerade eine tiefe Heilung, weil ich anderen und mir selbst vergebe. Der Power-Vergebungsprozess in diesem Buch ist so tief gewesen. Er war das fehlende Teil meines Heilungsprozesses. – S. Weechie Baker, MA, Beraterin

Dieses Buch hat mich befreit! Ich wusste schon, dass etwas falsch lief, aber ich konnte nicht erkennen, um was es genau ging. Nun bin ich in der Lage zu verstehen, warum ich mich so minderwertig und zurückgewiesen fühlte, und ich konnte diese Gefühle loslassen. – LeVonder Brinkley, Autor/Redner

Ich hatte keine Ahnung, dass ich ein Geschenk bekommen würde, das mehr beinhaltete, als Verständnis für ein Konzept zu erlangen. Ich habe stattdessen eins erhalten, das mich in die Lage versetzte, dieses Konzept auch in die Praxis umzusetzen. Dieses Buch hat mir geholfen, meine Stimmung deutlich anzuheben. Ich kann dieses Buch und die darin beschriebenen Techniken nur empfehlen. Man sollte sie auch anwenden, denn sie werden ein Leben lang wirken und die eingesetzte Mühe wird sinnvoll für die eigene Selbstentwicklung sein. – G. Thomas, MD

Als ich die Methoden anwandte, die in diesem Buch beschrieben werden, fiel es mir leicht, Ärger loszulassen, mit dem ich bisher nie wirklich umgehen konnte. Dr. Dincalci beschreibt eine Vielfalt von Vergebungstechniken und stellt das Handwerkszeug bereit, um mit allen Verstimmungen umzugehen, die Sie derzeit niederdrücken mögen. – Eric F. Donaldson, Studienleiter

In der Lage zu sein, so schnell ein Kindheitsthema durchzuarbeiten (nachdem ich es jahrelang mit anderen Techniken versucht hatte), war wirklich ein Kick. – Trice Bonney

Der Prozess ist viel schneller, als ich es für möglich gehalten hätte. Das Überraschende für mich war, dass alles zur Selbstvergebung führt und von dort ausgeht. – Cate Griffiths

Das Buch vermittelte mir das präzise Handwerkszeug für meinen eigenen Selbstvergebungsprozess – ein hervorragender Ansatz für jede Art von Situation. – Deborah Klass, RN, PhD

Ich wusste nicht, welche Fragen ich stellen musste, um meine Situation zu analysieren. Jetzt habe ich ein Handbuch dafür. Ich habe nicht nur den Vergebungsprozess gelernt, sondern ich habe auch vergeben. – Evan Lloyd

Danke, dass Sie uns allen geholfen haben, in unserem eigenen Leben zu Helden zu werden. Diese Arbeit hat mir geholfen, Dinge in anderem Licht zu sehen, und hat mir Handwerkszeug vermittelt, das ich auch in meinen Beziehungen anwenden kann. – Debbi Berto

Sie haben den Prozess, wie man vergibt, wirklich in eine „Laiensprache" übersetzt, sodass ich Vergebung nun auf leichte Weise erklären und mit anderen diskutieren kann. Besonders wichtig war die Erkenntnis, dass ich einigen Mythen über Vergebung aufgesessen war. – Laura Lutz

Vergebung ist ein fehlendes Stück der gesellschaftlichen Evolution, und der Weg führt über das Herz jedes Einzelnen. Der Teil über die Selbstvergebung war besonders wertvoll, insbesondere in einer Kultur, die Selbstsucht und nicht Selbstvergebung hoch bewertet. – Kit Lofroos

Diese Arbeit hat meine Erwartungen bei Weitem übertroffen... Der persönliche Lernprozess war intensiv und tief. – Harriette Linn

Das Buch hat mir eine „Schritt-für-Schritt"-Anleitung vermittelt, um ein überwältigendes Thema mit vielen Aspekten auf ein handhabbares Maß zu reduzieren. – M. Rolewei

Diese Arbeit fühlt sich an, als ob sie das fehlende Stück eines Puzzles ist, das tiefere Liebe, Freude und Frieden bringt. Meine innere Gesamtresonanz war Aufregung, Stärkung, neues Handwerkszeug. – Ren Nelson

Sinnvoll und hilfreich. Intensiv und aufschlussreich! – Elizabeth Bakewell

Eine unglaubliche Hilfe, dieses Buch setzt das Fundament – und der Rest ist meine Sache. Es erklärt, was Vergebung ist und – vielleicht noch bedeutsamer – was sie nicht ist. Zeigte mir, wie ich den Prozess durchlaufen sollte. – Danette Ellsworth

Erfolge von Menschen, die mit Klienten arbeiten

Auf professioneller Ebene bin ich jetzt so ausgestattet, dass ich meinen Klienten Vergebung beibringen und sie durch den Prozess begleiten kann. – Sally Lobb

Der Ansatz von Dr. Dincalci half mir wirklich, mit meinen Gefühlen aus der Vergangenheit umgehen zu lernen und einen inneren Frieden zu finden, nach dem ich schon lange gesucht hatte.

Dieses Buch hat mir auch geholfen, mit meinen Patienten in meiner eigenen Praxis zu arbeiten, und ebenso mit Studenten, mit denen ich in klinischen Settings arbeite. – Paulette Mahurin, Krankenschwester-Ausbilderin

Ich habe jetzt die Information, die ich brauche, um meinen Klienten zu helfen, die sich mit dem Thema Vergebung auseinandersetzen. – C. Slovonik

Ich kann dieses Buch sehr empfehlen. Die Prinzipien der Vergebung sind ein Stufenplan für Selbstannahme und Mitgefühl, und sie sind ein wunderbares Interventionsinstrument für Kliniker. – Suzette Dotson

Das Buch hat mir die Information und den Prozess nahegebracht, um Themen zu erledigen, an denen ich schon lange festhing und die Vergebung brauchten. – Es wird auch in meiner Arbeit mit Familien sehr nützlich sein. – Carol Newman

Ich habe hier Handwerkszeug bekommen, das ich in meinem persönlichen Leben anwenden und auch mit meinen Klienten teilen kann. Ich freue mich sehr über diese neuen Möglichkeiten in meiner Arbeit als Kliniker. – J. Bennett Jordan

Ich habe neue Einsichten gewonnen und mehr Kompetenz für die Arbeit mit meinen Klienten vermittelt bekommen. – Jacqueline Doyle

Sehr hilfreiche Information, in nützlicher Weise zusammengestellt. Jeder Prozess hat mir Einsichten vermittelt. – Tawny Martin, MFT

Weitere Bücher aus dem Verlag Via Nova:

Heilung von Schuldgefühlen

Das Geschenk des inneren Friedens wieder erfahren

Chuck Spezzano

Hardcover, 256 Seiten, ISBN 978-3-86616-197-9

Schuldgefühle – wer kennt sie nicht? Schuldgefühle bewirken, dass wir uns herabsetzen und uns für das bestrafen, was wir getan zu haben glauben. Chuck Spezzano nähert sich diesem Thema mit der ihm eigenen Mischung aus Humor und Tiefgründigkeit. Er zeigt in seinem wachrüttelnden Buch nicht nur, wie es gelingen kann, die oftmals tief im Unterbewusstsein verborgenen Ursachen unserer Schuldgefühle aufzudecken, sondern stellt auch Wege vor, wie sie geheilt werden können. Seine Prinzipien werden anhand von Übungen und Fallbeispielen aus seiner langjährigen Praxis als Therapeut veranschaulicht. Die wichtigste Botschaft des Buches lautet, dass in seinem innersten und unveränderlichen Wesenskern jeder Mensch unschuldig ist.

Dem Leben wieder vertrauen

Prinzipien der Heilung von Missbrauch und seelischen Verletzungen

Chuck Spezzano

Taschenbuch, 128 Seiten, ISBN 978-3-86616-190-0

Missbrauch und andere traumatisierende Erfahrungen können einen Menschen völlig aus der Bahn werfen – und das manchmal für den Rest seines Lebens. Chuck Spezzano hat sein neues Buch diesem sehr aktuellen Thema gewidmet. Er zeigt aus seinem langjährigen, reichen Erfahrungsschatz an Wissen äußerst einfühlsam Möglichkeiten und Wege auf, wie Betroffene die destruktiven Muster überwinden können, die sie in ihrem tiefen Leid gefangen halten und verhindern, dass ihre seelischen Verletzungen heilen können. Einfache, aber sehr effektive Übungen können erfolgreich dazu beitragen, den betroffenen Menschen neuen Lebensmut und neue Lebensfreude zu schenken und ihnen verloren gegangenes Vertrauen wieder zurückzu - geben.

Medizin für die Seele

Lebens- und Seelenkräfte im Alltag mobilisieren

Prof. Franz Decker

Paperback, 224 Seiten, 32 Grafiken, ISBN 978-3-86616-115-3

Für viele Menschen ist es heute sehr schwierig, den Herausforderungen des Alltags in unserer komplexen, schnelllebigen Welt gerecht zu werden, das eigene Leben selbstverantwortlich zu gestalten und sinnvoll und erfüllt zu leben. Prof. Franz Decker zeigt in seinem Buch diese Probleme auf, aber auch Möglichkeiten, die „Überlebenskräfte", die unerschöpflichen Kraftquellen der Seele und des Geistes, zu wecken und zu entwickeln, um in seelischem Gleichgewicht, mit Freude, Gelassenheit, Mut und Zuversicht das Leben zu bestehen. Das Buch erwuchs aus eigener Erfahrung und basiert auf den neuesten Erkenntnissen, dass durch eine entsprechende Neuorientierung und Seelenprogrammierung ein erfülltes und ausgeglichenes Leben möglich ist. Beispiele veranschaulichen und überzeugen. Es bietet sehr einprägsam ein Programm zur Förderung der Lebens- und Seelenkräfte im Alltag sowie Übungen zur Entspannung, Besinnung, Meditation, mentalen Lebensänderung und emotionalen Stabilisierung.

Im Urvertrauen leben

Loslassen, fallen lassen, gelassen sein

Matt Galan Abend

Hardcover, 176 Seiten, ISBN 978-3-86616-199-3

Viele Menschen leben heute mehr im „Urmisstrauen" als im Urvertrauen: Geprägt durch Erfahrungen der Kindheit und ihres täglichen „Lebenskampfes" misstrauen sie oft allem und jedem - natürlich auch sich selbst. Sie wollen alles beobachten, alles kontrollieren, alle Fäden in der Hand behalten und wittern überall Angriff und Gefahr. Das verbraucht Ihre Energie, und Sie erfahren immer mehr Ihre Begrenzung und Ihren Mangel statt die Fülle der Schöpfung. Dieses Buch zeigt den Weg, wie wir auch noch als Erwachsene die essentiell wichtige Basis des Urvertrauens aufbauen können, wie wir lernen, unsere Lebensaufgabe zu erkennen, anzunehmen und zu lösen, kreativ-spielerisch zu gestalten, statt zu kämpfen, uns unserer wahren Schöpferkraft bewusst zu werden und die geistigen Gesetze der Schöpfung für uns, statt gegen uns wirken zu lassen.

Sich ändern – statt ärgern

Vom Umgang mit turbulenten Gefühlen

Kurt A. Richter

Paperback, 288 Seiten, ISBN 978-3-86616-124-5

Machen Sie sich fit im Umgang mit arroganten, nörglerischen,vorwurfsvollen, eifersüchtigen, rechthaberischen, neidischen und zynischen Zeitgenossen. Erkennen Sie die inneren Ursachen negativer Gefühlszustände, die Ihr Selbstbewusstsein und Ihre besten Qualitäten unterdrücken. Entdecken Sie anhand von 22 inspirierenden Gesprächen, ähnlich der Dialog-Methode von Sokrates, völlig neue Möglichkeiten, mit verbalen Tiefschlägen und turbulenten Gefühlszuständen wie Ärger, Schuldgefühlen, Streit, Sorgen, Prüfungsängsten und Schlafstörungen umzugehen. „Update your brain" heißt:Aktualisieren Sie Ihr Denken und bringen Sie Ihre soziale Kreativität auf den neuesten Stand. „Update your brain" heißt: *Update für deinen Geist ... dein Gemüt ... dein Wohlbefinden ... deine Leistungsfähigkeit ... deine Lebendigkeit ... dein Glückserleben ... deine Liebe ... deine Lebensfreude ... deine Kreativität ... deine Inspiration ... deine Leidenschaft ... deine Energie ... deinen Humor.*

Die Vision vom göttlichen Menschen

Eine spirituelle Weg-Begleitung in das neue Jahrtausend

Barbara Schenkbier

Paperback, 424 Seiten, 21 ganzseitige Bilder, ISBN 978-3-928632-68-3
Prachtband: Geb., 424 Seiten, Einband Kunstleder mit Goldaufdruck,
21 ganzseitige Bilder, Zweifarbendruck, ISBN 978-3-928632-18-8

Das Buch ist ein umfassendes Standardwerk, das den Durchbruch einer neuen Evolutionsstufe im Bewusstsein des Menschen vorbereiten hilft. Aufbauend auf wissenschaftlichen Erkenntnissen und der mystischen Tradition aller Religionen führt es zu einem tieferen Wissen über das menschliche Bewusstsein, um dann den Weg zum göttlichen Menschen zu beleuchten. Alle wichtigen Schritte werden beschrieben, wesentliche Übungen aus einer neuen Sicht heraus dargestellt und die Transformationsstufe zu einem neuen Bewusstsein geschildert. Beim Lesen und Anwenden der beschriebenen Wahrheiten eröffnet sich dem Leser eine neue Sicht auf den Sinn des Lebens. Alle, die den geistigen Weg beschreiten, werden ihn besser verstehen, ihn bewusster, mutiger und konsequenter weitergehen. Das Buch ist aus der eigenen spirituellen Erfahrung der Autorin heraus geschrieben und eröffnet den Blick in eine Zukunft, die die evolutionäre Schöpferkraft selbst schaffen wird.

Dem Geheimnis der Gedanken auf der Spur

Das Gehirn wächst mit seinen Herausforderungen

Prof. Dr. Gela Weigelt

Paperback, 160 Seiten, 70 farbige Fotos, ISBN 978-3-86616-191-7

Nicht nur die Leber, auch das Gehirn wächst mit seinen Aufgaben und Herausforderungen. Die Neurowissenschaften zeigen uns, wie Gedanken im Gehirn als In-Formationen „entstehen". Die moderne Physik beweist, dass es eine Quantenwelt „hinter" dem Gehirn gibt, in der diese Informationen enthalten sind, und die Spiritualität liefert die zeitlosen Erkenntnisse über die „wahre Natur" der Gedanken. Dieses Buch bietet eine Synthese aus Wissenschaft und Spiritualität. Zahlreiche farbige Bilder erläutern den Text und führen so zu einem tiefen Verständnis des Geheimnisses um die Gedanken, die in unseren Gehirnen auftauchen.

Erwachen in die Kraft der Seele

Ein Weg in die Selbstmeisterschaft und göttliche Entfaltung

Roswitha Köhler

Hardcover, 368 Seiten, ISBN 978-3-86616-078-1

Dieses Buch gibt Über- und Einblicke in die verschiedenen Dimensionen der Seele und vermittelt zugleich eine Fülle praktischer Übungen, um die Seele erfahren und entwickeln zu können und im Innern von ihr beglückt zu werden. Aus dem bewussten Kontakt mit den eigenen inneren Quellen erwächst die Kraft, mit verstärktem Engagement die Aufgaben des Lebens zu bewältigen. Zur Klärung psychisch-seelischer Aspekte zeigt die Autorin Methoden tiefer Selbstheilung auf und bietet Herz und Verstand eine Fülle spiritueller Wege zur Reifung des Selbstbewusstseins an. Erwachen geschieht durch Bewusstseins-Erweiterung und -Wandel auf verschiedenen Entwicklungsstufen (Ken Wilber). Zur Zeit ist es notwendig, unsere einseitige intellektuelle Weltsicht ganzheitlich in einen global-kosmischen Zusammenhang zu stellen. In wacher Hingabe an die weisheitsvolle und weise Führung unserer Seele erstarkt unsere Liebesfähigkeit und entfaltet sich letztlich das Göttliche.

Der mystische Weg zu Christus

Andrew Harvey

Hardcover, 304 Seiten, ISBN 978-3-928632-91-1

In diesem Buch nimmt uns einer der berühmtesten religiösen Denker unserer Zeit auf eine Einweihungsreise in das voll erwachsene Christentum mit. Es enthüllt einen Christus, der allen engagierten Christen direkt zugänglich ist und dessen lebendige Botschaft jenseits der Strukturen existiert, die von den Kirchen in seinem Namen geschaffen wurden. Indem er die besten unter den modernen Geschichtsgelehrten und das Zeugnis der größten christlichen Mystiker aller Zeiten verwendet, belebt der Autor und Lehrer Andrew Harvey das revolutionäre Versprechen des frühen Christentums neu und stellt Jesus als den Sohn des Menschen vor: ein von Gott Erfüllter, dessen Ziel die Initiation aller menschlichen Wesen in die Kraft und die Glorie der ihnen innewohnenden Göttlichkeit war, der Sturz aller ungerechten Hierarchien und die Verwandlung der Erde in das Königreich Gottes. Anleitungen und Übungen aus den frühen mystisch- christlichen Traditionen vermitteln lebendige Inspirationen, Christus zu erfahren.